大名文化圏における〈知〉の饗宴

平林香織 編

目次

第四章 翻刻と資料目録［263］

まえがき

本書は、二〇一六年度から二〇一九年度にかけて行った科学研究費補助金による共同研究「江戸後期東北諸藩の学術における文理融合理念と文芸活動の関係を解明する新研究」（研究課題／領域番号16K02415、二〇一六～二〇一九年度、研究代表・平林香織）の成果報告書である。一部、本研究に発展するきっかけとなった同じく科研費による「松代・一関・南部・秋田各藩の和歌活動・俳諧活動による大名文化圏形成の新研究」（同25370223、二〇一四～二〇一六年度、研究代表・平林香織）の研究成果を含む。

周知のとおり、江戸時代の大名家の和歌・俳諧活動の研究は、福井久蔵氏がいちはやくその全体像を明らかにされた（『諸大名の学術と文芸の研究』上下、厚生閣、一九三七）。渡辺憲司氏には、桑名藩の松平定綱の文芸圏や、長府藩主毛利綱元や一関藩主田村建顕《たつあき》の雅文芸の展開に関する調査研究がある（『近世大名文芸圏研究』、八木書店、一九九五）。同じころ、松野陽一氏は、八戸南部家の資料の悉皆調査の成果をもとに、それまで等閑視されていた江戸武家歌壇を和歌文学史に位置づけられた。『新日本古典文学大系　近世歌文集　上』（岩波書店、一九九六）や『東都武家雅文考』（臨川書店、二〇一二）に紹介される数多くの新出資料や新見は、大名文芸資料を考える上での水先案内といえる。また、井上敏幸・白石悌三・西田耕三氏らが熊本・細川藩の大名点取俳諧の実態を調査され、『出水叢書12　俳諧集』（出水神社、一九九四）を刊行している。さらに、井上氏は、科研費による「近世中・後期松代藩真田家代々の和歌・俳諧・漢詩文及び諸芸に関する研究」（研究課題

／領域番号17320040、二〇〇五～二〇〇七年度、研究代表・井上敏幸）によって、松代藩主真田幸弘の文芸活動の調査・研究に着手する。それを引き継ぐかたちで、玉城司氏は「真田文書アーカイブの構築及び松代藩第六代藩主真田幸弘の点取俳諧に関する研究」（同22520205、研究代表者・玉城司、二〇一〇～二〇一二年度）を展開し、幸弘の点取俳諧活動を中心とした文芸大名としての側面を明らかにした。一方、錦仁氏は、東北諸藩の調査・研究を精力的に展開、科研費による「東北地方諸藩の和歌活動と歌枕・地誌との関係を解明する新研究」（同23520214、二〇一一～二〇一三年度、研究代表者錦仁）、「東北地方諸藩の和歌活動と国学者の和歌思想との関係を解明する新研究」（同26370229、二〇一四～二〇一八年度、研究代表者・錦仁）等の研究成果を公表しておられる。鈴木彰・林匡編『島津重豪と薩摩の学問・文化　近世後期博物大名の視野と実践』（勉誠出版、二〇一五）は、薩摩藩主島津重豪《しげひで》の文理にわたる学問的文化的広がりを捉えたものである。

われわれは、これらの先行研究に導かれながら、松代藩から東北諸藩へ、和歌・俳諧から文理融合的な知の形成へと、視点を移し、視野を広げなら調査・研究を行ってきた。今回、その一応の区切りとして、本書を刊行するに至った。

ところで、一連の国文学研究者による調査・研究の傍らで、佐竹北家の俳諧活動の実態を明らかにされた鈴木實氏や、庄内藩主酒井忠徳の膨大な文芸資料を整理し、網羅的に翻字された酒井忠治氏のような地元の方々の偉業がある。渡辺憲司氏は、『近世大名文芸圏研究』に「佐竹義躬の恋歌」の一章を立てておられ、秋田蘭画に優れてもいた佐竹義躬は、「蘭学を基盤とした合理精神と、武士としての政治的生活と文学者としての恋歌に対する情熱を矛盾なく共存させた」ことを指摘した。その時点では世に出ていなかった佐竹北家城代である佐竹義躬・

義邦・義文三代にわたる和歌・俳諧活動を紹介されたのが、鈴木實氏の『佐竹北家三代の俳諧』（秋田文化出版、二〇〇三）である。鈴木氏は、角館の伝統工芸である樺細工の研究家でもあり、大著『伝統産業　樺細工』（角館樺細工伝承館、一九八二）をまとめておられる。平福記念美術館の館長も務められたことがあり、秋田蘭画に関する造詣も深い。今なお、丹念に佐竹北家関係資料を収集し調査を続けておられる。本研究に際して、惜しみなく資料の閲覧・撮影・貸出に応じてくださり、数多くのご助言を賜った。

一方、酒井忠治氏（一九二四―二〇一二）は、酒井家分家のご出身で、鶴岡市の歴史家・書家である。一九五〇年から致道博物館にご勤務になり、副館長も務められた。勤務の傍ら、そして退職後も、一〇年以上にわたり、庄内藩第九代藩主・酒井忠徳《ただあり》宛の書簡、和歌詠草、点取俳諧書を翻字し続けてこられた。大学ノートやルーズリーフに書かれた達筆な翻字は、資料とともに封筒に納められ、特注の桐箱に大切に保存されてきた。そのほか、段ボールやクリアファイルにも多くの資料があり、そのリストを巻末に掲載した。忠徳宛の日野資枝等の書簡については、錦仁氏が、酒井忠治氏の翻字と原資料を比較検討し、整理・解説されている（『庄内藩主・酒井忠徳に宛てた堂上派歌人たちの書状その他』（平成26年度～平成28年度科学研究補助金・研究成果報告書―その1―、二〇一六）。

以上のような多くの国文学者の先行研究や地元の熱心な研究家の長年の成果を参照しながら、一〇年にわたり大名資料と向き合ってきた。そこには、中央と地方、貴族と大名、藩主と藩士といった地域や身分を越えて文化や〈知〉が共有されていた。本研究では、文芸のみならず医学や本草学、農学等に視野を拡大することによって、大名文化圏における〈知〉が文理合一のかたちをとっていることに焦点を当てた。福田安典氏の『医学書のなかの「文学」江戸の医学と文学が作り上げた世界』（笠間書院、二〇一六）にも明らかなように、そもそも江戸時代には文理の学を分ける考え方が存在しなかった。現代の細分化された学問体系や自他ともに文系・理系という意識をもった研究者によるアプローチが、分かれていないものを別々のものとして扱ってきたということがあるだろう。たまたま我々が調査した資料が大名資料だったということもあり、ここでは、ひとまず大名文化圏について考えることにした。

第一章では、「文理合一」の〈知〉とは何かということについて、文学と医学・農学という観点で論じた。第一節では、岩手医科大学附属図書館・巖手醫學文庫所蔵の『絵本黴瘡軍談』を取り上げる。現在は、擬人化合戦物の戯作として扱われている。しかし、出版された当時は、梅毒を治すための本として書かれたものだ。本稿では、巖手醫學文庫の『絵本黴瘡軍談』が、他の本とは異なる独自の存在意義をもつことを明らかにした。続いて、医学教育学者である佐藤洋一氏が、「文理合一」という考え方により、医学は文学であるという視点から、一人一人の患者の人生を小説に見立てる医学教育の地平を提言する。さらに加賀藩十村の測量技術者・五十嵐篤好の和文創作に農学の要素が組み込まれていることを論じる。

第二章では、大名文化圏における〈知〉の表象として、庄内藩士・豊原重軌の『百華辨』と松代藩第六代藩主・真田幸弘の「七ツ目甲乙《えと》虎之図」を取り上げる。豊原重軌は、熱心な読書人であり、かつ自然を愛した文理融合の人で、環境文学《ネイチャーライティング》を展開した。また、俳諧大名として知られる真田幸弘が、なぜ自分の顔を虎の頭にして肖像画を書かせたのか、そこにどのような〈知〉をみるべきかを考える。

第三章では、中央と地方をつなぐさまざまな〈知〉の展開に言及する。弘前藩のアイデンティティを示す津軽氏の系譜を作成するためにどのような〈知〉を発動したか、江戸座俳諧宗匠の〈知〉がどのように藩に還流していたか、地誌という観点による〈知〉はどのような東国意識を形成し流布したか、について考察する。

第四章では、庄内藩士・池田玄斎の『築山鈔』の翻刻・解説を行いながら、庄内藩に広がっていた文芸意識の水準の高さについて述べる。また、佐竹北家の城代だった佐竹義邦の句集・俳紀行を紹介する。そして、われわれの調査対象である鶴岡市の公益財団法人・致道博物館の酒井忠徳関係の文芸書目録と仙北市学習資料館と秋田公文書館に伝来する佐竹北家の俳諧資料の目録を掲載する。貴重な資料でありながら今まで等閑視されてきたので、これを機に今後、さまざまな方面で活発な討議や研究が進むことを願っている。

見るべき資料はまだ数多く残されているし、調査が不十分な点もある。ひとまず、これまでの研究の成果を一書にまとめることで、大方の御批正を仰ぎ、さらに研究を深めていくことができればと願う。

なお、本文中の数字の表記については、各執筆者の意向を尊重するかたちをとり、あえて統一していないことをお断りしておく。

編集代表　平林　香織

第一章 文理合一の〈知〉

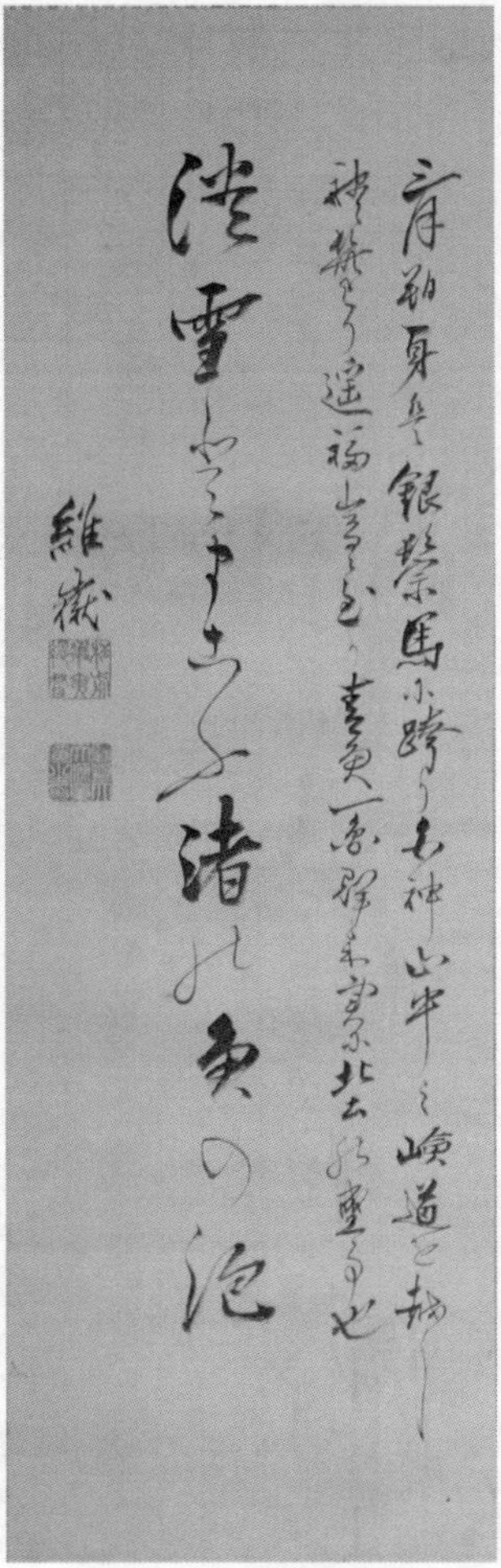

――松前章広（維嶽）自筆発句「淡雪と」

=コラム=

大名の俳諧文化①

松前章広（維嶽）自筆発句「淡雪と」

松前章広（安永四年～天保四年）は、松前藩第九代藩主。第八代藩主松前道広の長男として誕生、寛政四年十月に二十一歳で襲封し、従五位下若狭守に叙任された。幕府は、ロシア船に対する防備のため、寛政十一年に東蝦夷地を仮直轄、享和二年に永久直轄地とした。さらに文化四年に蝦夷地全域が直轄となると、章広は陸奥国伊達郡梁川（福島県伊達市）に移封された。文政四年には復封されたが、この復封の翌年に、藩校として徽典館《きてん》を創立している。

章広は俳諧を好んで弎獵觀維嶽と号した。本点は、絹本に自筆で前書と発句を書いた掛軸（個人蔵）である。

三月朔、身は銀鬃馬に跨り、白神山中之嶮道を越し、
礼髭より遥福嶌に至り、青魚一円群来　実に北土の盛事也。

淡雪とまごふ渚の魚の泡

維嶽［松前蝦夷総督］［朝散大夫源章廣之印］

かつて北海道の日本海側では鰊漁が盛んだった。前書中の「青魚」はその鰊の異名である。鰊は、旧暦の二月末頃に津軽海峡付近に姿を現し、しだいに北上する。その途中、海岸に迫り、群をなして産卵するため、沿岸では白く泡が立つ。これを「群来《くき》る」と言った。この句は、その様子を詠んだものである。

なお、この句を揮毫した掛軸は、本点以外に類品が複数伝来する。すなわち、『福島町史』に個人蔵の二点が紹介され、函館市中央図書館に一点が所蔵されるが、それぞれ少しずつ異同がある。たとえば、函館市中央図書館のものは、前書の冒頭に「文政十一戊子之春」と年記があり、発句の上五は「残雪と」となっていて、落款の印章も本点とは異なるものが用いられている。

江戸の梅毒治療物語—文理合一の水脈

平林香織　河原崇　今栄　駿介　秋元成鎬

はじめに

盛岡市の南、岩手県紫波郡矢巾町に立地する岩手医科大学は、医学部、歯学部、薬学部、そして看護学部から成る医療系総合大学である。創立者・三田俊次郎（一八六三—一九四二）は、盛岡藩の奥医であり、医学塾日新堂で医学を講じていた三浦自祐（一八二八—一九一二）の高弟だった。俊次郎は、岩手県の医の貧困を憂い、明治三〇年（一八九七）設立の私立岩手病院に医学講習所・産婆看護婦養成所を併設した。その後、昭和三年（一九二八）に岩手医学専門学校、昭和二三年（一九四八）に岩手医学大学を開設した。

さて、岩手医科大学附属図書館には、巖手醫學文庫として、四方帙数九〇九点、冊数にすると三四五三冊の和漢古書が別置されている。また、近年、三田俊次郎の師である三浦自祐の御子孫から、三浦自祐が主宰した医塾・回生堂で使われた医学書を含む和漢古書一四三点三八三冊が寄贈された。これら一〇五二点三八三六冊の巖手醫學文庫には、藩校・作人館、医学塾・回生堂や洋学校・日新堂の蔵書だったものも含まれる。その中に、『絵本黴瘡軍談』（船越敬祐著、天保九年〈一八三八〉刊、五巻三冊）がある。本書は、梅毒医である船越敬祐が、医師として、梅毒の症状と経過、また、完治困難な特質を理解した上で、病原体と自らが開発した梅毒薬を擬人化し合戦物にしたてたものである。近年、豊岡瑞穂氏が『絵本黴瘡軍談』は医学書でもあり文芸書でもあることを論じている(1)。このような二面性をもつ本書が岩手醫學文庫に収蔵された背景について考察し、ナラティブ・メディスン（物語医療学）の視点から、文理合一的な本書の存在意義について明らかにしたい。

巌手醫學文庫における『絵本黴瘡軍談』の位置付け

岩手医科大学附属図書館所蔵の和漢古書に最初に光を当てたのは産婦人科学講座助教授だった國本恵吉氏（一九三四—二〇〇九）である。國本氏は、巌手醫學文庫に、盛岡藩の藩校・作人館、文久元年（一八六一）に創立された洋学校・日新堂、また同時期に三浦自祐が設立した回生堂の流れを汲む蔵書があることを明らかにした(2)。

医学私塾・回生堂を主宰した三浦自祐について『岩手人名事典』は次のように説明する(3)。

医師。和賀郡飯富村（現北上市）出身。号・恭園。嘉永元年（一八四八）、八角高遠の私塾に入門。塾頭となり八角の代診を務めた。その後、京都の順正書院に学んで西洋医学を修めた。文久元年（一八六一）、八角高遠や大島高任などと一緒に洋学校・日新堂の創立に参画。文久年間（一九六一—六四）、盛岡に医学塾・回生堂をひらく。純粋に西洋医学の基礎を教えたが、門人に中目成一（軍医監）や三田俊次郎（岩手医大創立者で娘婿）らがいる。明治三年、作人館教授。三浦の精神は岩手医大の創立に結実した。

三浦自祐が学んだ順正書院とは、新宮凉庭（一七八七―一八五四）が京都東山の南禅寺脇に天保九年（一八三八）から天保一三年（一八四二）にかけて建設した医学塾である。凉庭は理財家としても世に知られていた。『岩手人名事典』には岩手県ゆかりの人物として凉庭が立項される。

江戸後期の蘭方医。京都府由良出身。二〇歳の頃、長崎に留学し、一〇年ほどオランダ医学を学んで帰郷し京都で開業し名声を上げた。また儒学を修め東山南禅寺畔に順正書院を建てた。ここに南部藩の八角高遠や飯富良吾、菊池晩節、三浦自祐らが学んだ。天保一〇年（一八三九）、彼を招いて南部藩は国策を問うたことがある。岩手の医学史で忘れられない一人。著書『泰西疫論』『解体則』『窮理外科則』『婦人科書』『外薬則』など多数。墓は京都市の南禅寺天授庵。

國本氏は盛岡藩と凉庭との関係についても明らかにしている(4)。江戸末期、盛岡藩は飢饉や藩政の失敗から財政難に陥り、第一二代藩主南部利済《としただ》（一七九七―一八五五）は、すでに越前藩の財政立て直しの実績があった凉庭に相談する。『駆豎斎《くじゅさい》文鈔』（文久三年〈一八六三〉跋）所収「上盛岡少将公」は、凉庭の盛岡藩財政改革を綴る。凉庭は、天保一一年（一八四〇）四月に京都を出発し、盛岡藩の江戸藩邸に立ち寄って利済と面談し、そのあと盛岡までやってきて、五月、六月と滞在する。領内のようすを見、藩士等と懇談し、財政立て直しの陣頭指揮を執った。質素倹約や勧農政策を強調し、教育による人材育成の重要性を説き、上方の豪商たちに莫大な金子を用立てさせ、自身も一万両を拠出した。京都から盛岡への道中に涼庭が詠んだ漢詩を弟子がまとめた『駆豎斎詩文集』（文久三年〈一八六三〉）があり、新宮涼閣（一八五八―一八八五）がまとめた『鬼国先生言行録』（明治一八年〈一八八五〉）にも、盛岡でのようすが述べられている。『鬼国先生言行録』によると涼庭は盛岡から京都に戻る際、医師・八角高遠（一八一六―一八八六）と飯富了伍（一八一三―一八六七）を伴う。二人は順正書院で西洋医学を学び、盛岡に戻り、西洋医学の実践と医学教育に奔走した。

八角高遠の弟子だった三浦自祐は、高遠の勧めで順正書院に学んだのだろう。岩手医科大学の創立者・三田俊次郎は、新宮涼庭の孫弟子にあたるといえる。

ところで、近時、佐藤洋一氏によって新渡戸仙岳揮毫・新宮涼庭「為医十五則」（三四㎝×一二一・五㎝）が見いだされた(5)（写真1）。末尾に「右新宮涼庭先生遺訓　宏堂書」とある。山本四郎氏の調査によると、「為醫十五則」は、順正書院に掲げられていた四メートルを越える扁額であるという(6)。順正書院に学んだ盛岡の先人たちが、自分たちの医の箴言として盛岡に持ち帰ったのだろう。

新渡戸仙岳（一八五八―一九四九）に関する『岩手人名事典』の記述は次のとおりである。

教育者。郷土史家。能書家。盛岡市出身。号・逢雨、非仏、宏堂。明治九年、盛岡師範学校の検定を取得。一〇年代、盛岡学校や鍛治町学校などで教える。一七年四月、気仙予備学校助教となり二二年まで、この地方で教員生活をする。その後、盛岡高等小学校（現盛岡市立下橋中学校）校長や盛岡高等女学校（現盛岡二高）校長、石巻女学校校長などを歴任。盛岡高等小学校時代の生徒に石川啄木がいる。退職後、岩手日報社客員や岩手毎日新聞社長として新聞事業に携わった。また郷土研究に尽力し、岩手県史や南部藩史の編纂、史跡名勝天然記念物調査委員なども歴任。昭和二三年、第一回岩手日報文化賞受賞。二四年春、収集整理した中世や近世の郷土史料約五〇〇〇冊を県立図書館に寄贈した。啄木が小説『葬送』でモデルとして使っている。書家としても多くの書を残した。盛岡市先人記念館に顕彰されている。

墓は盛岡市の大慈寺。

盛岡市は、ホームページ上で盛岡市出身の偉人を顕彰しているが、新渡戸仙岳のページもある。その記事には、仙岳は幼くして日新堂に学んだとある。大島高遠や三浦自祐を通して順正書院や新宮凉庭について聞き及んでいただろう。また、教育者として凉庭の学問にも通じていたと思われる。

解剖学者・医学教育学者でもある佐藤洋一氏による「為医十五則」の読み下しと解釈は次頁のとおりである。

この十五則は、脈診・視診・問診といった診察の基本事項にはじまり、病気ではなく病人を診るという総合的な判断や患者本位の診療のあり方、また、医師としての自己管理や患者に接するときの態度にまで言及する。全人的医療の実践ポイントを説いているといえよう。また、最後の二項は、理財家でもあった凉庭らしい考え方である。貧しい人からは医療費をとらず、富貴な人からは医療費をとるという合理的な医療行為のあり方が説かれる。

凉庭は武士でもなく、典医・藩医でもなく、市井の医者だった。藩医への招聘もあったようだが、官ではなくあくまでも民の立場で医療行為と医学教育を行い続けた。三浦自祐もまた医学私塾・回生堂を創立し、民の立

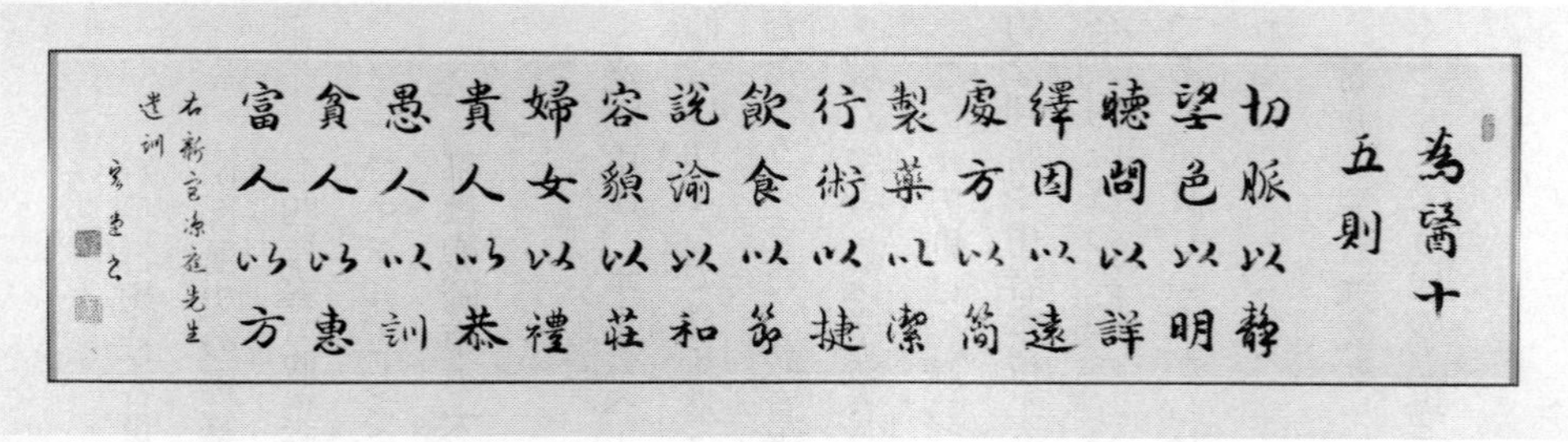

写真1　「新渡戸仙岳揮毫『為醫十五則』（佐藤洋一氏所蔵）」

為醫十五則　　医の為の十五則

切脈以静　切脈は静を以てす　「脈診は静かに行う」
望色以明　望色は明を以てす　「視診は明るいところで行う」
聴問以詳　聴問は詳を以てす　「問診は詳しく行う」
繹因以遠　繹因は遠を以てす　「原因は遠いところから考える」
處方以簡　処方は簡を以てす　「処方は簡単にする」
製薬以潔　製薬は潔を以てす　「製薬は清潔に行う」
行術以捷　行術は捷を以てす　「処置は迅速に行う」
飲食以節　飲食は節を以てす　「飲食は節度をもって」
説諭以和　説諭は和を以てす　「教え諭すときはなごやかに」
容貌以荘　要望は荘を以てす　「顔つきはつつましく」
婦女以禮　婦女は礼を以てす　「婦女には礼を尽くす」
貴人以恭　貴人は恭を以てす　「貴人には恭しく接する」
愚人以訓　愚人は訓を以てす　「愚かな人には解いてきかせる」
貧人以恵　貧人は恵を以てす　「貧しい人には金品を施す」
富人以方　富人は方を以てす　「富める人には時宜を得た医を行う」

場で経世済民を考え、医学教育を行った。盛岡藩の藩校では、漢方医による漢方の講義しか行われなかったため、三浦自祐らは洋学校・日新堂を起こし、さらに医学私塾を開いたのである。彼は、官の制約を離れて新しい医学教育の場を民に作った。その高弟である三田俊次郎も、東北地方の医療の貧困を救うために私立岩手病院を経営し、私立岩手医学専門学校・私立岩手医科大学で医療人育成に尽力した。昭和二四年（一九四九）には、理事長として、岩手大学との合併を決定した教授会決議を覆し、民の立場を貫く決意を固めている。

涼庭の資産は莫大で、ふるさとの越前藩にも一万五千両を貸与している。盛岡藩も越前藩も涼庭にわずかの謝金を支払っただけで、涼庭のもとに貸与した金子が戻ることはなかった。三田俊次郎もまた私財を投じて病院と学校を経営し、私費五千円を投じて三田奨励会を設立した。三田奨励会とは、医学の進歩発達を計り、医学生を奨励することを目的としてた財団法人である。同奨励会細則によれば、貸費生は帝国大学在学生一名、高等学校在学生二名の計三名。貸費額は大学生が一ヶ月八円以内、高等学校生は同六円以内と定められている。理事には三田俊次郎、協議員は盛岡市長淸岡等、盛岡中学校長多田綱宏など、県内の政界や教育界に精通した人物を配した。また、在京の役員として關皆治、田中舘愛橘の二名を選出し、事務所は盛岡市内加賀野小路三十三番戸に開設した。単なる奨学会組織ではなく、財団法人として政財界の重鎮を理事に配している点に、俊次郎の経営者的な側面が表れている。これは、理財家であった涼庭と軌を一にするものといえよう。岩手医科大学初代学長の三田定則はこの奨学金の第一号受給者である。

さて、『絵本黴瘡軍談』の作者・船越敬祐（生没年未詳）は新宮涼庭と同時代人である。涼庭同様、出自は貧しく、長崎に遊学し、独学で医学を修める。そして、民間医として一生を終えた。船越は自ら処方した梅毒薬を安価に販売し、蔓延していた梅毒の治療に専心する。江戸時代に出版された梅毒専門書は多いが、船越は高名な藩医や儒医の提唱する高価な薬を使った治療法を退け、薬価を抑えた。また、それまで金属製が用いられていた梅毒用医療器具であるカテーテルにゴムを用いてゴムカテーテルを発明した。船越は、安価で安全な治療を行うことを心がけた。梅毒における医の貧困を民の立場で救おうとしたのである。

ところで、三田俊次郎は医療人にとって大切なのは教養であり、それを学ぶための図書館が重要であると考え、明治三九年（一九〇六）、病院内に図書閲覧室を設置、その後、私立岩手図書館を設けた。巌手醫學文庫の原型である。これは市立・県立図書館に先駆けて設置された盛岡初の総合図書館だった。現在の巌手醫學文庫の四分の三は『解体新書』（転写本）をはじめとする医学書だが、残り四分の一は歴史・文学・芸術などの人文社会学系の本である。俊次郎が医学を修める際に人文社会学的な発想と態度が重要であることを理解し、文理合一的な教育を実践していたことを示唆する。岩手県立図書館に所蔵される『私立岩手病院十年間の経営概要の報告』によると、産婆学校の科目には、裁縫・料理・茶の湯・作法・遊戯・体操があり、全人的な女子教育を行っていたようすがうかがえる。また、毎月宗教者を招く講演会「宗教講和」や内外の有識者を招いて講義を聴講させる「一和会」を開催していたことが記録されている。さらに今後の病院経営の展望としてあげた五項目のなかに、「図書館の蔵書の数を増やして知識の宝庫とすること」をあげている点が注目される。

一方、船越敬祐は『絵本徽瘡軍談』ゆえに『大日本人名事典』（東京経済雑誌社、一九二六年）には「江戸中期の作家」と説明されている。『絵本徽瘡軍談』は、擬人化された合戦物の戯作を翻刻する続帝国文庫『万物滑稽合戦記』（石井研堂校訂、博文館、一九〇一年四月）に収められる。本書は、明治期の終わりから大正期にかけては、奇抜な合戦譚として分類されていたことがわかる。

さて、巖手醫學文庫の『絵本徽瘡軍談』は、大正二年（一九一三）二月に大橋珍太郎（一八六八―一九五一）によって寄贈されたものである。明治四五年（一九一二）、国の医育改革により私立岩手医学校は閉校、産婆看護婦養育所が残り、明治三九年に開設された私立岩手図書館も継続していた。昭和三年（一九二八）に岩手医学専門学校が開設される前の医育空白期の寄贈書である。大橋は、私立岩手病院付設医学講習所の前身である県立岩手病院付属医学講習所に学んだ医師である。初代岩手県医師会長・三田俊次郎の後をついで岩手県医師会長となり、晩年、花巻町長を勤めた。『岩手県医師会史』上巻による大橋珍太郎の略歴は次のとおりである（7）。

明治元年（一八六八）、花巻町に士族として生まれる。明治一七年（一八八四）に県立甲種岩手医学校に入学後、同二七年（一八九四）花巻町に医院を開業する。その後、稗貫郡医会副会長、岩手県医師会議員、稗貫郡医師会長などを歴任して、昭和二年（一九二七）五月には岩手県医師会長に就任。その間、県や国に対して医事衛生上の数々の建議案や私案を提出するなど活躍は多岐に亘っている、また、昭和一四年（一九三九）には花巻町長となり、政治家としても足跡を残して、昭和二六年（一九五一）年没。七五歳。

『岩手人名事典』によると「歌会や句会を開いたりしたほか、郷土史などにも通じていた」とあり、大橋もまた、文理合一の人だった。

大橋は、三田俊次郎とともに医学専門誌『岩手済生新報』を発刊している。明治三四年（一九〇一）四月第一号から大正初期まで、創刊当初はほぼ毎月刊行された。内容は医事論説、官報からの転載記事、医師や薬剤師産婆看護婦の動静など多岐にわたる。また、薩摩藩士・肝付兼武の『東北風談』を翻刻したり、「医」と「薬」に関する諺を収集した『新輯医薬俚諺語彙』(医事新報社、一九四〇年八月)を刊行したりした。『新輯医薬俚諺語彙』の冒頭「医は仁術」には『大言海』『古今医統』『医医病書』『梅園叢書』『伊賀越道中双六』『白川侯伝心録』『風俗見聞録』『伽羅先代萩』『海録』からの用例を引く。驚くべき引用範囲の広さだ。表紙には「後の世は紙喰う蟲とならばなれ書《ふみ》てふ書は読みつくさなん」という短歌を印字、子息・大橋秀治氏の跋文にも「平成好んで古書陳藉を読む」とある。稀代の読書家であった。

さらに、大橋は、大正一〇年(一九二一)に創刊された医学雑誌『日本医事新報』に数多く寄稿している(二五件)。医学史的見地から、漢方学、漢詩文、仏教、和歌文学と医学の関係に言及するものである。たとえば、田能村竹田の漢戯文『百活矣』(一八一六)や亀田鵬斎『摩訶酒仏妙楽経』(一八二三)の解説文がある。「玉盃無底録・貧乏神考証・轆轤首考証」と題して、古今の「男嫌ひ女嫌ひ」のリスト(景行天皇妃弟媛から一九四一年に戦況視察中に殉職した須賀彦太郎までの五九名と員外・在原業平)を作ったり、「貧乏神」「轆轤首」の考証を行ったりもしている。『日本医事新報』第七八七号(昭和一二年〈一九三七〉一〇月)には、「鬼国山人著破レ家ノツヾクリ話の事」と題する小文を寄せ、新宮凉庭を「先生」と呼んでいる。親愛の情が感じられる。『日本医事新報』別刷として『玉盃無底録・貧乏神考証・轆轤首考証』や『訳解摩訶酒仏妙楽経』を刊行しており、ユーモラスな発想の持ち主であったこともわかる。

宮沢賢治とも親交があり、大橋が「無価」の俳号で五七五の長句を詠み、それに賢治が七七の短句を付けた付合二〇句がある。花巻農業高校に奉職していた賢治が、花巻町長である大橋に奨学生について書き送った書簡もある。

大橋の著作物から、博覧強記でユーモアを好む人物像が思い描かれる。明治初年生まれだが、旺盛な知識欲と熱心な読書により、江戸時代と地続きの文理に広がる士大夫の教養を身につけていた。和歌や俳諧をたしなみ、文筆家としても優れた医師だった。彼にとって薬将と病将の合戦物である『絵本黴瘡軍談』は、医学的興味と文学的興味をともに満足させる作品だっただろう。それを岩手病院の図書館に寄贈した。巌手醫學文庫において大橋寄贈の和本は本書のみである。どんな思いが込められていたのだろうか。

江戸時代の上田秋成や本居宣長、明治時代の森鷗外などを引き合いに出すまでもなく、医学と文学の距離は近い。巌手醫學文庫は、盛岡藩時代以来の民における医の実践の水脈の中で、人間性の陶冶のために文科を重視する文理合一的な思想のもとに医術を実践し、医学教育に尽力してきた先人の遺物といえる。

自然科学を中心とする理科と人文科学・社会科学を中心とする文科の違いはどこにあるのだろうか。観察と分類によって学問の骨格ができあがるのは文科にも理科にも共通することがらである。両者の違いは答えが複数か一つかという点にある。また、理科にとって重要な論証の要件に再現性ということがある。同一の方法で導かれた結論は、誰が行っても同じ結論とならなければならない。しかし、人間の言説や言動を対象とする文科においては、一人として同じ人間がいないように必ずしも再現性が論証の要件ではない。医学はどうだろうか。当然のことであるが、病気だけを対象にするのが医学ではない。そこには病にかかる人間が必ず介在する。病気になる原因は複合的であるし、同じウィルスに感染しても発症する人としない人があり、発症後の経過も千差万別である。同じ薬が、効く人と効かない人がいるし、副作用の出方も人によって違う。そういう意味で、医学には、単一の答えだけを想定していない文科的な発想が必要となる。本書次節では、佐藤洋一氏が、解剖学者・医師・医学教育学者の立場から、医学は文学であると主張する。

医療界において、医学におけるナラティブ・アプローチの重要性を認識する立場で、ナラティブ・メディスンという学が興って二〇年以上が経過している。文学を解釈する手法を、病や病人の理解に有効活用するものである。また、文学作品の行間を読み、作者の創造のプロセスを追体験することが、患者と医師、コメディカルを治癒の物語の創造的な担い手として活性化しうることが明らかになりつつある。文学と医学の距離はより一層近くなってきている。

『絵本徽瘡軍談』は、梅毒治療法を説いた本でもあり、擬人化合戦物でもある。医学書でもあり、文学書でもある。本書は偶然巌手醫學文庫に収められたにすぎないかもしれない。しかし、本書と巌手醫學文庫には、文理合一思想の系譜と民の医療の実践書という不思議な符合がある。医学と文学の距離が接近している今、本書を読み直すことの意義は大きい。

以下詳細に作品の内容を検討していこう。

船越敬祐と『絵本徽瘡軍談』について

巌手醫學文庫『絵本徽瘡軍談』の書誌は以下のとおりである。

大本三冊、天保九年（一八三八）、刊本。私立岩手医学図書館・岩手医学専門学校図書館の印。楮紙、袋綴。三冊ともに「大正弐年二月／大橋珍太郎氏寄贈（全参冊）」と朱で、また、「第二〇八号」と墨で書き入れあり（第一冊は三丁裏、第二冊・三冊は扉）。

【第一冊】題簽はがれ。表紙・薄小豆色唐草地紋、裏表紙・小豆色蜀江酢漿草小菊地紋、二二．四㎝×一五．五㎝、全五四丁、巻一・巻二合集。序あり「天保九年戊戌三月　櫟陰散人」。挿絵・半面四図、見開四図、本文挿入一図。

【第二冊】原題簽「絵本黴瘡軍談軍談巻之三四」。表紙・薄小豆色唐草地紋、二二．五㎝×一五．六㎝、全五五丁、巻三・巻四合集。挿絵・見開六図。

【第三冊】題簽はがれ。表紙・薄小豆色唐草地紋、二二．二㎝×一五．六㎝、全五七丁、巻五・黴瘡雑話（二八丁）合集。挿絵・見開三図。『黴瘡軍談』末に「書図　烽山重春／筆耕一三之巻　森晋三／二之巻　中彌左衛門／四五之巻　森英三

写真2　磐手醫學文庫『絵本黴瘡軍談』巻一・巻二、巻三・四、巻五・巻六

／六之巻　浦邉良齋／剞劂　志保山喜助。巻末に薬の案内広告と無料頒布の注記。刊記なし。

扉には「天保九戊戌歳七月」と横書きされ、その下に枠で囲って三行に分けて「伯州米子　錦海舩越敬祐著」「絵本黴瘡軍談全六冊」「浪花　烽山重春画　蔵六亭蔵版」と書かれている（写真３）。烽山重春は、上方の浮世絵師柳斎重春である。文化庁の文化デジタルライブラリーで数点の役者絵を見ることができる。そこに添えられている解説には、「大坂の人　本名：山口甚次郎　生没：享和二年（一八〇二）～嘉永五年（一八五二）五月二九日　作画期：文政四年（一八二一）～嘉永二年（一八四九）画系：丸丈斎［滝川］国広門人のち柳川重信門人という説あり。また、師なしとも」とある。『絵本黴瘡軍談』が刊行されたときには三五歳である。

巻末には『絵本黴瘡軍談』は紙を持参すれば無料で印行して配布するか、紙代だけで配布することが書かれている（写真４）。

此本は売本にあらず。天下の病者疣痾《びょうにんなんびょう》に苦しむ者をすくはん

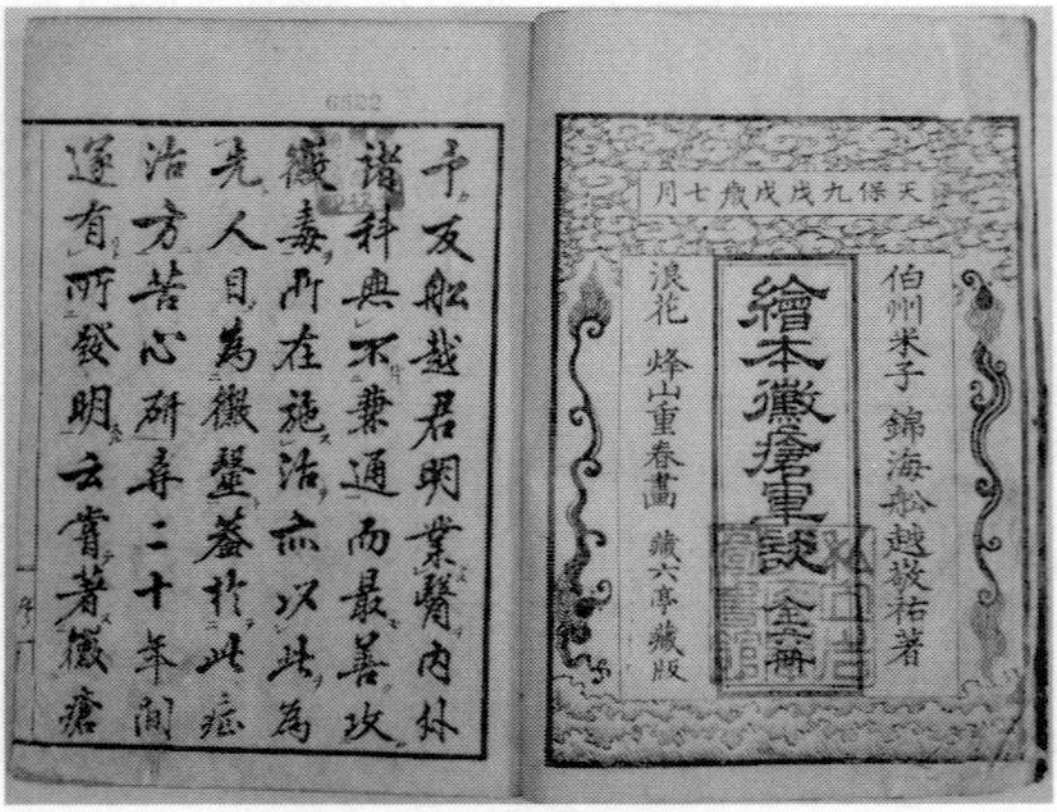

写真3　扉絵と序文

為にとてあらはしたれば、施印《ほどこしはん》にして世に弘む。故に望《のぞみ》の人は紙持参すれば、板木料摺賃とらず、何百冊にても板すらせ進ずべし、此板すりて宜しき紙を吟味いたし兼て買ひ置《おけ》るゆへ、元銀にてわけ申（す）べし。

表紙が第一冊の裏表紙のみ別紙であるが、これは、あるいは持参の紙による印刷であることが影響しているのかもしれない。

なお、諸本についての詳細は後考を期すが、この頒布注記があるものとないものに分けられる。五巻五冊、五巻三冊、五巻一冊の形態がある。これは、後に考察する内藤記念くすり博物館所蔵の引札に五冊本、三冊本、一冊本の三種類の形態があると書かれていることと一致する。現在確認した範囲では、注記があるのは、巌手醫學文庫本（三冊本）、京都大学大惣文庫本（三冊本）、東京大学附属図書館蔵本（三冊本）である。注記がないのは、早稲田大学図書館蔵本（五冊本）、東京大学附属図書館本（一冊本、五冊本）、京都大学富士川文庫本（五冊本）、内藤記念くすり博物館蔵大同文庫本（現存巻五のみ）。

無注記の本は、早稲田大学本以外、刊記に書肆が複数並ぶ。富士川

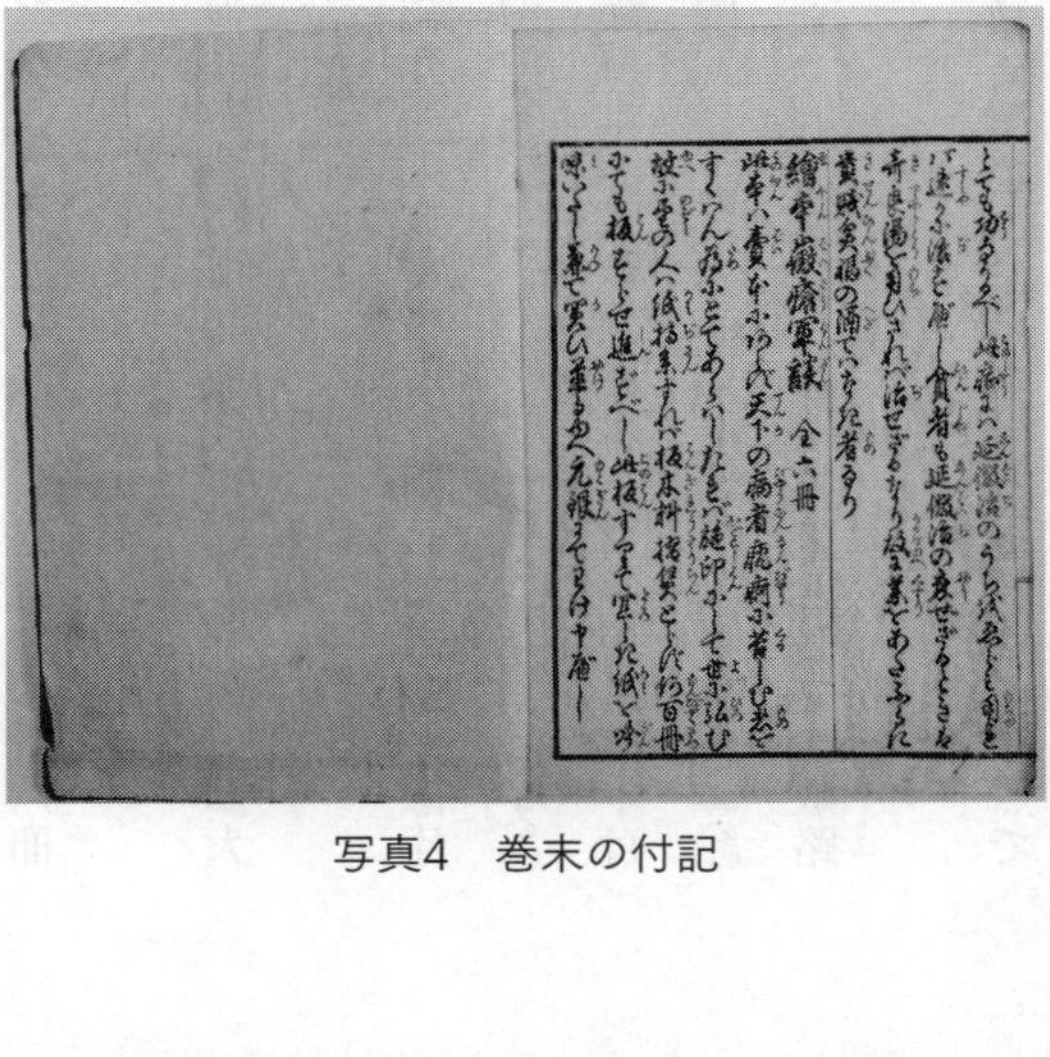

写真4　巻末の付記

文庫本と東京大学三冊本は、刊記の書肆は同一。京都・河内屋藤四郎を筆頭に、江戸六、大坂二、併せて九店。東京大学五冊本の刊記には、江戸の丁子屋平兵衛・釜屋又兵衛、京都の吉野屋仁兵衛、大坂の河内屋太助（版）・河内屋原七郎（行）が並ぶ。また、「伯耆国医生今浪花住錦海 著書目録」を付す。二丁分の著書目録には『黴瘡軍談』『黴瘡茶談』『黴毒方撰』『外療便覧』『薬方集覧』『妙薬奇覧』『妙薬奇覧後編』『医道年代記』の計八冊の広告と、「新製ゴムカテイテル」「重粉」の広告が載る。

注記の有無は、薬の需要の高まりと『絵本黴瘡軍談』の読み物としての面白さによる取扱書店の刷新・拡大を暗示する。無刊記の本は、刊記がある諸本よりも早い時期のものである可能性が高い。

内藤記念くすり博物館蔵大同薬文庫蔵巻五のみの端本の書肆は富岡氏紹介の大惣文庫本と同じである。黴瘡軍談雑話のあと、巻末に「商人買物薬案内」「御書物仕立所」として大坂の播磨屋五郎兵衛の広告が掲載される。

確認した範囲では、三冊本である巖手醫學文庫本、東京大学附属図書館蔵本、大惣文庫本、富士川文庫本はすべて異本である。純粋に薬の附録として印刷されたものである可能性が高い。その後、薬の需要の高まりと『絵本黴瘡軍談』の読み物としての面白さが相まって、販売網が広がり、一冊本、五冊本となり、書籍としての販路が拡大していったのではないだろうか。

船越の著書目録のうち現存するのは、『妙薬奇覧』、『妙薬奇覧後編』、『黴瘡瑣談』、『絵本黴瘡軍談』の四点である。『妙薬奇覧』は、文政一〇年〈一八二七〉序、最も早い時期の出版で、さまざまな薬の処方を記す。次いで、梅毒の治療法を記述した『黴瘡瑣談』（天保二年〈一八三一〉序、天保一四年改題『黴瘡茶談』）、そして、『絵本黴瘡軍談』（天保九年〈一八三八〉）が書かれた。『妙薬奇覧後編』は嘉永四年（一八五一）の刊行である。

船越敬祐について明らかになっている伝記的事項は次のとおりである(8)。

船越敬祐は米子の大寺屋船越家の分家鍋屋船越の出であるという。生没年は判らないが、嘉永年間（一八四八―五三）頃には死亡しているものと思われる。名は晋、通称は敬祐（啓祐）、字は君明、錦海と号していた。その父は二九才で没したため、子供の頃より大仙台屋の丁稚小僧に出され、才智優れていて出世して手代、番頭となったが、女遊びが過ぎて難症の梅毒を患った。そこで意を決して大坂に出て医家に住み込み病気の治療につとめ、医師それも梅毒専門の医師となる決心をした。

京都の宮廷医錦小路家の門人となり、又長崎に出て蘭医術を覚えて大坂に戻り、北久宝寺三休橋近くに開業した。そして水銀剤による駆梅薬をいくつか研究製剤化し、文政、天保（一八一八―一八四四）頃には梅毒専門医として有名となった。文政一〇年には妙薬奇覧を刊行し、天保九年（一八三八）に黴瘡軍談を、天保一四年には黴瘡茶談を書いて出版した。

『黴瘡瑣談』には船越が梅毒に罹患した経緯が書かれている。

余が父母も此病に罹りて天年を終らず。父は廿九歳にて世を去り、母は四十四歳にて世を去る。余も又若年のとき此病に数年くるしみ、種々の方剤を用ひるに寸効なし。此に於て一医生《あるいしゃ》に、委しく病苦を演舌し、「此の如く世に長く苦しまんより速やかに死するも又幸ひなり。故《かるが》ゆへにいかなる劇薬もおそるゝ

意《こころ》なし、願はくは十死一生の劇治を施したまへ」と乞ふに

両親ともに梅毒で、父は二九歳で亡くなり、母は四四歳で亡くなったという。船越は「若年」で梅毒に罹患したという。母子感染とも考えられる。事実は不明だが、「女遊びが過ぎて」という書き方ではない。そして、ある医者に、長く苦しんで死ぬより劇薬で死んでしまうほうがよいから、「劇薬」による「劇治」を施してくれと頼み、水銀を用いた劇薬の副作用に苦しむ。一向に治らないため、みずから「延寿丸」を発明するに至り、ついに梅毒に打ち勝つことができたという。

船越は米子に一八年暮らしたのち松江で四年過ごし、その間に『絵本黴瘡軍談』を著述したという。何歳で罹患し、何歳で『絵本黴瘡軍談』を書いたのかは明らかではないが、医者になった理由が自らの梅毒を直すためであり、梅毒薬・延寿丸の発明も自らのためであったことがわかる。

江戸時代の医師は、幕府や藩に仕え一定の禄をもらった幕医・藩医のほか、儒学と医学を学んで医師になり開業する儒医があった。儒者は、漢文で書かれた医学書が読めるので医学知識を修得しやすかった。新宮涼庭は儒医である。儒医のなかには藩医に取り立てられるものもあった。第三のタイプは、医塾や師匠について得た知識と経験をもとに開業する町医である。海原亮氏によると、江戸時代を通じて、医師の身分は士農工商の枠の外にあり、その位置づけははっきりとしていないという(9)。また、「少なくとも幕府=公儀が採用した制度・施策は、まったく現状追随的な性格を脱却できず、医療の発展を主導するには至らなかった」(10)。つまり医育制度が未発達だった。医師を志す人たちは、藩校や医塾での医師養成や個人的に師についたり遊学したりして医学を学んだ。

船越は、町医の梅毒専門医として、生涯にわたり梅毒とがっぷり四つに組んだ医師だった。

『絵本黴瘡軍談』におけるナラティブ

『絵本黴瘡軍談』には「櫟陰散人」による漢文体の序があり、「天保九年戊戌三月」の日付である。櫟陰散人については未詳だが、序文は「予が友船越君明、医を業とす」と起筆される。続いて船越を、「内外諸科に兼通せざること無く、最も良く黴毒を攻む」と紹介しているので、櫟陰散人は、船越と梅毒の戦いぶりを理解していたことがわかる。「此症治方に於て苦心研尋二十年間、遂に発明する所有り」とあるので、船越と梅毒の戦いは文政のはじめ（一八一八年）ごろに遡ることになる。

そして、船越の著作『黴瘡瑣談』『黴瘡雑話』等が、「皆国字文を為る、症を挙げ方を指し、詳審遺すこと靡（な）し」と記す。船越の著作が和文によること、症例が豊富で、記述が詳細を極めることがきちんと紹介されている。読みやすくわかりやすい書き方で処方を間違えないように丁寧に記述し、「盲医の毒手」から防ごうとしたが、「軽薄の子弟」は、漢文体で書かれる一般の医書とは違って、和文で書かれた船越の著作をないがしろにし、一回読んだだけでうち捨ててしまう。そこで最近流行っている「小説の体」を用いて「病薬交戦」の話を作った。「寓言を仮（り）て、実用に帰す」ことは「巧手段善方便」であり、「世に益有るの書」であるという。単に「小説の流」として読まれることは「君明が意に非ず」と結ばれている。

「寓言」は、『荘子』の「寓言篇」による語で、江戸時代を通じて俳諧や小説を論じる際に多くの文人が用いた。

荘子は、「寓言は十に九」「寓言十に九は、外を藉《か》りて之を論ずるなり」[11]と言った。自分の話の中では十のうち九が寓言であり、「寓言とは、ほかの事物を借りて道を論ずるもの」という意である。荘子の寓言は、「他の物事に仮託して、高遠な思想や教訓を述べた説話」(『日本国語大辞典』)と解される。たとえば、江戸時代前半の小説家で俳諧師だった井原西鶴(一六四二―一六九三)は、弟子に向かって「寓言と嘘とは異なるぞ。うそなたくみそ、つくりごとな申しそ」(北条団水『団袋』「俳諧一言放談」)と言った。西鶴は文学のことばを寓言とみなし、偽りを表現する嘘とは違って、真実を表現するために借りてきた表現、と考えた。篠原進氏は、西鶴の寓言を、「〈今〉を撃つための」「真実を表現するレトリック」と捉える[12]。寓言は、表現の面白さと深さを導き出す。死という名の敗北の恐怖と背中合わせの病である梅毒に勝つための戦略を、病と薬の合戦という寓言によって表現する方法は、梅毒にふさわしい。性病という特殊な病で、長く苦しい治療期間を要する難治性の梅毒は、罹患した原因や治癒のプロセスに関してさまざまなレベルの物語を作り出す。軽快化と再燃を繰り返す性質も、物語的な刺激となりうる。後悔や絶望の物語を希望の物語へ転換する装置として、擬人化された合戦物という様式は説得力のあるものだった。

櫟陰散人は、本書のもつ意味を深く理解した上で序文をしたためている。

続く「述意」は、船越自身による本書執筆の動機だ。「奸医盲医のために誑《あざむか》れ、遂に不治《なおらぬ》の症となりて、生涯を誤る者」が数え切れないので、世間の誤解を解き、正しい治療法を説くための書であると力説する。当時の梅毒治療には、毒性のある塩化水銀剤が塗布剤、吸引剤、内服薬として用いられたため、これら劇薬の処方の塩梅がむずかしかった。副作用も強く、副作用に耐えられず服薬を止めてしまう患者もいた。また、病気の再燃を薬の副作用と勘違いする医者もいた。船越は「害あるは、盲医の咎なり、薬の害にはあらず」と断じる。治療を困難にしているのは薬の処方の仕方であるから、そのことを「耳近く世人に告（げ）示さんがために、病と薬の応不応を軍の勝負に喩へて、方剤の加減を述べ明（か）す」という。この書によって、「（患者が）自ら黴治の径庭を諳んじ知り、盲医の難治を免れ、奸医の悪計に陥ることなからん」と説く。

続いて、凡例があり、四箇条が記される。

一　此書専ら通俗を要とすれば、文語の卑陋は勿論、仮名づかひの違ひ等多かるべし、看人《みる》これを察せよ。

一　一分の体裁、全く小説軍記に倣ふゆへに、交戦のいきおひ、勝敗の状、病薬相攻るに過《すぎ》たることあり、これ戯著の常体なり。

一　澆季の俗徒、奇怪の事に非ざれば悦ばず、故《かるがゆえ》に、今も俗間に行はるゝ、三国妖婦伝なるものを仮り用ひて、悪狐の怨念、黴毒王となり、雷震等の神霊、延寿丸等の薬となるといふがごとき、妄誕の上に妄誕を加ふ。これ全く時俗の悦びを邀《むか》へ、この書を熟読せしめんがためにして、奇怪を述るを以て、得意とするには非ず。

一　毎国、病賊薬軍を配当するものは、たゞ其大概に従ふ。強て株《これ》を守ることなかれ。

この凡例は、通俗の書として仮名遣いに俗用があること、小説の軍記を模しているので戯作のように誇張した表現がみられること、黴毒王を三国妖婦伝の妖婦になぞらえて読者の興味を引きつけるためのフィクションがあること、人体国を舞台に病賊と薬軍が戦うようすは医学的には大まかなものであることを説明する。薬剤の用い方をわかりやすく伝えるために、卑俗な表現や誇張表現によって合戦物としての色彩を強めたところがあると断っている。

「述意」は医書としての特性を述べたものであり、「凡例」は医学的な内容を伝えるための文芸書（戯作）としての側面を述べたものだ。

次に、登場人物の紹介図面がある。医者・篤実淳直（写真5）、病賊・黴毒大王（写真6右図）の姿がそれぞれ半面に大きく描かれ、薬将・延寿丸と治瘡丸（写真6左図）、薬将・黴効散と奇良湯（写真7）が、二人ずつ半面に描かれる。役者絵を得意とした豊春の絵は、精緻な表現で読者を惹きつける。これらの人物の画像により物語のイメージがぐんと膨らむことになる。

目録は漢文体である。一章ごとに七言一対の対句形式で標題が付けられている。巻之第一から第五まで、それぞれ二章、一章、三章、三章、一章で構成される。内容に応じて叙述量が加減されている。重篤化する病、再燃する病を述べる中間部の分量が多い。読解の便をはかり、書き下して示す。

巻之第一

医生灯前に妖孈を見る／天神斧下に魔魅をしりぞく

郊野《や》に会し群邪事を議す／形躯を変じて五傑募《つのり》に応ず

巻之第二
舌戦を試みて国王任を授く／奸謀を挫《くじ》いて賊徒誅伏す
巻之第三
敵陣を襲ふて遺毒首《こうべ》を喪ふ／本営を失ふて瘰癧迹《るいれきあと》を晦《くら》ます
血熱黄泥阪に敗走す／下疳陰頭山に滅亡す

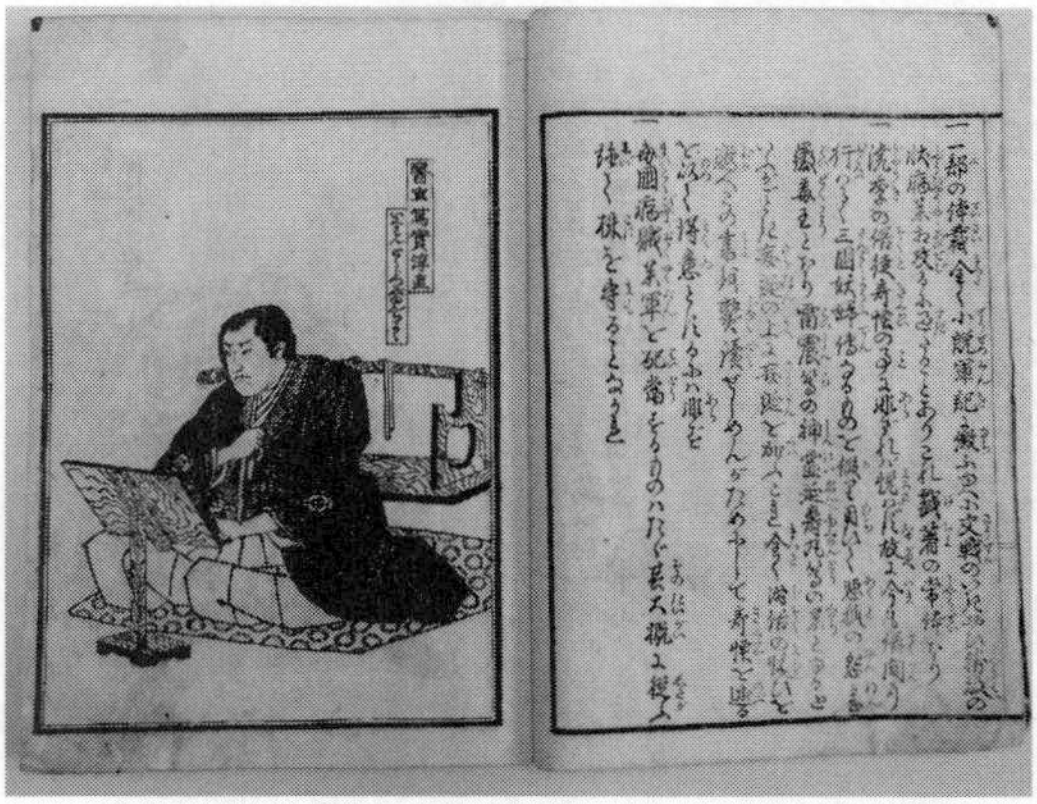
写真5　篤実淳直

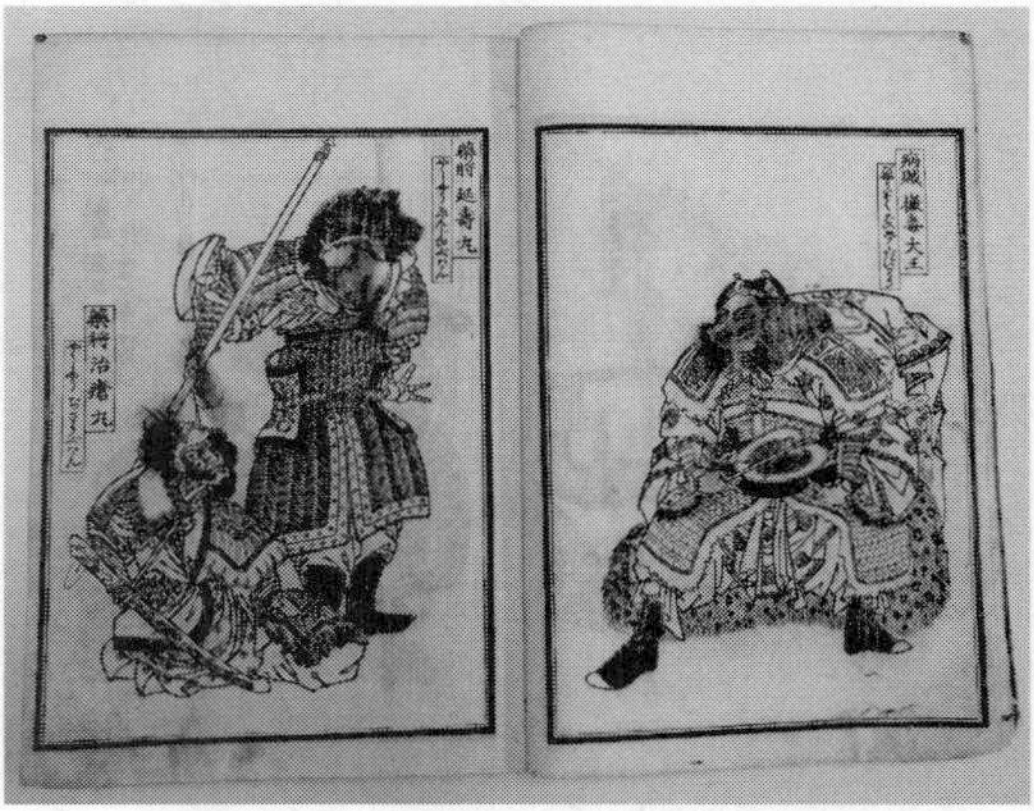
写真6　黴毒大王と延寿丸・治瘡丸

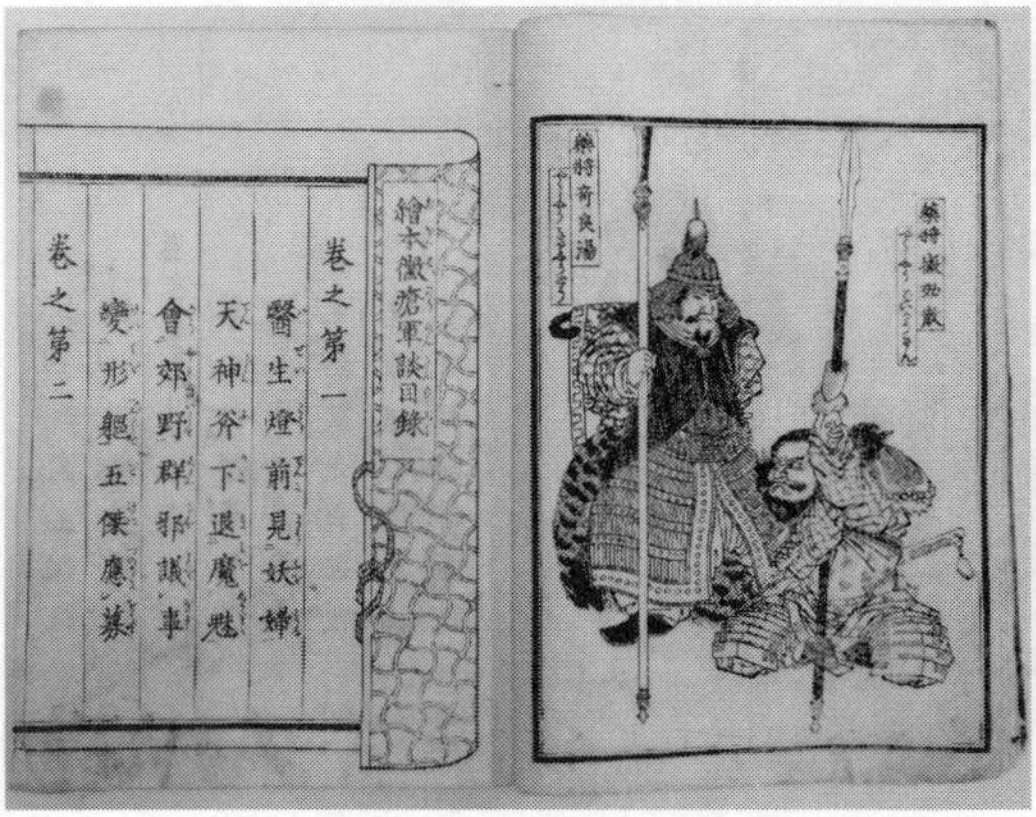

写真7　黴効散と奇良湯

元気を養ふて薬将戦《たたかい》を緩む／鋭鋒を拒《ふせ》いで病賊命を殞《おと》す

巻之第四

延寿丸勇に矜《ほこ》りて敗《やぶれ》を取る／黴効散計《はかりごと》を定めて敵を討つ

両雄連《しきり》に出て苦戦を究む／一将独《ひとり》進んで衆敵を鏖《みなごろし》にす

巻之第五

大元帥計りて賊群を平らぐ／倶生神来《きた》つて国乱を報ず

枯を活かし死を回す巧手段／功を遂げ名を全す大団円

目録畢る

附録一巻

黴瘡雑話

六人の人間の体内を「国」に見立てて、その中で、病と薬をそれぞれ将軍に擬人化して戦わせる。以下、各章の梗概である。

巻之第一

「医生灯前に妖孀を見る／天神斧下に魔魅をしりぞく」

「夫《それ》天地の間、物各相対あり」と起筆。天と地、陰と陽、暑

写真8　巻一挿絵

と寒、男と女などと同様、薬と病は対の関係にあると説く。梅毒薬を研究する医師・篤実淳直が、「黴毒の治術」を完成させたが、陳司成『黴瘡秘録』の言説を信じる者が多く、淳直の治療法は顧みられない。淳直は、悔しく思いながらも日夜梅毒について研究する。

ある夜、淳直の前に二八歳ぐらいの美女が現れ、梅毒の精霊であると名乗る（写真8）。元は金毛九尾白面の狐であり、妲己・斑足王・玉藻前として知られた妖狐であるという。安部泰親に那須野に封じ込められたが、再び唐土によみがえり、梅毒という「難治の悪疾」となったと出自を明かす。中国、日本の梅毒治療史に言及し、「我れに敵する者、世の常の病とおもふがゆへに、全治の功を得ざるなり」、とこれまでの治療法が誤っていることを指摘する。そして、淳直に治療を止めれば無病長命を約束すると言う。しかし、淳直は「永く病根を絶尽すべし」と一歩も譲らない。すると妖婦が淳直に飛びかかり、口から毒気を吐く。

淳直は硬直してしまう。そこへ、九尺ほどの身の丈の大将が現れ妖怪に斧を振り下ろす。妖怪は「遠からずおもひしらせん」という捨て台詞を残して立ち去る。大将は殷と戦った周の武王の臣・雷震だと名乗る。淳直を導いて悪霊退治をするのだと言う。二人は紫雲に乗って虚空を走り行く。

「郊野《や》に会し群邪事を議す／形躯を変じて五傑募《つのり》に応ず」

黴毒王は長崎丸山遊郭の人体国に入り込んで、女体国から男体国へ、そしてまた女体国へと潜入しようと企てている。福徳自在衛門《じざゑもん》家の腰元に成りすまして、一家の人々と交わり、自分の精霊を体内に侵入させた。

梅毒に罹患した人々が、五宝丹、紫金丹、山帰来剤、六物解毒湯、捜風解毒湯などの「弱将」に頼るように仕向け、激剤である軽粉嗅薬、生々乳、そつぴる、どろしす、かるめらなどを遠ざけるようにしている。太公望だけが手強い神将であると言う。淳直は、太公望から、福徳自在衛門の一家七人が黴毒王に襲われていると知らされる。淳直は人体国で黴毒王の一味と戦うことを宣言。雷震が、前世でもともに妖狐と戦ったメンバーを薬将として集める。そして自分は延寿丸となり、さらに黴効散、治瘡丸、奇良湯の薬将を揃えて戦うことにする。すると福徳自在衛門の倶生神が助けを求めに現れた。倶生神というのは「人が生まれた時から、その左右の両肩の上にあって、その人の善悪の所行を記録するという同名、同生の二神」(『日本国語大辞典』)である。

太公望は、人体国に潜入できるように、淳直を飛行自在な透明体に変じる。自分は公務があり天を離れられないと言って、淳直と四人の薬将を福徳自在衛門の人体国へ派遣する。

巻之第二

「舌戦を試みて国王任を授く／奸謀を挫《くじ》いて賊徒誅伏す」

まず、人体国が小天地であるという賢者のことばが紹介される。天地の構成要素である五行(木・火・土・金・水)と人体の構成要素は同じであるという。そして、士農工商からなる国が、国家の主の不正不実によって滅亡するように、人体国が病国となったときは医国王としての主人公、つまり其人自身が不実である場合は滅亡を免れないという。

福徳自在衛門国では、国王が淳直らを拒んだので、淳直と軍将らの舌戦がはじまる。山井養民《やまいようみん》、部良棒《べらぼう》庵《あん》などの大元帥、副元帥ほか軍将を招集する。彼等にはそれまで服用してきた薬の効果がないことを擬人化した名前が付けられている。倶生神は、黴軍が手強いので延寿丸ら神将によって滅ぼして欲しいというが、それを奸言として退ける。淳直は延寿丸の薬効を説き、従来の処方の誤りを指摘し、梅毒の治りにくさを説く。また、一見治ったかのように見える病気の再燃と薬毒の違いを説明する。免疫力や体力をあげるための補薬の大将などを用いながら根気強く薬を用いることが重要だと語る。また『黴瘡瑣談』『黴瘡雑話』を読むように勧める。軍将らが次々淳直と一問一答を繰り返し、「先生の高論皆実見にして、我等が及ぶ所にあらず、向後は先生とあをぎ、軍術指南を受くべし」と申し出るものも現れる。淳直は、人体国と薬の関係や、伝染病の種類と症状について解説、梅毒と他の病との違いを説明する。

突然、滑田順才《ぬめたじゆんさい》、不実貪欲《ふじつどんよく》という二人の将軍が躍り出て、黴毒王の命を受けて医者となって人体国へ入り込んだのだから邪魔をするな、と言って淳直に襲いかかる。延寿丸と黴効散が二人を打ち倒す。それを見た国王は驚き、妖怪がなりすました医者にしたがっていた我が身を恥じる。そして、国中を巡見して、脈道、腹部、頭、唇、舌の要害にある賊軍と戦うことを決意する。

巻之第三

「敵陣を襲ふて遺毒首《こうべ》を喪ふ／本営を失ふて瘰癧迹《るいれきあと》を晦《くら》ます」

ここでは梅毒の諸症状が黴賊として擬人化される。瘰癧腫高《るいれきはれたか》と遺毒抜兼《いどくぬけかね》である。淳直は長期戦ではなく短期決戦の布陣を張る。薬軍を使って遠攻めをしたのちに、夜討ちを仕掛け、鉄砲で病軍を一掃する。病人に体力をつけてから強い薬を使って一挙に病魔をたたく方法である。鉄砲に狙われた黴兵が次々と倒れ、延寿丸の攻撃に敵兵は落ちていく。遠攻めのあとの鉄砲は、時宜を得て処方された延寿丸のメタファーである。淳直はまだ「全治の国」とはいえないと警告しつつ、延寿丸とともに黴賊に侵された別の属国へと赴く。

「血熱黄泥阪に敗走す／下疳陰頭山に滅亡す」

続いて淳直は属国「福徳長禄国」に赴く。ここには下疳早成《げかんはやなり》、骨痛動須《ほねいたみうごかず》という賊将が国の入り口である陰頭山に陣取っていた。梅毒菌による生殖器の炎症と関節の硬直・疼痛が擬人化されている。多くの梅毒患者が苦しむ症状である。二人の賊将の乱暴により「国民等苦悩にたえず」とある。延寿丸が大黄牡丹皮湯の助けを借りながら、みごとに賊将を討ちとる。国王は大いに悦ぶ。淳直は薬将四天王（延寿丸、治瘡丸、黴効散、奇良湯）とともに次の属国へと向かう。

「元気を養ふて薬将戦《たたかい》を緩む／鋭鋒を拒《ふせ》いで病賊命を殞《おと》す」

三番目の国は「福富万吉国」である。万吉国では、黴賊・上攻結毒《じょうこうけつどく》と痔疾痔瘻《じしつじろう》が、「口中門、穀道門に陣を張り」嚥下困難にしている。食欲のない患者の補薬である十全大補湯が用いられる。補薬なので「温和の将」として擬人化されている。黴賊は頭脳山にも及んでいる。延寿丸が頭頂へ赴き、黄全大補湯は足下に向かい、鎮圧に成功する。次の属国から倶生神がやってきて延寿丸の出兵を要請する。淳直はしばらく止まり、「乱後治世の術」をする。病後の管理である。

巻之第四

「延寿丸勇に矜《ほこ》りて敗《やぶれ》を取る／黴効散計《はかり》を定めて敵を討つ」

四番目の属国は「助八国」である。結毒難治《けつどくなんち》・蝋燭下疳《ろうそくげかん》の二将が分身の術などを使って国中の通りで延寿丸に襲いかかる。形勢不利となった延寿丸は、万吉国にとどまっている淳直に助太刀を求める。淳直は黴効散を呼び出し、延寿丸への加勢を命じる。賊徒を打ち倒した黴効散が凱旋し、国王は大いに喜ぶ。淳直は乱後の仕置きを詳しく言い残して次の国へ向かう。

「両雄連《しきり》に出て苦戦を究む／一将独《ひとり》進んで衆敵を鏖《みなごろし》にす」

五番目は「金吉国」である。便毒腫満《べんどくはれみつ》と楊梅瘡広成《ようばいそうひろなり》との戦いを描く。淳直は国王に謁見し巡見を申し出る。黴毒王は秘策を用いて、楊梅瘡広成を百八人に分身させ、延寿丸を包囲する。梅毒の楊梅状の発疹が全身に広がるイメージである。形勢不利な延寿丸を応援するために黴効散・黴毒散が四千五百騎の消魔風の熱風で敵を退散させる。治瘡丸が奇襲の前に酒宴をはり敵をおびき寄せ、便毒腫満と楊梅瘡広成を討ち倒す。病将名が、全身にひろがる楊梅瘡や腹水がたまり膨満感がある胃腸の症状から命名されていることがわかる。

「大元帥計りて賊群を平らぐ／倶生神来《きた》つて国乱を報ず」

六番目の「福松国」は、もともと「勢力勝れたる国」であった。つまり免疫力が高かったということだろう。疥癬穢《かいせんきたなし》と雁瘡癒兼《がんそういえかね》に侵略されていたが、防戦の功あって「皮表の戦い」に終始していた。皮膚の炎症だけで、内臓や骨髄は侵されてはいない。黴毒大王が小便道に援軍を送り、排尿困難にする。薬軍の負色が濃くなる。治瘡丸が軍勢を引き連れて鬨の声と共に名乗りをあげる。槍をもって戦うが、賊軍に追い立てられてしまう。淳直は延寿丸に退治を命じ、賊軍を一人残らず討ち果たした。

そこへ、自在衛門国から倶生神がやってきて、国王が油断して、奸臣の讒言にそそのかされ、薬兵を遠ざけ放蕩にふけったため国が滅亡の危機にあると訴える。淳直はできるだけのことはするが、「必ず治すべきや否やは知らず」と、根治が難しいかもしれないことを告げる。倶生神は、国が滅んだとしても淳直の治療を受けることができれば本望であると言う。いよいよ黴毒大王との最終決戦である。淳直は諸薬将を従えて本国へと向かっていく。

巻之第五

「枯を活かし死を回す巧手段／功を遂げ名を全す大団円」

再び自在衛門国にやってきた一行は、衰弱した国のようすに呆然となる。国王は開き直って衣服美麗元帥が力を尽くしているから大丈夫だとうそぶく。淳直は佞臣・美麗、貪欲、色欲らと論戦をはり、色と酒の弊害を説く。国王は漸く自分がだまされていたことに気づき奸臣を追放する。そこへ黴毒大王が自ら出撃してくる。形勢は一進一退である。延寿丸とその部下が黴軍を包囲、ついに黴毒大王を追い詰める。延寿丸が黴毒大王の本体が妲己であることを暴き、大王の首をはねる。本性が黴毒大王の体から抜け出て、「今は元の栖処に帰る」と言い残して敗走する。淳直は黴毒大王主従の首を首桶に入れて勝ち鬨をあげる。淳直と薬将四天王は国王等に国境まで見送られて惜しまれつつ、自在衛門国を離れる。

雷震が現れて「一刻も早く御身の内へ帰り給へ」と淳直の背中を突くと、真っ逆さまに落下する。「あっ」と叫ぶとその声に目が覚めた（写真9）。淳直は書斎の中にいた。「是南柯の一夢にして」淳直は我に返る。そして夢の出来事を思い返し、「人体国とは人の一身、国王主人公とは人の心なり、倶生神とは守り神なり」と理解する。

夢中の経験をもとに、今まで使っていた奇良湯、治瘡丸のさじ加減を調整し、アイデアだけだった延寿丸、黴効散を精製する。延寿丸、黴効散を患者に与えてみたところ、夢の中と同じ治療効果が得られた。四つの薬を黴

写真9　すべてが淳直の夢であったことを示す巻六の挿絵

薬四天王と名付け病人に用いたところ、治らない患者はいなかった。評判となり、薬を求めるものが後を絶たなかった。そこで、夢中のできごとを記して世に伝えることにした。

故事「南柯の夢」は、唐の淳于棼《じゅんうふん》が南柯国の長官となって二〇年間の栄華を極めたが、それが一睡の夢だったことから、はかないことのたとえである。しかし、淳直は夢で治療の啓示を得る。「淳直」という名前は「淳于棼」を響かせたものでもあろう。

薬の名を薬将の、梅毒のさまざまな症状を病将に擬人化、身体そのものを国に見立て、梅毒菌に侵された頭部・臀部などの肢体を国の地名に擬物化する。人体国を六国としたのは、梅毒の症状が段階ごとに変化し、人によって発現の仕方もさまざまであるという梅毒専門医としての医学的な知識と経験に基づいたものだ。薬将たちの交戦スタイルがさまざまであるのも、病人ひとりひとり病の経過が異なり、それによって薬の組み合わせや量をさまざまに変えなければいけないことを示す。たくさんの患者に向き合ってきたことが、物語の中に取り込まれて、みごとな梅毒ナラティブを形成している。巻之第五で、自在衛門国の国王が油断したために佞臣によって病軍が盛り返すようすは、治ったかにみえて再燃しやすい梅毒の病気としての特性を的確に捉えたストーリー展開である。治療に時間がかかり、また、病者自身の節制や食事コントロールも不可欠で、医師と病人が心を合わせて根気よく治療しなければならない病気であることを読者に理解させる物語展開といえよう。

梅毒に精通した医師や患者にとっては、切実な症状や苦痛が「瘰癧腫高《るいれきはれたか》」、「遺毒抜兼《いどくぬけかね》」、「疥癬穢《かいせんきたなし》」「雁瘡癒《がんそういえ》兼《かね》」などと擬人化されることが、リアリティのある表現となっている。

最後に六丁の「附録」がある。先に出版した『黴瘡瑣談』の内容と重なる部分が多い。医学的見地から、梅毒の発生と伝播、梅毒の経過、過去の治療法と現行の治療法、それらの難点、また、梅毒治療の難しさをわかりやすく説く。薬の処方の仕方、それによる患者の反応などを詳しく紹介する。自分が梅毒に罹患したときに服用し、今も一般に処方される薬（七宝丸）では効果が無いこと、自ら延寿丸を試したときのことを治験データとして掲げ、一般の薬では治療に五年を有するが、延寿丸であれば四、五ヶ月で全治することを解説する。そして、再度、自在衛門国をはじめとして、すべての人体国の記述を振り返り、それが梅毒のどのような疾病段階と症状を表現したものであるかを説明する。

「附録」には本書執筆の目的が次のように書かれる。

今世上に余がごとく、治療を誤りて数年苦《くるし》み、病薬のために身代を失ひ、或は廃人と成り或は非命に死する者、其数を挙げて計《かぞ》ふべからず。傷むべきの甚《はなはだ》しきなり。余が此書を著すは、専ら是等の事を世に諭し、長く黴毒の害を免れ令《しめ》んと欲するのみ。然れば、此病を憂ふる者は、此書と附録の黴瘡雑話とを幾度も読《よみ》て、其道理を能々《よくよく》心得、而して后《のち》病の有さまによりて、用ふべき薬を用ゆるならば、不実の医者または半識《なまものしり》の医者の薬を用ゆるには、遙《はるか》に勝りて无益《むえき》の月日も送らず、無益の金銭を費さず、病毒も速やかに抜けて、再発もせず、再び伝染するとも无《な》かるべし。此書に載せたる治術、一ツとして虚妄あることなし、若《もし》延寿丸、黴効散の二方をあらはに出さば、天地神明に憚らず、大人君子に慚《はづ》べからず。いかんがせん浪遊无禄《むろく》の医生なれば、糊口の種に此二法を秘して顕はさゞるは心中に深く愧《はづ》る所なり。看官諸賢幸《さいはひ》に優察を垂れ給ふべし。

梅毒の蔓延を抑えたいという強い気持ちが伝わる。間違った情報と治療で時間と金と労力を無駄にし、時には命を落とす人が多いと嘆く。金儲けのために特効薬を隠すのは医療倫理に反するから誰もが入手可能な薬にしたという。

巖手醫學文庫本にはさらに「黴瘡雑話」が合集されている。世に出ている梅毒医書によったと思われる梅毒やその治療の歴史が述べられる。さまざまな治療方法や薬の調剤方法についても書かれ、延寿丸や黴効散の効果・効能・容量と服用方法についても詳述される。実践的な梅毒薬専門書であり詳細な処方箋でもある。巻末には延寿丸・黴効散・治瘡丸・奇良湯の売価と取扱所が書かれる（写真10）。

延寿丸も黴効散も一五日分で銀六匁である。天保期の米相場は一石あたり銀七八匁である。一石は一五〇kgである。農林水産省が公表している米の相対価格は二〇一七年度が六〇kg＝一五、五二六円である。計算すると六匁は三千円ほどになる。いずれにしても、四ヶ月服用するとして二万四千円で黴毒が完治することになる。何年も苦しみ死んでしまうことを考えれば、確かに安いものだろう。

海原亮氏が、天保一二年（一八四二）の近江国蒲生郡小脇郷の惣庄屋・今宿家の妻おりせの治療費について報告している(13)。おりせは、「おこり」（喘息発作）のほか、腹痛・頭痛・胸痛・発熱などにみまわれており、加持祈祷・按摩を受けたり、一一名の医師の診療を受けたりしている。日記に記されている日付と数字から、少なくとも薬代だけで一一月に金二分一朱（約二万円）、一二月に三分三朱（約六三、七五〇円）を支払っているという。富裕層でなければこのような医療を受けることはできない。それに比べると船越の設定した薬価は、確かに安いものといえるだろう。

　ところで、当時は、本屋が薬の取り次ぎをすることは一般的なことであった。長友千代治氏は「江戸後期作者が、また貸本屋も含めた本屋が、製薬や売薬、また売薬の取り次ぎをしていることは、本の巻末広告や貼り付けの報条などで知られる」と述べる(14)。鈴木俊幸氏は、京大本の刊記の筆頭に書かれている須原屋が薬種屋と書物店を併設していたことを指摘する(15)。鈴木氏が紹介する須原屋の「万病解毒紫金錠」という薬の引札（広告）には「書林　唐本／和本　薬種　取次所」とある。

　しかし、本書は、薬を買うと本代は無償となるという点で異色だ。薬の付録としての読物という体裁である。『絵本黴瘡軍談』は、病と薬の合戦物という擬人的な物語によって、梅毒という病を客体化する。薬を買った患者に梅毒がどのような病であるかという医学的な情報をわかりやすいかたちで提供し、さらに、処方どおりにきちんと薬を服用すれば必ず治ると思わせるストーリー展開になっている。医学的にも文学的にも豊かな寓言の書といえよう。

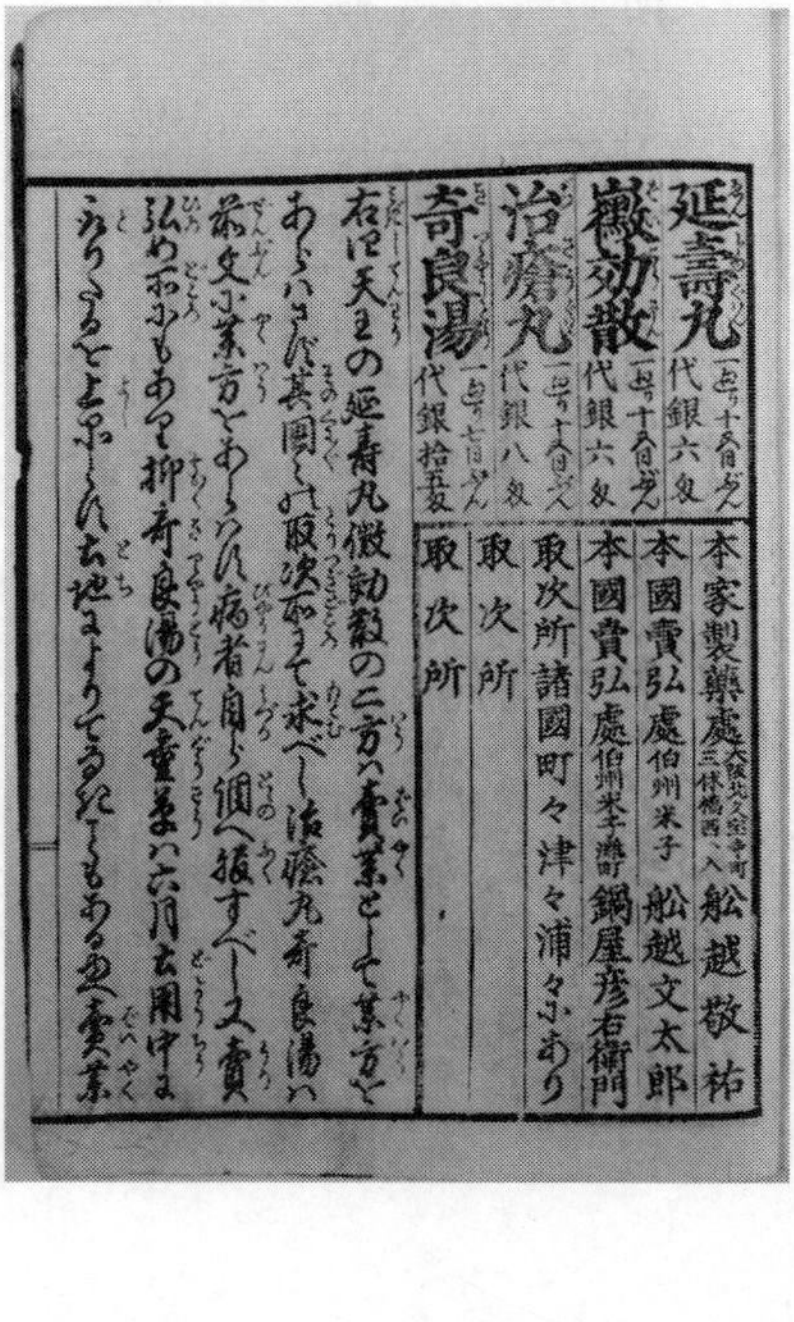
延壽丸　代銀六匁
黴効散　代銀六匁
治瘡丸　代銀八匁
奇良湯　代銀拾五匁
本家製薬處　船越敬祐
本國賣弘處　伯州米子　船越文太郎
本國賣弘處　鍋屋彦右衛門
取次所　諸國町々津々浦々にあり
取次所
取次所

写真10　「黴瘡雑話」巻末の記事

「延寿丸」引札について

内藤記念くすり博物館には、「人躰國病薬合戦圖」と称する「延寿丸」の引札がある。丹青の濃淡による色刷りの美しい摺り物である（写真11）。

九七・三㎝×三五㎝の大きなもので、上段に「人体国病薬合戦図」と書かれ、下段右半分が延寿丸、左半分が『絵本黴瘡軍談』の広告である。

まず、下段を見てみよう。

延寿丸の値段は、書籍の方の巻末広告と同じだが、製薬所は異なり、大阪の製薬所・宮地賢輔である。広告文は下記のとおりである。

此病初発《はじめ》下疳、便毒、淋病等より変じて、結毒《こしつ》となり、筋骨をくさらし、或は骨節腫（れ）痛み、屈伸《のびかがみ》起居《たちゐ》ならず、或は頭痛、或は眼をつぶし耳をつぶし花をおとし咽をくさらし声をとめたる者等も、此薬を用ひて治せずといふことなし。

『絵本黴瘡軍談』は、代銀五匁五分とあり、以下のように宣伝される。

此本売本ならば拾匁ばかりの物なれども、療治をひろめ天下の諸人ひろゐしつかさにくるしむものを助けんとてあらはしたるものゆへ、施し印《はん》となし、はん木料とすり賃を捨《すて》、紙代仕立賃のみゆへ如此《かくのごとく》下直也。
世にはびこりいたづらに廃人となり予はゆへあつて若年の時より此治療に肝胆をくだき廿余年の間に数千
人を治療速《すみやか》に治するの手段をしらしめんために

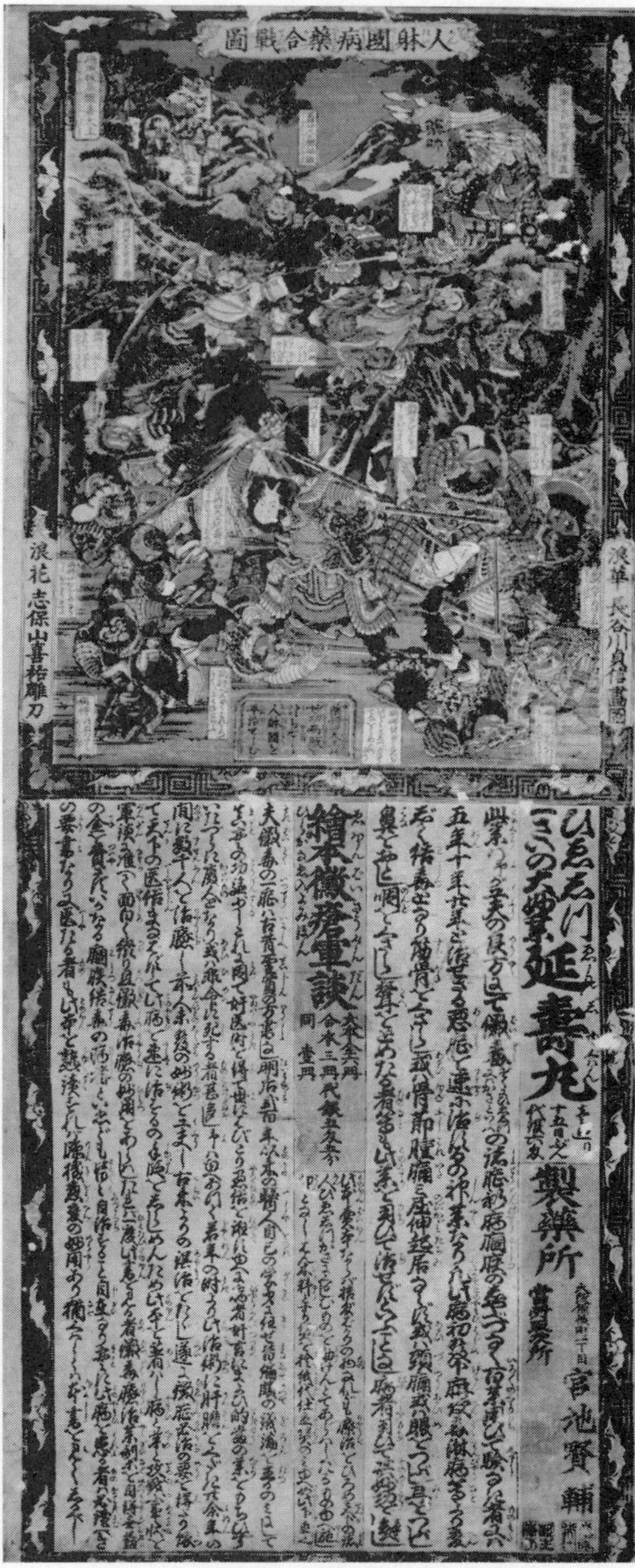

写真11「人躰國病薬合戦圖」（内藤記念くすり博物館蔵／整理番号・梅毒 E20670_3B）

の順正書院に入塾した越前の医師・皆川文仲は、『状況日記』に、教科書として『内科撰要』を一分二朱二文（約三万円）で買い求めたと記載しているという(16)。『絵本黴瘡軍談』は、売本であれば十匁ほどの本であるが、紙代と製本代だけで配布すると書かれる。

下段の絵は幕末～明治期に活躍した長谷川貞信（一八〇九―一八八九）によるものである。貞信は大坂の浮世絵師で、松平進氏によると、上田公長、歌川貞升（国升）、柳斎重春について絵を学び、歌舞伎や浄瑠璃の見物、茶道や蘭の花を好む趣味人だったという(17)。明治八年（一八七五）五月、貞信号を長男に譲り隠退。信翁、信天翁、徳瓶と号した。

引札の成立年は未詳だが、『絵本黴瘡軍談』が天保九年（一八三八）刊行だから、貞信が若い頃の作品という可能性が高い。

この絵は人体を国に見立てた壮大さと体内の湿潤な環境を伝える繊細さとを併せもつ。上部に遠山と碧空、左上隅には岩山を配し遠近感を出す。右端に赤松の巨木の巨木が弧状に配される。その根元の岩を背にして延寿丸が八方睨みで見栄をきる。全体に左上から「つ」の字に流れるような動きがあり、咽喉から腹腔に広がる体腔が病将に侵略されているようすを表現する。

左上の岩窟に「病賊跋扈黴毒大王」が陣取り、右上の馬車に「薬軍大元帥篤実淳直」が相対する。中央で刀を振り上げているのが「薬将四天王延寿丸」である。左手で「病将ゐどくぬけかね」の刀を受け、右手で「病将げかんはやなり」を打ちすえ、左右の足元に「病将けつどくなんぢ」、「やうばいさうひろなり」、「病将ほねいたみうごかず」、「病将べんどくはれみつ」が打ち倒されて転がっている。いずれも『絵本黴瘡軍談』第三之巻、第四之巻に登場した病将たちだ。延寿丸の見栄や、倒された賊将が両足を上げて転がるようすは、芝居の演出と同じである。延寿丸の後方、右に薬将・治瘡丸、中央に黴効散、左に奇良湯がやや小さめに描かれる。底辺中央に囲みがあり、青地に「薬将四天王の妙功病賊を討ち亡し人体国を平治せしむ」と書かれる。

延寿丸ほか薬将四天王は漢字表記だが、病将はほとんどひらがなで書かれ、脇に症状に関する簡単な解説が付されている。たとえば「病将けつどくなんぢ」には「此ぞくこしつとなりてなをらぬものなり」、「病将上こうけつどく」には「此ぞくかしらへのぼりていろ〳〵のがいをなす」とある。症状の医学的な説明なので、船越自身の指示によるのだろう。

内藤記念くすり博物館は、そのほかにも多くの薬の引札を所蔵する。引札には、鎧をつけた武士姿の薬と妖怪風に描かれた病気の合戦図も多くある。鎧の上の顔は、丸薬そのものに描かれており、旗印として薬の名前を掲げていたり、丸薬の顔の目鼻に代えて薬の名が書かれていたりする。それに対して、この引札は、薬将も病将も役者絵のような描かれ方で、完全に擬人化されている。『絵本黴瘡軍談』の内容を忠実に反映する。また、多くの引札では薬の効能などの情報は絵の中に書き込まれているが、この引札は、下半分を文字情報にして薬と本の宣伝文をしっかりと書いている。医療情報を提供しようとする意識が強い。蝙蝠をあしらった雷文の枠で全体を囲む意匠も目を引く。

梅毒のナラトロジー

そもそも梅毒とはどのような病気でどのような経過を辿るのかを確認しておこう。

梅毒は、梅毒トレポネーマという病原菌の感染でおこる。和名は症状にみられる赤い発疹が楊梅（ヤマモモ）に似ていることに由来する。日本感染症学会梅毒委員会が二〇一八年六月に策定した「梅毒診療ガイドライン」によると、長期にわたり複雑な進行形態をとる慢性感性症とされる。あらゆる臓器に慢性炎症をもたらし、全診療科にわたる症状を起こしうるとする。ガイドラインでは、近年明らかになったこととして、末期の病態と考えられていた中枢神経浸潤が初期に起こりうることや、ときに症状が現れたり消えたりするサーキットを呈したり、ステージごとの病変が併存したりすることなどに留意するように呼びかけている。

病期としては、一年未満の早期と一年以上経過した後期に二分される。早期は感染後一ヶ月以内の第一期と感染後一～三か月の第二期に分け、後期は第三期とされる(18)。

○第一期

感染後一か月前後。侵入門戸（口唇、口腔咽頭粘膜、陰部周辺、肛門周辺）に丘疹、びらん、潰瘍などの一次病変がある。

○第二期

感染後一～三か月。紅斑、丘疹、脱毛版、肉芽腫などの皮膚病変があり、梅毒性バラ疹、丘疹性梅毒疹、扁平コンジローマ（肛門や外陰部にできる扁平隆起状の結節）は典型的な皮膚の二次病変である。

○第三期

感染から一年以上経過。病状は侵されている臓器によって様々である。無症状のこともあるが、無症状でも要治療と判断されるものは潜伏梅毒に分類する。心血管症状、ゴム腫、進行麻痺、脊髄癆（脊髄の後根と後索が変性し、下肢の激痛、腱反射消失、瞳孔障害、さらには、運動失調・知覚障害・筋萎縮を起こす）など、臓器病変が進行した状態にある活性梅毒。

また、病期を伴わない分類として、「潜伏梅毒」（自覚症状はないが、既往歴・感染リスク・梅毒抗体価の有意な上昇等から要治療と判断される活動性梅毒）と「先天（性）梅毒」（活動性梅毒の妊婦からの胎内感染が推定される症例）がある。

国立感染症研究所によると、日本では一九九〇年代以降の患者数は年間一〇〇〇人を下回っていた。しかし、平成一五年（二〇一三）、梅毒の患者数は一二〇〇人を超え、その後、年々増加している。平成二九年（二〇一七）の患者数は五七七〇人で、ここ数年で爆発的に増加している。男女間の比較では、男性が多かった（感染者の約八〇％は男性）が、最近では女性患者も増えている。特に二〇代の女性が急増しており、性産業従事者に限らず、一般家庭の主婦などにも感染が広がっている。妊婦から胎児に感染する「先天梅毒」も増加傾向にある。

中西淳朗氏によると、日本での梅毒の記録は竹田秀慶『月海録』（一五一二）が初出である(19)。秀慶は京都の人である。甲斐国都留郡の妙法寺古記録（一五一三頃）にも梅毒に関する記事が出てくるという。一五一〇年ごろ渡来人とともに侵入した梅毒が、わずか三年で九州から甲信地方に達したことになる。中西氏は、一六世紀後半の日本における梅毒患者数は日本の全人口一千万人に対し二百万人に及んだのではないかと推察する。近世初期、梅毒は誰でも罹りうる新興感染症であり、梅毒罹患を恥じる風潮はなかったという。一方、梅毒によって何らかの身体障がいが残った場合には、非人集団に入り、激しい皮膚症状は「癩」と同じように嫌悪の対象となった。一七世紀末から一八世紀前半になると、症状に対する嫌悪だけでなく、自堕落な生活による病という道徳的な非難が加わる。一八世紀後半以降は、梅毒が広く都市社会に蔓延したのに伴い、梅毒の専門医学書が相次いで刊行される。

治療には山帰来(サルトリイバラ)を使った生薬が用いられたが特効薬ではなかった。安永四年(一七七五)、蘭医ツュンベリーが水銀駆梅療法を伝え、軽粉(塩化第一水銀)が塗布剤や嗅ぎ薬として全国に広まる。水銀剤はヨーロッパでも多用されたが、用法を間違うと水銀中毒となり、死に至る場合もあった。幕末になると杉田玄白はじめ多くの蘭方医はソッピルマ(塩化第二水銀)を用いたが、高価で副作用も強かった。玄白の弟子の紅馬蘭斎は、水銀剤を嫌い、蜀葵《しょつき》(カラアオイ)やカミツレ(カモミール)など薬草を薫蒸する蒸気風呂療法や局所薬浴と生薬内服を併用した。この蒸気風呂は昭和に入ってからも使われていたという。

船越は、自身が水銀剤の副作用に苦しんだ経験から、延寿丸と黴効散を開発したという。また、治療器具として「ゴムカテイテル」を製作した(20)。延寿丸について、『黴瘡瑣談』(牧野文庫本)では、「延寿丸類方」として「一名苦觮丸と号す。此方尤妙効あり。延寿丸の本方は禁方秘録にいだす」と記す。「梅毒の諸症新瘤軽重遠年近日をとばす百薬効なき者を皆速に治す」もので、二〇種類以上の症状や病気に効果があると宣伝する。「苦参」「蛇蜕」「鰯霜」「風茄子霜」「大黄」「煤」と「重粉」における調剤方法を記す。しかし、後刷本である城西大学本『黴瘡茶談』では、同じ丁の延寿丸の説明が、「延寿丸主治」と書き換えられている。効果・効能の説明部分を残して、製法部分が削られ、不自然な空白が残る。薬の製造をめぐってなんらかの事情があったのだろうか。『黴瘡瑣談』の付録「黴瘡治験」には患者三七名の治療例が掲載される。まさに、現在の症例検討に相当するものだ。延寿丸の瞑眩反応によって患者が服用を拒否したり、今でいうセカンドオピニオンを求めた患者が安価な薬はやめた方が良いと言われて服用を中断したりして命を落とした事例も書かれる。

船越の処方がどの程度普及していたのかはわからない。彼の言説が後の医学書に影響を与えた痕跡もない。擬人化合戦物の『絵本黴瘡軍談』は、広く世に延寿丸を宣伝する目的と同時に、民間医船越の医術に対する不信感をぬぐう目的もあっただろう。

問答形式で書かれた『黴瘡瑣談』やその後ろに付される「黴瘡治験」は素人にもわかりやすく書かれている。ときに巧みな比喩表現を用いて説得力を持たせている。『絵本黴瘡軍談』という文芸作品の作者ならではの筆致である。

『明治前日本医学史』では江戸時代に日本独自の治療法を記載した梅毒書として以下のものを並べている(21)。

和田東敦「黴瘡一家傳」
橘　尚賢「黴瘡證治秘鑑」明和八年（一七七一）
片倉鶴陵「黴属新書」天明六年（一七八六）、「理黴新書」天明七年（一七八七）

永富　独嘯庵「黴瘡口訣」天明八年（一七八八）
太田晋庵「黴瘡備考方」寛政九年（一七九七）
和気惟亭「黴瘡約言」享和二年（一八〇二）、「黴瘡秘録標記」文化五年（一八〇八）
末延守秋「黴瘡奇効方」享和三年（一八〇三）
村上図基「黴瘡秘録別記」文化五年（一八〇八）
加古角洲「黴瘡治方論」文化五年（一八〇八）
和田泰純「黴瘡一家伝」（成立年不明）
石橋忠庵「黴瘡要方」文化七年（一八一〇）（水銀剤に関する方を載す）
佐藤有信「黴瘡私考」天保五年（一八三四）

中国で出版された梅毒書も多数日本に入っていた。中でも、崇禎五年（一六三二）に出版された陳司成の『黴瘡秘録』は多くの医師が利用した。船越も自著に引用し、治療法の誤りを指摘している。大量の梅毒専門書の出版・流通は、梅毒罹患者の多さと治療の難しさを物語る。

さらに江戸後期になると蘭学の影響を受けた梅毒書が輩出する。

大槻磐水「大西黴瘡方」（「海陸外科備要」）
吉雄耕牛「布瞼吉黴毒論」

小石元俊「黴毒握機訣」
橋本伯寿「断毒論」（文化七年一八一〇）「国字断毒論」（文化一一年一八一四）
杉田立卿「黴瘡新書」（文政四年一八二一）
田中尚謙、宇野蘭斎「西医治要」（文政八年一八二五）
小西元瑞「梅毒秘説」（天保三年一八三二）
高　良斎「駆梅要方」（天保九年一八三八）
高野長英「黴梅或問」
華岡青洲「黴梅弁惑論」（天保九年一八三八）「瘍科瑣言」（天保六年一八三五）
船越敬祐「絵本黴瘡軍談」（天保九年一八三八）「黴瘡茶談」（天保一四年一八四三）「黴瘡方選」

『絵本黴瘡軍談』は、もっとも遅い時期に出版されたものである。

船越は水銀剤の副作用に苦しんだ経験から、自ら開発した延寿丸と黴効散による治療を行った。また、診療器具として、「ゴムカテイテル」を作成した。船越の延寿丸と黴効散について、船越は処方を明記していないが、荻野篤彦氏はやはり水銀剤であろうと類推し、「自分がつくった駆梅剤の優秀性を誇張するものであり、薬の副作用はかなり強く、黴毒の一部は自然に消退する傾向のあることによりこれを特効薬とみなすには問題がある」と述べる(22)。しかし、『黴瘡瑣談』の附録「黴瘡治験」に期された患者三七名の黴毒症状については、現在の医学における症状分析に相当する詳細なものであることを評価している。

文学と梅毒

ルネッサンス期のイタリアにジロラモ・フラカストロがいた。彼は「梅毒治療の父」と言われる。当時、梅毒に感染するのは、天空の星の動きや天と地の間の邪気によると言われていた。しかし、フラカストロは、梅毒の感染源が「粒子」であると考えた。梅毒を論じたラテン語の六歩格詩「シフィリスあるいはフランス病」(Syphilis sive morbus Gallicus:1530) を著した。

フラカストロは、旧弊な「占星術的説明」を否定し、「種子」が病気を媒介することを説いた点で画期的であると言われる。クロード・ケテルによると、フラカストロのシフィリスの詩は百以上の版を重ねたベストセラーになったという(23)。「シフィリスあるいはフランス病」の内容は、羊飼いのシフィリスが、太陽を攻撃し、その裁断をひっくり返したことに怒った太陽神アポロが、シフィリスを罰するために梅毒に罹患させたというものである。

医学史的なフラカストロの評価以上に、ここで注目したいのは『シフィリスあるいはフランス病』の羊飼いの少年が太陽神アポロの逆鱗に触れて梅毒に感染するというストーリーである。

このことについて澁澤龍彦は次のように紹介している(24)。

ヴェロナの医者ジロラモ・フラカストロは、この病気の起源をアメリカに置き、そこにギリシアの神々の話を織りこんで、医学的教訓詩『ジフィリデス、あるいはフランス人の病気について』(一五三〇) を書いた。それによると、ハイティ島に恐ろしい旱魃が発生し、そのために牧者のジフィルスが太陽神に反抗する。しかし太陽神はこの島に新しい伝染病、つまりジフィリス（梅毒）を送ることによって、この反抗者を罰し、牧者はこの病気の最初の犠牲者になった、というのである。この名前は明らかに、ギリシア神話のなかの、ジフィルス、母親ニオベの反抗のためにアポロに罰せられた息子の名から思いついたものであろうが、ともかく、この時以降、この「フランス人の病気」と呼ばれた伝染病は、一般にジフィリスの名で知られるようになった。

澁澤は、「貞操帯と梅毒こそ、野蛮であった中世ヨーロッパの性生活、二つの相対立する極のようなものである」とし、梅毒への文学的な言説を紹介する。売春という行為によって梅毒が蔓延したために、そこには罪や罰の意識が伴う。「梅毒という表示義が娼妓、貧困、下級階級、無教育、不品行、自業自得、不幸な結婚という共示義を生み出す」ことは古今東西共通する。

梅毒が歴史の闇に隠された病であることについて、須賀敦子がエッセイ「ザッテレの海岸で」で言及している(25)。須賀敦子はブネツィアを散策していて不思議な水路の名前の看板に遭遇する。

ヴェネツィアには、土地の人がリオと呼びならわしている細くて小さな水路に架かった、反り橋というのだろうか、舟が下をくぐって通れるようにやさしくふくらんだ形の、そして上を通る人のためにゆるい段々のついた橋が無数にある。リアルトやアッカデミアなど、大運河の橋のように固有名詞で呼ばれることもあまりないし、ほとんど道の一部みたいになっているから、とくに目立つこともないのだが、それぞれの形や材質には造られた時代の好みが出ていて、その工夫が愉しい。そんな橋のひとつを、もうすぐ塩の倉庫というあたりで渡ろうとしていたときだった。橋のすぐ手前の、バラだろうか、蔦のからまった低い煉瓦塀に、細い水路の名が書かれているのが目にとまって、私は足をとめた。Rio degli incurabili リオ デリ インクラビリ。

リオはいい。だが、そのあとにつづくincurabiliという標記が私の足をとめたのだった。インクラビリ。治癒のあてのない、もう手のつくしようのない病人を意味する言葉なのだが、最初それを見たとき、私はおもわず笑ってしまった。なおる見込みのない人たちの水路。なんだか自分のことをいわれているみたいだった。だが、とっさの不謹慎な思いを押しのけるようにして、インクラビリという、冗談では済まされない言葉の重さが、胸を衝いた。

このときから、数年の年月を経て、さまざまな偶然が重なり、須賀は「なおる見込みのない人たち」が梅毒に罹患した娼婦たちだったことを突き止める。河を挟んだ向こう岸には美しいレデントーレ教会が建っている。須賀はザッテレの河岸から眺める教会の景色を好んだ。

ザッテレの河岸に私がやって来る理由はもうひとつあった。ひろびろとした運河の対岸に、パッラーディオの設計になるレデントーレ教会がほぼ正面に眺められるからだ。この建造物を通して、私は、この十六世紀を代表する建築家を理解し、愛することを覚えたように思う。そして、まるでそのことをたしかめるみたいに、私は、夜、船着き場の雑踏がしずまるのを待ってこの河岸になんどか来たことがある。深いブルーの空の下、照明をうけて燦然とかがやくレデントーレを見て、ほっとして宿にもどる。

この教会が再度ヴェネツィアを襲ったペストの終焉を願って、《レデントーレ＝人類の罪をあがなうキリスト》に捧げられ、建立されたのは十六世紀の後半である。運河の水面を広場に見立て、静かに流れる水面をへだてて見るときだけ、この建築の真の量感がつたわるという非凡なアイデアを編み出したパッラーディオは、竣工後わずか四年で、内陸の都市ヴィチェンツァで生涯を終えている。

「果てしない暗さの日々を送っていた娼婦たちも、朝夕、こうして対岸のレデントーレを眺め、その鐘楼から流れる鐘の音に耳を澄ませたのではなかったか」と須賀は自らを慰めるかのように綴っている。

人類の罪劫を贖うもの、と呼ばれる対岸の教会が具現するキリスト自身を、彼女たちはやがて訪れる救いの確信として、夢物語ではなく、たしかな現実として、拝み見たのではなかったか。彼女たちの神になぐさめられて、私は立っていた。

引用が長くなったが、須賀敦子の静かな語りの中には、弱者を抑圧する社会への怒りが感じられる。梅毒が隠された病であることは今も変わりない。梅毒罹患者数が増えている現代社会においては「なおる見込みのない」

病ではない。血清診断法によって診断法が確立し、特効薬サルヴァルサンによって死の病ではなくなった。しかし、梅毒につきまとう負のイメージは払拭されていない。そのため治療に取り掛かるのが遅れて母子感染を引き起こす例が少なくないという。

自らも梅毒罹患者となり長年病苦と戦ってきた船越は、合戦というメタファーにより、病と戦い、病に打ち勝つというイメージで病者を鼓舞している。上田泰輔氏は、長田秀雄の小説『歓楽の鬼』を解析する中で、明治期の梅毒の言説には「侵す」という語が多用されており、「戦争との間にイメージの連接を、みること」ができるとする(26)。梅毒は、明治期には「花柳病」また「亡国病」ともいわれた。『花街征伐』(明治三八年〔一九〇五〕)で梅毒亡国論を展開した首藤文雄(春秋山人)は、「人は病の器だと云ふが、世の中も病の器である」と言い、梅毒によって国が亡びないために花街を廃止すべきであると強く主張する。社会的な弱者を侵すことで社会の構造を揺るがし、やがて国を亡ぼすという論理である。

近代文芸史の中で、堀辰雄に代表されるように、結核が悲劇的抒情的なモチーフとして肯定的に描かれたのとは逆の形象化である。

それに対して、『絵本黴瘡軍談』のナラティブは、梅毒に対する後ろ向きのイメージを払拭し、病に向き合う強さを喚起するものとして、他の文学的な梅毒言説とは一線を画す。船越は、なぜ病になったかを問うのではなく、どうすれば病を克服できるかを問う。

『絵本黴瘡軍談』の背景には数多くの動物寓話や衣類合戦物などの擬人化の文芸史がある。本書の文体は、リズミカルで力強い。生き生きとした薬将の戦いぶりは読者を飽きさせない。このような読み物としての面白さが、身をもって経験した船越の治験と収集した症例に裏打ちされているという点で、本書は大変ユニークである。身体を人体国と見立て、薬と病を擬人化し、合戦物という寓意を用いて、病に打ち勝つための方法を解き明かした。煩瑣で荒唐無稽に思える黴軍の将軍たちの名前は、黴毒の症状を的確に表す。したがって、どの薬を使ってどの症状が抑えられるのかという薬理学的な読み取りが可能になる。絵空事によって医学的真実を伝える。寓言という方法を巧みに利用した文理合一の書といえよう。本書は、文学史的にも医学史的にも再評価されるべき一書である。

本論は、「大橋珍太郎が、私立岩手病院内の図書館に『絵本黴瘡軍談』を寄贈した」という小さなできごとに端を発するものだ。大橋珍太郎がどのような人物であったのか、そして、『絵本黴瘡軍談』とはどのような書物であるのか、それぞれ別々に検証した結果を、ナラティブ（物語性）という観点で結び付けた。

大橋珍太郎という医師における文学性、三田俊次郎の医療人教育における文理合一的精神、そして、梅毒専門医船越敬祐の物語による梅毒啓発書。諸藩や諸大名が牽引した江戸の〈知〉において、医学と文学は隣り合わせだった。

医学的には、「岩手の医の貧困」は江戸時代も今も変わらない。梅毒史にも医の貧困問題は深くかかわるだろう。しかし、大橋や船越の著作に現れた文学性は、医学に豊かさを与えている。『絵本黴瘡軍談』は、明治期に入っても読み継がれていたと思われる。近世期、そしてそれを受け継ぐ明治・大正期の知に、間違いなくナラティブ・メディスンが存在していたのである。

【注】

※『絵本黴瘡軍談』本文の引用は、巌手醫學文庫本、『黴瘡茶談』本文の引用は、新城ふるさと情報館・牧野文庫本によった。適宜句読点、送り仮名を補った。

（1）豊岡瑞穂氏は、本書を、「啓蒙的な性格」を持つ一方、擬人化や『三国妖婦伝』のイメージを取り込んだ滑稽本や読本の趣向を取り混ぜた病と薬の合戦譚として評価している（「『繪本黴瘡軍談』考：病対薬の合戦譚・本と薬の流通」『古典文藝論叢』第六号、二〇一四年三月、龍谷大学）。

（2）「礎」一～一二（岩手医科大学父兄会報『啐啄』五一号〈二〇〇三年一二月〉～六二号〈二〇〇七年八月〉）参照。

（3）浦田敬三・藤井茂『岩手人名辞典』（財団法人新渡戸基金、二〇〇九年六月）。

（4）國本惠吉『岩手の醫學通史―探訪と発掘―』（一九八七年六月、日刊岩手建設工業新聞社）、『盛岡藩醫學教育史』（一九九二年一月、自費出版）参照。

（5）船山賢一氏所蔵。氏は佐藤洋一氏の御岳父で、岩手医科大学第四期生。佐藤洋一氏は岩手医科大学第二七期生、夫人で船山賢一氏御令嬢の佐藤由香子氏は同三〇期生である。由香子氏は盛岡市下ノ橋町で船山内科クリニックを開院しているが、御尊祖父船山賢氏は同じ場所で産婦人科を開業。新渡戸仙岳は下ノ橋町にある盛岡高等小学校（現・下ノ橋中学校）の校長を勤めていたので交遊関係があったのかもしれない。

（6）山本四郎『新宮涼庭伝』（ミネルヴァ書房、二〇一四年八月）参照。

（7）『岩手県医師会史』（岩手県医師会、一九八〇年三月）

（8）森納・安藤文雄『因伯杏林碑誌集釈』（森納、一九八三年二月）

（9）海原亮『江戸時代の医師修業　学問・学統・遊学』（吉川弘文館、二〇一四年一一月）参照。

(10) 海原亮『近世医療の社会史　知識・技術・情報』(吉川弘文館、二〇〇七年一〇月)参照。
(11)『荘子』本文の引用は、『新釈漢文大系』第八巻(市川安司・遠藤哲夫著、明治書院、一九六七年三月)による。
(12) 篠原進「村上春樹という逆説―浮世草子・寓言・レトリック―」(『日本文学』二〇〇九年四月)参照。
(13) 前掲注(10)に同じ。
(14) 長友千代治『江戸時代の図書流通』(思文閣出版、二〇〇二年一〇月)参照。
(15) 鈴木俊幸『書籍流通史料論序説』(勉誠出版、二〇一二年六月)参照。
(16) 前掲注(9)に同じ。
(17) 松平進編『初代　長谷川貞信版画作品一覧』(和泉書院、一九九七年四月)参照。
(18) 国立感染症研究所のホームページ https://www.niid.go.jp/niid/ja/ 参照。
(19) 中西淳朗「駆梅処方の変遷史話:水銀と蜀葵研究の歩み」(福田眞人・鈴木則子編『日本梅毒史の研究:医療・社会・国家』思文閣出版、二〇〇五年六月)参照。
(20)「新製ゴムカテイテル」の広告について、杉本つとむ氏は『江戸の阿蘭陀流医師』(早稲田大学出版部、二〇〇四年三月)において、「天保一四年(一四八三)作成の販売広告をみつけました」として、まったく同じ広告文を紹介しているが、出典を明らかにしていない。「船越敬祐もどのような人物か判明しません。医療器具を専売していたのでしょうか」と記しているので、船越の著作の『黴瘡瑣談』あるいは『絵本黴瘡軍談』の巻末のものと知らずに引用したのか、あるいは、さらに別の場所にこの「ゴムカテイテル」の広告が載っていたのか、不明である。
(21) 日本学士院日本科学史刊行会編『明治前日本医学史』(日本学士院日本科学史刊行会編、一九五六年)参照。
(22) 荻野篤彦「江戸時代の医学書に見る梅毒観について」(前掲注(19)に同じ)参照。

(23) クロード・ケテル『梅毒の歴史』(藤原書店、一九九六年、九月) 参照。
(24) 渋澤龍彦『エロスの解剖』(桃源社、一九六五年七月。引用は『渋澤龍彦全集』第六巻(一九九三年二月 河出書房新社)による) 参照。
(25) 須賀敦子「ザッテレの河岸で」(初出は『ヴェネツィア案内』〈とんぼの本 新潮社 一九九四年五月〉。引用は『須賀敦子全集』(第三巻 二〇〇〇年六月) による)。
(26) 上田泰輔「治療される身体・思想―長田秀雄「歓楽の鬼」と梅毒言説―」(『日本大学大学院国文学専攻論文集』第三号、二〇〇六年九月) 参照。

【付記】

本稿は、『岩手医科大学教養教育年報』(第54号、二〇一八年一二月) に掲載した拙稿「岩手医科大学附属図書館巌手醫學文庫『絵本黴瘡軍談』について―船越敬祐の文理融合的な梅毒治療普及活動」を大幅に加筆修正したものである。船山賢一氏、岩手医科大学附属図書館、内藤記念くすり博物館には貴重な資料を閲覧させていただき、資料の掲載をお許しいただいた。こころより御礼申し上げる。

医学は文学である ―医学教育に文学を！―

佐藤　洋一

はじめに

医療・医術は、人間の根源的な悩みである四苦「生老病死」のいずれにも関わっている。また、私たちが生来有している、「弱い者に手を差し伸べる」という優しさもまた、医療行為の根底をなしている。それかあらぬか、医師は文化人であり続けた。けれども明治維新以後、実験科学のドイツ医学が導入され、大東亜戦争後は実利的なアメリカ医学に置き換わり、一般的には医療は「理の実学」と見られている。殆どの医学部・歯学部・薬学部の大学入試では数学と理科が必須科目となっており、研究方法も因果関係と解析を重視して数値化するものが殆どである。そもそも人間の営みを文系・理系と二大別することの是非は兎も角、この小論では「医学は理系」という一般的な常識にあえて異を唱えて、文系教育の重要性を訴えたいと思う。

背景

筆者は、医学部卒業後は今日に至るまで医療系大学で基礎生命科学（細胞生物学）の研究に専念してきたが、研究すればするほど、医学を含めた自然科学研究そのものが、終始理詰めでおこなわれるものではないことを実感してきた。ましてや人間相手の医療活動の現場では、文系の学問（例えば行動科学や社会科学など）の応用に満ちている。近年、日本のみならず世界的にも医学教育で修得しなければならない量が著しく増加しているが、文系の学問も必要ではないか、と言われている。医学教育は量のみならず、質も急激に変化している。にもかかわらず、高校の教科書からは、実質的に「文学」が消えてしまう事態が進行中である(1)。

最近の日本の医学部で問題になっているのが、大学入学後に脱落する学生が増えていることである。一八歳人口の低下と大学入学定員の増加により、入学してくる学生のStudy skillが低下していることは確かであるが、かなり厳しい入学試験を通過してきているので、知的能力はそれなりに保証されているはずである。にもかかわらず、学業でつまずく学生が増えており、医学部における進級用の塾すらできている。この理由の一つに、高校生自身、親、助言する立場の高校の教師あるいは予備校の講師までもが、「医学は理系」という思い込みで入学してくることにある。事象を整理して応用する能力に乏しい学生は、「文系」的要素の強い医学部教育に直面して戸惑い、焦り、そして落ちこぼれていく。

大学入学前の教育現状

現在、文部科学省は高等学校の国語の内容を改変することを考えており、新しい高等学校学習指導要領によれば高一では「実用文」を学び、高二、高三では実質的に「文学国語」と「論理国語」のどちらかしか選択できないようになる。尤も、文部科学省は、選択科目の中から複数の科目を履修することも可能なため、必ずしも論理国語しか勉強しない、という事態にはならない、と言い訳している。しかし当然のことながら、いわゆる「理系」学部は、たとえ入試科目に国語をいれたとしても「論理国語」を対象とすることになり、医学部入学を希望する若者は、多感な青春の時期に、中島敦の山月記、杜甫や李白の漢詩、清少納言の枕草子などの、文化の精露ともいうべき名作に触れること無く（あるいはその存在すら知らないまま）大学に入ってくることになる。長編文学書や歴史書を読む高校生は、今の世の中どれだけいるだろうか。こうした長編を読むことで、様々な事象をひと続きのストーリーのなかに落とし込む能力が培われるのだが、高校教育課程からは、そうした世界へ誘う機会が失われる。

継承が危ぶまれているのは、文学だけではない。学部学生を教育していて、一般常識が通じないことに驚かされることは希ではなくなった。四文字熟語を知らない、ことわざや風習の言われもわからない、地理、歴史、哲学などの知識も欠落している。人間の営み全体に対する興味が薄く、受験に関係の無い知識を蓄えるのは、無駄、と思い込んでいるかのようである。高校生に「余計なことは教えない」と明言する教師、「受験に集中させてくれ」、と高校に要求する親がいるのだから、必然的に生徒達もそうなる。結果として、文化を受け継ぐことなく若者は医学部に入ってくる。卒業後、地域固有の風土に興味が無い医師が、地域に根付いた医療を続けるわけもない。

高等学校卒業時までに修得する量を減らしたいわゆる「ゆとり教育」は、若者の知識量の絶対的不足をもたらしたが、そのこと自体はさほど問題では無いと思う。壊滅的だったのは、「学問は暗記である」と若者に錯覚させてしまったところにある。事象を整理し類似点をもとに法則を導き出すのは、知的探求心という高等動物の本能を満足させる作業であるのだが、かなり頭を使う疲れる作業であり、それに比べれば短い時間だけ覚えておけば良いという単純記憶は、さほど難しい作業ではない。脳は体と同様に、「楽をしたがる」。従って、修得すべき事象が減れば、「理解」することよりも「覚える」ことで対処することになる。一方、幅広い領域の事象の知的処理を数多く要求された場合、これを全て覚えることは不可能、と脳は判断する。次に起きるのが、「覚えられないから諦める」、又は「経験則や推論をもとに事象を整理して応用する」の何れかである。後者が問題解決能力というものなのだが、ゆとり教育は、文部科学省が意図していた問題解決能力の涵養ではなく、むしろ若者を丸暗記に走らせるという、逆の効果をもたらした。OECDが進めているPISAの調査によれば、ゆとり教育の真っ盛りな時期は、国際的にトップランキングに入っていた科学的リテラシーが順位を下げた。行きすぎたゆとり教育が見直されたせいか、現時点では科学的リテラシーは国際的に第二位と優れた地位を占めるまで復活したが、読解リテラシーは、まだランクが低い(2)。自分の頭の中に多様な知識を整理しておかなければ、いざとなったときに役に立つ思考はできないのに、丸暗記を助長したゆとり教育は罪深い。

日本の大学医学部の教育現状

現代の医療従事者は、洋の東西を問わず増大する医学知識と高度化した技術修得を求められ、殆どの国では公的な資格認定制度が義務づけられている。更に、プロフェッショナリズム教育を受けて、高い倫理観と利他的精神、協調性と社交性も身につけなければいけない、とされている。はてさて、限られた大学生活の中で、これら全てを身につけることができるのだろうか、と疑問に思わざるを得ないほどである。医学部でも全人教育の名の下に「文系」の学問を教えた方が良い、と言われているが、今のところそれは日本においてはお題目に過ぎない。カリキュラムの中に構造化されて落とし込まれたものではなく、実体に乏しい。

平成三年におこなわれた大学設置基準等の改正、いわゆる大学大綱化を境に、それまでは高等教育で一定の地位を占めていた「教養課程」は、専門教育の前倒しとインターンシップの導入により、削減の一途を辿っている。国際的に通用する医療人を育成する教育機関かどうかを認証する制度が、全世界的に立ち上がっているが(3)、その評価観点からは、「教養」の文字は抜け落ちている。従って、医療系学部教育において、文系の学問、とりわけ文学が入り込む余地は極めて少ないし、必要とも考えられていない。学生アンケートを取ると、教養教育課程の科目の評価は散散である。「こんなことを学ぶために医学部に入ったわけでは無い」「無駄だ」という意見が噴出する。多くの医療系大学の図書館には、文芸書は殆どおかれておらず、代わりに国家試験対策のムック本が幅を利かせている。

役に立たない(と思われる)ことは学ぼうとしない若者は、大学に入ってからもそうした態度を代えることはない。言葉に関して言えば、テクニカル・タームの語源を知ることなく、業界用語の略語を使い回すことがステータスになっているかのようである。医療系の言葉は、ギリシャ語源、ラテン語源、ゲルマン語源が入り交じるもので、その言われを知っているだけでもヨーロッパに行ったときに見聞することが数倍は広がるものだが、そうした話に興味を示す学生は、ゆとり教育以後は殆どいなくなった。更に、国際的に通用する人材育成は文部科学省の方針だったはずなのに、国家試験やCBT (Computer Based Test) は日本語で出題されるし、カルテも日本語記載が一般的になったので、英語で医学を学ぶ学生は絶滅危惧種となった。では日本語ならば完璧かというと、それも怪しい。糜爛、癲癇、狼瘡、褥創、等が読めないものも多いし、そもそもそれがどういった病態を表す漢字なのかもよくわかっていない。学問の進歩は、先人のつくり出した文化を継承するところから始まるのに、土台となる言葉が受け継がれていないのである。

医術はArt

文部科学省は、S:Science, T:Technology, E:Engineering, M:Mathematicsを全面に打ち出し、来たるSociety 5.0の予測不可能な世界に対応できる人材育成にあたるように大学に求めている(4)。このままではあまりに理系に偏っているので、最近は創造性と自己表現を強調したA：Artを加えて、STEAM教育とも呼ばれている。さて、医療はSTEAMのいずれなのだろうか。一般的にはScienceかTechnologyに分類する人も多いと思われるが、実は医療はArtに属するのである。Artは、もともとは「術」を意味するラテン語のArsに由来するので、(例えば、医聖ヒッポクラテスの有名な格言、Vita brevis, Ars longaのArsは医術のことを指す)、語源的に言って医術はArtと言って良いのであるが、ここではあえて、芸術と医術との類似点を述べて見たい。

野村総研は六〇一種の職業ごとにロボットやAIによる代替確率を試算した予測を平成二七年に発表したが(5)、それによると、代替されにくい職業として列記されたものの多くが芸術関係（ゲームクリエーター、デザイナー、カメラマン、映画監督、声楽家、俳優、等）であり、それらと同列に外科医、内科医、小児科医、産婦人科医、歯科医、精神科医、獣医師、助産師、介護職員、作業療法士、言語聴覚士、医療ソーシャルワーカー、等の医療職がリストアップされている。現在の医療はエビデンスに基づいた標準治療が主流で、創造性や自己表現性を発揮する場面は少ないと思われるが、なぜロボットやAIによって代替できないとされたのだろうか。

その答は、既に一九世紀にゲーテが出していた。彼は「箴言と省察」(Maximen und Reflexionen Nr. 706)で、「健全な感覚を用いるかぎり、人間自身こそおよそ存在しうる最も偉大で最も精密な科学的測定機器にほかならない。そして近代自然科学の最大の不幸は，いわば実験を人間から切り離し、人工的な機器が示すもののなかにしか自然を認めようとはせず、それどころか自然のなしうる事をあらかじめそのように制約したうえで、それを立証しようとしている点にある」と述べている。観察者の感性を重視したゲーテの言葉は、数値化された検査データに振回されがちな現代の医療現場に対する警告とも読み取れる。確立された定型の医療業務はAIにとって代わられるであろうが、それは見落とし等のヒューマン・エラーを防止する意味合いが強い。そもそも、より良い医療を目指すのであれば、医師は数値化できていないアナログ情報をもとにして医療にあたらなければならないし、そのためには自分の感性をフル稼動させることが求められる。だからこそ、医師はAI代替がされにくい職種とされたのであろう。芸術も医術も感性を重要視するし、後進育成のためにさまざまな知識と技術が継承されていく点も共通である。芸術では天分に優れた異能のトップが印象に残る一方、医術ではそうしたことはあまりないので、「医術と芸術は違う」と言う人もいるが、しかしそれは、社会が求める数が芸術家よりも医師の方が圧倒的に多いためにそうなるだけである。プロフェッショナル集団として医師は一定以上のレベルの高い医術の修得を社会から要求されているので、体系的な教育が施されて均てん化がなされているに過ぎず、没個性的・非独創的な職業ではない。故に、芸術同様に、他の追随を許さない才能を発揮する名医は生まれているものの、話題になりにくいだけなのである。また、少々強引な見方かも知れないが、芸術も医術も人間の感情に直結している点で、同根と言える。医術の究極の目的は、悲観や恐れを安寧や喜びに変えることにあるのだから。

物語の読み書き

医療行為は、病気を治すことだけではなく、病者を社会に復帰させることまで含まれる。当然、病者を取り囲むさまざまな環境についても考慮しなければならない。医師は病者一人一人の状況に合わせて治療せよ、ということは古くから多くの医師が後輩に教え諭してきたことである。医療の高度化に伴い分業が進み、病者を地域全体・多職種で看取るというシステムが導入されているとは言え、一般的な開業医は、病者を地域コミュニティーの構成員として位置づけて診療活動にあたっている。従って、病者の語る「物語」を通して、その人らしい治療方法を見出していくという、ナラティブ・アプローチが医療現場で重視されているのは、これは至極当然のことと言える。そもそも私たち一人一人の人生そのものが、一編のノンフィクション・ノベルとみなされる。病気や怪我はその作品中のエピソードの一つとして捉えることができる。病気に至る背景と、そこから派生する事象を一連のものとして「問診する」ことを医師は日常業務としているが、それは物語を読み取る作業に他ならない。

一方、人生という物語を読む側の医師も、ストーリー化と類型化の作業は欠かせない。医師は無数のデータを無秩序に丸暗記しているわけではなく、因果関係をもとにしたストーリーを作りその中に症状や検査データを落とし込んで、更に似たようなストーリーをグループとして類型化しているのである。医学部に入学してから落ちこぼれる学生の多くは、怠けているわけではなく、この「ストーリー化と類型化」が不得手な学生である。彼らは、「つまるところ、何を覚えれば良いんですか？」としばしば真剣に聞いてくる。知識は覚えるものではなく応用しなければ意味が無いのだが、そのやり方がわからず、焦っている。試験では、過去に出された問題そのものであれば点数は取れるが、改変されるととたんにできなくなる。そうした学生には、「同じ問題はでないが、同じような問題が出されるよ」と言っているのだが、教科書に書かれてある単語や事象を、無味乾燥な英数字のパスワードと同じように覚えているだけなので、応用が効かない。彼らは、長文の症例問題もできないことが多い。出されているデータの何が大事か、何が些末なことかを読み取る力が足りないのである。落ちこぼれ学生の中には、成績が劇的に向上する者もいるが、よく見ると、ノートを自分で作っている。教科書や板書をコピーのように書き写すのではなく、自分の頭で考えたあとで書いていく、というノート作成をしている学生は、成績が劇的に向上する。無意識のうちに、ノート作成によってストーリー化と類型化の修得をしているのである。

落ちこぼれ学生が増えている背景には、読み書き能力を涵養する能力を軽視した教育があると私は思っている。そこで、企画書や報告書、規約のような文章の読み解きと作成をする「論理国語」が導入されたのかもしれないが、だからと言って、文学が取り扱う「情意とストーリー」が医学において不要というわけではないのである。我が国には誇るべき文芸作品が無いどころか、豊穣な文芸作品があふれている。それに触れる機会を与えないとしたら、それもある種の偏向教育と言われても仕方が無い。

文学を医学教育に取り入れる意義

文系大学のこれまでの学部教育は、具体的な教育成果を設定することなく評価も曖昧で、大学をレジャーランド化させた張本人である。そこでおこなわれてきた授業を、そのまま医学部の教育に取り入れるのは全く意味が無い。しかし、これまで述べたように、医療行為においては文系的要素がかなり含まれており、しかも医学教育においては、ストーリーを読み解き、事象を整理する訓練をしないことには、医術の修得もままならない。であればこそ、文学そのものを教えるのではなく、文学的な素養を培う教育を医学教育に導入するのは、意味がある。

例えば、①疾病を扱った物語を読ませて、そこからナラティブ・アプローチをさせる、②因果関係をもとにした体の中の物語を作文する、③検査データの羅列から、病者の物語を書いてみる、④生老病死を描いた文芸作品をもとに、病者のそれらしい検査データを想定し、更に病状の展開を予想して看護学生とともに模擬カンファランスをしてみる、⑤新たな医学用語を、語源をもとに造語してみる、等など、いろんな方法があろう。それが果たして効果的であるかどうかは断言できないが、今のままでは、定型業務に終始する薄っぺらな医師、則ちAIによって代替される医師しか育成できないのではないかと思わざるを得ない。

おわりに

小論は、現在の教育のトレンドワード「文理融合」に便乗して書かれたものではない。もともと、医療は総合科学であり、文理融合ならぬ「文理合一」の学問であった。にもかかわらず、大学受験においては理系と見なされ、「文」が欠けたままの学生が入学し、学部教育においても国家試験という資格試験合格が義務化されているが故に、「文学的な術」を修得する余裕もなく、次第に落ちこぼれていく医学生が増えている、という危機感が私を突き動かしている。江戸期、医師は多芸に秀でた者が多かったと思われる。現代においても、臨床現場で病者の魂の拠り所になっている医師は、驚くほど多趣味で魅力的な人が多い。医学教育に携わる者として、文理両道を究めた医学生を育てたいと願っている。

【注】

（1）平成三〇年告示、文部科学省高等学校指導要領解説 2019
(http://www.mext.go.jp/component/a_menu/education/micro_detail/__icsFiles/afieldfile/2019/03/28/1407073_02_1_1.pdf)

（2）OECD生徒の学習到達度調査
Programme for International Student Assessment
～2015年調査国際結果の要約～ 文部科学省 国立教育政策研究所
(http://www.nier.go.jp/kokusai/pisa/pdf/2015/03_result.pdf)

（3）一般社団法人　日本医学教育評価機構
(Japan Accreditation Council for Medical Education: JACME)（https://www.jacme.or.jp/)

（4）文部科学省　令和元年九月四日教育課程部会資料

(http://www.mext.go.jp/b_menu/shingi/chukyo/chukyo3/004/siryo/__icsFiles/afieldfile/2019/09/11/1420968_5.pdf)

（5）野村総合研究所　未来創発センター news release

(https://www.nri.com/-/media/Corporate/jp/Files/PDF/news/newsrelease/cc/2015/151202_1.pdf)

五十嵐篤好の農学と国学

奥野　美友紀

はじめに―門田の興趣―

内藤記念くすり博物館に、『五十嵐篤好歌文』と称する一冊がある（蔵書番号46531）。加賀藩の国学者であり歌人・五十嵐篤好（寛政五年（一七九三）―万延二年（一八六一））の自筆本であり（ただし「祝詞稿」の一部は別筆）、蔵書印「杜鵑花園文庫」から、篤好自筆本の蒐集で知られる藤井準夫《のりお》（1）旧蔵本であるとわかる。外題『五十嵐篤好歌文』は藤井の筆跡と推察される。複数の著作を合綴しており、題は仮に付けられたものであろう。

本書は、「祝詞稿」「詠艸　一」「詠艸　二」「ねなしかづら」とそれぞれ題された部分、そして「美濃国さや女の伝」という一文より構成される。「ねなしかづら」は、冒頭に「ひとり旅寝のなぐさめにかきつゝけたるねなしかづら根なし言の葉」という詞書のような一文をもつ和文集であるが、ここに「盗人」と題された一文が収載されている。短いので全文を紹介する。

盗人

夕暮の物さびしさに、門田の疇道たどりつゝ、「われかといひていざとぶらはん」などうちずン《ム》じ、虫なく方へあゆみゆけば、大なる男、何か物するあり。「何をするぞ、いとたどくしきに」と問へば、「こよひは罪ならずとむかしよりいひつたへ侍れば、大豆を盗むなり」といふ。いとあさましうて、「そはまめならぬる事にこそ」といへば、稲穂《イナホ》を投出《ナゲ》して、「いな、さにはあらじ」といふに、おかしくなりて、「いさゝけの事ならましかば」とて、角豆《さゝげ》の実《み》をなげやりたれば、「物しらずでは盗みもえならじ」とて逃行けり。いと興《きやう》ある盗人にぞありける。

(「ねなしかづら」)

(夕暮れのもの寂しい頃に、家から近い田のあぜ道を行きながら、「我かと言ひていざとぶらはん(私を待っているのかと言いながらさあ訪ねてみよう)」と歌を口ずさみながら(古歌の風情のように、待つ(松)虫の鳴く方へ歩いて行くと、(虫ではなく)大きな男が何かしている。「何をしているのか。たいへん危なげな様子だが」と尋ねると、「満月の晩は罪にはならない、と昔から言い伝えるから、大豆を盗んでいるのだ」と言う。ひどく呆れて、「それは誠実ではない」と言うと、稲穂を投げ出して、「(稲ではないが)いや、そうではあるまい」と言うので、おかしくなって、「(盗みも、ささげならぬ)いささかのことであったならば」と、(大豆のかわりに)ささげの実を投げてやると、「物を知らなくては盗みをすることもできないようだ」と言って逃げて行った。たいへん遊び心のある盗人であった。)

五十嵐篤好は、越中国砺波郡内島村(現在の富山県高岡市。加賀藩領(2)の十村《とむら》役であった。十村は、加賀藩における農民身分の最高職として、農政を総轄する改作奉行の下に置かれたが、なかでも五十嵐家は、十村役のうち無組御扶持人役という最上位格の家柄であった。幼い頃から石黒信由（宝暦一〇年（一七六〇）―天保七年（一八三六））に算術と測量術を学び、師の信由や父とともに舟倉野用水（富山市旧大沢野町）をひらいたことで知られる。

近世の国学者は、日本古典の研究を行うとともに、古典に出典をもつ古語を用いた歌文の創作をも行った。研究と創作が分かちがたく一体となっていたのである。篤好もまた同様であり、「ねなしかづら」もその一例といえるが、しかし、右に引用した「盗人」には、他の和文にはまず見られないような題材が登場している。

近世和文はしばしば、和歌の題詠のように、ある題によって書かれていた。そのような和文を収載する代表的な集として、たとえば加藤千蔭『うけらが花』（享和二年（一八〇二）刊）、村田春海『琴後集』（文化七年（一八一〇）刊）など国学者の家集、また伴蒿蹊編『閑田文草』（享和三年刊）等が挙げられよう。伴蒿蹊の著作には篤好も関心をもっていたようで、和歌や学問についての心構えを記した著書『歌学三訓』(3)にも、「見べき書」の一例として蒿蹊の『国津文世々之跡』『訳文童喩』を挙げ（『歌学初訓』「読書」）、また「近くは『閑田文草』などいとくおもしろし。見るべし」（「何の辞《ことば》といふもの〻事」（『歌学次訓』））とも述べる。

右に掲げた「盗人」は、『古今和歌集』秋上・二〇二番歌（秋の野に人まつ虫の声すなり我かとゆきていざとぶらはむ）(4)を口ずさみながら、大豆を盗もうとする大男に対し、軽妙な言葉遊びで応酬するという趣向をもつ。まさに盗もうとしている「大豆（まめ）」、門田に関連して「稲穂（いな）」、さらには「ささげ（角豆）」といった語を交えた、当意即妙のやりとりである。稲や田は古歌にも詠まれ、和文の題にもなっているが(5)、引用文中でも秋の景物のひとつとして描かれる。特徴的なのは大豆(6)とささげ(7)、いずれも、農村の生活に密着した産物である。「盗人」は、農村や農民の生活をよく知る篤好ならではの語彙・題材を用いて書かれている。他の近世和文にはない趣をもつゆえんである。

代々十村である篤好には、農業の知識と関心があった。その農学は耕作方法のみならず、測量および算術などの土木工学、また地理学や経済経営学的視点をも含む。農政に関わる篤好にとって、国学そして和歌和文はどのような意味をもっていたか。本稿では、篤好の農学と国学について、その融合的ありようを明らかにする。

五十嵐篤好の位置

近代に入って、篤好の業績についての記述が見られるようになる。この時期の言及をてがかりに、篤好の全体像をたどってみたい。

昭和三年（一九二八）十一月十日、昭和天皇即位大典につき篤好に従五位が追贈された(8)。翌四年九月十五日、富山県会議事堂で富山県教育会昭和四年度教育大会が開催された(9)。大会の冒頭、「先賢慰祭」として、西村太沖《たちゅう》（明和四年（一七六七）―天保六年（一八三五））・宮永十左衛門（享保一七年（一七三二）―享和三年（一八〇三））・伊東彦四郎（宝暦八年（一七五八）―天保五年（一八三四））らとともに篤好が顕彰されている。西村以下、いずれも篤好とともに前年追贈された人物である（西村は正五位、宮永・伊東は従五位）。『先賢遺墨遺著遺愛品陳列目録・先賢略伝』（富山県教育会編、昭和四年九月）は各人を以下のように称する。暦算家であり加賀藩藩校明倫館で天文学を講じた西村は「天文学者」、加賀藩山廻役等をつとめた豪農で、『私家農業談』等の農書の他、文集『越の下草』『春の山路』や和歌俳句も残る宮永は「産業家」、そしていずれも無組御扶持人十村役であった伊東彦四郎（富山県東部の愛本新用水を開拓）と篤好は「開墾家」となっている。近代に入って、篤好は顕彰の対象となったのである。

「先賢略伝」は、篤好を以下のように記す。

東五位村内村の人。家、代々加賀藩十村役を務め、篤好に至り無組御扶持人十村に進む。性、学を好み、算数（ママ）を石黒信由に、国学を富士谷御杖に、歌道を本居大平（ママ）に学び(10)、書道亦一家をなす。造詣頗る深く、識見高邁にして他に附和するところなく、著書甚だ多し。其の職を奉ずるや、或は藩政に参与して諮問に答へ、或は農政に関する書を公けにして世を導き、又、到るところ用水を通じ、美田を開く等、効績頗る多し。特に、上新川郡舟倉新等十一ヶ村三百八町歩の耕地開発は最も顕著なるものにして、住民其の遺績を頌し碑を建てゝ之を祀る。文久元年、金沢にて客死す。享年六十九。昭和三年十一月十日、朝廷其の功を録し従五位を贈らる。

（「先賢略伝」）

現在、一般にもっとも知られている篤好の業績は、舟倉野用水の開拓であろう。既に紹介した「開墾家」という称が象徴的である。

「藩政に参与して諮問に答へ」というのは、『課役考』（嘉永六年（一八五三）成）のような例をいう。『課役考』

は、藩政側の人物であると想像される「ある御方」からの問いがきっかけとなって著された一書である。異国船渡来につき各村より沿岸防備の人夫を出すことになったが、「上古の課役」と比較してどのように考えるか、というものである(11)。また、「農政に関する書を公けにして」とは、『口米考』『高免考』『夫銀考』『着米吉初銀考』(いずれも天保六年(一八三五)成)『苗代名義考』(天保七年成)のいわゆる「五十嵐五考」等の著作を指していよう。

篤好の名が「篤好」として紹介されることにも注目したい。というのも、開墾は公務であるが、彼の十村としての通称は五十嵐小豊次(晩年には孫作)であった。篤好と同じく豪農で、学芸でも知られ著書もある宮永十左衛門が、名(正運)ではなく通称で紹介されているのとは対照的である。十村役としてのみならず、学者としてまた歌人としての篤好が知られていたことがわかる。

多岐にわたる篤好の活動は、著述からもうかがえる。著書の数も多い。例えば、日本古典籍総合データベース(国文学研究資料館ホームページ)で、著者名「五十嵐篤好」を検索してみると、九十四件がヒットする(二〇二〇年二月十日現在)。九十四件中、実際には重複する著作もあるにせよ、それでも著作の多さを十分に検証する数字だといえよう。版本のうち、末尾にはその一部を示すものがある。篤好の代表的著書として掲げられたのは以下のとおり。

①『歌学三訓』三冊(天保十年(一八三九)(初訓・次訓)・同十二年(一八四一)(三訓)成)
②『伊勢物語披雲』七冊(安政五年(一八五八)成)
③『雉岡随筆 初篇』二冊(安政五年成)

④『同　次篇』二冊
⑤『国学無目籠』一冊（弘化二年（一八四五）成）
★⑥『湯津爪櫛』二冊（安政四年（一八五七）成、文久三年（一八六三）刊）
⑦『神典秘解』六冊（嘉永二年（一八四九）より執筆、三巻（未完））
★⑧『天朝墨談』五冊（天保二年（一八三一）成、安政六年（一八五九）刊）
★⑨『新器測量法』（角書「地方」。安政四年（一八五七）刊）
⑩『名言結本末』一冊（天保一一年（一八四〇）成）
⑪『散書百首色紙形』一帖
⑫『養老和歌集』一冊（嘉永四年（一八五一）成）
⑬『言霊旅暁』一冊（万延元年（一八六〇）成）

（「家翁著書標目」をもとに作成）(12)

「家翁著書標目」は、篤好の長男・五十嵐豊生《とよなり》が作成している。掲出点数は諸本により異なるが、それぞれの著作について豊生が解題を付す。著作のうち出版されたものは★印を付けた⑥⑧⑨の三点で、他はすべて写本である（ただし④⑪は未詳）。

内容では、和歌（①⑪⑫）・国学（⑤⑥⑦⑬）・注釈（②）・文法（⑩）が多くを占める。③（④）は随筆であるが、国学や和歌、注釈への関心を反映した内容である。ここに、「先賢略伝」にも「亦一家をなす」と書かれた書道（⑧）が加わる。さらに異なるのが、測量学（⑨）の分野であろう。

測量家と国学者――「まめやかなるこころ」――

既に確認したように、篤好は幼い頃から石黒信由に算術と測量術を学び、師の信由や父とともに舟倉野用水を開いた。算術は測量に必要であり、測量学は農学の一分野であり、算術は測量に必要であった(13)。

十村そして測量家として知られた篤好が、国学そして和歌に出会うきっかけとなった出来事がある。篤好は生涯に三度、処罰を受けている。文政二年（一八一九）の能登島流罪、そして二度（天保九年（一八三八）・安政五年（一八五八））の謹慎処分である。いずれも、有能かつ有力な十村であった篤好が、農民のために行動したゆえの讒言によるとされる。国学との出会いは、このうち最初の処罰がきっかけである。

文政二年、加賀藩は、篤好と父・之義を含む二十八人の十村を金沢の牢に投獄した。「十村断獄」と呼ばれる一件である。現在では冤罪であったことが明らかになっているが、之義は獄死し、篤好も能登島向田《こうだ》（現在の石川県七尾市）に流された。能登島流罪より約四十年の後、晩年の篤好は回想する。

二十七のとし、能登の島山にさすらひて住める事ありき。古世の歌に、「とぶさたて船木きるとふ能登の嶋山けふみれば木立しげしも幾世神ひぞ」とよめる所なり。そこに伊夜姫神社あり。此宮に仕ふる神主船木連老といふ人ありけり。此人いとなさけある人にて、うたよむ人なりければ、そがもたりける書籍どもを

かりて、つれぐ〵の慰に見居たりけるに、契沖阿闍梨の歌とて、
我身いま三十も近の塩かまに煙ばかりもたつことのなき
といへるがありけるを見て感にたへず覚し、さるは阿闍梨、わが今の年ばかりにして仏学に達し、かたは
ら歌道を学び、かばかりの歌をよみ述懐し給へるものを、吾は何をしてありける事ぞ、といと辱しく悔し
く思へる也。

（『言霊旅暁』）

契沖が自分と同じ世代のころに詠んだ和歌に、深く心を打たれたというのである。さらに篤好は、幼い頃から学んだ算術（和算）について次のように述べている。

篤好、若年より算術に志し、石黒翁を師として其奥に入りたりといへども、職分につきて用ふべきは乗除
平方等一わたりの術にて事足れり。かつ、数は六芸の一つにして妙にくすしきものなれども、情にあづか
らざるわざゆゑ、後世に伝へても、是に感じて涙を落すなどいふ事もなきものなれば、あたら心を労すべ
きものならずと思ひ改て、算術を廃し国学にて世に名を揚むと志をおこしたり。

（同）

篤好には師・石黒信由との算術の著書もあり(14)、信由『算学鉤致』（文政二年（一八一九）刊）には篤好の

奉納算額も収録される。算術は業務に必要ではあるが、会得した知識が十分に活かされるわけではない。すぐれた術ではあるが、人の情に関わりはしないから、深く打ち込むことのできる学問対象ではない。算術の探究に限界を感じた篤好は、人の心を動かすもの、つまり和歌や国学を志すことを決意したのだ、と述べる。

前節でも触れた『新器測量法』の刊行は、右に引用した『言霊旅暁』より三年ほど前、いずれにせよ国学開眼よりはるか後、篤好六十五歳の年である。測量術の書を、なぜ晩年出版するに至ったのか。そのいきさつは、序に明らかである。

としごろ学び居たりし関大人のをしへを廃たりしは、三そぢにみたぬほどにやありけむ。思へばいとはるかなれど、思ひし事一つもならで、いたづら翁とぞなれりける。然るに此ころある人、量地測遠の術、篤好につきて学ばむとこへり。忘れにたりとすまへど、ゆるさず。さるは、何がしらが仕ふる道にたぐへるわざにしもあれば、さはたいなみがたく、さりとて、はたものうければ、かばかりにてゆるされなむとて、書て与へたるなり。

(『新器測量法』序)(15)

関流の算術を学ぶことからは三十歳になる前に離れた。しかし、既にある篤好の知識と技術は、後継の人々にとって意義あるものであった。請われて出版されたのが、『新器測量法』である。

さまざまな難問を解くことのみを目的にする算術は、「いとくすしきまでぞおぼゆるや」、神妙とも呼べる技だとしながら、「只つれぐ〳〵のすさみぐさとなりて、まめやかなるかたには用ふべくあらざめり」（以上「序」）、つまり、所詮は弄びにすぎず、実際の生活からは乖離している、と篤好は述べる。そのうえで、篤好が本書を刊行するに到った心境が語られる。

実学としての算術という態度は師の石黒信由に通じ、また、基本を大切にするという姿勢は、父・之義の影響もあるだろう。之義『五十嵐密語』（文政二年（一八一九）成）には、十村として、また家を預かる者としての心構えが記されている。之義は算術についてこう述べる。

算術も検地検見の時不達者にては恥多し。割掛を勤て手早くすべし。開平も検地などに入ことあり、開立より乗方暦算など知て悪しきことはなけれども、役儀に付て入用のことなく只手早く割掛すればよし。

（『五十嵐密語』）(16)

算術は測量のために必要だが、まずは除法乗法に習熟すること。開平（平方根を求めること）はさておき、開立（立方根を求めること）等の更なる知識は、どうしても必要というわけではなく、まずは割り算掛け算である。つまり基本が大事、というのである。

篤好はまた述べる。

遠きを測り、村里田ところのあるかたを図に作るなど、其業いとたやすくてまなびやすかなれど、まめやかに用ひではたがふふしぐ出来て、いとくかたきわざになむ有ける。こゝに至りては、をしふべくもあらず、学ふべくもあらず。唯まめやかなるこゝろをもちていそしみつとめて得べきより外、道なし。その忠誠やかなる心のもとを尋れは、天地の誠の道にあり。万の事、その本立ざれば得べからす。人々よおほろかになおもひそ。

（『新器測量法』序）

その土地について知らなければ、耕作はできない。土地について知るための測量であり、算術である。農業のための算術は難しいものではないが、「まめやか」、つまり誠実に、丁寧に行わなくてはならない。日々の生活、そして人が生きることとから乖離した学問は、篤好にとって空虚なものでしかなかった。農業技術としての測量に必要な知識は、決して高度なものではない。しかし易しい内容であっても、誠実さをもって打ち込むことが大切であることを述べている。篤好が大切にしたのは、人の情が求める和歌や古典と同様に、「まめやかなるこころ」に根ざした算術であった。

農学と国学 ―『農作仕様考』と『あらたへの記』―

算術と測量学は、近世においては農学の一分野といえる。前節では、学ぶ必然性と動機づけという観点から、篤好の農学（としての算術および測量学）と和歌・国学との接点について考察した。本節では、対象とその分析という観点から、農学と国学の接点について明らかにしたい。

篤好の農書『耕作仕様考』（天保八年（一八三七）成）に、次のようなくだりがある。

先年能州嶋地ニ罷在候節見受候得者、彼地にてハ苗代田之畦に竹五、六本立、苫をはり、老人と子供と入り居候而、終日ホウライヤ〳〵と諷ひ候様ニ申候而鳥を追、苗代を守り居申候。古風の残り候儀と奉存候。ケ様ニ有度物ニ御座候。終日宜苗ニ生立候様ニ与心におもひ守り居候得者、其心感候而宜成候ハ必然之理与奉存候。

（先年、能登島にいたときに見たことには、あの地方では苗代田のあぜに竹五、六本を立ててむしろを張り、老人と子供が入って、一日中「ほうらいや、ほうらいや」と歌うようにして鳥を追い、苗代を守っていた。古いやりかたが残っているのだと思われる。このようにありたいものである。一日中、よい苗になるようにと願いながら守っているのだから、その心に感じて、苗の出来がよくなるのは当然の道理と思われる。）

（『耕作仕様考』「苗代」）

能登島における稲作の様子を書いた場面である。先に触れた、能登島配流の折の見聞がもとになっている。能登島での生活は約一年に及んだ。

苗代を守る歌の光景を、篤好は別の機会にも記している。能登島での生活に取材して書かれた『あらたへの記』（写本。未完）(17)の一節である。

『あらたへの記』は和文体で記され、日本古典、および江戸時代の国学研究をふまえた表現内容が随所に見られる。記録としての性格にとどまらない、篤好の国学者としての知識と関心を反映した作品である。書き入れ等から少なくとも三度の推敲が行われていると推察され、大幅な削除を行った箇所もある。鳥追いの場面も、細かい加除修正を行った後に、本文全体を削除する意図の見せ消ちが施されている。ひとまず、推敲した本文のみを引用する。

苗代に雀などのより来てついばむをおふとて、物のようにたゝぬ。わらはおふなゝど、田のあぜに□して、鳴子のつなをひきつゝ、「ほうらいやほうらいや」とひめもすうたふ。その声物悲しう聞ゆ。

（『あらたへの記』）

同じ出来事に取材する場面ながら、『あらたへの記』の文体は、『耕作仕様考』とは異なる。『あらたへの記』は、古典に出典を持つ古語で書かれている。比較してみると、篤好が著作の性格によって書きぶりを分けていることが明確である。右引用部分、推敲前の本文には、「竹にむしろ打かけもて雨を」という表現が挿入されていた。苗代について具体的に書いた部分は削除されたのである。

一方、『あらたへの記』には、『耕作仕様考』にない記述があることにも注目したい。「その声物悲しく聞ゆ」という部分である。農作業における地域性が表れているが、ここに「物悲し」という情趣を見ている。篤好が注目しているのは「うたふ」という行為である。篤好は、苗に対して「わらはおふな」が「うたふ」ことに意味を見いだしているのである。

能登島の人々の「うた」は、『あらたへの記』の他の箇所にもみえる。幼い子どもの葬礼で泣き叫ぶ母のことばは、あたかも上代の歌（童謡）のようだ、と篤好は記す。

をさなきものゝとみにしゝたりしをはぶるとて、その母、なきいさちつゝいふ、「かわひの子共よ。どふといふたらよかろぞへ。よんべまでこんな事のあらふとはしらなんだはへ。かわひの子供よ」といふが、童謡《わざうた》のやうにきこえぬれば、あなしやこしやとわぶ人もありけり。おのれはこを聞くに、あがりたる世のさまおもひ出られ、いとゞあはれにぞありける。むかしの人のをりにふれ事に感《めで》てよみ遣せる歌も、かゝる言の葉のみやびたるならんかし。

（『あらたへの記』）

子を亡くした母の歌を上代の歌に重ね合わせ、葬礼における歌を次のように評している。

真実におもふ心のせちなればこそ、つゝみあへで、詞に出し、言ふてなほあきたらねばこそうたふなれ。など泣事をのみぜとすべきや。

（同）

「など泣事をのみ」、泣くことがだけが葬礼ではないというのは、能登島の葬礼における泣女の風習(18)をふまえる。

言葉にしてなお足りないほどの「せちな」る、切実な感情が「うた」となってあらわれるのだ、と『あらたへの記』の篤好は書く。

苗代の育成の場合も同様である。能登島の人々が「宜苗ニ生立候様ニ与心におもひ守り居候得」た結果、自然と「ホウライヤホウライヤ」という歌が「うた」われた。歌に、苗代を守り育てる力を認めている。農学的知識や経験、また合理的思考とは異なる。

思う心から歌がうまれるという発想は、賀茂真淵（「心におもふ事あるときは、言にあげてうたふ。こをうたといふめり」（『歌意考』明和元年（一七六四）成、寛政十二年（一八〇〇）刊）に由来しよう。篤好は「情の切なる」と言う。歌学書『歌学初訓』にも、「情の切なる所よりして心におしこめかたく歌とよみ出らるる」（『歌学初訓』「慎」）と述べ、くりかえし「情の切なる」という表現を用いながら、歌というものの特質を述べる。情すなわち心である。

近世農書と国学との関連については平田派国学の例が知られている（小西篤好『農業余話』、田村良茂『農業自得』等）。徳永光俊は、右に引用した「終日宜苗ニ生立候様ニ与心におもひ守り居候得者、其心感候而宜成候ハ必然之理与奉存候」等の例を挙げながら、江戸時代の農書において、人の心と作物が感応するという考え方があると指摘する(19)。これは、和歌と人の心の感応とも重なる。であれば、農学と国学の融合はありうべき姿ともいえよう。

農書『耕作仕様考』と『あらたへの記』の違いは、まず、語彙や文体にある。語彙や文体が異なるということは、事象を分析する視点が異なっているということである。それでいて、対象とする事物は同一である。同じものごとを異なる視点で分析する。しかし分析結果は相反しない。農業理論そして実践と、歌の心は、篤好にとっては矛盾なく融合されている。子を失った母のことばも、苗代の生長を願うひと節も、「真実におもふ心のせち」であるからこそ生まれた歌なのである。

おわりに

五十嵐篤好の和文「盗人」を端緒として、農学と国学の融合についての考察を試みた。

三度の処罰は不遇なできごとであったが、処分中の期間になされた仕事もあった。すなわち、一度目の能登島での生活に取材した『あらたへの記』、二度目の期間に成った『歌学三訓』（初訓・次訓・三訓）、三度目の『言霊旅暁』等である。いずれの著作も、篤好の国学と和歌を考えるうえで重要である。いずれのときも、国学と和歌に向かい合い、学問と創作がより深まってゆく時間であったと想像される。

家集『ふすしのや詠草』（十二冊、富山県立図書館蔵）は、十村断獄の翌年・文政三年から没年までの和歌（および和文）を収める。それらの和歌からも、十村役としての篤好の姿をうかがうことができる。国学と和歌を考えるうえで、十村役という立場とその業績、つまり篤好の農学・農政学を切り離すことはできないが、また逆に、篤好の農学について考えようとするとき、和歌や和文、そして国学が常に共にあるともいえる。さまざまな方面の学問が篤好というひとりの人のなかで同時に存在している。その中心にあるのは、篤好自身の「せち」なる心／情なのであろう。

【注】

（1）藤井準夫（慶応三年（一八六七）—昭和十三年（一九三八））。石川県立金沢第一中学校（現・石川県立金沢泉丘高校）教諭。号「杜鵑花園」。

（2）越中国は現在の富山県にあたる。富山藩領は富山県中央を流れる神通川流域にほぼ相当し、その東西は加賀藩領であった。

（3）『歌学初訓』『歌学次訓』『歌学三訓』から成る。82頁参照。引用は富山県立図書館本（T021/104）による。

（4）引用は新編日本古典文学全集本による。

（5）『閑田文草』にも「秋の田面を見る」（巻三）、「河の洲に稲の生出しを祝う辞」（巻五）と題された和文を収める（風間誠史校訂『伴蒿蹊集』国書刊行会、一九九三）。

（6）江戸時代を代表する農書のひとつである『広益国産考』（大蔵永常、安政六年（一八五九刊）に、田のあぜに大豆を植える方法が紹介されている（「田のあぜに蒔育《まきそだつ》る大豆《まめ》なり」「かへす〴〵も田の畔大豆ハ作りて、他へ売事ハさし置ても、自家の味噌豆馬の飼《かひ》れうとすべき事なり」（『広益国産考』巻五「畔大豆《あぜまめ》」）。

あぜ豆は加賀藩においても一般的であった。

「其次（引用者注・あぜ塗りが終わったら）疇稗植る…（中略）…畦干て畦損せさる時分（注・あぜが乾いて割れないうちに）大豆植る」（土屋又三郎『耕稼春秋』巻二 稲之類「表田」）。

土屋は加賀藩の十村役であったが、役人に連座して投獄され、家職を失った。『耕稼春秋』（宝永四年（一七〇七）序）は職を辞した後に執筆されている。本書は、篤好の父・之義《ゆきよし》の『五十嵐密語』（文政二年（一八一九）成。87頁参照）にもその名がみえる。「農業全書、耕稼春秋、農業私家談、税歛活要（ママ）、町間辨疑（ママ）、量地指南、算法童子問皆よむべし」とあり、農書のほか、租税（『税歛括要』）、測量学（島田道桓『規矩元法町見辨疑』（享保十年（一七二五）刊）、村井昌弘『量地指南』（享保十八年（一七三三）刊））、算術（村井中漸『算法童子問』（天明四年（一七八四）刊））の専門書の名が挙げられている。

（7）宮崎安貞『農業全書』（元禄十年（一六九七）刊）は、「凡て豇豆と云ハ、本ハ籬にはふ蔓ささげを云と見えたり。畠に植る短きも、形味も皆よく似たれバ、同じくさゝげと云なり。…（中略）…夏の菜の内第一の物なり。家々に欠ずつくるべし。猶手入多し。小民なべて作る物にて人みなしれる所なれば、くハしく記さず」（巻二「五穀之類　豇豆」）とする。ささげは北陸の人々にとって近しい作物で、前掲『耕稼春秋』にも、「さゝげ畠は下畠也（引用者注・やせた畑に植えてよい）。…（中略）…段々穂共に取、百姓給物（注・百姓の食物）にする。よきなりのさゝげを種子に撰出し置て取置物也。地さゝげを畠に多く作り、金沢へ売出すは能美郡江沼郡也」（巻三上「田畠蒔植物之類　豇豆」）と述べる。

（8）『特別展「農氏魂をもつ大学者　五十嵐篤好」パンフレット』「五十嵐篤好年譜」（高岡市立博物館、二〇一八）による。

（9）富山県教育会編『富山県教育会五十年史』（一九四〇）212頁。昭和二年四月には、地元高岡で篤好ゆかりの品の展覧会が開催されている。「五十嵐篤好遺著遺墨展覧会出陳目録」（高岡文化会編『農政全集』所収、一九二八）によれば、昭和二年四月二十五日より三日間、市立高岡図書館で行われたという。主催は高岡文化会。また昭和六年十一月二十二日には、頌徳碑（五十嵐家跡（現在の高岡市立東五位小学校）に建立）の除幕式が行われた。

（10）篤好は大平への入門を希望していたが叶わなかったため、両親の和歌の師である御杖に国学和歌を学んだ。「紀州の大平ぬしに歌の直しを乞ひしかど、便りあしきにより、富士谷御杖大人の弟子となりて我国の道を学ぶ」（『言霊旅暁』万延元年（一八六〇）。引用は富山県立図書館本（T021/64）による）。

（11）「此頃ある御方の仰られけるは、「往昔、地頭へ人夫をとりて使ひし代り、今は夫銀とて上納する事は誰もいふことなり。是は上古の課役にて、則、貢なり。かゝる軍役の人夫をする事も、上古にては則課役のやうに思へたり。今などのさまいかゞおもふぞ」と御問あり」引用は金沢市立玉川図書館近世史料館加越能文庫本による。拙稿「嘉永六年（一八五三）―内から外へとひらかれる視点」（鈴木健一編『輪切りの江戸文化史―この一年に何が起こったか？』勉誠出版、二〇一八 所収）参照。

(12)『天朝墨談』国立国会図書館デジタルコレクション（847-252）による。

(13)『耕稼春秋』巻六にも、田地面積の計算法や村の測量についての記述がある（「田地割算法」「一ケ村定形検地法」）。

(14)『筆算／附追加』（日本古典籍総合目録データベースの統一書名による）。文化元年に信由が著した後、同九年（一八一二）に五十嵐厚義（篤好）が「追加」を付している。

(15) 引用は富山県立図書館本（T021/48）による。

(16) 引用は『農政全集』（注（9）参照）による。

(17) 富山県立図書館蔵（T021/109）。藤井準夫旧蔵。最終的な推敲は、自序の内容から天保十年（一八三九）頃と推定される。

(18)「此嶋は、こと人に米をとらせ、泣かしむ。さるから一升《ます》泣二升泣などいへ、また手拭を涙にひつとて一尺《さか》なき二尺泣などもいへり。したしきとうときとにてはかりありなど、兼てきゝしが」（『あらたへの記』）。米と引き換えに泣かせ、その泣きぶりにも差がある（差をつける）という。

(19) 徳永光俊「江戸農書にみる日本農法」（『農業史研究』三八号、二〇〇四）。

【付記】

近世農書の引用は原則として『日本農書全集』（農山漁村文化協会）によった。

引用にあたって、一部表記を改めたところがある。

資料の閲覧に際し、内藤記念くすり博物館・富山県立図書館・金沢市立玉川図書館にご高配を賜った。深謝申し上げます。

第二章 大名文化圏におけるさまざまな〈知〉の表象

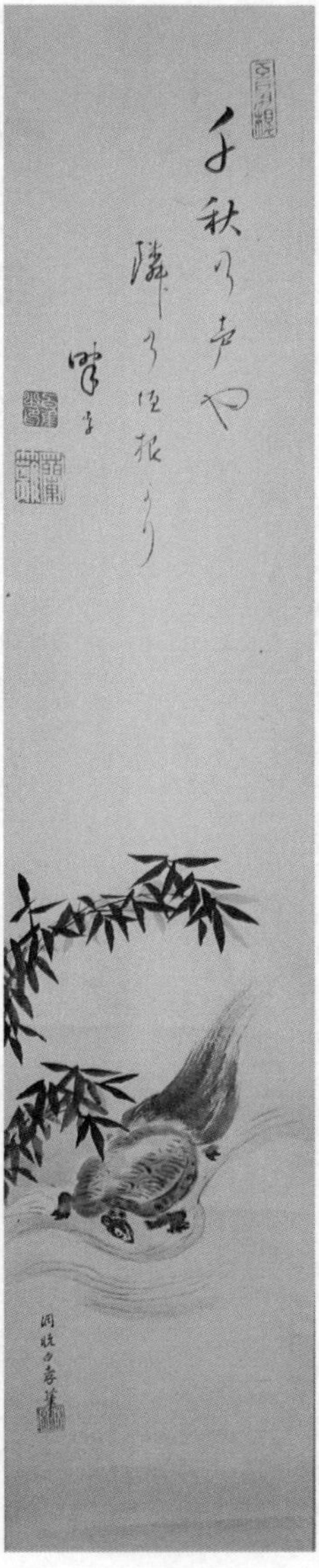

――南部信房（畔李）賛・洞悦白孝画「千秋の」

=コラム=

大名の俳諧文化②

南部信房（畔李）賛・洞悦白孝画「千秋の」

南部信房（明和二年〜天保六年）は、八戸藩第七代藩主。第六代藩主南部信依の長男として誕生、天明元年二月に十七歳で家督を継ぎ、翌年十二月には従五位下内蔵頭に叙任された。その藩主時代は、天明大飢饉による財政難に直面した大変な時期で、寛政七年には農民一揆が勃発。その翌年に、三十二歳で多病を理由に隠居した。その後は文事に熱心で、浮世絵師や戯作者たちとも親交があった。

俳諧は、はじめ八戸藩江戸詰用人窪田半右衛門（蓼太門、俳名互来）に師事し、天明三年には立机（宗匠としてのお披露目）して互扇楼畔李と号した。ついで、天明七年には京都の芦丸家花下貞居に入門、のちに『花下伝書』を伝授されて花下七世花咲亭畔李を名乗った。また、寛政初年頃には、江戸の一世星霜庵白頭から庵号を継承し、二世星霜庵とも称した。さらに、文化末年からは五梅庵とも号している。

一派一系にとどまらず複数の系統の俳諧を学んで宗匠たちを庇護したことや、俳諧に秀でた女性を選んで花月堂李州を側室に迎えたことなどは、いかにも大名俳人らしい振る舞いである。畔李の俳諧資料は八戸市立図書館や八戸市博物館に多く収蔵されており、八戸市博物館『八戸俳諧倶楽部創立百周年記念事業特別展　八戸の俳諧』（平成十五年三月）などの参考資料も刊行されている。

本点は、洞悦白孝が描いた霊亀の絵に、信房が自筆で賛を記した掛軸（個人蔵）である。

［互扇楼］（関防印）

千秋の声や隣の垣根より　畔李［白隼之印］［蘭籬］

洞悦白孝筆［藤原］

「千秋の声」は、新年を迎えて謡われる千秋万歳の声である。千秋万歳は新年を祝う門付けの一つで、主役の万歳大夫と脇役の才蔵との二人組で行われる。その家が千年も万年も栄えるようにと賀詞を述べ、万歳大夫が才蔵の鼓に合わせて舞ったり歌ったりする。その声が隣の家から聞こえてきた、という句である。「鶴は千年、亀は万年」というが、霊亀の絵も正月にふさわしい。

庄内藩士の環境文学《ネイチャーライティング》―『百華辨』の紹介と解説―

伊藤　善隆

はじめに

本稿は、豊原重軌『百華辨』（写本一冊、享保九年自序、個人蔵）の翻刻紹介を目的とする。豊原重軌は、『荘内孝子伝』や『流年録』の著者として知られている人物だが、その新出資料の紹介である。

まず、豊原重軌について、これまで知られていることを簡単に確認しておきたい。『新編　庄内人名辞典』（庄内人名辞典刊行会、昭和61年11月）に、以下のようにある（原文は横書き）。

豊原　重軌（とよはらしげみち）

多助・止柳子　天和1（1681）～寛延4（1751）7．24

篤学者。祖父の佐助は本国が越前で、最上家に家臣として仕えたが、その改易後は浪人となり、寛永10年（1633）庄内藩主酒井忠勝に禄百石で召抱えられる。重軌は僅か3歳のとき父を失ったため家禄没収となり、のちに7人扶持を与えられた。正徳5年（1715）書院目付、享保11年（1726）年郡奉行と歴任して新知百石を給される。さらに享保16年（1731）町奉行、同18年（1733）酒田町奉行と進んで禄二百石に加増となり寛延3年（1750）まで在職した。性篤実で博覧強記、「源氏物語」、「伊勢物語」等の古典に通暁し、また古歌三千首を暗誦したという。71歳で没し、鶴岡本住寺に葬られる。著書「塩梅問答」「流年禄」「庄内孝子伝」「よしなし草」

さらに、中台元『荘内人物誌』（写本、十巻、鶴岡市郷土資料館蔵）には、その人となりが記されている。

豊原多助重範（ママ）号止柳子喜唫国風諳記者不下三千首

豊原多助、名ハ重範（ママ）、止柳子ト号ス。人トナリ篤実ニシテ風流ノ士也。弱冠ナリシトキ、十一代ノ歌集、源語、勢語、狭衣ノ類ヲ翫ヒ、尤記臆強ク古歌三千余首ヲ諳記シタリ。花ニ対シ月ニ嘯キ、古キ歌ヲ吟シテ独其意ヲ楽シム。或時友ノ許ニ来リ花ヲ賞セシニ、重範（ママ）例ノ如くク硯引寄セ、トミニ古歌百首ヲ書テ吟咏セラレシカ、皆是桜ノ歌ナリキ。大泉叢誌中玄斎筆記 又或日、誰カレマカリテ雑談シケルトキ、重範（ママ）君ニハ源氏ニ委シトナン承ル。何レノ巻ソ初ヨリ終迄歌ヲ吟シテ聞セ玉ヘト乞ケレハ、ヤスラカニ受テ榊ノ巻ヲ朗吟セラル。人々巻ヲ披キテ閲スルニ、重範（ママ）ノ吟誦流ル、カ如クニシテ露タカワス。唯一二首前後ノ相違有ノミナレハ、坐中其強記ナルニ驚歎ス。又心詞ノ解シ難キ歌ヲ問フニ、答ヘスト云コトナシ。シカハアレト、如何ナル旨意アリテヤ、自ラ歌ヨムコト稀也。生涯ノ自詠僅一二首ニ過ス。其同姓ナリケル人、大和国郡山ニ住ケルカ許ヘ送ラレケル、并ニ妻ニ別レシトキノ長歌等左ニ記ス。

大和国ナル人ニ送リ侍ル

柴ノ戸ニ月モ桜モ有ナカラ猶ユカシキハ都ナリケリ
七ソチノ坂ヲケフ越跡見レハ霞隠レニ遠キコシ方

返シ（郡山ヨリ来リシ返歌ナリ）

コトシケキ都ノ空ノ月ヨリモヒナヤ心ノスミマサルラン
国ニツク杖ヲヨハヒノ麓ニテ猶モチトセノ坂ヤ越ヘナン

王妻ニワカレヌル頃ヨメル長歌

袖ノウラ　ウラ吹風モ　イト寒キ　雪ノ下道　カキワケテ　来ニケル年ヲ　カソフレハ　ハヤ七トセニ
ハマ千鳥　鳴音ヲ夜半ノ　友トシテ　明シ暮セハ　サスカマタ　ナラヒニケリナ　サヒシ（ママ）モ　我身ノ常
ト　ナリヌレハ　カクテモヨシヤ　世ノ中ノ　人ノ心ノ　花ノ色ニ　ソメシ袂モ　ムカシニテ　ナルレ
ハ今ハ　アラタヘノ　布キヌ身ニモ　寒カラス　秋モイツシカ　呉羽トリ　アヤシク妹カ　オキモセス
寐モセテ空ヲ　ナカメシカ　折カラナレヤ　初シクレ　フリミフラスミ　定メナク　過行ホトニ　オホ
アラキノ　森ノ下艸　冬カレテ　浅茅ニオケル　朝シモノ　終ニハカナク　キヘハテヌ　夢カ幻カ　シ
ラ玉カ　何ソト人ノ　トフマテフ　袖ノ涙ハ　雨トナリ　雲トヤナラン　ナラノ葉ノ　イヽアワセツヽ
ソヨ〳〵ト　イツチ散ラン　タマクレ（ママ）　過ニシ跡ヲ　ツク〳〵ト　思ヒ出レハ　逢見シモ　ハタトセ余
リ　ナレ来ヌル　ヨルノ衣モ　サエ〳〵ト　庭白タヘニ　シラ雪ノ　フルノ中道　中々ニ　カタミノ衣
コロモ経ハ　オモヒ忘ルヽ　事ヤアラマシ

玄斎云、此歌ハ冗長ニシテ聊調ヲ失ストモイフヘキ歟。シカハアレト、古キ歌ニ委シキ人ユヘニ、ツヽケカラモ拙ナカラス。初ヨリ中マテハ酒田御家中ト成テ彼地ニ下ラレシコトヲヨミ、袖ノ浦ハ名所ナレハ起句ニ用ヒラレタリ。マタ霜月ノ半頃ニ其妻死去セラレシユヘニ、雪ノ下道トツヽケシモノ也。此止柳子ノ著書ニ、ヨシナシ草二巻アリ。古歌ノ詞ヲ俚諺ニテ解セシモノナリ。童蒙ノ為ニハ有益ノ書ニシテ、必見ルヘキ者ナリ。外ニモ著述アリヤ、未タ知リ侍ラス。以上大泉叢誌中玄斎筆記

玄斎又云、此重範(ママ)ハ久米景山ト同時ノ人ト見ユ。其友ノ古歌ノ詞ヲ問ヘルニ、答ヘタルコトヲ書タル、ヨシナシ草トイヘル書二巻、シカモ重範(ママ)ノ自筆ナルヲ、予蔵セリ。廉女ヨリハ先輩ナレハ、国学一向開ケサルトキナルニ、古辞ヲ解セル良説甚多シ。併皆胸臆ヨリ出タルモノ故、誤解モ少ナカラス。白固大人見ラレテソレニ書添玉ヘルニ、已又愚カナル考ヲモ書加ヘテ常ニ机ノ側ニ置ヌ。此外、止柳日記ト題セル書一巻アリ。止柳ハ其号ナリ。幼年十一歳ヨリノ事ヲ書留タル冊子ニテ、元ハ七口ノ月俸ノミニテ、一人ノ老母ニ孝養ノ心ユカサル事ナト歎キタル章ナト、イトアワレニ見ユ。器量モアリシカハ、追々登庸セラレ、百石余ニテ御郡奉行ヲ命セラレシトキ、鱒淵村ナル農民与総左衛門トイヘル者、至孝ノ旨を推挙シテ御褒美ヲ賜リシハ、享保十一年午十一月也。即日重範(ママ)カ宅ヘ与総左衛門ヲ招ネキ、自ラ配膳シテ、嫡子多助ニ給仕ヲサセテ、饗応セシコトナトヲ記セリ。此人荘内孝子伝ヲ著ハシ、此画ハ藤如陵カ筆也。豊原厳内カ家ニ伝ヘ持タリ。公義(ママ)官板孝義禄ナトモ、荘内孝子伝ノ分ハ多ク豊原カ孝子伝ヨリ書出セリト見ユ。江戸ニ祇役スルトキ、定府富田新平甚不敬ノ振舞ヲナシテ御家ヲ立退タルヲ、泰仁公深ク御憎アリテ三都ヲ御尋アリシカトモ、行衛知レサリシヲ、重範(ママ)鎌倉ヘ御名代参詣ノ道ニテ行逢、忽搦捕テ召連帰リシカハ　公ノ御悦斜ナラス。黄金若干ヲ賜ヒ称誉シ玉ヒケル。

其金子ニテ甲冑ヲ求タルコトナトヲ記セリ。此日記、豊原家ニ蔵セスト聞シマヽ、今ノ厳内ニ、予与ヘたり。斯忠孝ノ事、神仏も擁護アリケン。後々は二百石ニテ亀崎ノ市正ニ迄ナリタリ。循吏ノ誉アリテ、今ニ其善行古老ノ古碑《（ママ）》ニ残ル者多シ。兎に角立身ヲスル人ハ、孝子ノ門ニ出ル者也。忠孝ノ志ナキ者ハ、何事モ出来兼ルモノ也。是レ天心ニ背ケルカ故也。扨、彼富田新平ハ多助カ召捕、子供両人ハ葛西郷ニ忍ヒ居タルヲ、搦捕リ、父子三人庄内ヘ下サル。此時道中付添ハ、日向清衛門、上野加兵衛也。富田父子三人、獄中ニテ病死セリト、藤力筆記ニアリ。大泉叢誌中弘采録抄

（巻三所収。引用にあたり、句読点を適宜補った。）

以上には、文芸に通じていた一方で、不敬の振る舞いのあった家中の者を忽ち搦め捕るなど、まさに「篤実ニシテ風流」であったその人柄が具体的に記されていて興味深い。

引用文中には、著書として『よしなし草』と『荘内孝子伝』の名前があげられているが、『百華辨』については触れられていない。とすれば、底本はこれまで知られていなかった重軌の著作である。古歌三千首を暗唱していながらも、自ら歌を詠むことがなかったとすると、『百華辨』は、重軌の文芸的な著作として貴重なものであるともいえよう。なお、右の引用文中の「止柳日記」だが、現在、重軌の日記としては、『山形縣史』資料編五（昭和36年5月）所収「鶏肋編上」巻第七十三に「流年録　豊原多助重軌筆記」と題して収録されるもの（「上ノ巻」で下巻は「闕本」とのこと）が知られている。

さて、本書の内容は、草花をテーマとした随筆である。その特徴の一つは、本文中で典拠とした古典作品に

関する頭注が付されていることである。自序で「標注しぬるは人にさとさしめんとにはあらず。みつから後に迷ん事を思ひて也」と言及されているとおり、博覧強記であった重軌であってみれば、この頭注も自ら記しており、それが本書の趣向の一つでもあったのだろう。

そして、本書の特徴のもう一つは、古典の世界の草花のイメージと、重軌自身が実際に目にした草花の知見とを重ね合わせながら叙述していく点である。こうした姿勢は、文学と自然科学とが現代ほど乖離していなかった当時の知識のあり方を示していると言えよう。たとえば延宝期の『宮城野』をはじめ、宝暦期の『海の幸』、あるいは天明期の『絵本虫撰』等々、植物や昆虫、魚介の図譜に発句や狂歌を組み合わせて制作された絵俳書や狂歌絵本があるが、そうした作品にも通じるような、江戸時代の人々ならではの自然に対する眼差しを感じることができるだろう。文芸や自然を楽しんでいた当時の人々の姿勢を、具体的に読み取ることができる随筆作品、すなわち江戸時代の環境文学《ネイチャーライティング》として価値は高い。ここに翻刻紹介する所以である。

なお、序文を記した文虹だが、国文学研究資料館編『酒田市立光丘文庫俳書解題』（明治書院、昭和58年1月）所収「俳人総覧」に、立項はされるが俗名等は記されていない。しかし、『荘内人物誌』巻三「小寺三郎兵衛信正以兵法知名」に、「信正手跡モ宜シク、酒田山王ノ額、文虹トアリ」とあるので、信正の別号として良いだろう（『新編 庄内人名辞典』にも、「小寺信正」の項に、別号として「文虹」と記載がある）。この小寺信正（天和二年～宝暦四年）も庄内藩士。江戸で太宰春台や松崎観海に学び、文武に優れ、兵法に委しく、藩主の近習役を務めた。著作に『荘内物語』や『志塵通』などがある。『荘内人物誌』には、「俳諧モ宗匠ナリシトソ。画モ為セシ也。今ニ持伝ヘシ人モアリ」、「博学多芸ノ君子タルコト、荘内ニテハ五尺ノ童子モ知ル所也」とある。

〈書誌〉

書型……写本一冊。大本（縦二七・六㎝×横二〇・四㎝）。袋綴じ。楮紙。

表紙……濃緑色（裏打ち補修あり）。

題簽……左肩無辺後補題簽（白紙）。

序題……「百華辨」（文虹序）。

写式……無辺無界。序を毎半葉行七行、本文を毎半葉九行に記す。本文部分の欄上に頭注を記す。

字高……二二・八㎝（序文初行「世に～ひと」〈一オ〉を計測）。

一七・一㎝（本文初行「梅は～京極殿は」〈五オ〉を計測）。

丁数……全三四丁（ただし、巻頭と巻末の遊紙二丁を含む。墨付三二丁）。

〈凡例〉

翻刻にあたり、改行は適宜改めた。

句読点は、底本で使用されている「。」を原本通りに翻刻した。

濁点も、原本通りに翻刻した。

異体字等は概ね通行の字体に改め、片仮名は一部を除き平仮名に改めた。

底本の各丁半葉の終わりに当たるところに」を付し、（　）内にその丁数および表・裏（オ・ウ）を示した。

本文と頭注はそれぞれ翻刻し、項目ごとに、まず本文を、続けて頭注を、翻刻した。本文翻刻部分の冒頭には「(本文)」、頭注翻刻部分の冒頭には「(頭注)」と注記を加え、丁移りもそれぞれ別に通して付した。本文のみで頭注がないものにも、「(頭注)ナシ」と注記を加えた。

参考のため、原本の一部を図版で末尾に示した。

〈翻刻〉

百華辨

世に花を愛し香をなつかしむのひと。玉の杯の底意多くは呑へしの花吟味にして。花の趣を得る人は稀也。それにあらさるは恋の重荷のかた手間わさに。何そに花を折添て色欲の道草とす。是猶花の趣を得るものにはあらさめり」(一オ)けり。独江南の子止柳子其情や閑-雅。其たのしひや高-致。他のいふへきにあらす。朝のにほひをとゝめ。夕の花ふさを惜み。百花の辨を作て。色をきそひかうはしみを戦しむ。そのあらそひは君子也。あるが中に。世にもてはやす花も。今茲にもらせるある事は。此地になきをは強く」(一ウ)弁ぜさるが故とそ。辨を弁ずる事を好ます。花の趣を辨ずるの致《ムネ》かくのことし。臙-脂緑-青を雇ずして百藥とこしなへに爛-熳し。花-壇石-台の煩《ハ》しきなくて百-芳をのつから芬-郁たり。百花の趣を得たる人は全《ク》柳子にして。其趣の絲口を伸るものは誰そ。」(二オ)

江-北の俳-騒文-虹書《ス》

享保子のとし

此書草-藁のとき詞兄小文-虹-子に投じて。非を正し且序のこと葉をこふ。序なつて是を見るに。甚過-当」(ウ二)の語あつて予か心にあらすといへとも。秀-逸の句々おほく捨置へきものにあらす。額に汗して是をのせ。」(オ三)二度みつから序して。我志をのふる事左のことし」(ウ三)

夫代のうつり行。逆-旅は村-里を定めす。過-客はしはらくも憩はす。きのふみし事けふは面影はかり残り。その面かけも年月経ぬれは。おほくは跡かたなくそ成ぬる。いでや雪-月-花の三は哥人の尊ふ所にして。古しへも今もかはる事なし。あるが中に。雪は予性寒をいたみて眺《ナカムル》に懶し。月はよるのことにして。閑-暇の日」(オ四)は後-園に杖をならして。もろ〳〵の花にそ心を遊しめぬる。そのおほかる花の中に。勝り劣り色のよしあしを。人のいひ置る事をも。又みつから思ひ得る事をも。猥に書つけ百花辨と名つけぬ。いさゝか標-注しぬるは人にさとさしめんとにはあらず。みつから後に迷ん事を思ひて也。于時享保九紅葉にむかつて書」(ウ四)

豊止柳

(本文)

梅

梅は単なるが先咲ておかしとて。京極殿は単梅をのみ植られたりといへと。夫もさる事にて。重りたる紅梅の稍咲初る頃は桜にけをされぬへくもみえす。まして雪のふれるあしたなとに。げに色も易レク分くれなゐなるは。いやしき」(オ五)宿のものとはみえす。かゝる折を人にも見せはやとおもふに。日さしあがりて雪の名残なく消ゆくこそ心惜けれ。匂ぞげに白きよりはをくれたるやうなれと。あらくなる様はたぐひあらじとそ覚ゆる。単梅はた等閑にいふへきにはあらす。そのほどうち続き雨風あはたゝしく寒き夕暮なとに。思ひかけぬ木のふしに二三りん咲そめぬるいとおかし　」(ウ五)

漸薫《ス》臘雪新《タニ》封《スル》裏　偸《カニ》綻《フ》春風《ノ》未《タ》レ扇《カ》先　といひぬるも。かゝる折しものことならし。まことや梅つぼの御園には。西には白梅東には紅梅を植られぬるとそいへる。名にたかき誓願寺の梅は紅梅なりといへと。多くは白き単梅にぞ大木はあ《ン》める。町田川といへる所に大梅樹あり。直《ク》立《チ》斜《ニ》横《ッ》て。その形臥龍の時を得て土中より出たらむに似り。花は白く単」(オ六)なる梅の。匂いとかうはしく。美人の淡粧素服せる面影有て。師雄が羅浮の夢も思ひ出らる。かゝるめてたき花の。あやしき賤か屋の軒を覆て。心もしらぬ野夫の袖をかほらしぬるそ心惜き。すべて梅は軒ちかく植たるよし。遠きはおほつかなくぞ覚ゆる。殊に匂ふかきなとは。闇もあやなく寝屋の内までかほり来るこそおかしけれ。又鉢なとにうつし植たるも」(ウ六)愛しぬへき木の様なり。漸纔にあかみ出て。四五日十日なんど同し様なるもいと心もとなくまもりゐたるに。色あひことにうるはしう咲出たる。又半《バ》ひらきぬるを机の側に置たるに。風の来てさと薫りたるいとおかし。いつの事なりけん。さかり過がたなるを燈のもとに置て。むつましき友と寝なから。散行花びらを盃にうけたるがいとおかしかりし　」(オ七)

(頭注)

梅は単なるか　つれ〳〵草にあり

けに色も　兼明

有色易分残雪底　無情難弁夕陽中」（オ五）

匂そけに　源氏紅梅に

枝の様花ふさ。色も香もよのつねならすにほへる。紅のいろにとられて。香なん白き梅にはをとれるといふめるを。いとかしこくとりならへてもさけるかなとて云々」（ウ五）

漸薫　村上帝の御製也

梅つほの御園　禁秘抄にあり」（オ六）

羅浮夢　龍城録ニ

師雄遷羅浮一日於酒肆傍舎見美人淡粧素服出迎時昏黒残雪未消月色微明也師雄与叩酒家門共飲酔臥久東方已明起視有大梅樹下

闇もあやなく　古今　みつね」（ウ六）

春のよの闇はあやなし梅の花色こそみえねかやはかくるゝ」（オ七）

（本文）

桜

桜はその品もあまたあれと。只山桜の単なるを植ならへたるが。をくれ先達たるもなく。咲つゝきぬるにはしかすとそ覚ゆる。老木もあれ若木もあれ。花のおほく咲ぬるそよき

木つきには搆のないか桜也　とかや人のいひし。誠にさなりけり。池なとに咲かゝりたる桜の。花の鏡も

まだくもら」（ウ七）て。濯-文之錦粲-爛たるは。ましていふはかりなくめてたし。又馬場なとに植ならべたる桜の盛成頃は。乗人の心もときめき。外より見やりたるはねたくさへぞゆかしき也。そのかみ上野の花さかりにまかりしに。先黒門のほとりよりかほりみちて。梢は雪の降たるやうなるが。内へ入ぬれは。目もあやなる楼-閣の。花の中にうつもれたる気色。田舎びたる目には」（オ八）驚く迄そ覚えし。花をおもはゝ桜の根をふむ事なかれと。家持卿はの給ひしかど。人ずくななる木かけに物敷ならへて。一日の余-閑をたのしみしに。芳-菲は只枕-上に爛-熳として。殆蝶-使も驚くべき様なるに。空さへ長閑にて。終日なかめ暮せしが。ことかたも又ゆかしけれは。夕つかた御山の中を吟きあるきしに。入相のかねに花も人も散あへるに。匂ぞ」（ウ八）猶一-山-中かほりみちて白妙なる

　銀河低し夜明の山桜　といへるけしきも思ひ出られ。かへりぬへきほともわすれたりし。大江佐国が老年の吟に

　六十余-回看レトモ不レ足　他-生定テ作シ二愛スルレ花ヲ人ト一　といひしが。没-後蝶になりしといへるそあさましき

（頭注）

花のかゝみも　古今　伊勢

　としをへて花の鏡となる水は散かゝるをや」（ウ七）曇るといふらん

　此哥は梅を見てとあれと桜にとり用ひ侍り

濯文之錦　花-光水-上浮ムと云題にて　順

　欲レハレ謂ント二之ヲ水ト一則漢-女カ施レ色鏡清-営タリ　欲レハレ謂ント二之ヲ花ト一又蜀-人ノ濯フレ文錦粲-爛タリ」（オ八）

花を思はゝ　本朝通記にあり
殆蝶使も　花の詩に
美-人寂-寞トシテ傍フ二瑤-台一ニ　欲レ嫁ント二東-風一ニ事未タレ諧《トヽノハ》
怕クハ展テ二濃粧ヲ一驚サンコトヲ二蝶-使ヲ一　却テ含テ二羞-態ヲ一見ル二蜂-媒一」（ウ八）
ことかたも又
ことかたも又ゆかしさに山桜此このもとをしつかにもみす
大江の佐国か老年の吟　本朝通記ニ委シ」（オ九）

（本文）

桃

桃は緋-桃物ふかき園の中に。きのふ」（オ九）けふ咲初ぬるが。中垣なとをうち越て。梢はかりみゆるこそゆかしけれ。又足軽同心なといへるものゝ屋かけに。只曝セル二紅-錦ノ之幅《ハタハリ》ヲ一やうなるを。案内して見るに。思ふ様なる枝つきこそなけれ。いかなれは盛みしかく。十とせはかりも過ぬれは。枝に白みつきてかたえづゝかれ行。後には杖つきのゝ字の杖をとられたる形に成行こそ心惜けれ。もろこしに崔-護といへるもの。ある門の」（ウ九）うちに。桃花の盛なるを見ゐたりしに。紅の袴きたる女二人来りて。よもすからもろともに酒のみうたうたひてなかめあかし。又の春も爰にてあはむと契り置。明るとし其所へ行しに。女はみえす桃花のみさかりに咲たりけれは。かたはらなる扉に書付ける

去年今夜此門-中　人-面桃-花相-映シテ紅也

人-面不レ知何-処-去ル　桃-花仍テレ旧ニ笑ム二春-風ニ一」(一〇オ)

あやしき事なれと。その気色のおかしけれは書つけ侍ぬ。源平桃又めてたし。風もなく長閑なる夕暮なとに。木のもとへよりて枝引撓みるに。一りんの花形は似るものなくそめてたけれ。白-桃は愛-敬をくれたれど。花も大かた散過たるに。もちもつこくの中より。きゆる迄白う咲出たるいとおかし。単桃は品をとりて。桜《接》木の台なとに成たるいと口おし」(一〇ウ)

(頭注)

紅錦之幅　紀斉名

山-桃又野-桃日ー二スーーーー一ヲ」(九ウ)

(本文)

梨

梨は枕草紙に。なしの花はよにすさましくあやしきものにて。目に近くはかなき文つけなとだにせす。あいぎやうをくれたる人の顔なとみては。たとひにいふも。げにその色よりしてあいなくみゆるを。あるやうあらむとてせめてみれは。花びらのはしにおかしき匂こそ心もとなくつきためれ。楊貴妃御門の御使」(一一オ)に逢てなきける顔に似せて。梨花一枝春雨をおびたりなといひたるは。おぼろけならじと思ふに。猶いみじきことはたくひあらしと覚たり云云

(頭注ナシ)

(本文)

李

李ももろこしにはあまねく愛せられて。詩なとにも多く作られたれと。我国にはむかしより愛する人も見えす。世々の撰集にももらされたり。げに花の様いやしく。」(一二ウ)なつかしき所こそなけれ。さはいへど。月のあかき夜園の中なとを吟ありくに。盛なる李の只雪を円めたるやうなるが。月‐影上二花‐梢一《ニ》て光あひたるいとおかし。匂なとも桜におさ〳〵をとらずかほりみちぬ

争《テ》挽二《テ》長‐條一《ヲ》落二《ス》香‐雪一《ヲ》といひぬる夜の様も。か〻る折そ思ひ出らる。又花の比里ばなれなる処へまかりてみるに。遠き」(一二オ)村〳〵の花盛は。多くは此木そ咲つ〻きぬる。されどいつかは李の花みんとて出ぬる人やはある。只桜の下つかたとそ成ぬる

(頭注)

万葉に

我やとのすも〻の花かさはに散るはたれ」(一一ウ)のいまた残りたるかも

これらの哥のみにて外にはみず

争挽長條　古文前集 月夜与レ客飲二酒《ヲ》杏‐花《ノ》下一《ニ》ト云短‐篇《ノ》中ノ句ナルヲ李ニトリ用タリ　其詩

杏‐花飛《テ》レ簾散二《ス》余《ハ》春一《ヲ》　明‐月入《テ》レ戸《ニ》尋二」(一二オ)幽人一　褰《ケ》レ衣《ヲ》歩《シテ》レ月《ニ》踏二《ム》花‐影一《ヲ》

烱トシテ如三流-水ノ涵二青-蘋一ヲ　花-間置-酒清-香發ス　｜テ｜二｜｜一ヲ｜二ス｜｜一ヲ

（本文）

　棣棠

山吹は岸の額に咲こほれぬるこそおかしけれと人のいひぬる。さも有へき事にそ。柴の上の春の御園にも。山ふきをは池の汀に植られ。その外古き哥にも。おほくは水の辺にそ読置ぬる。されと我住かた」（一二ウ）にはさる色なる波もみえす。いづくにもあれ花の様なまめかしう愛敬ありて。玉かつらの内侍にもたとへぬへき様したるが。あやしうむつかしき生垣の中へまつはれ入て。異木に結そへられ横さまに咲ぬるそわろき。山吹はかりを結たてぬる垣ねの咲みたれたるは。又いふはかりなくめてたし。春雨の降ともしらぬ夕暮なとに。いつしかぬれわたりて。露を」（一三オ）重けにくねりゐたるよ。遠目には八重なるも一重なるも大やう同し様にみゆるが。近うよりてみれは。単なるは愛敬をくれ品をとりてそ覚ゆる。かの井手の山吹の小土器程に咲たらんも。単なりといはゞさしてゆかしからじ。山吹は只愛敬ありてうるはしき花とみるを。兼好のきよけにとかきけん心きかまほし

（頭注）

春の御園　　源氏こてふに

　池の水にかけをうつしたる山吹。岸よりこぼれていみじきさかり也。水鳥ともの」（一二ウ）つがひをはなれず遊ひつゝ。細き枝ともをくひてとひちがふ。をしのなみのあやにもんをまじへたるなと。物のゑやうにも書とらまほしきに。誠にをのゝえもくたいつへう思ひつゝ日をくらす

風吹は浪の花さへ色みえてこやなにたてる山吹の崎

玉かつらの内侍にも　源氏野分に　」（一三オ）

みるにゑまるゝ様はたちもならひぬへくみゆ。やへ山吹の咲みたれたる盛に。露かゝれる夕ばへ。ふと思ひ出らるゝ云云

又玉かつらの巻に

たゝいとわかやかに。おほとかにて。やは〳〵とぞたはやぎ給へり云云

井手の山吹　無名抄　長明作也

かの井手の大臣の堂は。一とせやけ侍りぬ《き》。」（一三ウ）その前におひたゝしく。大きなる山ふきむら〳〵みえ侍りき。その花のりんは小土器のおほきさにて。いくへともなく重りてなん侍し。又かの井手川のみきはにつきて隙もなく侍しかは。花の盛にはこかねのつゝみなとをつきわたしたらんやうにて。他所にはすぐれてなん侍し云々

きよけにと書けん」（一四オ）　つれ〳〵に

山ふきのきよげに。ふちのおぼつかなき様したる云々

椿　」（一三ウ）

（本文）

椿はいつの比よりにやその品多くなりて。心々に咲出ぬるほとに。あまねく人にも愛せられぬる。げに八重にも

単にも色々に盛なるを。水なとにうかめてつく〳〵と見るに。色あい花の様つくろふへき処もなく。かきりなううつくしき花もぞおほかり。しかはあれど。葉の様よりはしめ。花の気色にほはしき処なく。絵にかける女のあてなる様して。今少したを」(一四オ)やかなるかたをそへばやとうちもまもられぬ。さばかりの顔して心のまゝにもひらかで。少しうつふきたらんは猶ゆかしかりぬへき事を。夫はあしきと人もさため。我もさおもはるゝこそあやしけれ。又散ぬるほとになれど。猶思ひきらで枝なからしほれ。葉なとにさへくされつきたるいとわろし

　鶯の笠落したる椿かな　といひけんやうに。心清く散ぬるそよき。山椿は花の」(一四ウ)様はとゝのはねど。是も人の園のうちに。梅桜に咲ましりたるはゆかしきもの也。又山がへりの土産なとに。大なる桜の枝に椿の色よきを多く折もたせたるは。主人さへゆかしく。たよりよくは引もうはひつへし

(頭注ナシ)

(本文)

躑躅

つゝしは盛なる比山路へ分入たるに。その程は空の気しきもいとうらゝかなるに。」(一五オ)左さ右さに思ひみたるゝ迄咲つゝきたるこそおかしけれ。土産なとに我も手折人にもおらせぬるに。蕀なとに衣の裾とらへられて思ふ処へもゆかれぬを。里のわらべなとは案内よくしりて。遠き処迄分入。色よきを多く折もてるいとうらやまし。かゝる所都かたにはなきにや。此けしき読たる哥もおさ〳〵なし。もろこしには五渡渓といへる所そかゝるけしきにやと思ひ」(一五ウ)やらるれ。もじにもほとゝきすの花と書

杜鵑鳴時花横々タリ　なといへと。こなたには。まだ此ほとはかきたえて音もせす。きりしまは色あい猶めてたく花の様かどあるを。築山なとに。こと木をましへで多く植たるいとおかし。又白きつゝしをおほく植こみて。雪の降たるやうなるを。夕暮かたに見ゐたるいとおかし。松しま小波なといへる。われはとおもひ顔に。色々」（一六オ）にうつくしう咲いつるもおほかれと。猶あかきにはしかすとそおほゆる。

（頭注）

おさ〳〵なし　我見及し哥の中には

のかれこしやけのゝきゝす峯にまた驚く迄に咲つゝしかな」（一五ウ）

五渡溪　張籍

五渡溪頭躑躅紅也　嵩陽寺ノ裡講時ノ鐘　春山処々行テ応レシ好カル　一月看ヲレ花到ン二幾峯ニカ一」（一六オ）

（本文）

菫

すみれは紫の色こきを野辺よりおほく取来て。爰かしこへ植ぬるに。日にそひて枯行も口惜うおほえしに。又の春思ひかけぬ岩のはなに。心地よく二三りん咲出ぬるいとおかし。かれはかたちもいとちいさく物げなきを。いつの比よりにや見出されて折々哥にも」（一六ウ）よみ置れぬる。げに色あい花の様。野草の内《中》には愛しぬへき花にそ有ける。されど是は濃紫をいへる也。薄紫白きは。はるかに品劣りてあらぬ草とそ覚ゆる。かの二しほ三しほ染けんも紫の色濃なるへし

(頭注)

二しほ三しほ

はこね山ゆふ越くれはつほすみれ二しほ三しほたれかそめけん　」(一七オ)

(本文)

藤

ふちは心たかく雲井迄もと這のほりぬるこそおかしけれ。花の様いとあてにけたかきが。高所よりおほく咲みたれたる。下テ」(一七オ)如キ二蛇ノ屈-盤一セルカ更にすさましからずいとめてたし。まして水の上に影をうつしたる藤の。高き低きあまたの梢ともを這あるきて咲たるは。田子の浦の面影さへ有ていとおかし。棚なとにははせ。又傘をひらきたらん様に作なしたるは。花も一しほながら。物にもさはらで心のまゝにうちなびきぬれど。何とやらむ造り花めきてうるはしからず。されど小き庭なとのたよりとしぬへき物も」(一七ウ)なくはいかゝはせん。いつのほとよりにや。白きふちもよにおほくなりて。爰かしこにみえぬる。いときよげなれと猶紫にはしかすとそ覚る。うらゝかなる昼つかた虻蜂の多くしたひ来て。懺法よみたるいとおかしといへる人もあれと。我はたゞくもりたる日。又夕暮かたのおほつかなき程にみたる。猶けしきもまさりてそ覚ゆる。夜一夜人の許にかたりあかして。帰りぬる」(一八オ)朝朗なとに。思ひよらぬ梢なとに咲みたれたるは。わすれかたくそ覚ゆる。白か詩にも

紫-藤花-下ニ漸黄-昏

と云。又右のおほとのゝ藤のえんし給へるも。暮るほとにまたれてわたり給ふとそ書置ぬる

（頭注）

下如　白　ーテーク二ーノーーーセルカ一　上テ二若シ縄ノ縈ー紆スルカ一

田子の浦の　越中也　拾遺集　人丸

田子の浦底さへ匂ふ藤なみをかさしてゆかんみぬ人のため」（一七ウ）

夕暮かたの　ふちのうら葉

四月朔日比のおまへのふちの花。いとおもしろう咲みたれて。よのつねの色ならす。たゝに見すくさん事おしき盛」（一八オ）なるに。遊ひなとし給ひて暮ゆくほとのいとゝ色まされるに。中将して御せうそこあり

わか宿の藤の色こきたそかれにたつねやはこん春のなこりを

芭蕉翁の庚午紀行に

くたひれて宿かる比やふちの花

紫藤の花の下　三月尽　白

惆ー悵ス春ー帰テ留ルコトヲ不レ得　ーーノーーーニークーーータリ」（一八ウ）

右のおほとの　花のえん

御よそひなと引つくろひ給ひていたう暮るほとにまたれてわたり給ふ云々」（一九オ）

(本文)

海棠

かいたうは色あいよりはしめ。花の様うるはしく。まして雨にぬれたるなとは。美人の眠れる顔にもかよひぬれと。葉の様いやしく。虫の」(一八ウ) おほく付ぬるもうたてなと。いひくたされぬるそわひしけれ。虫の付たらんなとは花のしるへき事にもあらす。愛する人だにあらは払ひものけつべし。梅桜の跡に咲ぬればそかゝることもいひたてられぬる。二とせばかり先にや高寺といへる所へまかりしに。海棠とおほしき花の家ことに咲ぬる。ちかう寄て見れはりんごの木の花なりとそいひし。かいたうに似て色ぞすこし」(一九オ) 薄かりし

(頭注ナシ)

(本文)

卯花

卯の花は夜《ル》見たるこそおかしけれ。月の夜は更也。雨の少し降たるにも。垣ねに布引はへたるやうなるを。夜なかばかりに起出てみたるいとおかし。もろともに出ぬる人の見すてゝ入ぬるなとは。にくゝさへぞ覚ゆる也。昼のほとは何ばかりもなき花の。夜になれはゆかしくもなつかしくもおほ」(一九ウ) ゆるは。我ばかりかく思ふにや。かのかものかへるさに。車に多くさしたらんはいと興有事ならし。それもよりみたらむは猶おかしかりぬへし

雨夜にもさはらぬ影とみし月の日数にくもる庭のうの花　とよみ給ひけん。御心のうちこそきかまほしけれ

（頭注）

みすて〵入ぬる　古今みつね

かくはかりおしと思ふよをいたつらにねてあかすらん人さへそうき」（一九ウ）

かのかものかへるさに　枕双紙口惜き物といふ所に

卯の花いみしく咲たるを折つ〵。車のすたれそばなとになかき枝をふきさしたれは。只うの花かさねを腰にかけたるやうにそみえける。供なるをのこともいみじうわらひつ〵。あじろをさへつきうがちつ〵。爰まだし〳〵とさしあつむ云々

雨夜にも」（二〇オ）

松平対州公の御哥也　誰人の集しにや　新百人一首といへるにあり

（本文）

牡丹

ほたんは白きも紅成も。花ひらのおほく」（二〇オ）かさなりたるいとめてたし。けふ咲そめぬるあしたなとに。ちかうよりゐてつく〳〵とみるに。もとより花王といはれぬる花なれは。等閑にいふへきにもあらす。花の様おほとかにて。紅なるはよく紅に。白きはよく白し。又笑ふが如くかたるがことく。誠に国を傾なん様ぞしたる。沈香亭の四本の花に。李白か頭をかたふけ〵むこそおもだ〵しけれ。只恨《ラクハ》尽《ク》在《ルコトヲ》二公侯富貴《ノ》家《ニ》一」（二〇ウ）

（頭注）

紅なるはよく紅に　古文前集二月見レ梅といへる所に桃花は能紅に李は能白しといへる句をとれり

沈香亭　開元遺事

明-皇得二テ牡-丹四本一ヲ植二ユ ーーー一ニ 朝ニハ」（二〇ウ） 則深-碧暮ニハ深-黄昼-夜之間香-艶各-異也也（ママ） 明-皇命二シテ

李-白一作二シム詩三-章一云云

（本文）

芍薬

しやくやくはもろこしにもほたんにつぐといはれ。花の様なつかしけれど。少しほこれる様にてちか《近》をと《劣》りやせましとぞおもはるゝ。花もかゝる事を思へはにや。風土の正しきをもとめて。ひとり広-陵には咲ぬらん。八重にも単にもいろ〱に咲たるを。花桶におほく活て椽のかたはらに置たれは。その辺かほりみちたる中に。」（二一オ） 昼ねしたるこそおかしけれ。又久しう音つれぬ友の方より。色よきを二三本童なとにもたせて。此花けふ咲そめぬるを。先とて参らするなといひ送りたるいとうれし。又きさらきの比雪も漸きえ行て。花檀の塵うち払ふ中に。只赤き角をさし出たる様にもえ出ぬるいとおかし

（頭注）

ほたんにつく

独殿二レテ残-春一ニ厭二フ衆-芳一ヲ　佳-名長是レ亞二ク花-王一ニ

風土のたゝしき　本草

謂ル此花独産スルコトハ二広ー陵ニ一者為ナリレ得シカ二風ー土ノ之正シキヲ一云云」（二オ）

（本文）

杜若

かきつはたはこくも薄くも紫なるが。大き」（二ウ）なる泉水なとに爰かしこに咲みたれたるいとおかし。その中に白き花の所々咲ましりたるは猶けしきも勝てそおほゆる。五月雨の比人気遠き所へ分入に。思ひかけぬ沢水なとに立るは殊に色もうるはしう。能き女のそうぞきゐたる様ぞしぬる。八橋の杜若も。かゝるけしきにて中将にはめでられけん。いつくにもあれ。水なき所に咲ぬるははるかにけしきをとりてそ」（三オ）見ゆる。かきつはたは水のためにうへ。水はかきつはたの為にまうけぬへき物にぞ。少し花の様ことやうにて清女にはにくまれけん。されと色は猶めてたしとそあめる

（頭注）

清女にはにくまれけん　枕双紙めてたき物といふ所に

すべて紫なるは何も〱めてたし。花も糸も紙も。紫の花の中にはかきつはたそ少しにくき。色はめてたし云云

（本文）

瞿麦

とこなつは花のかたちもきよらに。咲そこなひつとみゆるもなく。うつくしき物の内《中》には先こそ書出ぬへけれ。西の台の」(二二ウ) 御園に植られけん様こそゆかしけれ。いと涼しき夕暮なとに。ませにはみな露の置わたして。げに玉もてゆへる様成に。いろ〳〵に長う咲ならびたるいとおかし。あつさぞまさるとこなつの花といひ置ぬれと猶此花のもとは立さりかたくそ覚ゆるいつの比なりけん川舟に逍遥せしに。川岸なるやしきの内に。赤きはかりを長う植わたし。黒きませにゆひたてぬるが。」(二三オ) 風に吹なひかされてこなたへより来るやうなる。黒きほねに赤き紙をはりたる扇を。あまたして招きたらむ面影有ていとおかしかりし

(頭注)

先こそ書出ぬへけれ
　清女うつくし《ママ》物の中に末に書たり　」(二二ウ)

西の台　玉かつらの内侍の住給へる台也　源氏とこなつにみだれがはしき前栽なとも植給はす。なてしこの色をとゝのへたる。からの大和のませいとなつかしく結なして。咲みたれたる夕ばへいみじうみゆ 云云

けに玉もて　高倉院御製に
　白露の玉もてゆへるませの内に光さへそふ」(二三オ) とこなつの花

あつさそまさる　貫之
　すゝしやと草むらことに立よれハ――とこなつの花

（本文）

瓠瓜

夕かほは玉楼金殿の物とはみえずと云置ぬる。誠に賤か屋のあやうげなるなとに這のほりて。心のまゝにひろごり咲たるは。夏月の雪ともいはまほしく白妙なるいとおか」（二三ウ）し。つるの様もふつゞかにあら〳〵しう。花もいやしく肥ふとりたる人をみる心地すれど。いにしへより哥にも多くよまれぬれは。いひおとしぬへき花にはあらす。げに早-雲飛《シテ》レ火《ヲ》燎《ク》二長-空《ヲ》一夕暮なとに

夕かほや宿は蚊やりに追出され。いさゝかなる石にこし打懸てなかめぬるに。只白きかたひらなとを引かけたるやうなるが。やゝ闇うおほろ〳〵しきに。月東-山にのほりて」（二四オ）かたへはいとあかう。白-羽の白に白雪の白をまじへたらむやうなるいとおかし。古《キ》哥に

たのしみは夕かほ棚の下すゝみ男はててれめはふたのして　とかやありけん。古しへも今も同しけしきにそ

（頭注ナシ）

（本文）

蓮

はちすは愛蓮《ノ》説に事つきて。又いひぬへきことの葉そなき。晋-子かしのはずか池にて」（二四ウ）寝てかとへ蓮に誘ふ朝あらし　といひぬる。朝ぼらけのけしきこそ思ひやらるれ。寝巻の袷なから池の辺

りにイたらん。又何事をかおもはん。昼のほとは花も炎-蒸に色を失ひ。葉もちりがちにうちかたふきたるが。夕つかた涼風に催されて。西-施嬋-娟として立るに。緑-蓋もあらたにはり粧ひたり。池にかけたるそり橋のもとなとに。毛氈うち敷てつく〳〵と」(二五オ)見れは。げに十里薫しと云ぬる香のそこらに《ヒ》かほりみちたるに。ふと風のわたり来て。玉とあさむく露のはら〳〵と落たるこそおかしけれ

池-面ニ風-来テ波艶-々　波-間ニ露-下テ葉田-々　といへるもかゝる折そいひぬらむ。日暮はてゝ。蛙のあまた啼出しぬるそかしかましけれ

（頭注）

愛蓮説　周茂叔

愛下蓮ハ之出テ二於-泥ヨリ一而不レ染濯テ二青-漣ニ一不レ妖セ中-通リ外-直ク」(二四ウ)不レ蔓不レ枝香-遠ク益-清ク亭-々トシテ浄ク-植テ可シテ二遠ク-観ツ一而不ルコトヲ上レ可二褻レ-翫一焉　云云」(二五オ)

玉とあさむく露の　遍昭

はちす葉のにこりにしまぬ心もて何かは露を玉とあさむく」(二五ウ)

（本文）

紫薇花

百日紅は。その比早つゝきて大かた花も稀なるに。木立の中より高う咲こぼれたるいとおかし。手折てなとは何ばかりもなき花の。遠目には似物なくめてたきは花めつらしきなるへし」(二五ウ)

(頭注ナシ)

(本文)　女郎花

をみなへしは。初秋の比広き野辺に。所せく咲みたれたるいとおかし。庭なとへうつし植たるをつく〳〵とみれは。色」(二六オ)あいもあざやかならす。にほはしき所もなし。いひたつれはわろきによれるかたちを。いといたうもてつけてくねりあひぬ。さるあだめきたる様して。あれたるやとにひとりたてんぞ。後めだ(ママ)しとも人はいひ置ぬる。うしとみつゝとよみ置ぬる。男やまのをみなへしはいかなるけしきやらん。我住かたにはうは野といへる所ぞ。思ひやりもかよひて覚ゆれ。初秋の涼しきあし」(二六ウ)たなとに。わらはのあまたつれだちて。きゝやうをみなへしのさかりなるを多くもて来て。門ごとに入つゝうるめる。せをへる花はかたちをおほひて。そのあたいいくばくならず。草にかけたる露のいのちとも。しらずがほなるこそいと哀なり

(頭注)

色あいもあさやかならす　うつせみに

目をしつとつけ給へはをのつからそばめにみゆ。目少しはれたる心」(二六オ)地して。鼻なともあさやかなる所なうねびれて。にほはしき所もみえす。いひたつれはわろきによれるかたちを。いといたうもてつけて。此まされる人よりは目とゝめつへき様したり云々

あれたる宿に　古今　兼覧王

をみなへしうしろめたくもみゆる哉あれたる宿にひとりたてれは」（二六ウ）
うしと見つゝ　同集　ふるのいまみち
をみなへしうしとみつゝそ行すくる男山にしたてれりと思へは
草にかけたる　署《ママ》聞集に
　草うりの来りけるに。その草かし置よといひけれは草うりのよめり
あさましやかりとはいかに朝ことの草にかけたる露のいのちを」（二七オ）

（本文）

蕣

あさかほは寝屋の側なる垣ねに。しげからすまとはせたるを。何ごとにもあれ。夜ふかう」（二七オ）起出てまもりゐたるに。横雲の引はなるゝ比。糸なとのきれたるやうに。はといひて開ぬる目覚る心地そする。あしたのほと心よけに咲ならひたる折は。いつしほれぬへきともみえぬに。日さしあかりぬれは只しほれにしほれて。目の前に虫のからなとのやうにそなりぬる。此花いかなれは。色あいもうるはしからす花の様もよからぬを。いにしへより名のみこと〳〵しう。草の中には菊あさかほと。詩」（二七ウ）哥のむしろにも先取出られぬるは。あるやうあらんと哥なとに心をつけてみるに。多くははかなきためしのみにそよみ置ぬる
　起てみんとおもひし程にかれにけり　なと。等閑には愛するふしもあれど。夫も咲頃のおかしきなるへし。昼かほの花も同し様なれど。いつかは哥にもよまれぬる。たま〳〵はいかいにそ

昼かほのまとふわらちも哀也　なと」(二八オ)　そいひ置れぬる

(頭注)

起てみんと

――――――――露よりけなるあさかほの花

新勅撰　よみ人しらす

おほつかなたれとかしらん秋きりのたえまにみゆるあさかほの花　」(二八オ)

(本文)

尾花

おはなは高き所より見わたしたるに。目のかぎり咲つゝきたるが。秋風になひきあひて。げに浪のうちよするやうなるこそおかしけれ。あだにもなびくといはれぬれど。かたちのかよはきに。花のいとふさやかなればいかゝはせん。ましてますほの薄なとはうちもころびぬべし。まそをのすゝきといへるは今いふ糸」(二八ウ)　すゝき成へし。夕暮の程山のそはなとに一二本たてるか白き手して招くやうなるいとおかし

(頭注)

けふ浪の　俊成

うつりなくまのゝ入江の浜風にをはな浪よする秋の夕くれ

あさにもなひく　新古今　八條院六条　」(二八ウ)

のへことに音つれにたる秋風にあたにもなひく花すゝきかな

ますほのすゝき　無名抄に

ますほの薄といふは。ほなかくて一尺はかり有をいふ。かのますかゝみをは万葉に十寸の鏡と書るにて心うへし。まそをの薄といふは真麻の心也。糸なとのみたれたるやうなる也。ますうの薄はまことにすわう也と云心なり。」（二九オ）ますわうの薄といふへきをこと葉を略したる也云々

（本文）

萩

はきは翁の

白露もこほさぬ萩のうねりかな　といへる一句に。風情は大かたつきたり。げにきのふもけふも雨の降暮して。しめやかなる夕暮なとに。うちかたふきて咲み」（二九オ）たれたるは。哀にやんごとなきものとそ覚ゆれ《る》。垣ね抔にしたてたる萩の盛なるに。白露の置わたしたる朝けしきこそ又おかしけれ。かゝる折をみせ参らせなは。秋はゆふへと誰かいひけんとは。萩にそ先よみ給ひなん。垣ねにしたる花の中には。山吹ぞ似る物なうめてたしと見しが。萩がきは思ひなしけ高う。猶まさり様にそ覚ゆる。されどむかしより哥にも多くは野辺にそよみ」（二九ウ）置ぬる。橘為仲の。長持十二合して土産にし給ふといへは。さばかり多く咲るのべも有にこそ。ましてさほしかのかへりすかたを見つくる朝ほらけもあらんとおもふにいとゆかしけれと。我住かたの野辺には稀也。たまく二三本藪かけなとにたてるは。それともみえす。このころみやぎのとて世にもてはやさる。竹なとの《を》立たるやう

に高う立あかり四方へみたれ咲たり。人の国にあらん抔を」(三〇オ)聞伝たらんは。いとゆかしかりぬべき花の。うちみれは。柳なとのたをやかなる所はなくて。只ふつゝかに高うひろごりてうちたれたり。大やう草は高う茂りたるはあしく。只さゝやかにしけからぬぞよき。高うはびこりておかしきははせをのみ

(頭注)

秋はゆふへと　　新古今　清輔

　うす霧のまかきの花の朝しめり秋は夕へとたれかいひけん」(二九ウ)

長持十二合して　無名抄

此為仲任はてゝ登りける時。みやきのゝ萩を掘て。長持十二合に入て持てのほりけれは。人あまねく聞て。京に入ける日は二条大路にこれをみものにして。人おほく集て車なともあまたたてたりける云々

さをしかの　後撰　つらゆき」(三〇オ)

行かへり折てかさゝん朝な〳〵鹿たちならすのへの秋萩」(三〇ウ)

(本文)

　菊

きくは白きくの重りたる。又白き花ひらの先のかた薄うけしきはかり紫なるは。けた」(三〇ウ)かき様さへそひていとめてたし。黄菊は隠逸なる方は遠く。なまめきたる様そしたる。濃《キ》紫紅なるは猶めてたかるへき色の。花の様におもはぬにや。はるかに品をとりてぞ覚ゆる。色々に咲出たるを。秋の空のあはれなるに。まがきの辺を

吟《キ》あるきてみたるこそおかしけれ。此頃世にあまねく愛せられて。心々に作り出ぬるほとに。その品も多く成行。ことやう」（三一オ）に大きなる花もぞ出きぬる。されどそれはみなきくを愛するにはあらす。菊の人に誉られん事を愛するなれは。をのづからひがく〵鋪事もおほくて。花もくるしく。心もあらでそ咲ぬらむ。淵―明が菊を愛する様は。きくを東―籬の下に採てといへる句にて。大やうけしきもをしはかられぬる。その外和漢ともに。古しへより菊を愛する人多く。此花開尽て更」（三一ウ）に花なしともいひ。匂ふかぎりはかざしてんなと。とりく〵にいひ置たれと。今やうのきくを愛するけしきはみえす。是のみにはあらねど。無下に口惜くそなり来りぬる。そのかみ田中の何某といへる老人。江都に久しう居をしめ。多年菊を愛しぬ。常にいふ事をきけは。近年世にきくを愛するを見るに。みな人の為にそ心をわつらはしぬる。誠に菊を愛するとならは。世に稀なる」（三二オ）稀ならぬをはいはじ。有ふれたりとも花の様ゆたかに。色あいうるはしからんをもとめ植ぬへき事にぞ。それさへ得かたきを強てもとめんとせは。害ある事おほかるへし。大かたにしてやむへしとて。菊を十もとはかり植てたのしみしそ。身にしみて覚えしか」（三二ウ）

（頭注）

嵐雪

黄きく白きくその外の名はなくも哉」（三一オ）

菊採東籬下　古文前集雑詩

結《カマヘテ》レ廬ヲ在二人―境一而モ無二シ車―馬ノ喧《キコト》一　問レ君何ソ能爾《シカル》　心―遠シテ地―自ラ偏《サカヘリ》　―ヲ―二テ――ノ―一ニ　悠―然

見《トシテ》二ル南―山ヲ一　山―」（三二ウ）気日―夕佳也　飛―鳥相―与ニ還ル　此―間ニ有二リ真―意一　欲レシテ辨ント已ニ忘レ言ヲ

此花開尽　十日菊花　元慎

不ニ是レ花ノ中ニ偏ヘニ愛スルニレ菊ヲ　ーーーーキーテーニーレシー」(三二ウ・終)

にほふかきりは　古今

よのはかなき事を思ひける折。きくの花をみて」(三二オ)　貫之

秋のきく匂ふかきりはかさしてん花より先としらぬ我身を

〈付記〉

本稿は、拙稿「豊原重軌著『百華辨』二」(『立正大学大学院文学研究科紀要』第三十四号、平成30年3月)に訂正と変更を加えて再録するものである。

豊原重軌関連資料の調査にあたり、鶴岡市郷土資料館の皆様には大変御世話になりました。記して感謝申し上げます。

本稿はJSPS 科研費16K02415の助成を受けたものです。

〈参考図版〉

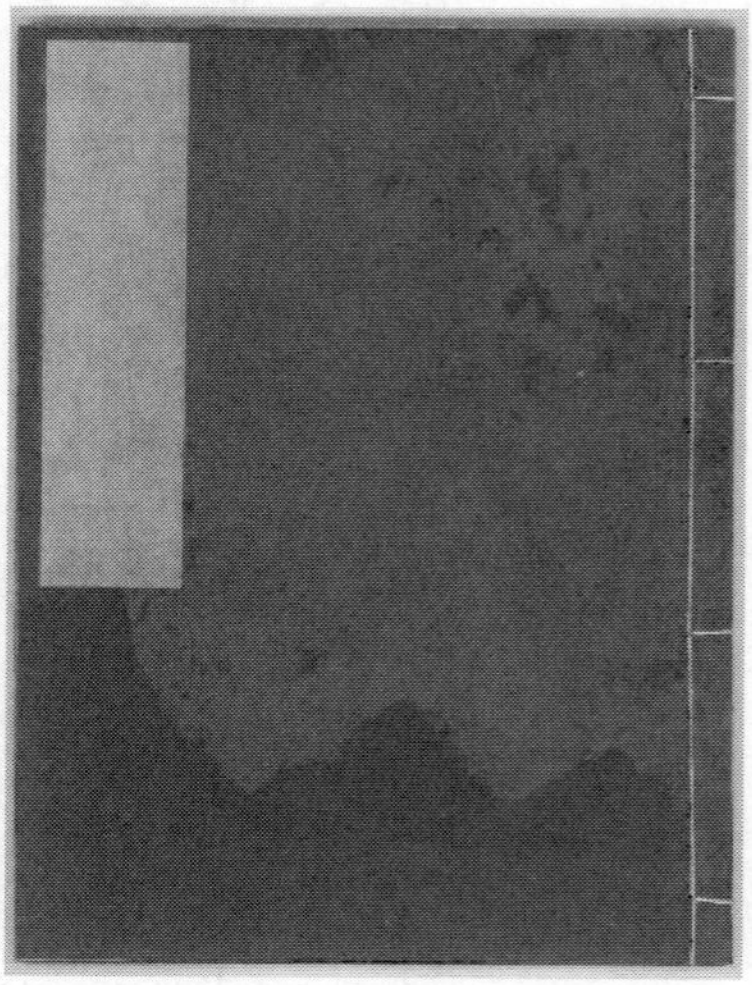

1. 表紙

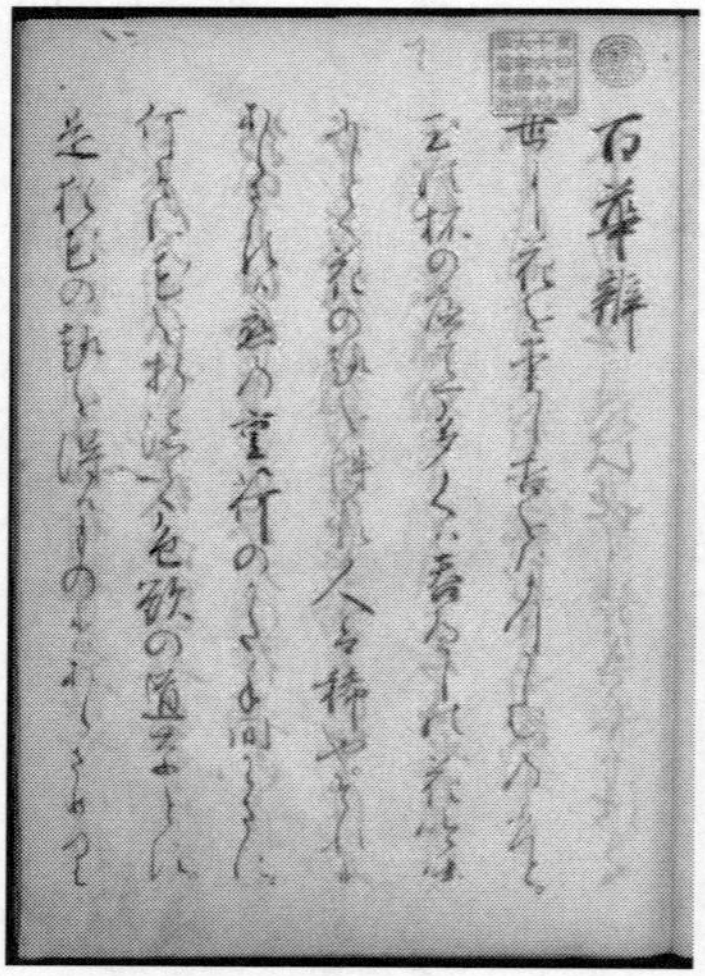

2. 文虹序冒頭（一オ）

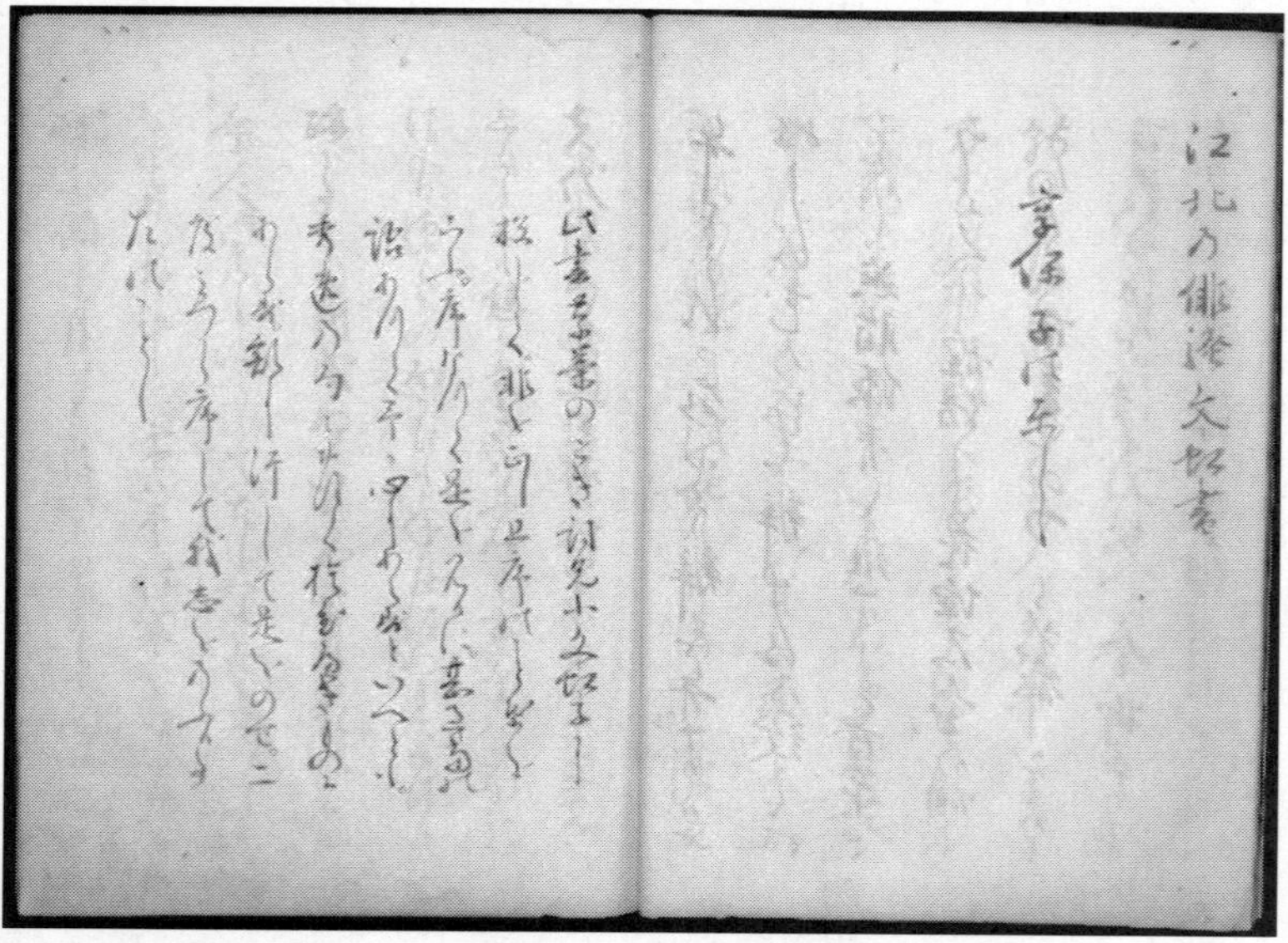

3. 文虹序末尾・自序冒頭（二ウ・三オ）

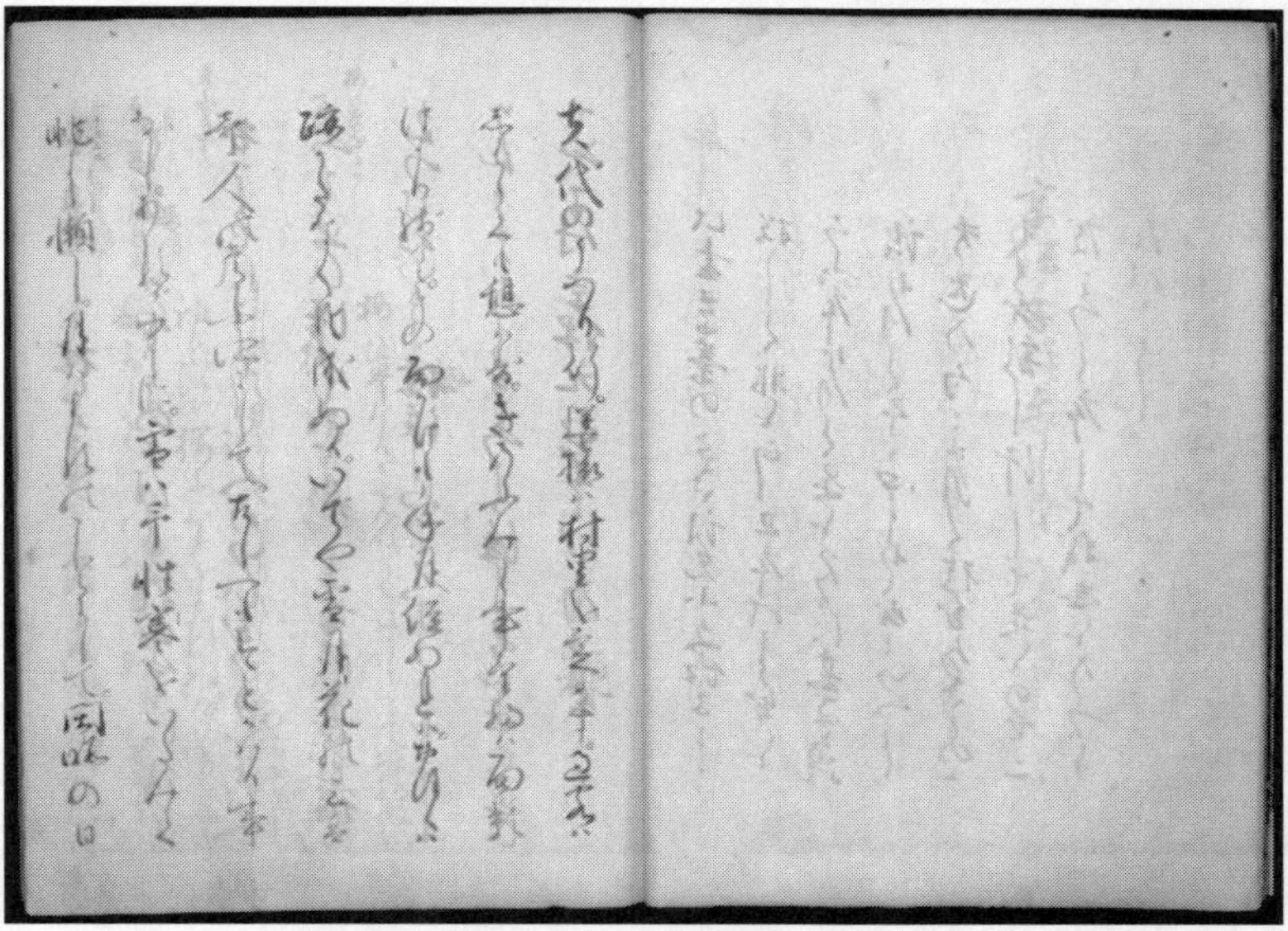

4．享保九年自序冒頭（三ウ・四オ）

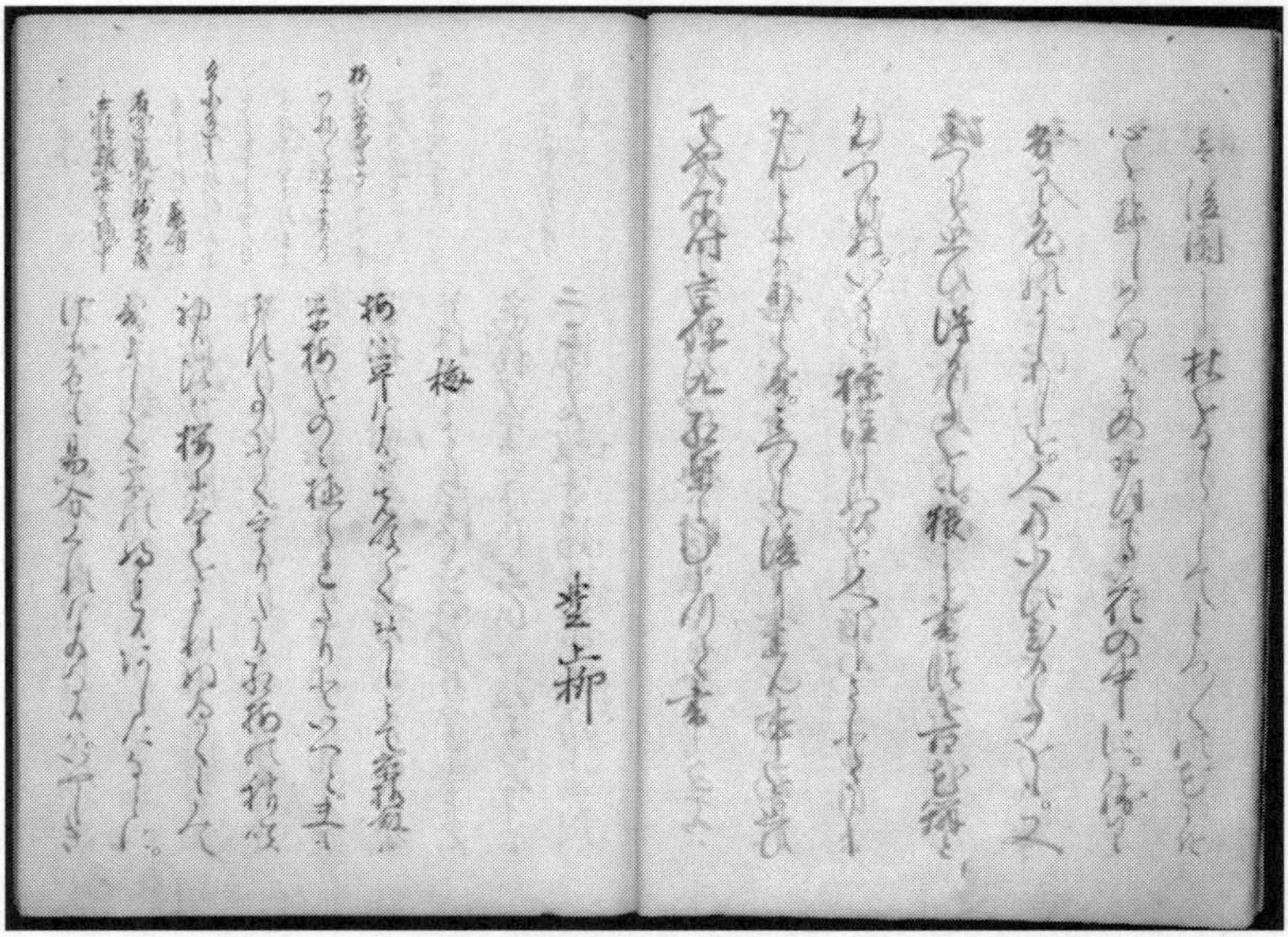

5．享保九年自序末尾・本文巻頭（四ウ・五オ）

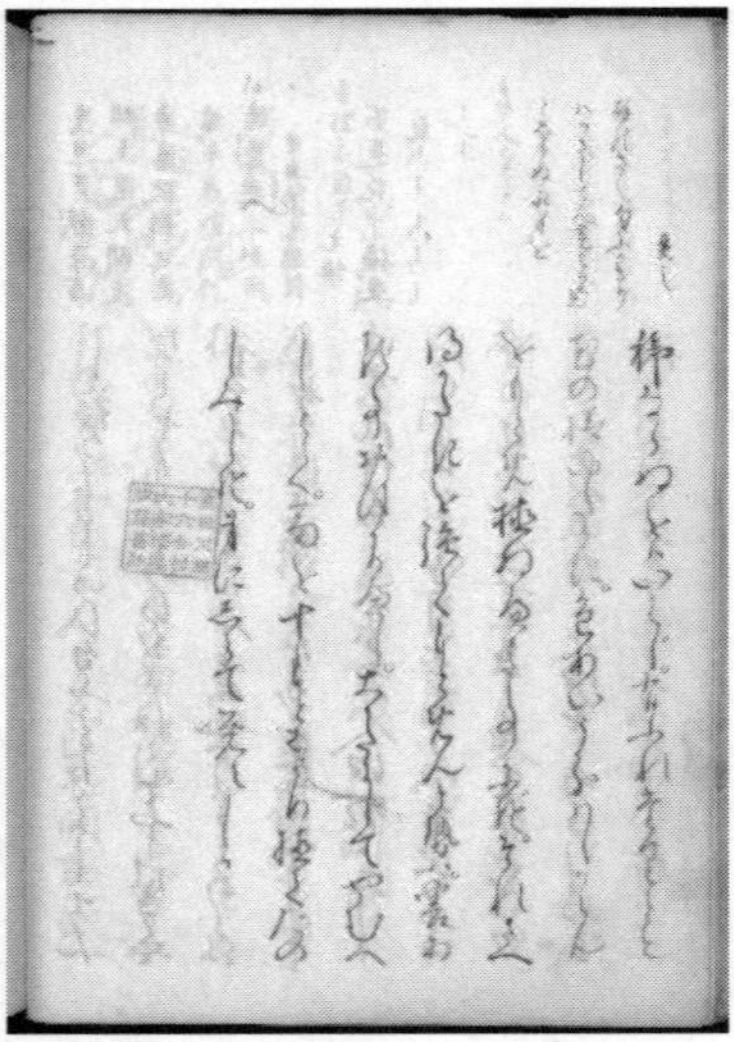

6．巻末（三二ウ）

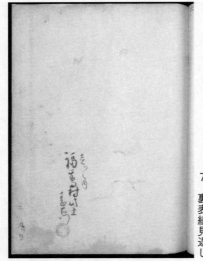

7．裏表紙見返し

大名の遊び心に隠された〈知〉―松代藩第六代藩主真田幸弘の場合―

平林　香織

はじめに

本節では松代藩第六代藩主真田幸弘を取り上げる。幸弘は元文五年（一七四〇）松代で生まれ、宝暦二年（一七五二・一三歳）から寛政一〇年（一七九八・五九歳）まで、四六年の長きにわたって藩主の座にあった。文化一二年（一八一五）江戸で死去。享年七六歳である。長野市松代町の真田宝物館には、松代藩真田家代々の関連史料が保存されている。幸弘の肖像画は真田家菩提寺長国寺（松代町）に伝来し、真田宝物館にはない。その代わり、虎頭の衣冠束帯図が伝来する。親しみをこめてタイガーマスクと呼ばれている（写真1）。箱書には「幸弘御生年甲乙《えと》七ツ目虎之図」とある。制作年代不詳である。

『日本国語大辞典』には「七つ目」とは「七つ目の干支」の略であり、「七つ目の干支」の項には、「自分の干支から

写真1　幸弘御生年甲乙七ツ目虎之図（真田宝物館所蔵）

数えて七番目にあたる干支。「子と午」「丑と未」のように組み合わせが一定しており、これを絵にして身近に置くと幸運を招くと信じられていた。七つ目。」とある(1)。

幸弘は庚申《かのえさる》の生まれだから、「申」から数えて七つ目の干支は「寅」である。「七つ目」の風習にしたがって飾るとすれば虎の図画でよかったはずである。幸弘は、なぜ、虎の絵ではなく、自分の顔を虎にしたのだろうか。どんな幸運を招きよせようとしていたのだろう。結論を先に述べるならば、この虎図は、藩主として、藩と領民の繁栄を実現するための祈りと知恵が描き込められたものといえる。では、その祈りや知恵とはどのようなものであるのか。そのことを、幸弘の治世・処世の面や干支の特徴の面から考え、この「遊び心」あふれる虎図から幸弘の為政者としての祈りと〈知〉を読み取ってみたい。

まずは、幸弘の治世がどのようなものであったかを簡単に確認しておこう。

幸弘の文治政策

松代藩は、第三代真田信之の時代、元和八年(一六二二)、上田から松代に移封された。よく知られているように、関ヶ原の合戦の折、父・昌幸(真田家第二代)と次男・信繁(幸村)は西軍に、長男・信之は東軍につき、父子・兄弟が敵味方に分かれて戦った。信之は「信幸」であったが、父との縁を断つために「幸」を「之」に改めた。このときの英断によって、真田家は十代に及んで松代領を治め続けることができた。このことは、江戸時代から現代にいたるまで長く語り継がれている。川柳にも、「六文の兄弟忠と義に別れ」(俳風柳多留)、「兄弟で身ごろを分ける真田縞」(同前)、「兄弟を敵と味方にする親二」(雨の落ち葉) などと詠まれているし、繰り返し歴史小説の題材にもなっている。

幸弘が藩主だった頃、どの藩も、天災被害・冷害による凶作と、江戸参府費用・藩邸維持費・土木関係の御用事業費拠出等による出費の増大により、財政難に陥っていた。松代藩でも信之が残した莫大な遺産も底をつき、天和三年(一六八三)日光大地震による東照宮修復、宝永四年(一七〇七)富士山噴火による東海道旅宿・堤防復旧、正徳元年(一七一一)朝鮮通信使饗応(浅草寺)、と巨額の拠出が続いて財政は逼迫し、国元では千曲川の氾濫が頻発し、領民は疲弊していた。幸弘が、父・第五代藩主信安の早逝により一三歳で家督を継いだとき、財政立て直しは喫緊の課題だった。

幸弘は、宝暦七年(一七五七)一八歳のとき、藩政改革の担い手として恩田木工守民親を勝手係に登用した。恩田は、年貢の月割上納制、倹約の徹底、浪人・旅芸人の止宿禁止、文武奨励などを断行した(宝暦の改革)。恩田の財政改革については『日暮硯(異本・鳥籠《とこ》の山彦)』(写本・作者成立年不詳)に詳しい。『日暮硯』は物語仕立てで名君としての幸弘公の言動を礼賛する。書かれていることすべてが事実であるとは限らないが、文中に「大工御約儀を勤むること去年迄五ケ年なれ共」[2]とあるから、幸弘治世下に書かれたものと思われる。『日暮硯』には、厳しい節約と合理的な税の取立て方法を実施する恩田が、文武を奨励しつつ遊芸や博奕を禁ずることがなかったとある。真田宝物館に伝来する『日暮硯』の異本『鳥籠《とこ》の山彦』には次のように書かれる。

此末随分家業油断無く出精致すべきは、申す迄もなけれども、家業にうとく、麁略《そりゃく》成るものは、天下の罪人也。

家業に出精して其余分あらば、分限相応に、楽しみはいかようなり共苦しからず候間仕るべく、碁将棋双六謡曲俳諧、扨は浄瑠璃三味線の類なぐさみにならば博奕なり共、好みたる事をして楽しむがよし、さりながら博奕は天下の御法度なれば商売にはなすべからず、もし商売にする者あらば急度《きっと》曲事（＝処罰）申し付け候間、此旨能々申し聞かせて慰みにのみ致すべし。惣じて人は分限相応にたのしみがなくては、精を出しても面白からぬもの也。之により楽しみはすべし。精は出すべし。其上第一に神仏を信仰する心なき者は、災難多きものなり。之により神仏を信じて現当（＝この世とあの世）を祈るべし。

家業に精を出すのであれば、分限相応の楽しみとして、囲碁将棋、双六、俳諧、謡曲、音曲、さらには、博奕であっても、好きなことをして楽しむようにと言い渡している。「天下の御法度」である博奕を、金儲けのためではなく楽しみとして行うのであればかまわないというのである。神仏への信仰心を前提として、「楽しみはすべし。精は出すべし」と心のゆとりを大切にした考え方で政治が行われていたことがわかる。

やがて、改革が進むと「領内の風儀も自然改まり」盗人などもいなくなったと書かれる。恩田自ら質素倹約を実践、武芸・学問に精励し、神仏への信仰が厚く、「殿へも治世乱世共に文武の両道は、武士たる者の常のたしなみにて御座候へば、片時も怠り給ふべからず」と提言したという。その結果、次のように家中の雰囲気が刷新されたと書かれる。

之より、上の好むところ下又此の如く、松代の御家中は幼少の子供等迄も誰教ふるとなしに文武両道をはげみ、制せねども悪事を働くものなければ、自ら御家中も裕福になり、君の御身代もたちまち立直り、五ケ年も立たぬうちに大分御金も出来、御領分へも利安にて拝借金など出し候故、自然と御領分も豊かに成り、諸人安楽に暮らしけるとなり。（中略）明け六ツより夜四ツ時迄色々稽古、品替れば退屈もせず、皆々出精専一とす。之より一家中は子供迄も諸芸に達したる人多しとかや、されば博奕などは赦され居れど、左様なる事をする隙に外の稽古せねば、辱かしめをうける故、誰制せねど自然と止み、御家中に不益の物入《ものいり》なく、奢がましき事なく、諸芸をのみ心掛ける故、盗みをする者、殿の目を掠める者なしとなり。

誇張された表現かもしれないが、恩田が重要視した施策のひとつに学問奨励があったことは確かだろう。武の真田として天下に知られていた領内に、学問による意識改革を行い、その結果、人々に何が重要で何が不要であるかを判断する力を身につけさせた。上から強制されるのではなく、自主的に行動を律する態度が浸透していき、贅沢をしたり、盗みをはたらいたり、不正を行ったりするものが居なくなったという。

このような考え方は、松代藩が出した家中への文武奨励の触れ書のことばにも表れている。『松代藩庁日記繰出』(3)によると、幸弘時代には一三回の武芸および学問奨励のための藩令が出されていた。その主なものは次のとおりである。

○宝暦三年（一七五三）七月

向後御家中之武芸折節可被遊　御覧旨、且　御入部迄は家老共一ケ年三度ツヽ可致一覧旨相触

○宝暦八年（一七五八）一〇月
御家中諸士武芸為出精、向後大御門外御用屋敷之内稽古所御借被成下候間、申合稽古日立罷出候様相触　御家中諸士之内武芸令懈怠遊芸を専に好候者も相聞不埒付、自今於相聞は可被及び御沙汰旨演説申渡　御家中之面々儒学講談承度面々ハ菊池千藏方江罷出承候様被　仰出
○宝暦一四年（一七六四）三月
文武出精候様御家中江被　仰出
○安永六年（一七七六）五月
武術・学問等無懈怠出精心懸宜者も相聞候得供、大勢之内ニは不精之者有之付　一芸たりとも達　御聴程之儀相嗜候様被　仰出演説
○天明七年（一七八七）八月
文武之道幷文学・軍学・天文学其外芸術当時致出精候者免許目録等得者、名前・年齢等書出候様従　公義仰出相触之

幸弘以前には、貞享四年（一六八二）三月に「諸士武芸心掛武具随分量相嗜候様被　仰出」、元文三年（一七三八）九月に「軍法弓鑓・兵法・乗馬指南幷稽古之儀付被　仰出有之」と、武芸の稽古が奨励されているだけだ。しかし、宝暦七年（一七五七）に恩田が勝手係に登用された翌年一〇月に「大御門外御用屋敷内」、すなわち江戸藩邸内の稽古所に日を決めて出頭せよとの触れが出される。武芸を怠り、遊芸ばかりするものは「不埒」であり、「儒

学講談」を学びたいのであれば菊池千蔵（南陽）のもとに行くようにと沙汰している。

菊池南陽は林鳳岡門の朱子学派で、江戸藩邸の評定所長屋を漢学文学館（学問所）として、月並講釈を行った(4)。生没年は未詳である。「武」に「文」が加わっている。井上敏幸氏によると、諸藩が重要視した文武の「文」とは、儒教思想のことであるという(5)。宝暦一四年（一六八四）にも「文武」に精を出すようにとの発令がある。ところが安永六年（一七七六）には「武術・学問」ということばが用いられている。そして幸弘治世三五年目に相当する天明七年（一七八七）には、「文武之道」と並んで、「文学・軍学・天文学其外芸術」に精を出し免許を得ているものは名乗り出よ、という触れが出ている。文武の範囲がぐっと広がり、文学と天文学、軍学が併記されている。天文学や軍学には、今日でいう数学・化学・物理の要素が含まれる。まさに、文理合一的な〈知〉を備えた人材が求められた。さらに、芸術全体に秀でたものも称揚しようとしており、藩政を支えるものが文理合一的な学問と芸術であるという考えである。そして、それは、幸弘が、大島蓼《りょう》太《た》や峡田《さだ》菊堂らの俳諧宗匠や米翁（大和郡山第二代藩主柳沢信鴻《のぶとき》）と交流して点取俳諧に興じたり、堂上歌人・日野資枝《すけき》に和歌入門を果たしたりして、文人大名としての活動を展開していることとも関係するだろう。ことに多くの俳諧宗匠や他家の大名・高家・藩士・儒医などと一座する点取俳諧活動を江戸藩邸でも国元でも活発に行い、点者としても活躍した大名俳人であったことは江戸時代から周知のことであった(6)。

幸弘致仕後には文武奨励の触れは一回しか出ていない。財政再建や教育には長い時間が必要である。恩田は、六年後、改革半ばにして病のため没するが、幸弘は、その長い治世を通じて、恩田の思想を実践し文治政策を推し進めた藩主だった。

また、松代藩庁『日記繰出』で倹約令を数えてみると、幸弘以前には、延宝三年（一七五三）の「飢饉付倹約被仰出」という倹約令を嚆矢として、延享二年（一七七五）までの間に二〇回倹約令が出されていることがわかる。およそ一年に一回のペースである。一方、幸弘時代の宝暦三年（一七五三）から天明八年（一七八三）の三〇年間には、九七回の倹約令が出されている。年に三回以上の割合である。

当時、諸藩の中興の祖と言われる藩主たちは軒並み倹約・殖産興業・文武奨励を行っていた(7)から、幸弘もそれらを参考にしながら藩政改革を推進したのかもしれない。

教育振興や財政再建には、藩政執行部の意識改革や人材刷新を行いながら、徳川家の意向をもさぐる不断の努力と知恵が必要である。幸弘は、時流を読みながら、好学の藩士に補佐され長く藩主の座にあった。他家の藩主や藩士みならず江戸庶民や領民とも身分を超えて交流・情報収集した。しかし、世継問題が幸弘に大きくのしかかった。幸弘は知恵をしぼって真田家の命脈を保つために奔走した。

真田家の世継問題

どの藩も一家の存続は最重要課題だった。疫学的遺伝的な問題も多く、藩主に男子が生まれなかったり、男女ともに夭折したり、嫡子が心身の疾患を抱えていたり、ということが起こった。嫡子不在の問題は、婚姻や養子縁組によって他家と縁戚関係を結ぶことよって解決するしかない。その際、大切なのはどこの藩とつながりを持つか、ということだった。

幸弘には男子がなかった。そこで彦根藩井伊家から養子を迎え、息女・三千姫との婚姻によって第七代藩主真田幸専《ゆきたか》を立てた。

ところが、幸専には男子も女子もなかった。では、どうするか。

幸弘は息女・峯姫を浜松藩井上正甫《まさもと》に嫁がせていた。峯姫は病死していたが、その娘・雅姫、つまり自分の孫娘を、幸専の養女に迎えた。一方、幸弘の正室・真松院（三代姫）は白河藩第二代藩主松平定邦の妹だった。そこで、定邦の養子で第三代白河藩主の松平定信の次男・定栄《さだなが》を幸専の養子とし、雅姫と定栄を結婚させて、定栄を幸専の世継とした（第八代藩主幸貫）。定信は、第八代将軍徳川吉宗の孫であり、老中首座として寛政の改革を推し進めた政治手腕の持ち主である。諸学問に精通し、交遊関係も広い。真田家にとって理想的なこの縁組が整うのは、文化一二年（一八一三）六月、幸弘が亡くなる三か月前のことである。

この間の事情について定信は『花月日記』に次のように記している(8)。（傍線は以下すべて引用者による）

文化九年九月一一日

巳の刻過るころ、井上のかたへ行。こハめづらしといふらめ。家のおさにあひて、たゞちにかへる。老鶴のしわざなりかし。真田のむすめこゝへ嫁して、ひとりの女子をもちてうせ給ひぬるを、外にハうま子もなし。弾正忠、としよれど子なけれバ、この女子をやしなひて、わがかたの定栄を養子にせんとの事なり。井上いとむつかしくいひ給ひたるが、つゐに翁にたいして、そのこひにまかせなん、といふ。されども、年ごろいといひ難じたるハ皆々しれるを、こたびハ何の故もなくゆるしたらバ、初のゆるさゞるハいかゞといふらめ、との給ふ。さらバ、いづかたへもゆかざる翁まいりて、真田のこふむねにしたまへかし、と家の長よび出ていひはべらん、といへバ、になふよろこび給ふ。十あまり三日にハ、真田よりつかひのものすれバ、そのまえへに行て、かのひとのこゝろざしとげん、との事也。夕がた、次郎のそうしに行（く）。

文化一〇年六月一日

朔日　くもる。わかきおのこも、かたびらのミきしハなし。まゐて、翁ハさらなり。氷室の氷出すとも、はへもあらじ、とわらひあふ。つな子、きたり給ふ。夕つかた、定永あそ、廿あまり八日に白川をたち給ひて、三日になんつき給ふ、といひこす。二日、三日の比と定りしかど、いかゞ哉とあんじものし侍りて、例の歌などよむにも心のとゞまらざるやうにミえしが、いよ〳〵あさてといふにぞ人々皆打よろこぼひて、さらバとて、盃にこぼるゝ斗うけてのむも、おかし。つな子もいさミてかへり給ふ。けふハ、松山の君の田安の姫君にゑんむすび給ひしも、松代の君が井上のむすめをやしなひ給ひしも、皆翁がはじめよりの力なりとて、酒さかなゝどおくり給ふも、おかし。こなたよりも、又さかなゝど。

文化九年（一八一二）九月一一日の記事には、真田家の意向を井上家に伝えたとき、正甫は「むつかしくい ひ給ひたる」とある。井上ははじめ乗り気でなかった。しかし定信の顔を立てて了解し、両家の婚儀が整ったのである。「真田のこふむね」ということばから、定信を動かした幸弘の思いの強さや粘り強さが伝わる。幸弘は一家のために甥に頭を下げたのだろう。一八歳年少であっても、定信の影響力がいかに大きいかを幸弘は知りつくしており、それを大いに利用したのである。文化一〇年（一八一三）六月一日の記事からは、自分の尽力によって松代藩の縁組が整ったことに誇らしげである。頼み上手な伯父と頼りがいのある甥であったことがわかる。

幸弘が一途に推し進めたことが、もうひとつある。話は、幸弘が藩主の座にあったころにさかのぼる。官位を従五位下から従四位下に昇進させるための活動を熱心に行い実現する。真田宝物館には「大手御門番半役他御入料金覚」という書付が残っている。第七代幸専時代のもので、幸専の昇進に二千両余、大殿（＝幸弘）ときは七千両余の費用がかかったとある。質素倹約を謳った藩政改革の態度と矛盾する行いのようにも思われる。

この官位昇進は天明三年（一七八三）幸弘四四歳のときのことであるが、甥である松平定信が二六歳でやはり従五位下から従四位下に昇進したのと同じ年だった。翌天明四年（一七八四）定信は老中となり、天明七年〈一七八七〉から寛政五年（一七九三）まで老中首座を勤め、寛政の改革を推し進める。定信は『宇下人言』に「真田伊豆守四品になりしがこの物入は予に五六倍しけるとぞいふ」と書いている(9)。自分より四、五倍も金品を使って昇進を果たしたことに驚嘆している。

それにしても天明二年に天明の大飢饉（天明八年まで続く）による餓死者が続出し、天明三年に浅間山噴火により多数の犠牲者が出て降灰被害も広がるさなかのできごとである。社会的経済的に困難な時期に、四位昇進を果し、天明五年に井伊家から養子を迎えて嫡子とした幸弘には、吉事によって領内の憂いを祓う願いがあったのだろうか。

井上敏幸氏は、縁戚関係もある定信と同時に昇進を果した幸弘は、文人大名としての在り方、大名の文事の根本が歌道にあることなどを定信から学んでいったのだろうと推測する(10)。

ここで、再び『花月日記』をみてみよう。幸弘の臨終間際の様子が次のように綴られている。

文化一二年八月二日

南部坂へ行バ、上邸をばやめつ。辰の刻比に行たりしが、いと、よハり給ひて、喘気のつきあハせかねたるけしきに、ねちハ根づよく、おさへミし手のそこに、とをるやうなり。翁のきたりしを、うれしとミやり給ひて、酒すゝめ奉れなど、ずさにいひ給ふ。柴胡の症とハ、ミゆれど、あるハ大柴胡といひ百虎といひて定まらず。たゞ清解する外に、せんかたなかるべしといふハ、少しちかけれど、はや誤法になりて、表ハ湯明胃実の症なれども、初めの解熱おくれにけれバ、今にてハ手をつかねてミる外ハなし。是を解せんとせば、たゞに、うながすのミ。さるにて益気のたぐひにハあらずや。こうやうの大患に至りて、実は薬の及ぶ所にハあらじ。深正の心にある事にてよそより、すゝめものすべきにあらねバ、今、名ある杉本仲温・服部宗賢などよび給へ、又それらに、とひものし給はゞなど、いひけり。頼神の甚しきハ老のやまひ也。又、近く来るべしとのミいひて、たちたるが、いといたう、はかなきさまにて、翁と、いとしたしく、ちぎりこめたる友にハあらねど、何ぞといへば、たのミ給ふにぞ、ねちなど盛にて、ほれ〳〵とし給ふ中にも、必らず翁来り給ひしなど、夢にもミ給にしや、などいふ。いとあハれにかなし。こしのうちにも、只、それのミ思ひつゞけて、かへりぬ。

幸弘は、定信の来訪を喜んで、高熱にうなされながらも酒を進めるようにと従者に命じている。医学の知識もあった定信は、病状を診断しながら手の施しようのない状態であると判断する。そして幸弘との間柄を「ちぎりこめたる友」ではなかったけれども、何かというと自分を頼りにしていた、と振り返る。高熱のなか「きっと定信が来てくれると信じて夢にまでみていた」などという幸弘の思いを「あハれにかなし」と受け止めている。

死の床にありながら、真田家にとって最大の恩人ともいえる甥に心づくしのもてなしをしようとするようすには、幸弘の定信への思いの強さが表れている。幸弘は定信に寄り添いながら、昇進し、世継問題を解決し、真田家を盛り立てて死んでいった。

七つ目の干支

以上長々と幸弘の事績を辿ってきたが、まとめると、幸弘には三つの顔があったことがわかる。ひとつは、領内に文武を奨励し、倹約を旨とする政策を推し進める名君としての顔。そして、和歌活動や俳諧活動に熱心な文人としての顔。さらに、真田家の栄光と存続のためになりふりかまわず奔走する策士としての顔。一見矛盾するかのような三つの顔であるが、そのどれもが七つ目の干支の肖像画に表れているのではないだろうか。

太田南畝『一話一言』（安永八年〈一七七九〉—文政三年〈一八二〇〉）巻一七「南畝莠言《ゆうげん》」には次のような記述がある(11)。

世俗に、己が生れたるとしの十二支より七ツ目にあたれるものを、衣冠したるすがたに画がゝせて祭れば出世するといへる事あり、もろこしにもこれに似たる事あり、竜頭雑字元亀大全の干支門にいはく、十二支相冲類、子午相冲、寅申相冲、卯酉相冲、辰戌相冲、巳未相冲とあり、そのわけはしらねども、まさしく七ツめのゑとを相冲といふとはみへたり、方位のむかひあふ事なるべし

生まれた年の干支の七つ目の干支の動物が衣冠した姿を画かせて祀れば出世するという俗信があったというのである。「そのわけはしらねども」とある。とすれば、幸弘の肖像画として宝物館に伝来する「七ツ目虎之図」は、幸弘が「出世する」ために描かせた衣冠姿の虎ということになる。幸弘にとっての出世とは官位をあげることである。前に述べたように、従四位下に昇進するために大金を投じいろいろな働きかけを行ったことからも、幸弘にとって官位昇進が悲願であったことがわかる。

太田南畝が「方位のむかひあふ事」と書いているように、七つ目の干支は、十二支を円に並べたときに対角線上に来る。

安永元年（一七七二）の出版の黒本『運附《うんつく》太郎左衛門』（画作者・富川吟雪）にも七つ目の干支についての記事がある。『運附太郎左衛門』は曽我物のひとつである。内容を簡単に紹介しよう。

曽我兄弟の継父に仕える太郎兵衛が、曽我十郎と虎午前の間にできた一子（太郎左衛門）を拾って夫婦で育てていたが、太郎兵衛は主人に勘当されており貧しく、渡世の疲れで早逝する。太郎兵衛の妻も太郎左衛門に出生の秘密を明かして死んでしまう。太郎左衛門は正直者で、わらじを売って生活していたが、泥棒に金を恵まれるほどの貧しさだった。捨てられたときに身につけていた守り袋のなかの大黒天が夢に現れ、太郎左衛門の信心

深さを憐れんで金を授ける。太郎左衛門はそのことを喜び、易者に占ってもらうと、七つ目の干支を信心するようにと言われる(12)。

（易者）「ほゝヲ　よいすじじや、此横に一文字あるが升かけすじ、おしつけ幸せがよふなるぞや。こなたは午の年じや、七ツめの干支を信心すべし」

吉相の手相であるが、午年生まれなので、七つ目の干支を信心すると幸運が舞い込む、と言われて、太郎左衛門は文龍という絵師に七つ目の干支である鼠の絵を描いてもらう（図1）。

其比天朝斎文龍といふ絵師　十二の干支を書事　おびたゞしくはやりける。

太郎左衛門、七つめの干支を書いて貰ふ。

（太郎左衛門）「私は午の年でござります。どうぞ運の守りを戴きとふござります。」

それより太郎左衛門は八卦置きの教へしとをり七つめの干支を求め毎日身を清め拝みけり。

（太郎左衛門）「南無白鼠大明神、なにとぞ福を授け給へ。」「どうぞ早く金持になつて生みの親たちへかねを贈つて進ぜたい。此願成就帰命頂礼〳〵」

やがて大黒天の遣いである白鼠から金を授かり、商売も成功して富貴となり、母虎御前に再会し孝行を尽くす。

引用文にあるように「七つめの干支」への信仰がポイントの話だ。大黒天の使者・鼠を意識して七つ目の干支が「子」になるように太郎左衛門の生年を「午」としたのだろう。小池正胤は、本書の眼目は大黒天により福徳がもたらされた点にあるという(13)。

正直者がいくら働いても楽にならず泥棒にまで同情される貧乏は曽我物に限らず当時の一つの実態だっただろう。それゆえに大黒と白鼠の功徳や運の守りも読者には説得力があったと思う。

これは、太田南畝が書いているような七つ目の干支の「衣冠したる姿」ではない。小池がいうように本話の眼目は、出世ではなく太郎左衛門の福徳獲得にある。

図1　鼠の絵を飾って祭壇を作り拝んでいる太郎左衛門

つまり、七つ目の干支の祀り方として、七つ目の干支の絵そのものを画いて拝むスタイルと、七つ目の干支に衣冠させて拝むスタイルとがあり、前者は魔除けと富貴、後者は出世を願うためのものであった。七つ目の干支を信仰する俗信として、両者は近似するが、少なくとも真田宝物館伝来の「七ツ目の寅之図」は衣冠姿の寅を描くから、幸弘の出世＝官位昇進を願ってのものだったといえる(14)。

七つ目の干支への信仰は近代にも受け継がれている。酉年生まれの泉鏡花が七つ目の干支にあたる水晶の兎を母からもらって大切にしていたことを、鏡花の養女となった姪の泉名月が書いている(15)。

鏡花の母・鈴が幼い鏡太郎に話した口調はどのようであったろうか。こういうふうに話したのではないかと私は思う。「鏡太郎（鏡花の本名）や、これはね、水晶の兎ですよ。鏡太郎は酉年でしょう。酉年から数えて七番目のものを持つと身のお守りになるのですよ。出世をしますよ」

鏡花の母はそういって、鏡太郎のかわいい手のひらの上に、鏡太郎の干支から数えて七番目にあたる水晶の兎の置物をもたせてくださったのだと思う。

その母は雪積の十二月に病死した。鏡太郎は十歳の少年だった。

鏡太郎は水晶の兎を手にとって胸に抱きしめ、涙をあふれさせて母の死を悲しんだであろう。鏡太郎の涙が集まって、そこにも水晶のような兎が出来たかもしれない。

母の死後、鏡太郎は水晶の兎を見るといつも母鈴のことを思い出したであろう。母の優しい言葉を思い出したであろう。

泉名月の想像を多分に含んだ表現ではあるが、鏡花の母が、「お守り」として、また「出世」を約束するものとして兎の水晶を鏡花に持たせたことは間違いない。絵ではない。そして、江戸時代の七つ目の干支に対する二種類の祈りが合体している。鏡花の母・鈴は鏡花が十歳のときに病死している。水晶の兎に込められた母の祈りは強いものだっただろう。鏡花の家には兎の置物や玩具が数多く飾られていたという。鏡花にとって水晶の兎は母を象徴するものでもあっただろう。

さらに名月は、自分も鏡花と同年の酉年生まれであるにも関わらず、兎はすべて鏡花の守護神のようであったという。

私はすゞから兎の玩具や兎の置物をもらったことがなかった。すゞは私が酉年であることを知っていたはずである。私も酉年である。鏡花と同じ癸酉年である。それなのに、すゞから兎の玩具をプレゼントされたことはなかった。

鏡花の家の中にある兎は、どこまでも鏡花の兎という感じだった。兎の置物は鏡花が亡きあとも、どこまでも鏡花の守護神というようすであった。水晶の兎というのは、母鈴と子鏡太郎との、夢のようななつかしいお話のような気もする。

七つ目の干支が鏡花と母を強く結びつけるものになっている。人形作家・辻村ジュサブローも酉年生まれで、遠足などのときは母が下着にお守り代わりに兎の刺繍をしてくれたという。たまたま二人とも兎であるが、愛する息子への切なる祈りの具現化として、兎のかわいらしさは似つかわしい。

ところでこのような干支に対する俗信としてもっともよく知られているのは、丙午の女性に関するものだろう。板橋春夫は丙午の俗信について次のように説明する(16)。

丙は「火性」なので威勢がよく、この年には火災が多いとされる。丙は陽火であり、午も陽火であるから、火に火を加えるのは良くないという説がある。また、午は「午」の連想から「元気がよい」というイメージを付与され、午年生まれの女性は男まさりであるといわれた。すなわち、この二つが重なった丙午年生まれの女性は実に元気がよく、ひいては夫を殺すなどという俗信が生まれたらしい。歴史上の人物で後世に語り継がれた千姫、八百屋お七、白木屋お駒たちは、丙午年生まれの女性であったという。こういった話題も、それを流布させることによって、根拠に乏しい俗信を本当らしくさせたのであろう。

「丙午」は、「丙午しつかり重荷つけて来る」「丙午遠ひ所から結納が来」（いずれも『俳風柳多留』）のように、しばしば川柳の題材にもなっている。

あきらかに迷信であり信ずるに足りないもののはずである。しかし、丙午信仰は近代にも根強く残っており、昭和四一年（一九六六）の丙午の年は、出生率が二五パーセントも減少した(17)。いつの時代でも、災いを避けたいという思いは誰もが持つものだ。干支の力を使って運命を好転させたり出世を実現したりすることが可能だと人々が信じていたとしても不思議はない。藩主といえども例外ではなかったということだろう。むしろ一国一城の主だからこそ統治者として万全を期すためには必要な態度だったというべきかもしれない。

仙台市博物館では、平成二七年（二〇一五）に歴史姉妹都市締結四十周年記念　特別展「宇和島伊達家の名宝―政宗長男・秀宗からはじまる西国の伊達―」を開催した。そこに、第五代仙台藩主伊達吉村が、第四代宇和島藩主伊達村年に嫁いだ三女・徳子に贈った、享保九年（一七二四）の「重ね祝い」の和歌懐紙が展示されていた。

　御年かさねをいわゐなりて

千世ふへき君かよはひを此のやとになれしとしるき鶴のもろこゑ

重ね祝いとは「厄年の二月一日に再び正月祝いをして、年を余分にとったことにする儀式」(18)であるという。娘を思う親心に加えて、藩主の妻の安全を強く願ったものだろう。世継を生むという意味で藩の命運にかかわる藩主の正室の厄年に災いが起きてはならない。重ね祝いをするということは干支、つまり暦をコントロールすることにほかならず、誰にでもできるものではない。

藩主は仁政によって藩の未来を担う立場にある。そのためにも藩主及びその妻子は無病息災でなければならい。暦をコントロールしてまでも、厄年の辟邪を行う必要があっただろう。

宇和島伊達家での厄年回避のための重ね祝いと幸弘の「七ツ目之虎図」には、年回りを意識した行為という共通点がある。

厄年は身体的社会的変節点にさしかかったときの注意喚起を促す経験知ともいえる。『和漢三才図会』は男の大厄を四三歳とする。幸弘四三歳の大厄は天明二年（一七八二）である。前にも述べたように幸弘は天明三年（一七八三）に官位昇進を果たしている。幸弘はいつごろ官位昇進を思い立ち、そのための準備にどれほどの年月をかけたのだろうか。現実的な対処だけではなく、神仏や先祖代々の御霊に祈ることも当然行ったはずである。

天明二年は寅年である。寅は幸弘の七つ目の干支にあたる。これらを考え合わせると、厄年の辟邪とともに、寅年に虎の衣冠図を画かせて官位昇進を願った可能性が高いように思える。

陰陽道では十二支にも十干にも陰と陽、木火土金水の五大元素をあてはめて運気を読み取ることが行われていたから、干支に対する人々の思い入れは単なる俗信・迷信という以上に、何らかの統計学的な経験に基づく信念に基づいていると思われる。

諸橋轍次は「今年は何年だから恵方はどちらだとか、移転にはどの地からどの地へは方違《かたたがい》が必要だなどといい、何の理由もなくただ人の常の心を乱すばかり」、「干支が人の運命に関するという迷信」と批判する(19)が、それはとりもなおさず干支にこだわる人々が昔から多いということの裏返しだろう。信じる心が原因なのかもしれないが、経験的に干支の吉凶を信じこまざるをえない出来事が多く降りかかってきたということもあるかもしれない。また、自らの不幸の原因を年回りの悪さに見いだすことで、降りかかった不幸を甘受し、仕切り直して新しい一歩を踏み出す原動力にしようという心性もありそうだ。「亥年生まれなので猪突猛進」「酉年生まれなので落ち着きがない」というものいいは誰しもすることがある。干支への思いは日本人の世界観と不即不離のところにある。

さらに日本人が時間と空間のスケールとして、年・月・日・時刻・方位に干支を用いてきたことを考えると、藩の歴史（時間）と領地（空間）を司る藩主が干支にこだわるのも当然のことといえる。宮田登によると、各藩にはお抱えの「日和見《ひよりみ》」がいたという(20)。彼らは、天文学や易学を学んだわけではなく、多年の経験から生じた勘にたよった日和見を行った。そして、このような「日和見」王的な存在が、地域社会の秩序を維持していたと指摘する。「日和見」王が、暦を作り、時間を管理する存在だとするなら、天文学的気象学的な知識と経験と技術を駆使した「日和見」は、藩主の領地・領民支配に重要な存在だっただろう。俗信であるにせよ藩主の栄光に影を落とすものは徹底的に排除されたに違いない。そのように考えると、重ね祝いをしたり、虎頭の肖像画を画かせて祀ったりすることは、時の管理者である藩主の領内・領民の安全と安心をもたらす統治の〈知〉のあらわれといえる。

虎について

諸橋轍次は、虎について次のようにいう(21)。

中国でも虎は陽物だといわれていて、元来、七の数を陽気と考えていることから、虎は胎内にあること七か月にして生まれ、首から尾までの長《たけ》は七尺(一尺は日本の八寸)だなどといわれています。これはコジツケにきまっていますが、虎が陽物であることにはまちがいはない。

七つ目の干支がたまたま「寅」であったにせよ、鼠や蛇ではなく虎図であることの意味は大きい。虎の衣冠束帯図だからこそユーモラスなかに藩主としての威厳を感じさせる。

芦田正次郎は「虎」関する次のような習俗を紹介する(22)。

虎は額に王字の紋があるといわれ、虎頭王と呼んで、子供の帽子や靴の正面に虎の顔を縫いつけ、その額に横三本のしわを描き、さらにその中心に縦の一本の線を入れ「王」の字にしたという。

吉野裕子は、「寅」は五行（木火土金水）のなかで「木気の始め」に相当し、しかも五行のなかで生命があり形があるものは木気だけなので、寅には「生まれ出るもの、動き始めるもの、顕現するもの」という本性があるという(23)。したがって、年頭の呪物として張り子の虎を飾ったり、高貴な新生児の魔除けとして虎の頭を産湯に浸したりした例を紹介する。

信貴山朝護孫子寺には、寅の年の寅の月の寅の日に聖徳太子の前に毘沙門天が出現し、崇仏派の蘇我氏が廃仏派の物部氏に勝利したという伝承がある（写真2）。毎月寅の日を縁日とし、寅の月（二月）に毘沙門天の御開帳を行う。松永久秀の築城の地でもあり、多くの武将が戦勝祈願をしている。

礒野直秀『日本博物誌年表』によると、文献に記述された虎の記事としてもっとも古いものは『日本書紀』欽明朝のものである(24)。「膳《かし》

写真2　信貴山朝護孫子寺の本堂を望む張子の虎

臣《わで》の巴提使《はすひ》」は壱岐守家行の郎等であったが、罪を得て親子三人新羅に逃げのびる。ところが一子を虎に食い殺されてしまい、その敵の虎を射とめて日本に虎皮を持ち帰り罪を許される。その後、中国との貿易や、秀吉の朝鮮出兵、また、江戸時代に入ってからは朝鮮通信使の来日に際して、生け捕りの虎や虎の皮が日本にはいってきている。日本人がしばしば虎を目にする機会があった。虎はまぎれもなく武門の為政者の権威を象徴するものであった。

旧暦一月は寅の月である。吉野裕子によると「正月は木気の初めの寅月、色は青、易の卦は『地天泰』、万象和合の時である」という(25)。「七ツ目之虎図」が、天明二年(一七八二)寅年の寅月に画かれたとするなら、寅年・寅月・七ツ目の寅を重ねる祝意も読みとることができる。

七について

では、「七つ目の干支」はなぜ七つ目なのだろうか。七つ目の干支が、十二支を時計状に並べたときに対角線上に来ることから「向かい干支」(裏干支・逆さ干支)といった言い方もされる。しかし、「七つ目」というい方が本来の言い方である以上、「七」という数字に何らかの意味があるのかもしれない。

宮田登は、七という数字の聖性について、中国・朝鮮からの影響で、いろいろな側面で生活に根付いているという(26)。

七については、中国・朝鮮と同様に聖数の一つとみなされていた。もちろん漢字による七曜とか七賢、七難、七仏、といった語が広く受容されたこともあったが、本来通過儀礼においては七歳がきわめて重視されていたことは、七つ子の祝などにみるように、七歳の子どもがちょうど大人の段階に入る境界とされていたことはたしかである。七つの子どもの成長を村の氏神に祈願する。それも収穫祭の秋祭りの折に行うのが、七歳を中心とした七五三の儀礼であり、わざわざ年齢を特定している点に、数に対する隠れた心意がうかがえるのである。とりわけ七歳については、その習俗は豊かである。たとえばナナトコイワイは、七所祝と記し、南九州一体で行われている。七歳の子が一月七日に、近隣七軒を各自お盆を持ってまわり、各家から雑炊をもらい集めて食べる。そうすると幸運に恵まれるといったり、病気にかからないという。この場合も七の数にこだわっている。七軒の家から布をもらって着物を作るというのは、佐渡島の事例である。七軒の家からいろいろな物を貰うのは、活力を七つの子に付加させるためとしている。

聖書の創世記でも七日目を安息日とするが、仏教でも死者の霊をあの世へ送り出す際に七日を一区切りとして様々な儀式を七七（＝四九）日まで続ける。「七日目」について宮田は次のように説明する(27)。

かつて他所へ出かけて行って七日目に帰宅することを忌むという習慣があった。帰宅が七日目にたまたまなってしまうと、すぐに家に入らないで、村内の別の家に一泊してから戻ったりした。七日目に帰ると人が死ぬとまでいっており、ラッキー・セブンならぬ悪日なのである。おそらく初七日などの仏事に関わる数字とみているためであろう。

七月の七日目は七月七日であり、七日盆の名称があった。井戸や池をさらってきれいにするのはもちろん、墓掃除、金物みがきなどをする。女性もこの日に髪を洗うとよいとしていた。山口県吉敷郡下では、この日、七回親を拝み、七回海に入ってみそぎをする。そして七回仏を拝み、七回飯を食べるものだという口碑が残っていた。つまるところ精進潔斎して両親と先祖に仕えることをいっているが、とくに水を使って祓い浄めることが七月七日に課せられていたことがわかる。

キリスト教徒は、キリストが一三日に処刑されたことから、数字の一三を嫌う。日本人は、「死」の音に通じることから四という数字を忌む。俗信とはいえ、ホテルの部屋番号や飛行機の座席などは配慮されている。数字へのこだわりには、干支に対するこだわりと同じように根強いものがある。

宮本袈裟雄は、誕生儀礼や葬送儀礼に「七」という数字に関係するものが多いのは、七にこの世とあの世の区切りを象徴する意味があるからではないかと説明する(28)。そのため「赤児に付与された霊魂を一層強固にするための儀礼」あるいは「死後の儀礼は肉体から分離した霊魂をあの世に送り安定させるための儀礼」として、七に関する儀礼が重要な意味をもったのではないかと推論する。

さらに、宮本は、平安時代の七月七日の七夕における「乞巧奠《きっこうでん》の習俗」に言及する。南北朝の頃より「七遊び」が行われるようになったという。七百首の詩歌を作ったり、七調子の管弦を行ったりする遊びである。乞巧奠《きっこうでん》は織女にちなんで機織りなどの手仕事の上達を祈願する儀式であったが、短冊に歌を書くことから詩歌管弦の遊びをする神遊びの要素が強まった。また、宮本は、七福神信仰が成立する室町時代には、名数遊びが流行し、「古代人がもっていた神と人とを繋ぎ畏怖を含んだ呪術数の観念が喪失」する一方で、「遊びの要素」が加わることによって、「聖数七の観念が一層強められたとみるべきではなかろうか」とする。遊びの要素が強まることで、呪術性は弱まり聖性が強まるというのは一見矛盾するような考え方である。しかし、「遊びの要素」を晴《ハレ》の「神遊び」と考えるならば、日常的な労働（褻《ケ》）に対立するという意味で、聖性が高まり、個人的日常的な呪術性から遠ざかるというのは自然な道理だ。七という数字に神遊びの要素が入り込むことによって、個人レベルの生死に関する禁忌を避けるという意味合いから、より普遍的な祈りの意味合いが強まったということだろう。

新谷尚紀は、「遊び」に関するホイジンガ、カイヨワ、柳田国男、折口信夫の見解を検証したうえで、「遊び」は「無秩序で狂乱的で呪的な力に満ちた、いわば社会からの一時的離脱の行為であり、神祭りの中心に位置する」と結論づける(29)。「遊び」は「人々が危機に直面したときに突発的に行われるものである」という。真田家にあてはめて考えるならば、さまざまな災害が重なり領民が窮乏し、嫡子不在という藩の存亡の危機を乗り越え、官位昇進という祈りを達成するために行われた聖なる遊びとして、七つ目の寅の衣冠図が祀られたという解釈も成り立つ。

考えてみれば、すべての聖なる言動は、遊びの要素の有無によって、個人の幸福を祈るものと不特定多数の幸福を祈るものに分かれる。しかし、藩主にとっては、個人の幸いを祈ることと国土全体の安全と厄災忌避を祈ることとはひとつのことでもある。

真田宝物館の虎図を改めて見直してみよう。この絵からは恐ろしさや不気味さは伝わってこない。むしろ、思わず笑みがこぼれるような絵である。何か心の余裕のようなものさえ感じさせる。

幸弘がこの絵にどんな思いをこめたのか、ほんとうのことはわからない。官位昇進の願いがあった可能性もある。子のない養子幸専の世継ぎ問題の解決を願い、真田家の繁栄を祈ったのだろうか。単純に自身の無病息災を祈ったのかもしれない。そのすべてかもしれない。いずれにせよ、幸弘は松代藩十万石を統治する大名である。為政者である以上、自分の身の幸せを祈ることは、真田家の栄光を祈ることにつながるし、そのことは領地・領民の豊かさに結びついていく。

E・ルモワーヌ＝ルッチオーニは、人間と衣服の関係について、「衣裳をつけること、衣裳で身を覆うこと、これは顔にコミュニケーションの優位を譲ることである」という(30)。ルッチオーニによると、「人間は根本的に顔で話す」ので、仮面をつけることによって、「身体は再びコミュニケーションの道具になる」という。つまり、仮面は、衣装と同様に、新しい顔を獲得することを可能とする。そこに、なりたい自己や、普段は潜在化している自己を仮託することができるのだ。この虎図には、虎という王者を象徴する仮面に衣冠束帯という権威を象徴する衣服が重ねられていることになる。そして、虎が正装をするという非現実性が、超常的遊び心を伝える。

この絵は見るものに実に多くのことを語りかける。為政者にしかできない遊び心のある絵であり、為政者ならではの祈りが込められている。しかも干支に関する俗信の表象なのである。聖なるものと俗なるものとが合一された大名の統治のための〈知〉を読み取ることができるのではないだろうか。大金を使って位階昇進を果たし、最晩年に定信を介して井上家と交渉して世継問題を解決した幸弘の行動力は、祈る力の強さに裏打ちされていたともいえる。タイガーマスクは、幸弘ならではの〈知〉と祈りの結晶したものなのである。

【注】

（1）『日本国語大辞典』第二版　第十巻（小学館、二〇〇一年一〇月）。

（2）『日暮硯』の伝本は多いが、ここではすべての引用は信濃『北信郷土叢書』巻八（北信郷土叢書刊行会、一九三五年四月）に翻刻掲載の『鳥籠《とこ》の山彦』（真田宝物館所蔵）のテキストによる。

（3）以下引用はすべて、国文学研究資料館史料館編『松代藩庁と記録　松代藩「日記繰出」』（名著出版、一九九八年三月）による。

（4）笠井助治『近世藩校に於ける学統学派の研究』上（吉川広文館、一九六九年一月）による。南陽に学んだ松代藩士に岡野石城、鎌原桐山がいる。石城は、はじめ朱子学を学ぶが、のちに徂徠学派となり、藩の稽古所や私塾翠篁館で教えた。文政一三年日八六歳で死去している。桐山は、幸弘・幸専・幸貫の三代に家老として仕えた。一七七四（安永三）～一八五二（嘉永五）。学問を好み、岡野石城や長国寺住職千丈実巌に学び、江戸では佐藤一斎に教えを請うた。武技や点茶、横笛にも通じ、私塾朝陽館を開いた。朝陽館では佐久間象山や山寺常山も学んだ（『長野県歴史人物大事典』郷土出版社、一九八九年七月による）。

（5）〈シンポジウム藩主の交遊―和歌・俳諧がむすぶ人と地域―〉基調講演「酒井忠徳の俳諧と思想」（二〇一四年七月二五日、於・鶴岡市致道博物館）、〈真田幸弘二百回忌講演会〉「名君真田幸弘公と俳諧」（二〇一四年九月二七日、於・長野市松代公民館）。

（6）井上敏幸「真田幸弘の俳諧―真田幸弘の俳諧資料―」『近世中・行為松代藩真田家代々の和歌・俳諧・漢詩文及び諸芸に関する研究』論文篇・資料篇　第一部、二〇〇二年三月）、伊藤善隆「真田幸弘と大名俳諧」（真田宝物館展示図録『文人大名真田幸弘とその時代』二〇一二年九月）、玉城司「松代藩六代藩主真田幸弘の文芸」（『和漢比較文学』第46号、二〇一一年二月）、拙稿「松代藩主・真田幸弘の文芸活動―和歌と俳諧―」（錦仁編『中世詩歌の本質と連関』竹林舎、二〇一二年五月）、「松代藩第六代藩主真田幸弘の点取俳諧活動について―安永年間を中心として―」（『松代』第二四号、二〇一〇年三月）等参照。

（7）たとえば、俳諧を通じて幸弘と親しかった熊本藩第六代藩主細川重賢も、「宝暦の改革」を断行し、中興の祖と言われる。堀平田左衛門勝名を家老に登用し、官僚機構を整備し、奉行の職務を明確化して行政と司法を分離させたほか、倹約令を発布し、藩校時習館を設置した。福岡藩の儒医亀井南冥は熊本を訪れて細川重賢の宝暦の改革に共鳴し、福岡藩主黒田治之に宝暦の改革の概要を知らせるべく『肥後物語（熊本俚談）』を執筆して提出した。同書は真田家にも伝来する。

（8）『花月日記』本文の引用は、木村三四吾編校『花月日記文化九年・十年』（八木書店、一九八六年三月）による。

（9）引用は、岩波文庫『宇下人言・言行録』（一九四二年六月）所収の本文による。

（10）前掲中（6）の井上論文。

（11）引用は、日本随筆大成別巻3『一話一言』（吉川弘文館、一九九六年七月新装版）所収の本文による。

（12）引用は、小池正胤・叢の会編初期草双紙集成『江戸の絵本』Ⅳ（国書刊行会、一九八九年六月）所収の翻刻による。

（13）同右「解説」（小池正胤執筆）参照。

（14）近松半二『東海道七艇梁《しちりのわたし》』（安永四年〈一七七五〉）にも、「我君は卯の御年、七ッ目は鳥なれば、是を御寵愛なさるゝは御運の守、一家中の者共も、銘々の年に寄て、各七ッ目が異《かは》れ共、残らず鳥を紋に付るも、偏《ひとへ》に御前の御恵に、帰服仕る故の事」（帝国文庫水谷弓彦校訂『近松半二浄瑠璃集』博文館、一八九九年四月）と書かれる。家臣たちが、自分の干支の七つ目を無視して、殿の干支の七つ目の紋を付けて殿の運勢を守ろうとしている場面である。

（15）泉名月「鏡花と兎」（『鏡花幻想譚2　海異記の巻』河出書房新社、一九九五年五月）参照。

（16）板橋春夫『誕生と死の民俗学』（吉川弘文館、二〇〇七年八月）参照。

（17）昭和四一年（一九六六）は丙午年の出生数は一三六万九七四人、前年が一八二万三六九七人、翌年が一九三万五六四七人

であるから、激減といえる。板橋は、前掲書で、厚生省（当時）が人口減の原因を「ひのえうま」の影響としていること（『厚生の指標』一九九七年）に言及する。また、群馬県勢多郡粕川村母子健康センターでは丙午俗信追放キャンペーンを展開したにもかかわらず、昭和四一年の出生率が前年度比六割にまで落ち込んだという。丙午俗信の影響力がいかに大きかったかがわかる。

(18)「宇和島伊達家の名宝—政宗長男・秀宗からはじまる西国の伊達—」展覧会図録（仙台市博物館、二〇一五一〇月）参照。

(19) 諸橋轍次『十二支物語』（大修館書店、一九六八年一一月）参照。引用は、諸橋轍次著作集第九巻（大修館書店、一九七五年九月）による。

(20) 宮田登『宮田登日本を語る〈10〉王権と日和見』（吉川弘文館、二〇〇六年一一月）参照。

(21) 前掲注（19）に同じ。

(22) 芦田正次郎『動物信仰事典』（北辰堂、二〇〇九年四月）参照。

(23) 吉野裕子『十二支』（人文書院、一九九四年七月）参照。

(24) 礒野直秀『日本博物誌年表』（平凡社、二〇〇二年六月）掲載の主な虎関連記事は次のとおり。

五四五　欽明六　●十一月　膳臣巴提便《かしはでのおみはすひ》が百済から虎の皮を持ち帰る（書記）。

六八六　朱鳥一　●四月十九日　新羅の貢物が筑紫より届く。そのなかに馬一・騾（ラバ）一・犬二・虎皮・豹皮および薬物の類があった（書紀）。

一五七五　天正三　●明船、豊後国臼杵に来航、虎四・象一・孔雀・鸚鵡・麝香などを持ち渡る（長崎年暦両面観）。

一五九三　文禄二　●二月二十一日、亀井武蔵守新十郎、稀にみる大虎を朝鮮でしとめる。秀吉に贈られた皮は、天皇も御覧になる（寛政家譜）。

一五九四　文禄三　●十二月、吉川広家《きつかわひろいえ》が朝鮮より秀吉に生虎を送る（史料綜覧）。

一六〇二　慶長七　●六月二十八日、交趾（コーチ、現ベトナム北部）船が長崎に着いたとの知らせが、この日江戸に届く。家康への献上品のなかに象一・虎一・孔雀二があり、虎は長崎に留め置き、そのほかは上京させる（通航一覧一七一）。

●八月十日、家康は、前項の象を豊臣秀頼に贈った（史料綜覧）。のち、虎も進呈したらしい。

一七一九　享保四　●十月一日、吉宗、朝鮮国使節（通信使）を引見。朝鮮からの進物中に、人参五〇斤・虎皮一五張・豹皮二〇張・魚皮一〇〇張・鷹子二〇連・鞍馬二疋がある（実紀）。

(25) 吉野裕子『五行循環』（人文書院、一九九二年三月）参照。

(26) 宮田登『宮田登日本を語る〈4〉俗信の世界』（吉川弘文館、二〇〇六年五月）参照。

(27) 同右。

(28) 宮本袈裟雄『庶民信仰と現世利益』（東京堂出版、二〇〇三年九月）参照。

(29) 新谷尚紀『ケガレからカミへ』（岩田書院、一九九七年二月）参照。

(30) E・ルモワーヌ＝ルッチオーニ『衣服の精神分析』（産業図書、一九九三年五月）参照。

＊本稿は、拙稿「松代藩第六代藩主真田幸弘の遊び心」（『日本文学会誌』第28号、二〇一六年三月）を大幅に書き改めたものである。資料写真の掲載に際して、長野市文化財等管理事務所（真田宝物館）のご高配を賜った。記して感謝申し上げる。

第三章　中央と地方を結ぶ〈知〉

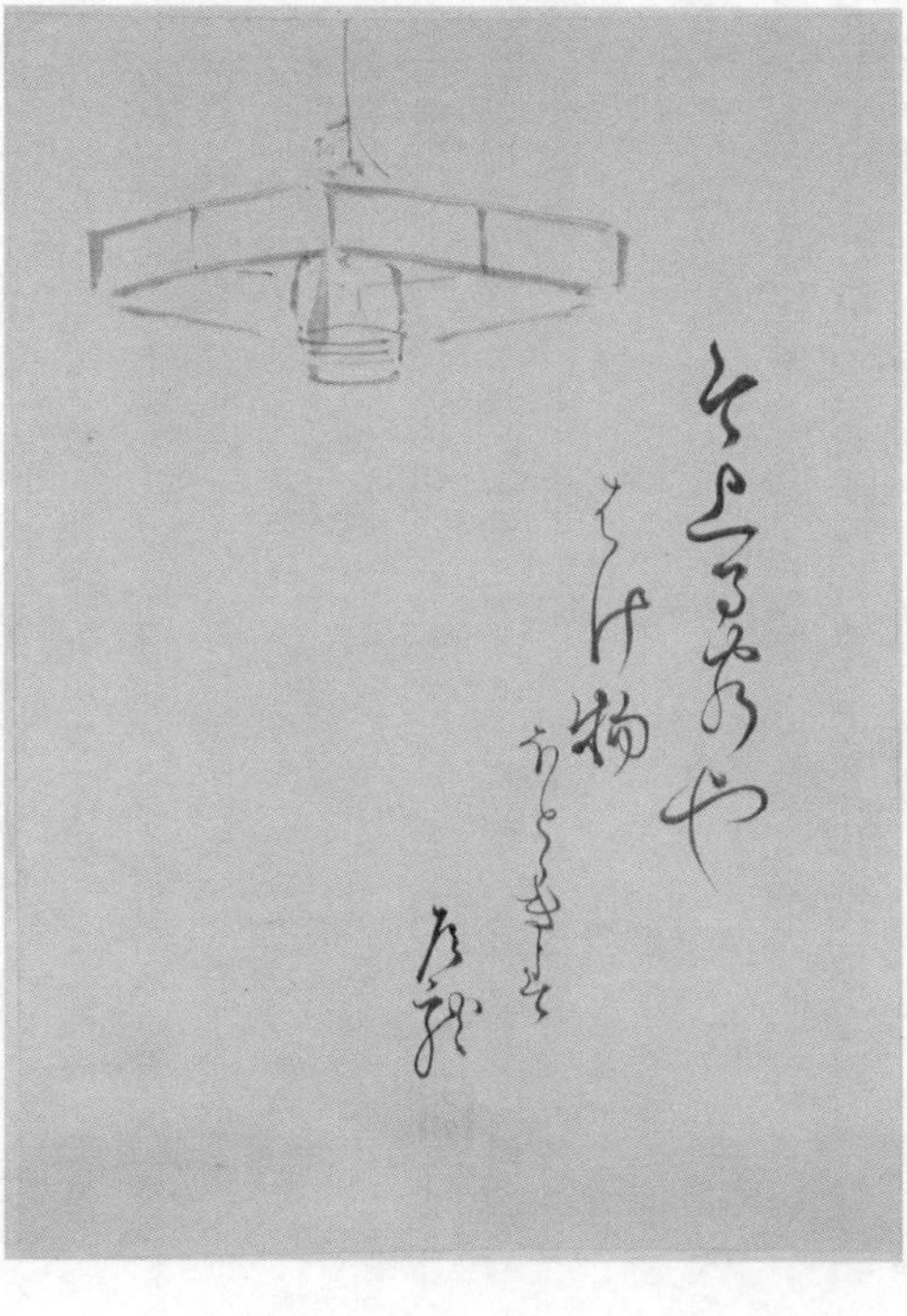

――酒井抱一自画賛「今上る」

＝コラム＝

大名の俳諧文化③

酒井抱一自画賛「今上る」

酒井抱一（宝暦十一年～文政十一年）は、酒井忠仰《ただもち》の第四子（次男）として江戸に生まれた。名は忠因《ただなお》。兄の忠以《ただざね》が祖父忠恭《ただずみ》の養子となって姫路藩主を継ぐ一方、忠因は寛政九年に三十七歳で出家、酒井家より千石五十人扶持を給され、浅草千束に移住して抱一と号した。文化六年には江戸根岸に雨華庵を結び、鶯邨《おうそん》を別号とする。画は、狩野高信、宋紫石、歌川豊春に学び、のち尾形光琳に傾倒して「夏秋草図屏風」などの琳派風の絵を描いた。また、光琳や乾山の顕彰活動を積極的に行い、江戸琳派の祖となった。

画人として有名な抱一だが、俳諧にも通じており、寛政二年には句集『軽挙館句藻』を出版している。なお、兄の忠以も同じく俳諧に遊び、銀鶯と号していた。

本点は、抱一の自画賛の掛軸（個人蔵）である。

　今上る客やばけ物ほとゝぎす　　屠龍［文詮］

この絵、いっけんして、一昔前の一般家庭には必ずあった和風の吊下式照明（ペンダントライト）が連想されよう。天井からぶら下げられた円形の蛍光灯に行灯風のデザインのカバーが懸かったあの照明器具である。ただし、本図はもちろん蛍光灯を描いたものではない。八間《はちけん》あるいは八方《はっぽう》と呼ばれる大型の釣り行灯である。江戸時代、遊郭・湯屋・寄席・居酒屋など人の集まる所で、天井から吊して用いたのである。この絵も、句意からして遊郭の八間を描いたものであろう。現代の照明器具のデザインの起源は、じつは江戸時代の遊郭や居酒屋にあったのである。

江戸座俳諧と角館 ―佐竹北家、明和安永期の活動から―

稲葉　有祐

はじめに

江戸座とは享保期に結成された俳諧宗匠組合をいい、江戸俳壇の重鎮其角・沾徳の門流を中核とする(1)。洒脱で機知に富む江戸座点取俳諧は町人層の経済的な台頭を背景として大流行を見せ、田沼政権時の好景気に沸く明和安永期においては、遊興の座で

　如雷　そんなら宗匠へ弟子入をしねェ。存義でも金羅でも祇徳・在転なりと、湖十などもよし。菊堂なりと、気の有にしねェ。みなおいらが心安くするから、つい出来るこつた。（『辰巳の園』明和七年（一七七〇）刊）

と語られる如く、江戸市民の関心の的となっていた。

江戸座宗匠を庇護し、点取俳諧の隆盛を支えていたのが大名俳人である。大名達は、例えば駒込染井の六義園に閑居し文芸に遊んだ米翁こと大和郡山藩主柳沢信鴻《のぶとき》のように、江戸藩邸を舞台として家臣団とサロンを形成、大名同士でも交歓を重ねつつ、時に自らが批点しながら江戸座点取俳諧に興じている(2)。

では、この大名文化圏を取り巻く江戸座の俳諧は、領国・地方において、どのように享受されていったのか。本稿では、其角流俳諧の強い影響下にある久保田藩（別名、秋田藩）、特に所預《ところあずかり》として佐竹北家の治めた角館での活

動と展開に注目する(3)。

久保田藩では元禄期、家老の其雫こと梅津忠昭が江戸滞在中に其角に入門、其角と当時幼君であった四代藩主佐竹義格《よしただ》とも親交を結ばせる(4)。帰国に際しては師を久保田に招くが叶わず、代わりに其角門の紫紅を伴い、秋田俳壇に其角流俳諧を波及させていく。其雫は門下に藩士の杉野紫弄・深見丈菖(5)・根本鶴銭・藤原非琴・平元梅隣・同曙袖らを輩出した。其雫没後、彼らは主に沾洲・沾山（但し曙袖は成屋）に指導を仰いでおり、例えば鶴銭編『太平山採花』（享保十年（一七二五）序）には数多の江戸座俳人が入集している。渭北のように、来遊し、門葉の裾野を広げる宗匠も少なからず見られ、久保田藩士と江戸座との交渉は密である。梅隣の甥で勘定奉行を務めた幾秋は湖十（二世）門。歴翁こと北家当主、佐竹義邦はその俳友である。

また、師系は明らかでないが、宝暦元年（一七五一）には六代藩主義真《よしまさ》が独吟回文歌仙に批点した記録が残り（『蔵鉤録』寛政頃成）、曙山こと八代藩主義敦《よしあつ》も俳諧を嗜んだことが分かっている(6)。執政疋田定常は柳塘の雅号が知られ、江戸藩邸には社交に長けた腕利きの留守居役が控えている。一方、中興期の久保田城下には蕉風復興を推進した五明が出、七代藩主義和《よしまさ》と交流する。

右のような環境にあって、角館佐竹北家はいかに都市江戸の俳諧を享受していくのか。本稿では江戸座俳諧が盛り上がりを見せる明和安永期を中心に考察する。

佐竹北家、素外への入門

佐竹北家とは、宗家十四代義治の四男義信が分立、創設した一門をいう。明暦二年（一六五六）八月に北家十二代義隣《よしちか》が角館に入り、所預となる。角館佐竹北家は義隣を初代とする。角館の文化的な環境は大納言高倉永慶二男の義隣、右大臣三条西実条《さねえだ》の孫娘を妻とした二代の義明らによって整えられた面が大きく、その素養は三代義命《よしかた》、四代義拠《よしより》へと受け継がれた。

北家と俳諧との繋がりを考える上で重要なのが、五代当主、義邦である。義邦は寛延三年（一七五〇）に家督を相続し、角館所預となる。五代藩主義峯《よしみね》・六代義真・七代義明《よしはる》・八代義敦に仕え、宝暦期には大疑獄事件、秋田騒動の収拾に努めた人物である。遷喬・里鹿・百童・歴翁等と号し、明和五年（一七六八）より天明七年（一七八七）秋までの句集『不死の裾』・『冨士の裾　後編』（寛政元年（一七八九）跋）はじめ、数多くの俳書稿本を残している(7)。在職時、例えば『遊艸(8)』（寛保二年（一七四二）成）には出府中の編者幾秋に「喬木に遷り極り候て、山陰に引籠り候事故」云々と角館の生活を伝えつつ、続けて改号した旨を語り、

したゝりや明るき春の南窓　　遷喬改 里鹿公

の句を寄せる。そして、『北家御日記(9)』（以下、『日記』とする）宝暦三年（一七五三）九月二十七日の条に「江戸在番森田百八ニ頼候俳諧巻二巻、嘉廷(10)点出来。此度相達候」と記されるように、江戸藩邸の藩士を介して江戸座俳人と繋がっていく。特に、致仕を間近に控えた明和五年（一七六八）頃から江戸座への関心が俄に高まり、同年の『日記』に

一、一昨日慈眼寺にて取立テ候百イン江戸存義点ニ相極メ、今晩之便ニ渋江迄河内より下懐紙差越候朱料取合鳥銭三百五拾銅。

外ニ哥仙三巻一包吉川五明点取五十員一巻同断是又屋敷番迄差越候。　（六月十七日）

内膳より兼而江戸へ点取頼候深川住晋派湖十宗匠俗名、根津九助出点相達候。右は我等独吟也。　（十一月六日）

一、渋内膳よりも書状達候。夏中、江戸宗匠祇徳点月次之百イン出点ニ而、此度相達候。其外内膳へ之点取百インも二巻出点達候。　（十二月五日）

と、渋江内膳明光の仲介で存義・湖十（三世）・祇徳ら江戸座の中心的な宗匠に批点を依頼したことが確認される。内膳は俳号、玉羽(11)。久保田藩の重臣で、後、安永三年（一七七四）に家老に就任する人物。右の内、湖十については、『日記』明和五年（一七六八）十一月八日の条に「江戸福嶋孫四郎へ俳諧点印并百韻三巻点取差越候。右代金都而三歩差越候」云々とした上で、次のような記事が掲載される。

点印注文　孫四郎へ遣候扣

五点　二字　七点　三字　十点　四字

十五点　五字　二十点　二十五点

右点判湖十宗匠点印ニ因り出来候様ニ致度候。二十点・二十五点之両印は画入ニ而少し見事ニ出来候様ニ致度候。点印文字之儀は佐藤又兵衛殿へ御頼、自分向方御物好キに被相任候間、時に宜しきに随ひ、何分御頼致候。

以上。

江戸へ点巻を送る際に点印（批点時の印章）を注文、印面は湖十のものを用い、二十点・二十五点は画印にしたいという。湖十の点印は其角由来の「一日長安花」・「洞庭月」・「越雪」等で、湖十がそれらの印を複製し、門弟に与えることで勢力を拡大、座側（主催する其角座）経営の安定を図っていたことは旧稿(12)で述べたことがある。右の記事では、印字を模すにあたり湖十とどの程度交渉があったかは判然とせず、また現時点では義邦が自ら批点した資料も存在を確認できないが、ここでは点印の獲得という時流に乗ろうとしたこと(13)、且つ、その一切を久保田藩江戸留守居役の佐藤又兵衛祐英に任せていることに留意しておきたい。又兵衛は晩得・朝四・哲阿弥等と号し、渭北・存義門、後、米翁門で、通人として知られていた。この後もしばらく「渋江内膳江去年中頼候古来庵存義点百韻一巻到来申候」（『日記』明和六年（一七六九）一月一日）、「明日久府之飛脚帰り候故、将監殿・渋内膳へ状遣候。但シ渋へハ百吐一巻点料添候而遣候。田女評」（同三月二日）と、義邦は内膳を通じて続々と点巻を送り、江戸座俳諧に興じていく。

明和六年（一七六九）六月、義邦は致仕暇願を提出し、嗣子義躬《よしみ》に家督を相続させる。義躬は八代藩主義敦、九代義和に仕え、天明元年（一七八一）に光格天皇即位の祝賀使、同八年には義和の将軍家斉《いえなり》御目見の介添え役を務めている。通称、河内・主計。初号投竿、後、素盈。別号に一謙亭、嘯月亭、他。家督を継いだ翌年から天明八年（一七八八）に至る十七年間の発句集稿本『四時囀』（仙北市学習資料館寄託俳諧資料）や寛政九年（一七九七）の句日記『春秋日記』（秋田県公文書館吉成文庫蔵）がある。一方、『不死の裾』には

予、初秋に世を投竿に譲り（中略）老て再ビ児ならんやと、此時周渭を改め、木土斎百童、各しろしめし侍らん

四十年あとへ年取ル雪こかし

とあり、義邦は隠居に際し、号を里鹿の後に名乗ったと見られる周渭から百童に改める(14)。そして、「故城を枕にし、

大河に両脚をとこしなへにす。壁艸庵、広挟いふに足らず。棟床七畳にありて」（『壁草庵記』安永七年（一七七八）以降成）云々と、旧城主戸沢氏の古城の麓、桧木内川の辺に結んだ壁草庵で風雅に遊ぶ閑居の生活に入る。

以後、『日記』は当主となった義躬の日記となる。俳諧関連の記事でまず目を引くのが、義躬が江戸座の素外に入門したとの明和八年（一七七一）五月二十一日の条である。

一、先頃遣候飛脚、久府より帰候。（中略）右便ニ、春中、中村三右衛門へ頼候江戸宗匠谷素外へ門入之義申遣候所、俳名并俳諧（ママ）系・当春帖・去仲秋之摺物等達候。

素外は谷氏。涼袋門、のち蒼狐門に移る。明和三年（一七六六）、蒼狐没時に後事を託され、江戸談林宗家を継ぎ七世を名乗る。文政六年（一八二三）に没するまで息の長い活動を展開し、数多の著作を世に出している。ただし、当時は明和五年（一七六八）に万句興行時の高点付句集『百釣瓶』を刊行、同六年『良夜編』、同七年『歳旦集』を世に出したばかりで、宗匠としては駆け出しの時期であった。北家とのパイプラインを得たことは、素外にとって大きな収穫であったと考えられる(15)。義躬に俳号「素盈」を贈った他、「俳諧系」（江戸座の機関誌『俳諧觽』、或いは文化二年（一八〇五）に出板する『西山家連俳系図』のような系図か）、春興帖や仲秋摺物を届けている。『日記』によると、同年五月二十七日、六月二日には義邦も参加する俳号の披露を行ったという。翌九年の素外『歳旦集』（東京大学総合図書館洒竹文庫蔵）には、義邦らによる次の句群が掲載される。

歳旦

年一つ難なくけさやはねつるべ　　羽州 百童（以下素外・津富三物）

歳旦　はじめて東都の好士に連なれるを

北枝迄うける湯気や花の春　　素盈（以下素外・花県三物）

春日

陽炎や大工の斧の鈍る程　　柳童（以下素外・爸梁三物）

義躬の前書や句には、北国角館にあって江戸の俳諧に列する喜びが、新年の晴れやかな心持ちとともに表現されている。柳童は義邦二男の千種長貞。通称、図書。『日記』安永六年（一七七七）五月二十一日の条に「図書事、今般素外より貰候俳名ひらき候」とあるよう、後に素外より号を贈られ、『歳旦集』（同七年刊・洒竹文庫蔵）に

山々の雪ハともあれ初霞　　柳童更公佐（注・二世）

と世に披露している。

この明和九年（一七七二）の『歳旦集』には

百寿百福を兼たり福寿艸　　角館許逸

起よけさ三つの峯見む初日影　　素人

献立に冬や残りてけさの春　　平素

一とせもはや紫ぞ大晦日　　鹿つれ

といった句群も収められる。角館石黒家所蔵の『俳諧集』「明和九年点帖」では義邦・義躬・長貞らに続き、素人・許逸・其旦・呉舟・水光・平楚・一鳥・拒斧・路考・乙照といった連衆、同家資料安永八年（一七七九）正月七日、同七月六日開巻の点帖では鹿連が馬呑こと石黒直之らとともに参加していることが確認される。この内、素人は納戸役の皆川与右衛門。その他の者の実名は現在のところ不明だが、北家の家臣団と考えて間違いない。試みに『日記』

明和六年（一七六九）六月七日の条を挙げると、「夕飯後より誹諧申候。相手、太田一学・伊東伝兵衛・皆川与衛門・竹内鉄太・同七郎・武藤為右衛門・水平翁助・柳川八右衛門」とある。同七年一月二十一日の条、俳諧初会には義邦の相手に三森平右衛門、三鬼玄宿ら、同三月四日の五百韻興行には太田九左衛門が加わり、同八年十二月十六日には御相伴として三森の他、佐尾義右衛門・植木正親らが参加している。彼らは「定連」と呼ばれ、北家のサロンを形成する。安永二年（一七七三）には

一、**御小坐御裡へ別荘御造営相済候。**仍而、右ニ而御祝義ながら御誹諧有之、参候。右祝義ニ鯛一尾・壱樽上候。雅なる事、百年の後の咄ニも可相成と、今日差上候発句記し置。

雨もよし池から柳夏坐敷

（『日記』同年四月十一日）

と、北家は別荘を新築、以後、「辰之剋過より於御新亭五百韻御催行候」（『日記』同年五月八日の条）等、この新亭「小坐」で北家サロンの俳諧が度々催されることとなる。

江戸留守居役と素外・平砂

さて、北家の素外への入門には、久保田藩江戸留守居役が深く関わっていたと考えられる。先の明和九年（一七七二）『歳旦集』に

茎立やふたつ三ツ四ツ百姓家　月成

帙入はいつ見る本ぞ梅の宿　朝四

の句が入集するからである。朝四は前述の佐藤又兵衛（晩得）、月成《つきなり》は同じく江戸留守居役で、戯作者の朋誠堂喜三二、狂歌作者の手柄岡持としても知られる平沢平格常富《つねまさ》。俳諧は始め存義門、後、晩得門で、明和三年（一七六六）には江戸座の亀成に入門している。以下、本節では江戸留守居役に注目しつつ、北家と江戸座との繋がり、活動について述べる。

まず、晩得と素外の関係から確認する。『哲阿弥句藻(16)』（寛政十年（一七九八）刊）の月成序文には「宝暦の末、明和の初めより古調の風雅を甘んじ、中にも浪花の宗因が俳風を慕ひ、紫隠春来ひそかに古調に志ある事を東風流にかゞみて、弥この道の高きを説く」と、晩得が宝暦末頃より談林の祖、宗因の俳風を慕い、さらに江戸座の春来編『東風流《あずまぶり》』に傾倒していたこと、そして「自高談林の額を製して壁上に掛く」（同序文）と、「自高談林」との額を制作して壁に掛けていたことが語られる。続き、同序文には次のようにある。

宗因流一陽井素外、此額を見てせちに乞得まくほしと、朝四の男仰鼻に書を寄せて、主人の留守を計り推て携去なんことを通ず。朝四許してこれを素外にあたへ、ふたゝび清談林の文字を解庵に書しめ、彼素外が仰鼻に寄せたりし書翰を其しりえに継て、又壁上にかけて、今は素兄が号となせり。

談林七世の素外が仰鼻（晩得の長男）に手紙を送り「自高談林」の額を懇望したので、晩得は許可してこれを与え、その後、新たに額を設けて解庵に揮毫を依頼、その「清談林」と書かれた額に先の素外書簡を継いで、再び壁に掛け置いたという。解庵は、享保期に江戸座の中心的存在として活躍した貞佐（其角門）の門人、平砂。右は、〈談林〉を通じての晩得と素外（と平砂）との交友といえる。

また、月成は、義邦在職中の『日記』明和六年（一七六九）七月二十七日の条に「昼前、平沢平角参候而、対面

中候」とあり、久保田帰国時、角館に立ち寄り義邦に対面していたことが分かる。『不死の裾』には

平沢月成が国府へ帰るよしを聞、誹談せぬの別を惜しミて、伝にて送る二句

初雁や耳にのミしてわかれけり

月なくば責て此月十五日

の句が記される。この折は俳談が出来ずに終わったようだが、その後、改めて連絡を取り合ったことは確実であろう。『日記』安永二年（一七七三）六月十七日の条には「右便ニ東都谷素外・島津富へ状遣候。金子も遣候。右ハ上封平沢平角へ、翁助処より状ニ而遣候」とあり、月成が素外・津富（素外門）と北家とを繋ぐ仲介役を担っていたことが確認される。

一方、義邦は「小坐」を新築した安永二年（一七七三）、創作意欲をより一層高め、

正月　今年月次の独吟おもひたちて、其はじめを

梅咲や爰に鶴舞ふ亀戸村　（『つくし琴』同年跋、同五年序）

を巻頭発句とする月次百韻を試みる。句は、三味線堀の久保田藩邸より隅田川を渡り、参詣した亀戸天神を詠んだもので、天神の「梅」に亀戸の「亀」の縁で「鶴」を導き出し、新年を言祝いだもの。同年は閏月があるので、計十三の百韻を巻き、序文を素外に求めている。さらに同四年四月二十三日には大矢数への挑戦を決意、翌二十四日、

開けたり千代のふる道郭公

を巻頭発句として独吟を開始し、「翌廿四日、壁艸亭に辰の中刻より出御して、未の刻まで四百、又未刻より酉のかしらまで三百、都合七百となり」（『七百韻』同年序、百童序文）と、辰の中刻から酉の刻始めまでの十時間余に

七百韻を巻く(17)。「千に遙をくれたるは、老武者のかなしさ、篠原の合戦なればなり」（同序文）と、千句には及ばなかったものの、隠居後の旺盛な意欲は存分に発揮されている。

ただし、『つくし琴』に

十二月　一とせ東部にありしことをおもふて

餅花や一とせ雪の柳橋

とあるように、俳諧への熱意が高まるのと同時に湧き上がってくるのは、江戸への懐古の情であった。『不死の裾』安永二年（一七七三）の項には「予が東都の往来も十とせさきの冬なれバ、今はたおもひ出て」と前書した

暁や十年あとの旅の雪

の句が見られ、『七百韻』においても、

灸ほどぢつとこらえる親の恩

けふ初午と思ひ出す江戸(18)　（続六「春ながら」百韻）

と、江戸への思いが吐露されている。先の『つくし琴』巻頭句も、藩邸近くの亀戸天神を詠んでいた。

頭陀袋あたまの色も薄浅黄

罪を朝間に滅すよし原　（『つくし琴』五月「生長や」百韻）

歌三味線で恋の待ぶせ

駕の内袴剥るゝ衣紋坂　（同、十一月「娘売」百韻）

等、新吉原遊廓での遊興を題材とした句は散見される。義邦が角館を出て江戸に向かうのは宝暦三年（一七五三）

十月のこと(19)。翌年の銀札発行の許可申請を控え、勤務は多忙を極めたと考えられるが、致仕するに至り、脳裏を掠めていくのは、その華やかな都会生活の記憶であった。

義邦が大矢数を終えた後の安永四年(一七七五)六月二十一日、義躬は藩主帰国の謝礼使を務めるため、角館を出立する。江戸到着は七月五日で、義邦は角館から

七月五日、素盈の江戸着の日なれバ、其夜打寄て絃舞の興あるにたハぶれて

待ぞ雁江戸へ伝せむ此繁り　(『不死の裾』同年の項)

と江戸の義躬に思いを馳せている。以下は、『日記』から抜粋した江戸滞在時の義躬周辺の動静である。

七ツ過より、片岡七十郎・太田丹下・佐藤又兵衛(中略)参候。段々勤方之義、取合申候而、其後吸物にて御酒差出候。(七月六日)

一、夕過、素外来候。旅宿慰とて重之内贈候。直々夜話申居候。又兵衛へ来候様使遣候得共、御用有之参兼候由申来候。(同十二日)

一、七ツ頃島津富来候。酒ふる舞候。暮半頃帰候。(同十四日)

一、谷素外より与右衛門迄手紙を以饅頭一重遣候。(同十八日)

一、七ツ過、島津富来候。暮過帰候。(八月三日)

一、朝五ツ時登　城。同道、佐藤又兵衛。(中略)平伏退出、直々下城申候而、御老中廻勤申候而、境丁昼ニ而夫より芝居ニ幕見候。桟敷ハ一間取候。我等又兵衛・鉄太・為右衛門計ニ候。其外ハ帰シ候。(同七日)

江戸着の翌六日、留守居役の晩得らが早速参上、勤務に関する打ち合わせを行い、その後、義躬は彼らを饗応する。十二日には素外が来訪したため直々に応対、晩得にも参加するよう打診している。この一件からも、素外との仲介を晩得が行っていたことが窺われるが、晩得は生憎多用のため来られなかったという。十四日、津富来訪。十八日、改めて素外より手紙、饅頭が届く。右には引用していないが、同十七日、二十日は鳥越の新田藩佐竹壱岐守家にて俳諧が行われた。七月二十八日、義躬は将軍家治に拝謁、勤めを果たす（『佐竹家譜』）。後、八月三日には再び津富が訪ねて来、同七日には江戸城に登った後、晩得らと堺町まで芝居見物に赴いている。なお、同日には「嶋津富暇乞ニ来候而てんぷ箱入献上」と津富が箱入りの点譜（点印）を持参し暇乞いに来た後、「谷素外、高陽山人画并画筆紙等送候。是も暇乞也」と、素外も南画家中山高陽の画と画筆、画用紙等を餞別にと参上した。公務をこなしつつ、留守居役の晩得に導かれて都会生活を堪能し、また素外らとの直接の交流が結ばれた江戸での一ヶ月間は、義躬にとって充実した日々であったと推察される。同十一日、義躬は帰国の途に就く。

義躬の江戸滞在時、月成は表立った交渉を持たなかったようだが、北家との関係でいうと、翌安永五年（一七七六）に興行された義邦の『歴翁廿四歌仙』（同六年序）を契機として、角館と江戸の平砂とを結びつけている。『歴翁廿四歌仙』は『句兄弟』（元禄七年（一六九四）序）で其角が考案した「句兄弟」の方法(20)を応用した作品で、「梨の園一帖の眼たるは、晋子を左にし、桑々畔を右にして、其名千さとに輝けり。予いたづらにそのふたつを慶て、独吟廿四歌仙をなし」（歴翁跋文）云々とあるように、其角二十五回忌追善集の貞佐編『梨の園』（享保十六年（一七三一）成、同二十年刊）に倣い、編まれたものである。巻頭歌仙を例に挙げると

梅が香や乞食の家も覗かるゝ　　晋子

むめ咲や乞食の窓も南むき　　貞佐

膝抱て乞食も見なむ梅の花　　歴翁（以下、独吟歌仙）

と、梅の香りに誘われ、樹下の乞食の粗末な家もふと覗かれたという其角句に和し、その間取りを具体化して南向きの窓のうららかさを詠んだ貞佐の『梨の園』所収句を掲げ、それらを「兄」として、義邦が両句の「家」・「窓」に対し乞食本人を登場させて、その乞食も梅の花を眺めて楽しむだろうとの第三の「弟」句を詠み、さらに独吟歌仙を巻く。都会風で遊戯性・機知性に溢れる作品である。この催しは安永五年（一七七六）の其角七十回忌追善に合わせたものと推測され、江戸俳諧への強い憧れから興行されたと考えられるが、同跋文によると、義邦はそれを反故のままにしていたという（「反古に打捨置しに」同跋文）。「俳友無二の永好堂」（同跋文）、即ち旧知の久保田藩士、駒木根投李がそれを見つけ、「捨つべきにあらず。解庵老人は桑々の門を極め、侘にかたよらず、晋と桑との道を守り、今迄に耆を踰たり。大叟命の内に、是に序を需めたらむ」と、平砂の存命中に序文を求めるべきだと強く勧める。平砂は、例えば『俳諧鵬』後編（明和七年（一七七〇）序）に「砂叟ハ貞佐門ニテ其角正統」と紹介されており、貞佐直門として、『歴翁廿四歌仙』に序を寄せるに最も相応しい人物であった。そこで、「東都の知音なる月成に媒させしに」（同跋文）と、月成が仲介の労を執ることとなり、翌安永六年（一七七七）に無事、義邦のもとに序文が届けられる(21)。義邦は「解庵主、老の厭ひもなく、濃に序をし饋《おく》られたるを」（同跋文）と平砂に感謝し、喜びに胸を膨らませる。平砂の序文を得ることにより、義邦は江戸其角の系譜に、公的に自己を位置付けることが出来たのである。

「当地」角館の〈発見〉

とはいえ、安永期の北家の活動を見ていくと、江戸に向けられた視線ばかりではないことに気付く。以下、素外編『誹諧名所方角集』（安永四年（一七七五）刊）を端緒として述べていく。

『誹諧名所方角集』は『名所方角抄』（寛文六年（一六六六）刊・宗祇作に仮託）を範としつつ編まれた句集で、全国六十五カ国の名所を題材とする。武蔵国江戸から始まるのは、「此集、武蔵を巻首に出すものハ、予今東都に住すれば、門生社中も多く勝り、夫がめやすからん為也」（素外序文）とあるように、第一の読者である門弟を意識するためで、談林七世を名乗る素外の編著らしく、巻頭は宗因の

江戸を以鏡とす也花に樽

が飾る。錦仁氏[22]は、例えば仙台藩の『仙台風土記』（明和五年（一七六八）序）・『封内風土記』（安永元年（一七七二）成）のように、藩主の領内巡覧が各藩での地誌作成と密接に関わることを指摘しており、加えて、安永期には一漁の『江戸近在所名集』（同三年刊）・同後編（同五年刊）が世に出、さらに名所図会の嚆矢、秋里籬島『都名所図会』が同九年に刊行される等、地誌作成から名所ブームへと展開する機運が高まりを見せていた。『誹諧名所方角集』もその流行に乗り、素外が企画したものと考えられる。序文には「題の頭に白圏を記すハ本名所也。不記ハ私の名所又ハ村里の類也。名所読合セの内にも天象・降物・植物・生類等ハ名家の諸書に譲りて闕之。只、其所に限りたるもののミ黒点を添て出す。又読合せの外に誹諧の良材となるものあり。（中略）是等ハ黒点を不添して出す」との方針が打ち出されており、同書の特色となっている。一例として、義邦句の載る「宇治」の項を挙げる。

○宇治　○山○川○橋○山吹の瀬●氷魚●網代　茶　橋の三の間の水、茶ニよしとぞ。（以下十四句略）

宇治川や鐙踏ばりほとゝぎす　百童

「宇治」は歌枕の宇治山、宇治川、宇治橋、源融が河原院を造営した山吹瀬に「本名所」の白圏が付される。黒点の「氷魚」は『都名所図会』に「抑、宇治の名産は、氷魚」云々とあり、その氷魚を捕るための仕掛けが網代木である。また、「茶は本朝の極品にして、天下に名高く、雁渚山の甘露にも、鳳凰山の龍焙にも劣らざるの産物なり」（同書）とある。「茶」は「俳諧の良材」として黒点は付されていない。「茶ニよしとぞ」という三間の水は「山城の名水」（同書）。「宇治」を題とした義邦の句は、宇治川の網代木に漂う波と我が身とを重ねた柿本人麻呂の「ものゝふの八十うぢ川の網代木にいざよふ波の行方しらずも」（『新古今和歌集』巻十七）を踏まえたもので、宇治川の序詞「ものゝふ（官人）の八十」から武士を想起し、波と漂うのではなく、駆る駒の鐙をしっかりと踏ん張りつつ、子規の鳴く音に耳を傾けるとした。

『誹諧名所方角集』中には義邦五句、義躬四句、長貞五句が入集するが、特に注目されるのが

片目河鹿　眇かじか共　仙北金沢村権五郎目洗川

名や惜む眇かじかも秋の声　素盈

との句が収められることである。「仙北金沢村権五郎目洗川」は白圏の付されない「私の名所」で、後三年の役の古戦場、金沢村付近を流れる厨川《くりやがわ》をいう。「片目河鹿」について、藩士淀川盛品によって編纂された『秋田風土記(23)』（文化十二年（一八一五）成）は「伝へ云。寛治の戦に、鳥海弥三郎友久が弓勢に、鎌倉権五郎景政、左の眼を射らる。其矢を抜かずして友久を討つ。此川に下りて矢を抜き眼を洗ふ。此川に住める石班魚ことごとく片目な

り。片目かじかと云」と紹介する。義躬句は、全国の名所の中に、角館ならではの題材を提供した点に意義が認められる。

そして、北家サロンでは、この『誹諧名所方角集』を契機として、「当地」角館を〈発見〉していく。『富士の裾後編』安永六年（一七七七）の項には、義躬が「当地方角集」の催しを開いたことが記される。春の部には

当地方角集、一謙亭の催あり。其題之内当季

天満宮

句幉ミな梅の字だらけ神慮

以下計十一句、夏の部には同じ前書で

神明宮

天照や氏子提灯宵祭

以下同じく計十一句が収載される。夏の部該当箇所の末尾には「右題ノ下に註アレ共略之。集ニ可見」とあり、これらに『誹諧名所方角集』の如き注記が付されていたことを窺わせる。「集ニ可見」とあることから、原本は所在不明ながら、稿本のあったことがわかる。右の「天満宮」とは、『秋田風土記』に「渦巻の天神と号す。此山の石残らず渦巻なり。故に名とす」とされる社。「神明宮」は「角館町総鎮守」（同書）で、「今六月十六日本祭とす。湯立神楽。祭日北家より三目付出入」（同）と、祭りに際して北家より人員を派遣したという。

さて、「当地方角集」に詠まれた題を試みに分類すると、①寺社（「天満宮」・「大聖歓喜天」・「報身寺」・「源太寺」・「神明宮」・「常光院」・「長谷観音」）があり、②史跡と名所・城下町（「古城」・「町家」・「本町橋」・「化粧坂」・「花場」・

「墳堂」・「清左衛門桜」・「傘松」・「夏埋沢」）、そして③名産（「国鱒」・「雫田金山」・「瀬戸焼」・「笠」・「鵜飼」・「山蕗」）となる(24)。

いくつか取り上げて解説すると、①寺社では先の「天満宮」・「神明宮」の他、

　海老わらふ鯛も暑さの無一物

と詠まれた「常光院」がある。常光院は『久保田領郡邑記(25)』（寛政十二年（一八〇〇）以前成）に「北家の牌所。同家より寺領百石、元源太寺の寺地といふ」とある北家の菩提寺。明和二年（一七六五）四月に本堂を竣工している。また、右の記事に見られる「源太寺」は、同書に「北家、角館に移りて、源太寺を北東の間の山際に移して、今の菩提処を建つと云ふ」と記される。源太寺には「金沢落城の後、雄勝郡山田村にて武衡が首を得、秋田郡八竜湖の辺にて家衡が首を得て、源太寺の道場・本尊の下に埋めしむと云へり」との後三年の役時における説話が語り継がれており(26)、これを踏まえ、「当地方角集」では

　首一つ箱の伝受や傀儡師

との句が詠まれている。

②史跡と名所・城下町の「古城」（「古城や咄の種の白牡丹」）は旧領主戸沢家の居城跡で、『久保田領郡邑記』に「邑太夫北家やしきの後山にあり」とある。「町家」は同書に「横町・中町・下中町・上新町・岩瀬町・下新町・七日町・下岩瀬町・勝楽町勝楽村とつづけり。・袋町、右十町、外小路あり」、「家居千百戸、小路を合ては二千余戸あらん。人一万五百口」と記され、「当地名所集」には

　市人の酔は誠よ町の花

と詠まれている。北家と町家の人々との俳諧を通じた交流は、例えば『日記』に「今日町之者共観音堂へ参候而、此方連中と徘諧《ママ》相撲有之候。夜八ツ頃相済候」（明和七年（一七七〇）八月十六日）、「巳之剋より於御小坐御徘偕《ママ》在之候而行候。今日は町之徘偕《ママ》師共も出候而、観音堂ニ居候。夜中迄居候」（同八年六月二十八日）と録される。義邦の稿本『四本がゝり[27]』（安永四年（一七七五）跋）にも

柳まで行かとミゆる流かな　　町　滑旭[28]

以下百宇・米花ら「町」と肩書きのある作者が参加している。「当地名所集」開催前年の三月、角館は大規模な火災に見舞われており、『冨士の裾　後編』安永五年（一七七六）の項には

当町回録後はじめて市中をミて
月日かなワすれ艸咲焼野にも

の句が掲載されるが、先の「市人の」句には、その町家の人々に対する義邦の労りと親しみの情が込められていたと考えられる。

③名産には、山谷川崎村の「雫田金山」（「金掘に路つけさせて独活蕨」）、領主特権として行われる「鵜飼」（「鵜遣や今にワするゝ今の罪」）や、明和八年（一七七一）、相馬焼の陶工松本運七によって築窯された「瀬戸焼（白岩焼）」（「乙鳥の巣も擂鉢の研かな」）、武士の内職で、藩主のお買い上げとなることもあったという[29]「笠（菅笠）」（「笠継や隣の国の田植まで」）等、久保田藩・角館を支える産業を題材とした句が並ぶ。

国鱒
鱒といふ名はお国きり山深ミ

の句は、『久保田領郡邑記』に「湖あり。田沢潟とも国子潟とも云ふ（中略）国鱒といふ魚出ず。湖辺の村人、是レをとつて恒の産とす」とあるよう、田沢湖の名産国鱒(30)を詠んだものである。また、田沢湖は「又、漢槎湖とは益戸秀典が紀行に見えたり。四方二里、水至つて清潔なり。千尋の底も曇ることなし」（同書）と記される如く、明和六年（一七六九）五月、私塾角館致道館の門弟と共に訪れた益戸滄洲（久保田藩勘定奉行・本方奉行。俳号、巴釣）が「問槎紀行」（『遊槎詩文』）で世に初めて紹介した場所であった。義邦も安永五年（一七七六）七月十五日、「御隠居様（筆者注・義邦）、田沢へ御入湯被成候ニ付、駒木根三右衛門・深見新太郎、御供ニ参候」（『日記』同日の条）と、旧知の藩士、投李・深見瓜六（丈菖の子）らと田沢、鶴の湯温泉へと湯治に赴き（七月十七日に出発、八月二日帰着）、その道中を紀行文『いとすゝき』（安永五年（一七七六）序）に纏めている。『いとすゝき』に「折ふし、往来の其趣ふんでを染るといへど、其道がらワたくしの名のミして、一国の外、仰に知る人なし」と記すのは、「問槎紀行」があるとはいえ、田沢湖への道中はまだ知名度が低いと感じていたからであろう。田沢湖では白浜に駕籠を寄せ、一行は晴天に恵まれたその絶景を「しかも水の清麗一点の塵なければ」と賞賛、中国の名勝洞庭湖に比肩する名所として田沢湖の美しさを〈発見〉し、

洞庭の秋を画かば田沢かな　　歴翁

等の句を詠んでいる。義邦らは、江戸への憧憬を懐きつつ、一方で「当地」角館への意識・愛着を強めていく。

おわりに

以上、明和安永期における佐竹北家の活動を概観し、江戸在勤の藩士、特に留守居役を媒とした江戸座（主として、入門した素外及び平砂）との繋がり、義邦らの抱いた江戸への憧れと懐かしみの情、それらに触発されつつ高められた「当地」という視点について述べてきた。ただし、安永期の活動を総合的に捉えるためには、安永から天明にかけて素外らが企図した宗因百年忌をめぐる動向についても考察する必要があり、五明の存在を含め、論ずべき事項はまだ少なからず残されている。安永天明期の活動に関しては別稿に譲り、本稿では最後に俳諧と隣接する領域である絵画（秋田蘭画）の問題について少し押さえておきたい。

秋田蘭画は、享保期以来の蘭学奨励、博物学の隆盛、宋紫石ら写実的な南蘋派絵画の流行を背景として、安永二年（一七七三）、久保田藩に招聘された平賀源内が、角館で藩士小田野直武に西洋画法を授けたことに始まる。直武はその後、藩主義敦（曙山）らに画法を伝え、自身は同三年、江戸で『解体新書』の挿絵を描く。義躬も代表的な画家で、同四年の江戸滞在時には

一、夕過、小田野武助来候。先日より病気ニ而居候得ども、明日我等出足故、押而出勤致候由。同人阿蘭陀香盒・同筆立・チンタン酒・画二枚・絹物献上候。直々夜中迄相手申候。（『日記』同年八月十日）

と直武（武助）が画や舶来の品々(31)を持参、夜更けまで語り合っている。義躬には絵画を題材とした句、例えば油絵(32)を詠んだ

降暮らす日ハ油絵の若葉哉　（『四時囀』）

図版1　佐竹義躬筆「岩に牡丹図」（秋田県立近代美術館蔵）

があり、一方、蘭画への句賛も確認される。蘭画「桜花図」（神戸市立博物館蔵）・「金頭魚図」（秋田市立千秋美術館寄託）にはそれぞれ

海は鯛陸は桜の時世哉

花の善其上酒ありさかなあり

との句が識される。また、自身は蘭画家ではないが、義邦には画賛句が多数見受けられる。

画賛　花の前に樽

赤樽や花のよし野に龍田川　（『富士の裾　後編』安永六年（一七七七）の項）

の句では、具体的な作品名は不明ながら、前書からすると、西洋の遠近法を用いた作品への賛であったと推測される。

義躬筆「岩に牡丹図」（秋田県立近代美術館蔵・図版１）では、義躬が『末若葉』（元禄十年（一六九七）序）に所

収される専吟の句、

　　此家に是はとおもふ牡丹かな

を賛に書き添えることもあった―専吟は正徳元年（一七一一）頃、秋田に来遊―。このように、北家は蘭画への句賛という新たなバリエーションを生み出していく。

そして、『紅毛玻璃器図』（秋田県立近代美術館蔵・図版2）では、月成から贈られたオランダ渡来のガラス器を、重臣の蘭画家、田代忠国が描き、さらに義躬が蘭花を描き添えるという遊び心の溢れる雅交が織り成される。安永七年（一七七八）には本邦初の西洋画論『画法綱領』・『画図理解』が藩主義敦によって著される等、絵画史の側面において、久保田藩、角館は当時最先端の文化を発信していた。

右のような視点に立つと、彼らの周辺に位置した素外が、安永九年（一七八〇）、『誹諧名知折《なのしおり》』を刊行することに興味を惹かれる。今橋理子氏(33)の説くように、同書は門人の花藍（画師・北尾重政）が写生的な挿画を描き、その画と句とを完全に分けて記載するという博物図譜に近い体裁での編集がなされる、素外の博物学への強い関心と理解が示された俳書である。もちろん、同書は博物学の流行、それに影響

図版2　義躬・田代忠国合作『紅毛玻璃器図』（秋田県立近代美術館蔵）。「紅毛玻璃器　雅友手柄岡持　贈余写之　金台主人忠国画」・「添幽仙客　嘯月閑人」と識される。

を受けた秀国編・龍水画『海の幸』（宝暦十二年（一七六二）刊）等の絵俳書の系譜に属するものである。だが、秋田蘭画家が絵画作品のみならず、博物図譜からも模写を行っていたとの指摘(34)を考え合わせると、その成立の一背景に

合歓花

爪紅粉に咲たりねぶの夕化粧　羽州 素盈

以下入集する北家(35)、さらに久保田藩の文化圏の存在が仄《ほの》見えてくる。

【注】

（1）岩田秀行氏「江戸座名義考」（『近世文芸研究と評論』第十六号、一九七九年六月）によると、「江戸座」という呼称はもと其角系宗匠の別称として用いられていたが、やがて広義として江戸点取俳諧宗匠全体を指す語となった。本稿では主に広義の意として用いる。

（2）花咲一男『柳沢信鴻日記覚え書』（三樹書房、一九九一年）及び拙稿「点取と大名文化圏」（『宝井其角と都会派俳諧』笠間書院、二〇一八年）

（3）佐竹北家の俳諧について論じた主な先行研究に「角館の文芸」（『角館誌　第四巻　北家時代編　下』「角館誌」刊行会、一九六九年）及び鈴木實氏『佐竹北家三代の俳諧』（秋田文化出版、二〇〇三年）等がある。

（4）例えば、「年次未詳来山宛其角書簡」に「佐竹源次郎君（筆者注・義格）、いとけなくましますが」云々とある。其雫以後の俳

系の概要については『秋田俳諧史』（『出羽路』第三十九号特集、一九六九年三月）を参照。なお、元禄期、北家二代義明が俳諧に興じていたことは藤原弘編『秋田俳書大系　近世中期編』（秋田俳文学の会、一九八二年）三八〇頁に指摘がある。

（5）丈菖は藩抱えの能楽師。蕪村の『新花摘』（寛政九年（一七九七）刊）に「深見新太郎」と紹介されるが、正しくは「新八郎」。

（6）安藤和風『古人秋田俳名録』（大正頃成）。同書には藩儒中山菁莪の句も載る。

（7）現在、義邦の稿本として、秋田県立図書館時雨庵文庫蔵の『つくし琴』・『七百韻』、秋田県公文書館吉成文庫蔵の『四本がゝり』・『己亥独吟月次歌仙』（安永八年（一七七九）成・素外点点帖の合冊）や紀行文『いとすゝき』・随筆『壁草庵記』、公益財団法人柿衞文庫及び常光院蔵の『歴翁廿四歌仙』、仙北市学習資料館寄託俳諧資料（鈴木實氏蔵）の『そのふり』（天明四年（一七八四）序）、『老曽の森』（同六年序）、加藤定彦氏蔵の『不死の裾』・『冨士の裾　後編』が確認される。『不死の裾』は明和五年（一七六八）から安永四年（一七七五）までの句集（明和期は年次未記載）で、秋・冬の部二冊が現存。『冨士の裾後編』は安永五年（一七七六）から天明七年（一七八七）秋までの句集で四季各部四冊が現存する（ただし、安永五年（一七七六）の夏秋、天明七年（一七八七）夏の句を欠く）。加えて、筆者未見ながら、（3）『角館誌　第四巻　北家時代編　下』によると、随筆『雪夜談』（天明三年（一七八三）成）・『妄言叢書』（同四年成）の著作もあるという。『つくし琴』・『七百韻』は『秋田俳書大系　近世中期編』、『歴翁廿四歌仙』は拙稿「柿衞文庫蔵『歴翁廿四歌仙』翻刻と解題」（『日本詩歌への新視点』風間書房、二〇一七年）、『老曽の森』他点帖等は稲葉有祐・鈴木實「角館佐竹北家（五代～七代）の俳諧―付・翻刻　仙北市学習資料館寄託俳諧資料―」（『松代・一関・南部・秋田各藩の和歌活動・俳諧活動による大名文化圏形成の新研究』研究代表平林香織、平成二十五～二十七年度科学研究費助成事業（基盤研究（C））研究成果報告書・課題番号・二五三七〇二二三・二〇一六年三月）に翻刻がある。また、本書中の拙稿「【翻刻】佐竹義邦俳諧資料」に『四本がゝり』・『いとすゝき』・『そのふり』・『老曽の森』の翻刻を収載した。その他、本書所収「【目録】佐竹北家俳書」を参照されたい。なお、本稿では資料の翻刻にあたり、適宜濁点・句読点等を付している。

(8)『秋田俳書大系　近世中期編』に翻刻がある。

(9)秋田県公文書館蔵。以下、同館に設置される翻刻を参照しつつ、原本を確認した。

(10)『宗匠点式并宿所』(寛延二年(一七四九)刊)に嘉廷が江戸座の宗匠である旨が記される。同書は加藤定彦・外村展子編『関東俳諧叢書　第二巻　江戸座編②』(青裳堂書店、一九九四年)に翻刻がある。

(11)『不死の裾』安永四年(一七七五)の項、「柳さえ折れぬ雪なり楠の枝」句の前書に「渋玉羽、東都に先の月十六日終りぬと聞」とある。渋江内膳は安永四年(一七七五)八月十六日没。『佐竹家譜』同年八月二十五日の条に「国相渋江内膳明光、本月十六日東都に卒す。此に於て邦内三日声楽、歌謡を禁止す」と記載される。

(12)拙稿「其角の点印、湖十系Ⅱ類印の付嘱」(前掲『宝井其角と都会派俳諧』)

(13)(2)中の拙稿において、大名俳人の間で点印の作成・収集が流行した旨を論じた。

(14)「秋田俳諧年表　二」(『秋田俳書大系　近世中期編』)は鳥酔編『張笠』(寛延三年(一七五〇)刊)に百童発句二の入集を紹介するが、別人と考えられる。

(15)素外の名が『日記』に初めて見えるのは明和七年(一七七〇)十一月二十五日の条で「安東江太へ頼候百員三巻達候。湖十評我等手柄兎国評主殿素外評八右衛門也」とある。素外への入門は北家にとっても人脈を広げる良い機会であったと見え、『日記』明和九年(一七七二)七月二十五日の条には「今日之飛脚ニ新発田侯漕（ママ）口信濃守殿御評之百点も淀川藤兵衛より相達、開巻之所、翁助手柄也」と記載される。「新発田侯」は、馬場文耕の『当代江戸百化物』(宝暦八年(一七五八)序)にも名の挙がる新発田藩主の溝口信濃守直温《なおあつ》。俳号を梅郊といい、『良夜編』他、素外の歳旦等で巻頭付近に置かれることの多いパトロンの一人。北家は、おそらく素外を介して交流を持ったものと推測される。

(16)『日本俳書大系　第二十三巻　天明名家句選』（春陽堂、一九三〇年）に翻刻がある。

(17)『日記』は当日の様子を「五ツ時より御小坐へ出候。今日は御独吟千句被遊候はづ、我等執筆申候。暮時迄ニ六百韻出来ニ而、御延引被遊候」と記す。

(18)江戸での初午の賑わいについて、例えば、『江戸巡り』（元文三年（一七三八）成）は「初午の日なれば、町〳〵はさら也。やしきのすみ・藪のほとり、こゝかしこのくま〴〵ののぼりちらめき、男女の往来賑はし」と伝えている。同書は『関東俳諧叢書　第九巻　江戸編①』（青裳堂書店、一九九五年）に翻刻がある。

(19)義邦は宝暦三年（一七五三）十月八日に角館出立、同二十二日に江戸着。『日記』同年十一月五日の条に「平元才蔵事、登り已然より万事世話やき呉候」とあるように、江戸滞在にあたっては幾秋（平元才蔵正信）の助力が大きかった。翌六日、義邦は帰国の途に就く。

(20)拙稿「方法としての「句兄弟」」（前掲『宝井其角と都会派俳諧』）参照。また、『歴翁廿四歌仙』については拙稿「「句兄弟」の受容」（同）に言及がある。

(21)『冨士の裾　後編』安永六年（一七七七）の項によると、同年、国府の素琴主催、平砂点になる「四季十題発句」、同夏には「七題、解庵・一陽井両点」が行われており、久保田藩・北家と平砂との盛んな交流が確認される。同年七月朔日付歴翁宛月成書簡（『壁草庵記』所収）には、古人の漢句「闇ニ通ル星月夜」（『本朝語園』宝永三年（一七〇六）刊、巻四）等への対句を考えるよう晩得に促された月成が平砂に相談（同書簡「此事平砂へ咄候へバ、平砂申候ハ」云々）する一件が記される。平砂と江戸留守居役との具体的な交流を示す例として、またそれを月成が義邦に伝え、義邦が書き留めている点、興味深いものがある。

(22)錦仁『なぜ和歌を詠むのか―菅江真澄の旅と地誌』（笠間書院、二〇一一年）

(23)『新秋田叢書　第十五巻』（歴史図書社、一九七二年）に翻刻がある。

(24)春の部では「墳堂」・「花場」・「雫田金山」・「瀬戸焼」、夏の部では「化粧坂」・「長谷観音」・「山踏」に「人ニ代ル」との注記が付されている。例えば、(21)で言及した『冨士の裾　後編』安永六年(一七七七)の項「四季十題発句」(秋の部)に「さあ刈れと教に来たり小田の雁　拒斧代」(ただし原本は俳号部分に紙片を貼る)等、また同年の「買明点五題発句合」にも「人ニ代」との書き入れが見られ、北家サロンではしばしば義邦による代作が行われていたことが窺える。

(25)柴田次雄編『校訂・解題　久保田領郡邑記』(無明舎出版、二〇〇四年)に翻刻がある。

(26)ただし、志立正知氏『〈歴史〉を創った秋田藩　モノガタリが生まれるメカニズム』(笠間書院、二〇〇九年)は『秋田風土記』編者の淀川盛品が「いつの頃か一姦僧ありて爰に遷り、此寺にいろ〳〵の附合し、武衡・家衡の髑髏也とて古き櫃に籠りしもの等を出し」云々と源太寺の伝承について懐疑の念を抱いていたことを指摘する。

(27)『四本がゝり』は八つの探題を設け(「主翁八つの題を設け給ひ、各探りて発句せよとありしに」投李序文)、義邦が投李・長貞・久保田藩士の渭舟(渭北門、後、存義門)と八歌仙を巻いたもので、他、諸家の句を収める。江戸座でよく用いられる探題を北家サロンが活用していることは注目される。『不死の裾』(冬の部)明和期の項には「柳童が鬮に三回人を寄、数百句すると聞也」との記事があり、『七百韻』(続五「大原や」百韻)には「袖をとめると才発な瞽女／探題も無尽の鬮の取さばき」との付合が確認される。

(28)益戸滄洲の『梅之枝』(安永四年(一七七五)序)に「商家に渭旭といへる有」とある。

(29)「織物と春慶と菅笠」(『角館誌　第七巻　民俗芸能・民謡・民俗工芸編』「角館誌」刊行会、一九七一年)

(30)『久保田領郡邑記』によると、大同年中、院内村成沢の神鶴子という娘が観音の示現で広沢に至り、そこで清水を口に含むと突如山が崩れ、谷が湧き出て、田沢湖が現れたという。追いかけてきた母親は、湖の出現と同時に蛇身となった神鶴子を見て驚き、手にしていた焚指(燃え残りの薪)を湖に投げ入れた。同書はその薪が変じて国鱒になったと伝えている。

(31) 成瀬不二雄氏『佐竹曙山』(ミネルヴァ書房、二〇〇四年)は、直武の贈った「阿蘭陀香盒」・「同筆立」とはおそらくデルフト窯の陶器で、「オランダのデルフト盒窯は白色の錫釉を掛けた陶器を産出したが、また日本の趣味人からの注文を受けて、茶陶などを焼いていた」と解説する。また、同氏によると、「チンタン酒」は「チンタ」、即ち赤ワインのこと。

(32) 鈴木實氏『佐竹北家三代の俳諧』は月成(喜三二)の『南陀羅法師柿ノ梅』(安永六年(一七七七)刊)にも「油絵」の語が見えることを指摘する。

(33) 今橋理子『江戸の花鳥画―博物学をめぐる文化とその表象』(スカイドア、一九九五年)。また、日野原健司氏「北尾重政画『誹諧名知折』について―上方絵本からの花鳥画学習を中心に―」(『美術史』第百五十三号、二〇〇二年十月)は、板元が源内の『物類品隲』(明和元年(一七六四)刊)や『解体新書』を刊行した須原屋市兵衛であることに注目し、『誹諧名知折』が俳書としてだけでなく、博物学の啓蒙書的な役割をも含み込み、作成されていた可能性に言及する。

(34) 内藤高氏「写生帖の思考―江戸中期の昆虫図譜について」(『比較思想雑誌』第四号、一九八一年一月)によると、義敦は熊本藩主細川重賢編の『昆虫胥化図』(永青文庫蔵)から模写を行っていたという。重賢は博物学を愛好する大名として著名で、俳号、花裡雨。芳賀徹氏「博物学と芸術の間―徳川日本の動植物写生図」(『日本美術全集　第二十四巻』別冊、学習研究社、一九七九年)は、両者が共に江戸城大広間詰めであったことを指摘する。

(35) 『誹諧名知折』には、他に義邦の「茶挽艸　所こそ侘し垣根に茶挽くさ」、長貞の「同　油断して吹立られそ茶ひき草」の句が入集する。『冨士の裾　後編』安永九年(一七八〇)の項には「素外集の取立あるに、句をおこせと先の比申おこせしに、素より公佐と予と茶挽艸と黎と二ツ題達せり。右両題をふたりながら申て、いづれ成とも素が撰にまかせりとて、比日のぼし侍る」との経緯を前書し、「所こそ賤が垣根に茶挽艸」と「杖にせむ黎や宿の翁さび」の句が載る。『誹諧名知折』編集にあたり、「黎」は題から外れ、「所こそ」句も中七に推敲のあったことが確認される。

※本稿をなすにあたり、加藤定彦氏・鈴木實氏よりご所蔵資料を閲覧する機会を与えていただき、秋田県立図書館・秋田県公文書館・仙北市学習資料館にはご所蔵・寄託資料の閲覧等に便宜をお図りいただいた。また、秋田県立近代美術館には図版の掲載をご許可いただいた。記して深謝申し上げる。

※本稿は『日本文学研究ジャーナル』第八号』(古典ライブラリー、二〇一八年十二月)収載の旧稿を一部加筆修正したものである。

名所絵本『東国名勝志』にみる東北意識—元禄地誌との関係を視座に—

真島　望

緒言

近世における北方（蝦夷・奥羽）あるいは東国への中央（幕府・諸藩）が抱く辺境・境界というイメージは、中世的な枠組を継承しつつも、特に現在の北海道以北については、シャクシャインの戦い（寛文九年〈一六六九〉）や、十八世紀後半の対露問題を経験することで、変化を余儀なくされてきた。

一方で、文学史に目を転ずれば、それらの地域は伝統的にはまず何よりも、エキゾチシズムに満ちた歌枕の地であった。そのイメージもまた近世にも生き続けたことは、能因・西行を慕った芭蕉の奥羽行脚（元禄二年〈一六八九〉）と、夥しい数にのぼるその追従者の存在が雄弁に物語る。

それでは、より通俗的な民間の文献では、北方・東国のイメージはどのように捉えられていたのだろうか。大坂の書肆吉文字屋《きちもんじや》市兵衛編・刊の名所絵本・地誌『東国名勝志』（月岡雪鼎《つきおかせってい》画、大本五巻五冊、自序、無跋、宝暦十二年〈一七六二〉刊）は、上方から勃興する近世民撰地誌の到達点とも言うべき「名所図会シリーズ」へと連続する、近世地誌史上重要な位置を占めるが、実は絵・文ともに元禄期の地誌・絵図に、その多くを依拠していることが判明する。

本稿では、その依拠資料との関係を明らかにしつつ、近世中期における元禄地誌の転生と、その背景を考察する。また、その分析を通して、当時の民間に見られた「東国」観の一側面についても言及したい。

『東国名勝志』の概要

『東国名勝志』（以下、『名勝志』と略称）は、これまでに『日本名所風俗図会』1に翻刻が、『東国名勝志——東国歌枕名所集』に影印がそれぞれ収められ、いずれにも解題が備わる(1)が、限定的な記述にとどまるので、まず当該資料の基本的な情報を確認した上で、先行作との関係について検討したい。

書誌　ただし、紙幅の都合上、書誌については簡略に示す。比較的完本に近い形態を維持する国立公文書館内閣文庫蔵本（請求記号一七二―八八）によった。

【装訂】刊本。大本五巻五冊。四針袋綴。**【表紙】**原装。縦二十七・六×横十九・五糎。熨斗目花色無文様。**【題簽】**原装。縦十八・八×横四・七糎。浅黄色。子持枠に「東囯名勝志　一（〜五）」（表紙左肩）。巻一以外は二字目「國」。巻一・四は楷書体、そのほかは行書体（巻三は一部、巻五はすべて剥離のため、一七二―八九本で確認）。**【構成】**巻一…序文（一丁）・本文（十五丁）、巻二…本文（十二丁）、巻三…本文（十一丁）、巻四…本文（十四丁）、巻五…本文（十三丁）・刊記（最終丁裏）、総計六十六丁。**【序文】**後述。**【匡郭】**四周単辺。二十二・三×十六・三糎（巻一本文初丁表）。**【奥付】**巻五最終丁裏に、「寶暦十二壬午歳春正月／畫工　月岡丹下／彫工　吉見仁右衛門／浪華書林　鳥飼市兵衛／渋川清右衛門／高田清兵衛(2)」。**【備考】**内題・尾題・跋文は備わらない。巻四には九丁目が無く、それを補うためか「十八」

と記す丁が二丁ある（版面・内容の連続は混乱しない）。また、全巻とも十丁目の丁付けを細工する（「十ノ十五」とし、十六…と続ける）ことで、実際の紙数よりも分量を多く見せようという意図が感ぜられる(3)。

後年の「板木総目録株帳」（寛政二年（一七九〇）改正）に「絵本」と分類される(4)。文化九年（一八一二）改正分になると、板株所有者から吉文字屋市兵衛が姿を消し、「秋良」（秋田屋良助）が加わる(5)ので、少なくとも文化期までは商品価値を認められ、実物は未見ながら書肆を異にする後印本が存在する可能性もある。

作者と内容　続いて、鳥飼酔雅による序文を見てみよう。

東国名勝志叙

東方《とうばう》我《わが》神洲《しんしう》也。百美《ひやくび》備《そなは》れり。夫《それ》佳境《かきやう》勝景《しやうけい》の多《をゝ》かる。豈《あに》筆端《ひつたん》の尽《つく》すべきにはあらず。就《なかん》レ中《づく》、城州《じやうしう》相坂《あふさか》也、東西の関《せき》として是《これ》ゟ東《ひがし》を関東《くはんとう》といふ。不佞《ふねい》往年《そのかみ》東都《とうと》に遊歴《ゆうれき》す。其行路中《そのかうろちう》、山川《さんせん》の佳勝《かしやう》・風土《ふうど》の秀異《しうい》仮り書《がき》して旅袖《りよしう》に納《おさ》め、また故事典跡《こじてんせき》粗《ほゞ》録《しる》し置《おき》しを、今年《ことし》月岡《つきおか》錦童《きんとう》の菅城子《くはんじやうし》をもとめて図画《づぐは》に写《うつ》さるゝ事《こと》を得《ゑ》、尚《なを》むさしのゝ奥《おく》を古《ふる》き好本《こうほん》に考《かんが》へ、或《あるひ》は其土人《とじん》に尋《たつね》て東海《とうかい》の限迄《かぎりまで》も図画《づぐは》成《な》りぬ。一度巻《ひとたびまき》をひらけば、宛《あたか》も面下《まのあたり》其地《そのち》に至れる心地《こゝち》して想像《さうぞう》《をもひやる》にたへざる也。由是《これによつて》、同志《どうし》の人の為《ため》にもと、桜木《さくらぎ》に寿《ことぶき》する事に侍りぬれば、たゞちに其事を序《じよ》とす。

宝暦十二年

春正月

鳥飼酔雅子 印 印 (6)

ここから、序者が即ち編者であること、編者の江戸旅行での見聞がその端緒となっており、それを元に月岡雪鼎に筆をとらせたことなどが確認できる。

鳥飼酔雅は、諸人が指摘するごとく、書肆吉文字屋市兵衛の三代目に当たる人物で、家業の地歩を固める一方、著作もよくしたことで知られる(7)。絵を担当した月岡雪鼎は、十八世紀後半大坂画壇で活躍した絵師。山本ゆかり氏が、「雪鼎は吉文字屋から多くの版本を刊行し、この書肆が初期の画業を規定してゆくうえで、少なからぬ影響力をもった存在であることが想像される」と指摘されるように、両者の関係は密接であった。同氏はまた、絵本中心のその刊行物の中で、鳥飼酔雅が編者として関わる物が「雪鼎の版本の主要領域を占める」(8)と述べられ、『名勝志』をその一例としている。すなわち、『名勝志』における編者・画者の組み合わせは、当時吉文字屋刊行物の一つの典型を示していると言うことができよう。

内容については、前掲の序文に、「就《なかん》レ中《づく》、城州相坂《じやうしうあふさか》也、東西の関《せき》として是《これ》ゟ東《ひがし》を関東《くはんとう》といふ」とあり、「東海《とうかい》の限迄《かぎりまで》」描いたと言うから、書名の「東国」とは、逢坂の関(現滋賀県)以東、所謂古来の「関東」(広義)であろうことが推察される。実際に、巻一は蝦夷地・松前から始まり、東山道・奥州道中をたどって、巻二途中より東海道に入って順次上ってゆき、最終巻五は琵琶湖の近江八景を活写して終っている。

毎葉その道中風景や歌枕・名所旧跡を描き、場所にちなむ和歌を添えるが、絵本とすべきと先述したのは、多くは名所の証歌が記されるだけで、地誌的な解説が非常に少ないためである。

依拠資料

それでは、具体的に先行作との関係を探ってみよう。東山道各地など江戸以北については、「むさしの丶奥《おく》を古《ふる》き好本《こうほん》に考《かんが》へ、或《あるひ》は其土人《とじん》に尋《たつね》」た（序文）と言い、参考とした書物の存在を示唆している。翻って江戸以西（東海道）の部は、序に言う通り編者の経験を反映したものなのか。絵と文のそれぞれについて、その具体を検討することとする。

なお、先に記した解題類には、典拠への言及は無く、本書を正面から扱った八木敬一氏の論考(9)では、『名勝志』の、後続作への影響について貴重な指摘がなされるものの、やはり典拠には触れられていない。

(1)　図様の典拠

北海道文化研究者、北構保男氏は、蝦夷地図の展開を検討する中で、井原西鶴による日本地誌『一目玉鉾《ひとめたまぼこ》』（大本四巻四冊、元禄二年〈一六八九〉大坂鳫金屋庄左衛門板、以下「玉鉾」と略称することがある）に着目され、『名勝志』所載の蝦夷地・松前の図を、その影響下にあるうちの一つと指摘する(10)。あくまでその一図に限っての指摘で、『名勝志』自体を検討対象としてはいないけれども、極めて示唆に富む見解と言うべきである。

ところが、子細に検討すると、『玉鉾』の利用はその一図にとどまらず、巻一・二に描かれる江戸以北の絵についても、かなりの程度、『一目玉鉾』の挿絵に拠っており、さらに、東海道に入ってから（巻二〜五）は、『東海道分間絵図』（大型折本五巻五帖、遠近道印作・菱川師宣画、元禄三年序刊、以下「分間絵図」と略称）を参照していることが判明した。

『名勝志』の絵は、

(a)　名所・街道を鳥瞰的視点で描いた遠景図
(b)　歌の内容や説話を対象とする近景の人物図

の二種に大別でき、この(a)に該当する絵の多くが、元禄期の地誌・絵図を典拠とするということである。特に巻一の(a)の絵（十五図中十三図）はほぼ『一目玉鉾』を下敷きとしたものと言ってよい。巻二以下になると、(b)が占める割合が相対的に上昇する（11）ので、巻一の『玉鉾』への依存度の高さは際立っている。実例として松前と平泉の該当部を掲出する（共に巻一、図1・2）。上段が『玉鉾』（挿絵のみ）、下段が『名勝志』である（12）。

前者を確認すると、概ね津軽半島東岸に比定される外の浜が、あたかも独立した島のように描かれるなど、『玉鉾』の地理認識はややいびつで、『名勝志』はそれをそのままなぞってはいない（強引に描きこまれる弘前城も削除）けれども、右側の渡島《おしま》半島や松前城の位置・形状などはほぼ踏襲されていると言えるだろう。

後者平泉も、北上川を画面手前に配し、衣川を奥の山間に置く構図や山々の形状・点在する住居の図様などに加えて、それぞれの地名の書入れも「とみのやま」・「さかしば山」以外はすべて『名勝志』に合致するほか、北上川にせり出した「いそさき」の表現も共通している。

両者の図様の一致の程度を知るため、ここでさらに同種の別資料を参照すべきだが、後に述べるように、現北海道地域を描く絵図は類型化が甚だしい上に、平面的に表現された地図様のものばかりであり、江戸以北を対象とする道中記も、東海道や中山道と異なり、そもそも絶対数が乏しい。まして、『名勝志』のごとき、俯瞰的・鳥瞰的視点を有する連続図はさらに稀で、宝暦までに一般に流布したものでは、『玉鉾』以外にほぼ例を見ないのである。

例外的に、盛岡藩の『増補行程記』（写本、清水秋全著、寛延四年〈一七五一〉序）(13)のように、外部の者が容易に参看できなかったであろう街道絵図には、奥州道中筋を魅力的に描いた作品が存在する。藩主の命によって成され

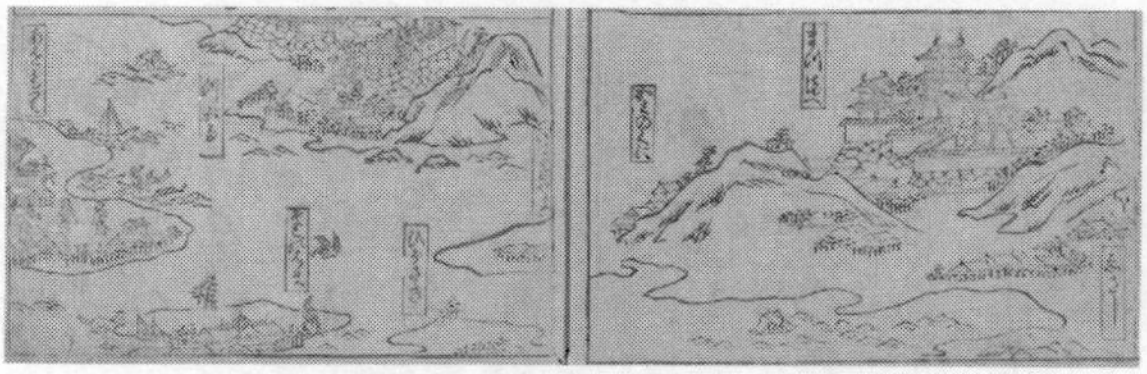

図1　松前
『玉鉾』巻一

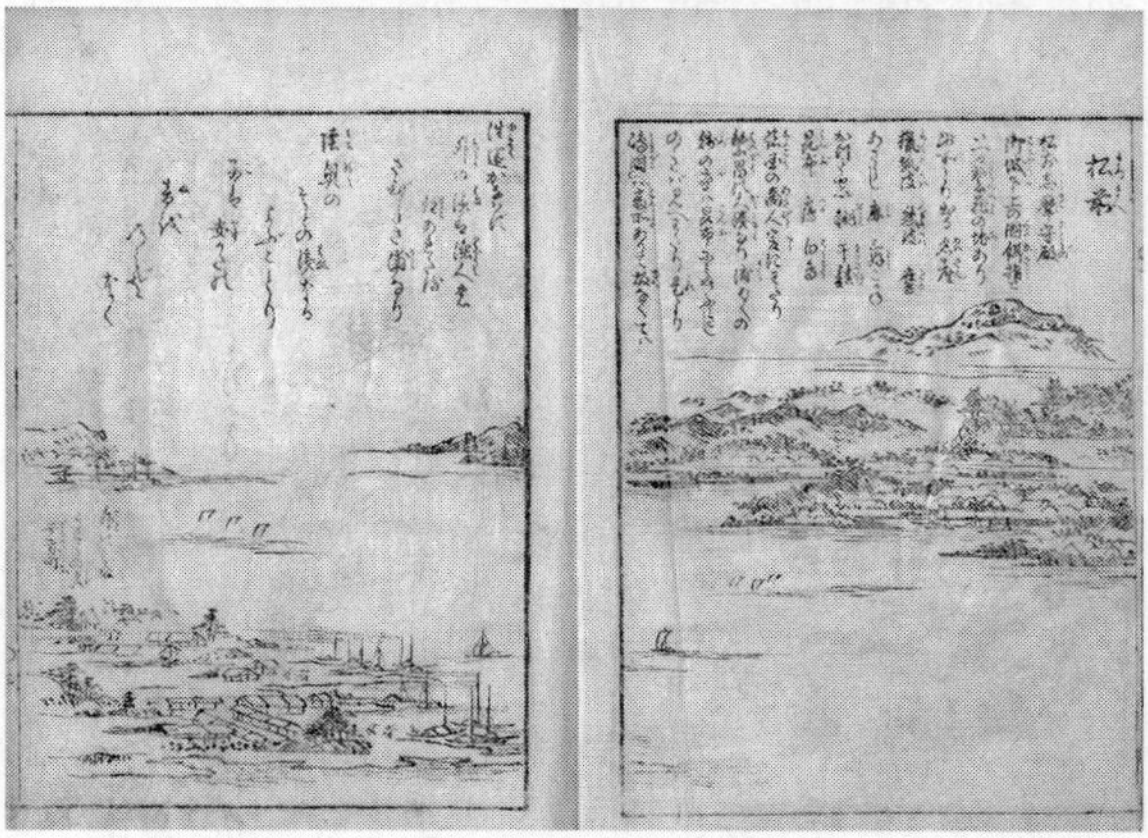

『名勝志』巻一

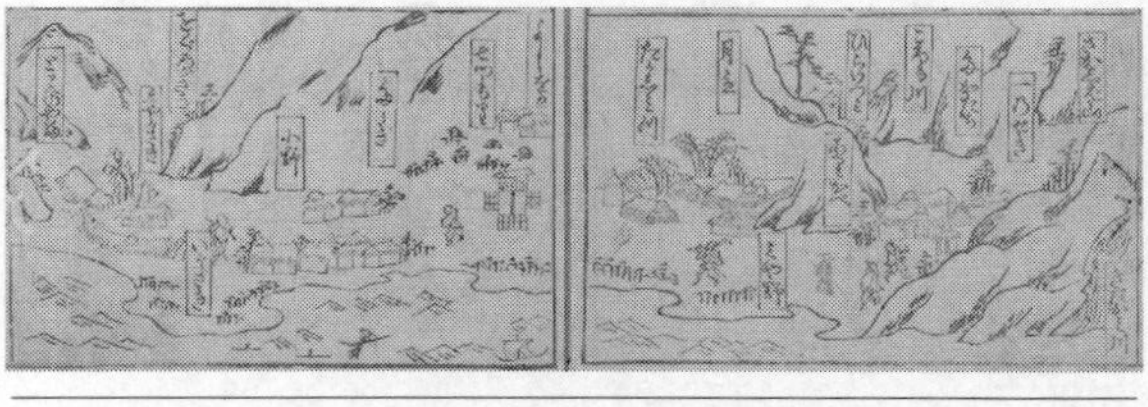

図2　平泉
『玉鉾』巻一

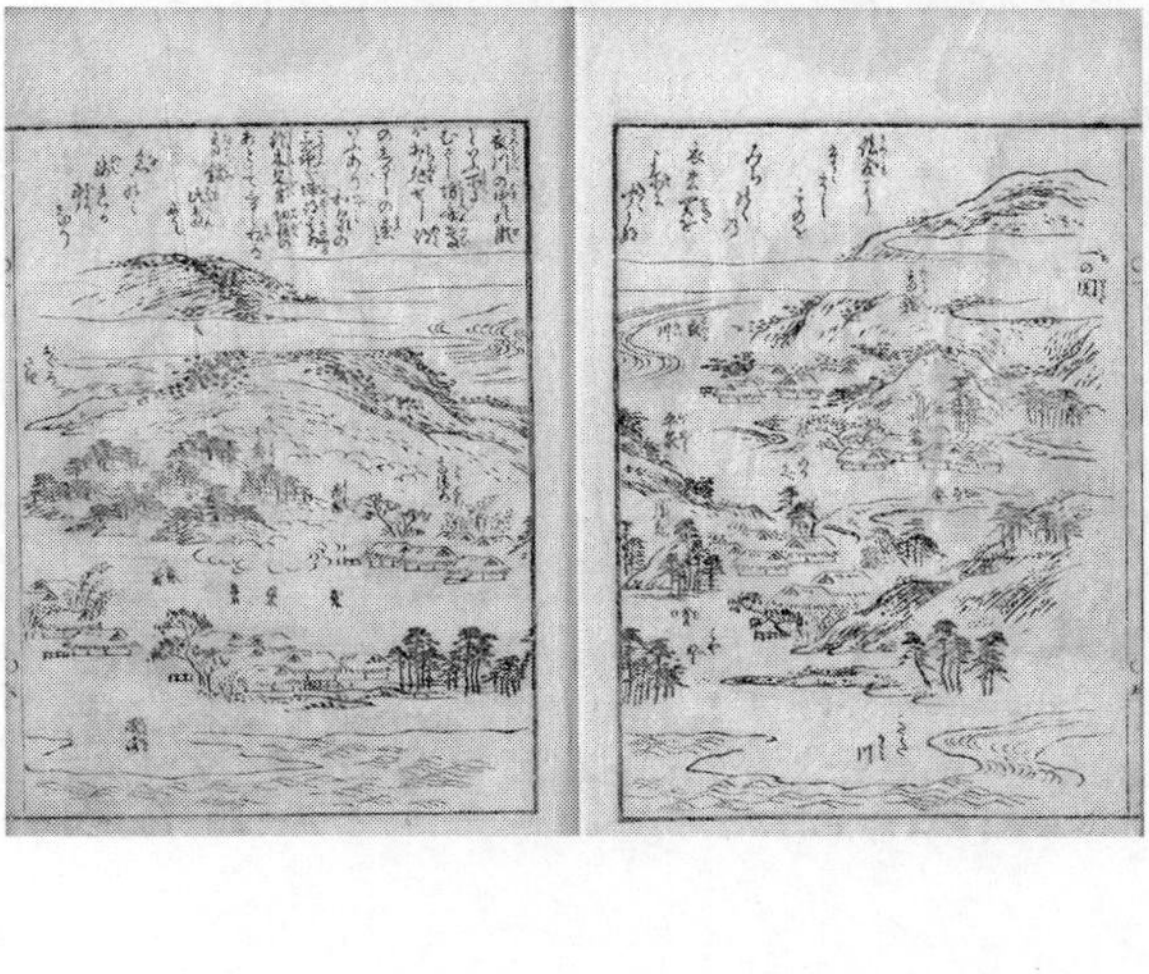

『名勝志』巻一

たこの絵図は、それゆえに正確性を期したことが推察され、その平泉部分（図3）と比較するに、例えば、北上川と衣川の関係（画面左上、その合流が描かれる）を見れば、二つの川を全く別に描く『名勝志』が、実景よりも『玉鉾』に近いことがわかるだろう。

続いて『分間絵図』利用の例を見てみよう。こちらも上段が『分間絵図』、下段が『名勝志』である(14)。

図4は川崎の宿を描いた箇所で、多摩川にかかる橋（「六郷のはし」）を中心に描き、画面上部に遠景の富士山と大山《おおやま》を並べる構図が一致し、街道の湾曲具合なども『分間絵図』を踏襲している。実用性を重視するがゆえ、本書は「街道の並木や一里塚、また富士山やその他の山並み、名所・旧跡・寺社などいずれも、それぞれが実際の所在やその景観通りに描くもの」(15)であり、その曲直は刊本の体裁上の制約を受けてディフォルメがなされているにせよ、道路の形状や山並みは、その正確性を反映したこの資料の一特色であって（例えば『玉鉾』の同箇所は、そのどちらも表現されない）、それが『名勝志』にも見られるのは偶然の一致ではあるまい。

ただし、六郷・川崎間にかかる橋は、元禄年間に廃止されてお

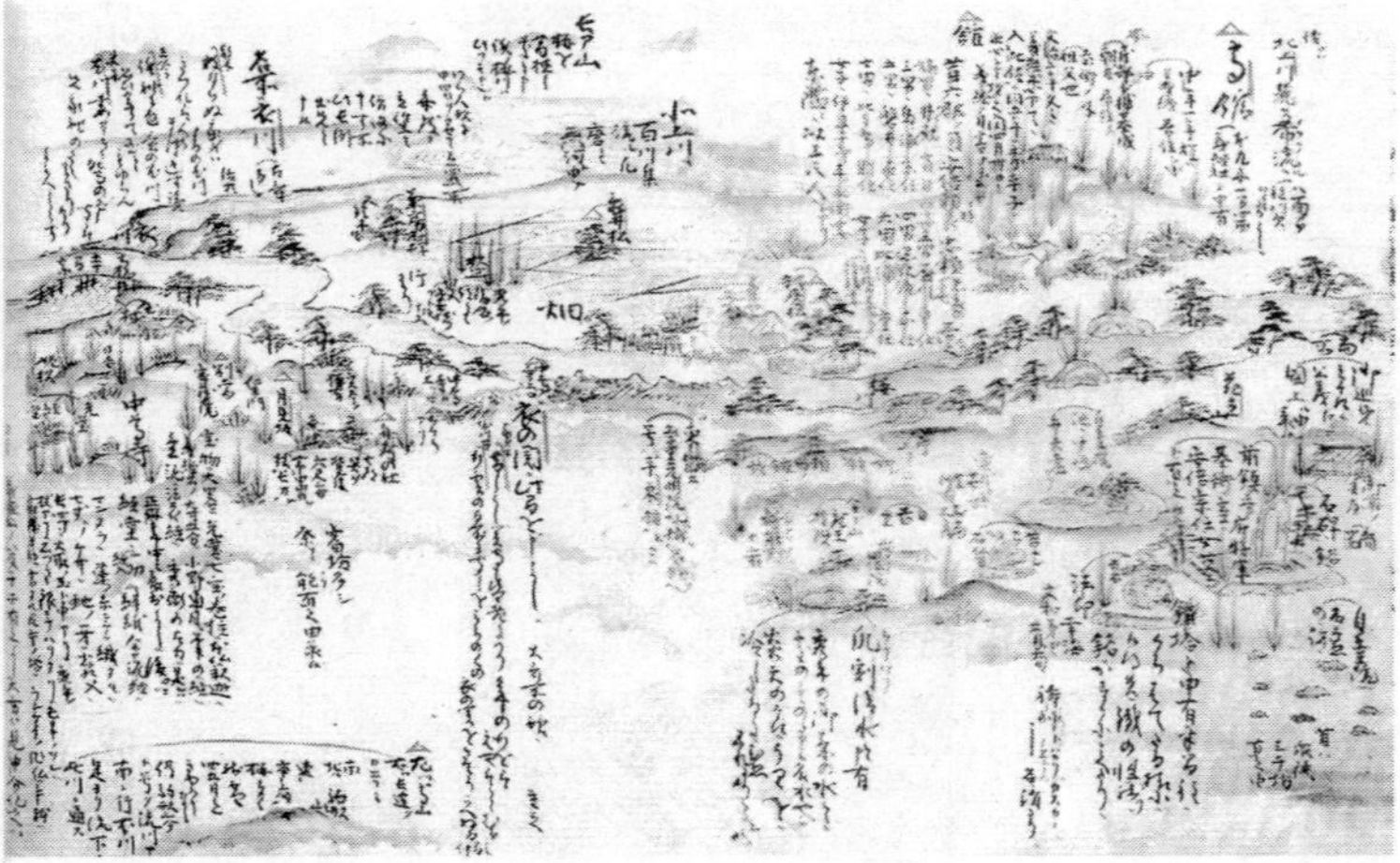

図3　『増補行程記』坤巻（もりおか歴史文化館蔵）

り(16)、元禄期に刊行された『分間絵図』はともかくも、それを無批判に写した『名勝志』は実景として正確とは言い難く、編者の参府を反映する（序文）にしては杜撰である（逆に言えば、元禄以前の資料を参看した証とはなる）。

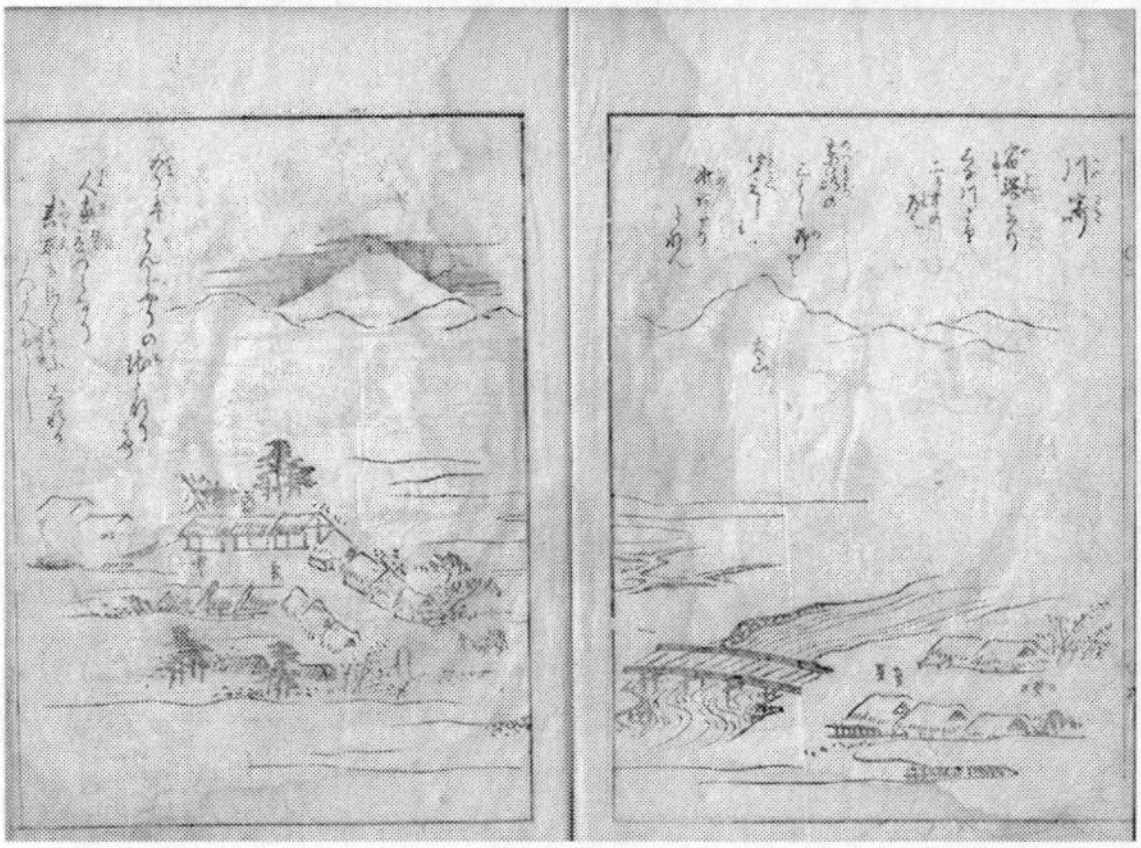

図4　川崎
『分間絵図』巻一
『名勝志』巻二

図5　大井川
『分間絵図』巻三

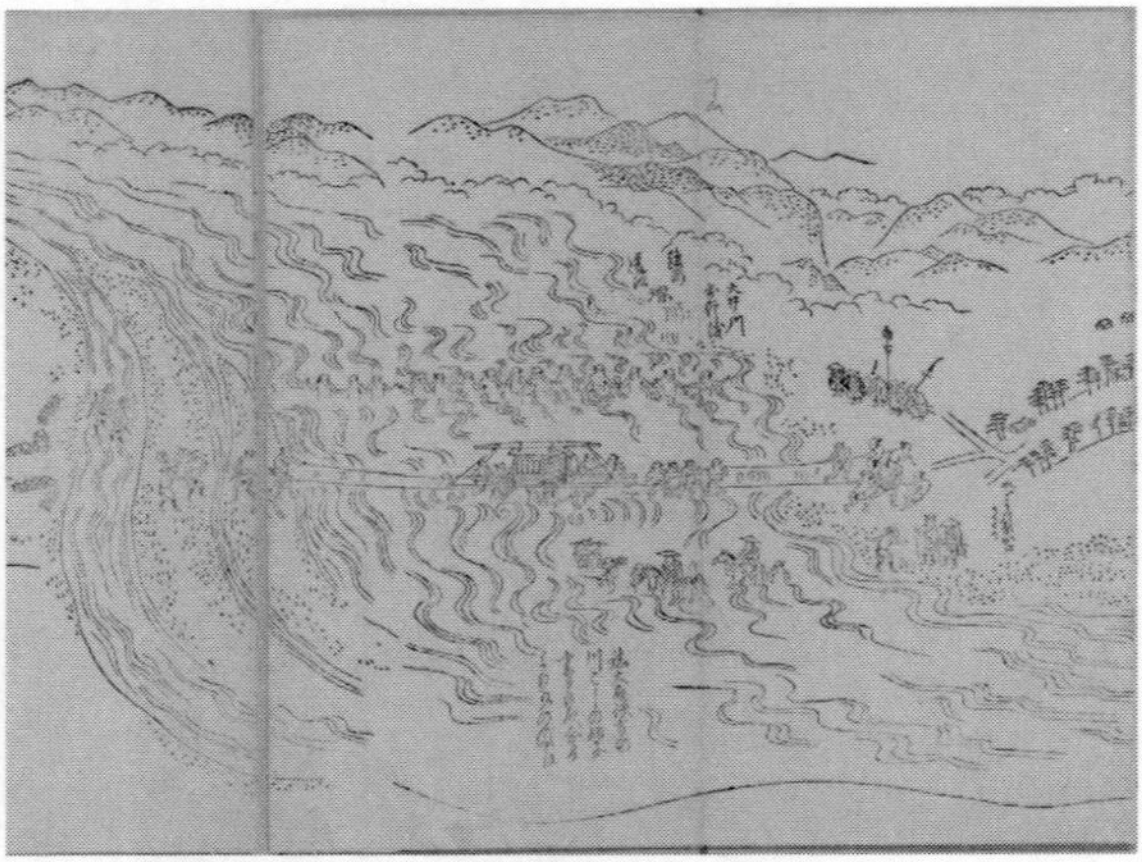

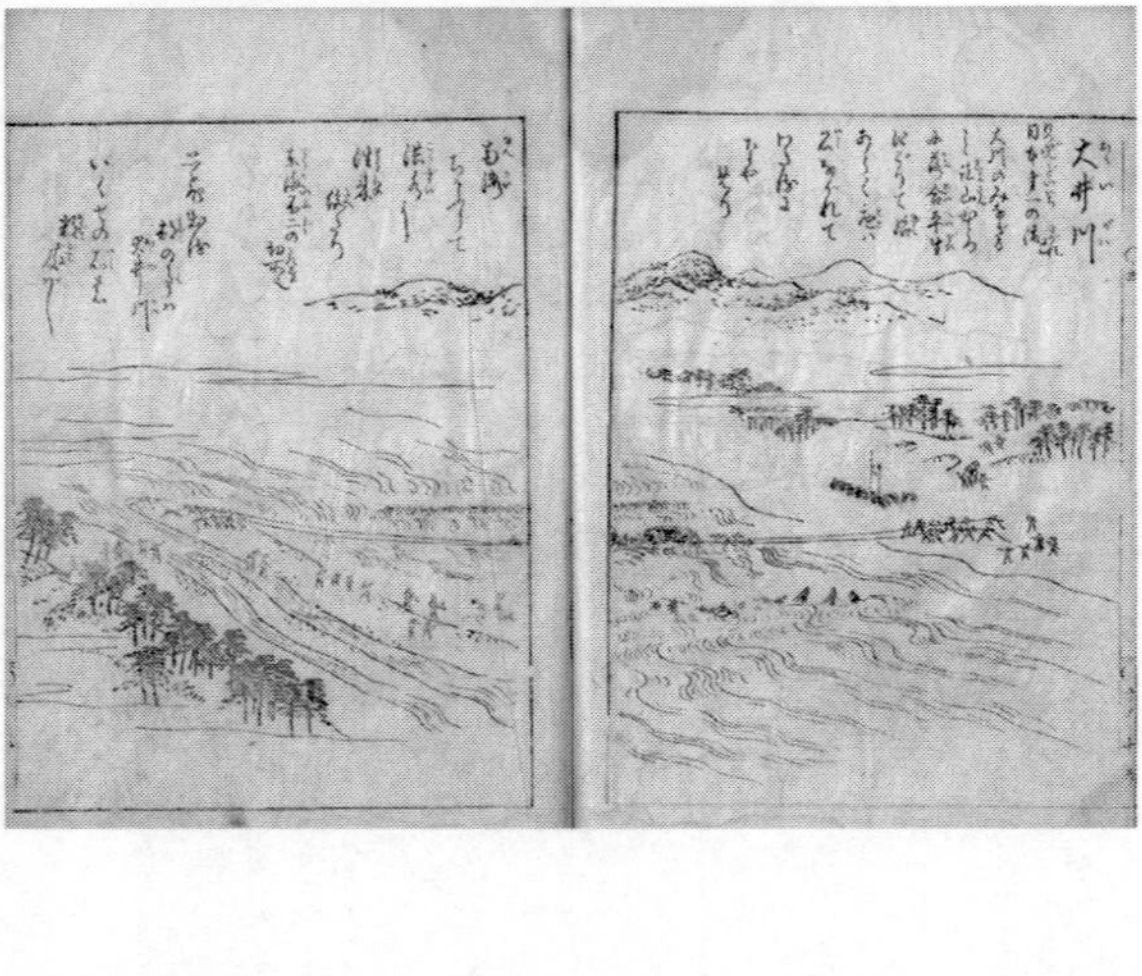

『名勝志』巻三

図5はどうだろうか。言わずと知れた東海道の難所を描いたもので、周囲の山肌の表現や本流と傍流の描き分けが一致する（『玉鉾』には両者ともなし）。とりわけ、川を渡る人々の表現に注目したい。本流上部に徒歩渡りを描いて、中段に綱を用いて貴顕の輿を渡す人足の様子を描写し、下段に馬での渡河を配す『分間絵図』に対し、『名

勝志』は下段に肩を貸す人足を加えるほかは、これに倣っていると言えるだろう。

川崎宿・大井川いずれの場面でも、検証・一致した諸特徴は、『分間絵図』の先蹤たる『東海道細見図』（寛文二年〈一六六二〉刊）や『東海道駅路図』（元禄元年〈一六八八〉以前刊）に見出すことができず、それは、『分間絵図』以後に夥しく刊行された道中記も同様である(17)。とりわけ、川崎宿を描く際に、大山・富士ほどの遠景まで画面に組み入れるのは、『分間絵図』の大きな特徴と言えよう。

具体例はこれでとどめるが、全体を見渡すと、(a)種の挿絵全五十一図のうち、『玉鉾』二十二図・『分間絵図』二十二図の利用が認められる。すなわち、その八十五パーセント強をこの二書に拠っているということである(18)。

前出山本ゆかり氏は、月岡雪鼎の肉筆古典人物画「十二カ月屏風」（滋賀県立琵琶湖文化館蔵）の内の一図と、『名勝志』巻四「二村山」との図様の類似を指摘されている。これは(b)種に属する人物画で、同氏によれば、雪鼎は法眼叙任（安永七年〈一七七八〉）後に、かかる王朝文化を題材とする人物画を多く描いたという(19)。さらに、鳥飼酔雅との共同で製作した絵本について、「ひとつには「古典の絵本化」という目的で結ばれていたことが判明する」(20)との指摘があり、本来雪鼎が本領とするのは、こちら(b)の図様であったかと推察できる。すなわち、(a)の絵に多くの典拠が存在するのは、人物画を得意とするゆえに、遠景の、しかも実在する特定の地域の描写には、具体的な粉本を要したということを意味するのかもしれない。

(2)　本文の典拠

これまで見てきたように、『名勝志』の本分は絵にあって、名所・歌枕ごとの解説は副次的なものに過ぎない。しかし、その微々たる地誌的記述や引用される証歌にも、挿絵と同様に明確な典拠が存在する。

まずは図1にも掲げた松前の記述を見てみよう（表1）。内容を比較してみれば、『玉鉾』では別項にされている「外の浜」の内容を、「松前」に取り込むなどの小さな改変は見られるものの、本文においても、『名勝志』が『玉鉾』を剽窃のごとき態度で利用しているのは明白である（異同の意味については後述）。現段階で、ほぼ全文または一部の『玉鉾』利用を指摘しうるのは、総項目数約一〇六のおよそ三〇パーセントに及んでいる。

表1

『玉鉾』巻一	『名勝志』巻一
○松前《まつまへ》 松前志广守殿城下 上の国餌指《ゑさし》といへる大所有。此嶋より出る名物。 蝋狐《らつこ》の皮《かわ》 熊《くま》の皮《かわ》 豹鹿膚《ひようろくぶ》 あざらし 鷹《たか》 おつとせい 鹿《しか》 三好《みよし》こかね とゞ 鯡《にしん》 干鮭《からざけ》 昆布《こんぶ》 鶴 白鳥《はくてう》 雁《かん》 諸国《しよこく》の商売人《しやうばい》、爰に渡り、万上方のごとく繁昌《はんじやう》の大湊《みなと》也。浦〳〵の末〳〵は、昆布《こんぶ》にて葺《ふき》し軒端《のきば》の人家も見へわたりぬ。是より嶋国へは番所ありて人の通ひ絶《たへ》たり。	松前 松前志摩守殿御城下。上の国《くに》、餌指《ゑさし》といへる繁花《はんくわ》の地《ち》あり。 此所より出る名産《めいさん》、 蝋狐皮《らくこかは》 熊皮《くまのかは》 鷹《たか》 あさらし 鹿《しか》 三好《よし》こかね おつとせい 鯡《にしん》 干鮭《からさけ》 昆布《こんぶ》 鶴《つる》 白鳥《はくてう》 諸国《しよこく》の商人《あきびとゝ》爰にわたり、繁昌《はんてう》の大湊《おゝみなと》なり。浦《うら》は〳〵の賤《しづ》の家《や》は、昆布《こんぶ》にてふきしのきば見へわたり、是《これ》より嶋国《しまぐに》へは番所《はんしよ》ありて故《ゆへ》なくては往還《ゆきゝ》かなはず。
○外《そと》の浜《はま》 此所今に殺生人《せつしやう》、猟師《りやうし》の世をわたる業《わざ》とて幽《かすか》に住あれて物淋しき浦也。	（「松前」続き）外《そと》の浜《はま》は猟人《りやうし》の住《すみ》あれたるさびしき浦《うら》なり。

その利用は『玉鉾』にとどまらず、菊本賀保の著作にかかる『日本国花万葉記』(横本十四巻二十一冊、元禄十年〈一六九七〉大坂雁金屋庄兵衛ほか板、以下「万葉記」と略記)(21)も同様の頻度で利用される。夙に指摘されるように、『万葉記』は『玉鉾』・『日本鹿子』(磯貝舟也著、元禄四年刊)などの、先行する全国地誌の影響を強く受けているため、『名勝志』がいずれを引用しているのかの判断には慎重でなければならないが、例えば現宮城県の歌枕「緒絶の橋」の箇所を比較するに(表2)、証歌を記すのみの『玉鉾』に対して、『万葉記』はその別名を示し(傍線a)、歌語としての用い方(同b)や本意を説いており(同c)、それが『名勝志』に文章として再構成されている(『万葉記』傍線bの空白部分は原文の通り)のは明白である。ただし、証歌(「人こゝろ…」)は『玉鉾』の方に同じだから、ここは『玉鉾』と『万葉記』を併用していることが理解される。

表2

『玉鉾』巻一	『万葉記』巻十一	『名勝志』巻一
○緒絶橋《をたへの》 白玉のをたへのはしの名もつらし乱て落る袖の涙に 人心をたへの橋に立帰り木葉ふりしく秋の通路	緒たへの橋 aとだへの橋共丸木橋共いへり。名景　b東路の　みちのくの　白玉の共よめり。 続後撰　白玉のおだへの橋の名もつらしくだけて落る袖の涙に　定家 とだへ共云によりて、cあやうきよしをよめり。	緒絶《をだへ》の橋《はし》 人こゝろおだへのはしに立帰《たちかへ》り木《こ》の葉《は》ふりしく秋《あき》のかよひ路《ぢ》 a戸《と》だへのはし共丸木《まるき》ばしともよめり。b東路《あつまぢ》のとだへ、白玉《しらたま》のをだへ、みちのくのとだへとも。いづれもcあやうきさまをよめり。

続いて引用される証歌について考えたい。『名勝志』に引用される和歌は総計一〇二首で、そのうち七十三首は『玉鉾』に一致する。その中には、『玉鉾』が表記を誤る歌をそのまま載せているのが十首ほど含まれていて、『玉鉾』の利用を裏付ける（出典や作者を明記しないことも踏襲。ただし例外もあり）。

ただ、むしろ興味深いのは、両書間で異同を見出しうる十三首の方で、①『玉鉾』の誤りを訂正するもの（五首）・②『名勝志』の方が誤るもの（八首）、に分類される。

白妙《しろたへ》の富士《ふし》の高根《たかね》に月寒《つきさへ》てこほりをしける浮島《うきしま》がはら

右の歌は、『名勝志』巻三「浮島原《うきしまがはら》」に引かれる前者の例。『新拾遺和歌集』（二条為明・頓阿編、貞治三年〈一三六四〉成）を出典とする源有長による歌で、『玉鉾』は初句を「白砂の」（傍点論者）に誤るのを、『名勝志』は訂正した上で引用している。

一方、②の八首中六首は、何に拠った結果誤ったのか不明ながら、残る二首は『万葉記』の記載を採用したために誤ってしまっている。すなわち、表3の二首は、それぞれ1が『金槐和歌集』（鎌倉時代成）、2が『名所方角抄』（近世初期成、小本一冊、寛文六年〈一六六六〉、京都谷岡七左衛門板）を出典とし、いずれも『玉鉾』は正確に引いているにもかかわらず、『名勝志』の引用は『万葉記』の表記に一致し（傍線部）、同書を机辺に置いていた証左となる。

表3

	『玉鉾』	『万葉記』	『名勝志』
1	武士の矢なみつくろふこ手の上に 丸雪たはしる那須のしの原 （巻一「〇那須野《なすの》」）	武士の矢なみつくろふ小手の上に 霰たばしるなすのさゝはら （巻十一「殺生石」）	武士《ものゝふ》の矢《や》なみつくろふ小手のうへに あられたばしるなすのさゝはら （巻二「那須野《なすの》」）
2	わすれめや軒の萱まに雨もりて 袖引かぬる菊川の宿 （巻三「〇菊《きく》川」）	忘れめや萱が軒ばに雨もりて 袖引かぬる菊川の宿 （巻八「菊川」）	忘《わす》れめや萱《かや》か軒端《のきば》にあめもりて 袖《そで》ひきかぬる菊川《きくがわ》の宿《しゆく》 （巻四「金谷《かなや》・菊川《きくがは》」）

　そのほか、一部には『名所方角抄』（以下、『方角抄』と略記）からの引き写しと思われるケースも指摘できる。表4は、先引『名勝志』巻四「菊川」（現静岡県）の本文部分である[22]。同所は『玉鉾』にも立項されるが、表3に挙げた歌とともに、「此所に矢《や》の根鍛冶《ねかぢ》の名人《めいじん》有。また切飴《きりあめ》の名物有」という解説が付されるのみで、『名勝志』との共通要素が少ない。従って、『万葉記』のみを比較対象とする。

一部『万葉記』・『方角抄』双方に見られる表現も存する[23]けれども、「宿在之」のような字句の共通に明らかなように、歴史故事に終始する『万葉記』[24]でなく、『方角抄』（増補版）の地誌的記述を採用したのは確実と言えよう。ただし、先述の通り証歌は『万葉記』に拠っており、編者が複数の資料をかなり意識的に使い分けている様子が窺われる。今のところ『方角抄』の利用が確認できるのは、ほかに「小夜の中山」・「浜名の橋」・「白須賀」（以上巻四）、「笠寺」（巻五）など。

表4

『万葉記』巻八	『方角抄』	『名勝志』巻四
菊川　さよの山、東の麓。日坂の宿より東也。海道也。むかし、承久の合戦のとき、院宣かきし咎により光親卿関東へ召とられ、此所に誅せられ給ひし時、 昔《ムカシハ》南《ナン》陽《ヤウ》県《ケンノ》菊《キク》水《スイ》 汲《クンテ》二下《カ》流《リウヲ》一延《ノフ》レ寿《イノチ》 今《イマハ》東《トウ》海《カイ》道《タウノ》菊《キク》川《カハ》 添《ソウテ》二西《セイ》岸《カンニ》一終《ヲフ》レ命《ヲ》 かやうに作りて、白刃《ハクジン》の下に空敷成給へり。 忘れめや萱が軒ばに雨もりて 袖引かぬる菊川の宿	菊川《きく》 さよの山のひかしの梺なり。宿在之。ほそき川なり。 忘れめや軒の萱かまに雨もりて 袖引かぬる菊川の宿 又、海道には名所おほくあれ共、其在所不分明。(以下略)	金谷《かなや》　菊川《きくかは》 忘《わす》れめや萱《かや》か軒端《のきば》にあめもりて 袖《そで》ひきかぬる菊川《きくがわ》の宿《しゆく》 菊川《きくがは》、さよの山の東《ひがし》の麓《ふもと》なり。宿在之《しゆくあり》。川は北《きた》より南《みなみ》へながれたり。細《ほそ》き川也。又、街道《かいだう》に名所《めいしよ》多《おほ》くあれども、その在所《ざいしよ》さだかならす。

以上をまとめると、宝暦期の名所絵本たる『東国名勝志』は、いずれも元禄年間刊行の日本地誌・東海道の道中絵図、および寛文頃出版の連歌用語集に依拠して成立していることになる。基本的に証歌・絵ともに『玉鉾』を主要典拠としつつ、足らざるを『万葉記』や『方角抄』で補うという傾向がある。

ただ、巻四・五と進むにつれ、証歌が『玉鉾』・『万葉記』を拠り所としない項目が増えるが、それは、所謂伝統的な歌枕の項目が減り、それ以外の新しい名所項目が増すためだと思われる。典拠の一つたる『玉鉾』も、東海道の同地域には、そもそも証歌を伴わない項目が多いのである。

『名勝志』編者は、その証歌の不足を補うために、さらに別の資料を用意した。これまた元禄期に公刊された、俳人谷口重以《しげこれ》著『吾妻紀行』（半紙本三巻三冊、元禄四年〈一六九一〉、京都吉文字屋市郎兵衛・江戸同三郎兵衛・大坂同伝兵衛・京都笠馬市十郎板）である。表5をご覧いただきたい。これは『名勝志』引用歌の依拠資料とその歌数をまとめたもの[25]で、これを見ると、『名勝志』に見える証歌のうち『玉鉾』に確認できないのが二十九首あり、前述の通り巻四・五に集中していて、その多くが『吾妻紀行』に見出されることがわかる。すなわち、同書が引用する、主に近世歌人による作品が、その不足分を補っているわけである。具体的には、烏丸光広（「石薬師」・「蟹が坂」・「石部」）、沢庵（「赤坂」・「石薬師」）、遊行四十二代尊任（「品川」）、元政（「桑名」）らの和歌・狂歌がそれに当たる。

これで主たる依拠資料を明らかにしえたわけだが、『吾妻紀行』の板元が「吉文字屋市郎兵衛」なる書肆であることは興味深い。実際の関係は不明だけれども、後述するように、『名勝志』は、吉文字屋の積極的な営業活動の成果と言うことができ、「市郎兵衛」が系列を同じくするのであれば、これもその一例となるわけである。

表5

	歌数	『玉鉾』に見えない歌	『万葉記』	『方角抄』	『吾妻紀行』
巻一	26	4	1	0	0
巻二	15	2	0	0	2
巻三	19	4	1	2	0
巻四	25	10	1	0	7
巻五	17	9	0	0	9
合計	102	29	3	2	18

受容態度と「東国」認識

それでは、編者はいかなる態度でこれら先行作を受容したのであろうか。特に巻一の蝦夷・陸奥部分について、『玉鉾』との関係に限定して検証しつつ、そこから導き出される「東国」観についても一言しておく。

(1) 継承する要素

図6はそれぞれの本文冒頭部である。両書ともに最初の項目を「日の出の浜」としており、他の文献や地図類に見出し難い(26)この地名・地域名の共通と、それを冒頭に配する構造こそが、そもそも『名勝志』の『玉鉾』利用を裏付けている(『日本鹿子』・『国花万葉記』とも山城国を初発とする)。『玉鉾』が証歌として、

我国は天照神の末なれは**日の本**としも云にそ有ける
天津空替らす照す**日の本**の国静なる御代そかしこき

という二首を挙げる(27)ことから、「日の出の浜」は「日の本」(太字部分)に通じる名称と察せられるが、これについては、中世後期の「日のもと」の呼称を、「津軽から「えぞが島」の南端にいたる地域、かつての日本国の東の境界、外が浜、「えぞが島」の範囲をさすもの」(28)かと分析された大石直正氏の説を受けて、浅倉有子氏が、(論者注―『玉鉾』の)日の出の浜は日の本に通じ、大石直正氏らによって明らかにされた、中世後期における

> 日本の東の境界という認識を反映したものと考えられる。(29)

と指摘される。

また、そのような「東の果て」という境界領域としての意味とともに、平林香織氏が言われるように、『玉鉾』

全体の、日本の国土を意識した構成の導入という意味もあるだろう。同氏はその首尾一貫した姿勢（序文書き出し「久《ひさ》かたの日本《ひのもと》」と巻四末尾「久かたの入日」の対応）を重視し、強い国家意識の表れを指摘される(30)。『名勝志』も、意識的にではないにせよ、その「東国」を始原とするかのごとき国土観のにじむ導入を引き継いでいることになる。

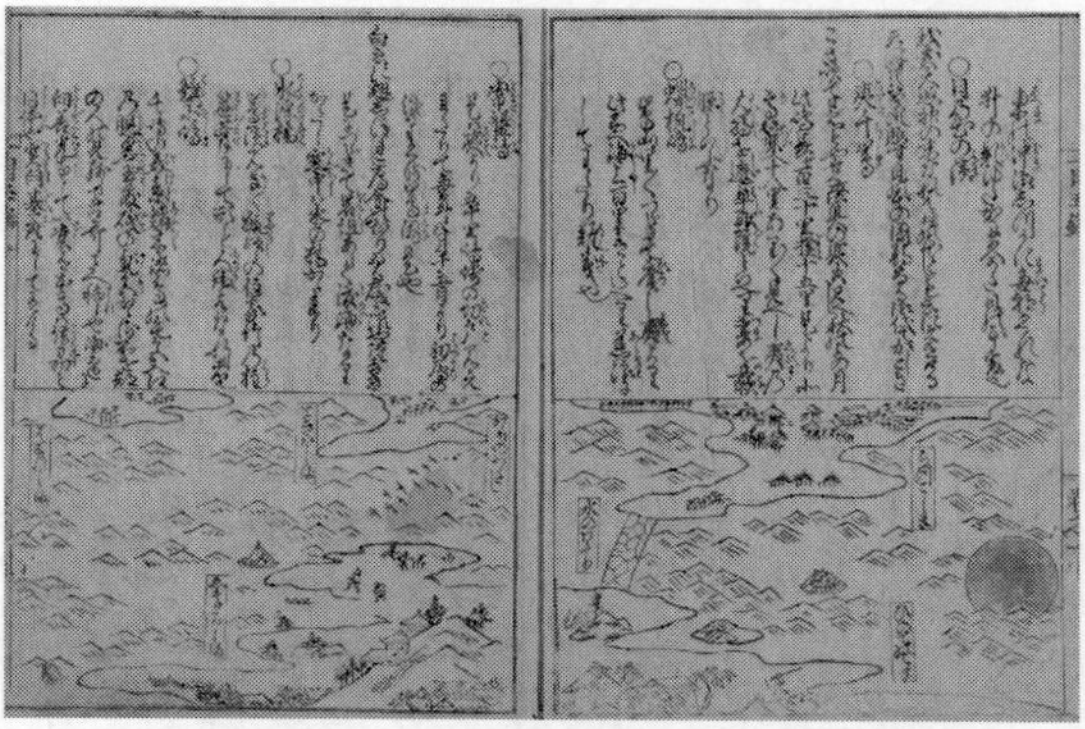

図6　本文冒頭
『玉鉾』巻一

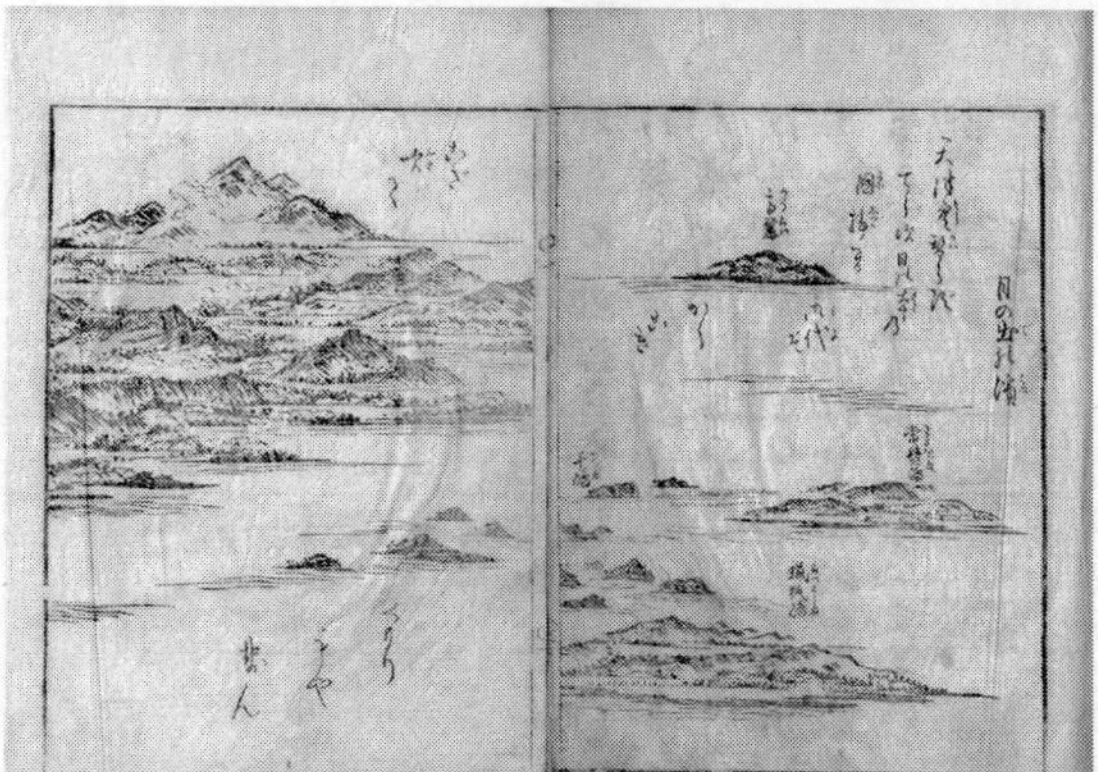

『名勝志』巻一

以下、この箇所では「蝋狐嶋」・「常盤嶋」が『名勝志』にも、図様のみではあるが、継承される。前者は『大日本地名辞書』をはじめ諸氏によって得撫島《うるっぷ》（千島列島の一）に比定され(31)、実在の島とされる一方、後者「常盤嶋」は架空の土地であり、『玉鉾』は「毎年八月十五日より初雁《はつかり》の渡りくる島国《しまくに》是也」と解説している。これは、十四世紀初頭の日本図に初出と言われる「雁道」なる、やはり伝説的な土地(32)（異類異形の住処という）と関連しよう。すなわち、中世から近世前期までの日本図にしばしば見られる、所謂女人島や小人島といった架空の島々と同種の「常盤嶋」や、かつての人々が東方に抱いた興味やエキゾチシズムを色濃く残す「日の出の浜」という地名を引き継ぐことによって、『玉鉾』に示された古代・中世以来の辺境・境界としての東国認識を、『名勝志』ははからずも伝播させることになったと言えるだろう。

(2) 捨象された要素

しかし、その全てを受け入れたのではない。『名勝志』があえて改変や削除を行った事例も散見するのである。まず、図様について見ると、『玉鉾』では「まつまへ」が独立した土地に描かれ、蝦夷地たる「ゑそかちしま」と分離してしまっているのに対し、『名勝志』は、松前の後方に、明記はしないものの、明らかに蝦夷地と思われる地続きの広大な土地を描き込んでいる。刊行日本図において、十七世紀後半から十八世紀にかけて、〈夷狄〉＝〈蝦夷地〉と松前を陸続きに描くものと、松前を島として表現するものとが併存していたことが、米家志乃布氏によって明らかにされており(33)、『名勝志』の図様はその一典型を示すということができる。

刊行日本図に見える蝦夷地の地域情報は、時代が下るに比例して正確・詳細となるとは一概に言えないという(34)。しかし、松前を狭小な島のように描かなかったことにより、結果的には『玉鉾』の表現よりも『名勝志』

の方が〝正確〟になっている。

民間の北方図では、『和漢三才図会』巻六十四所載の「蝦夷之図《ゑそのつ》」が、十八世紀広範に流布し、強い影響力を有していたと指摘される(35)。現北海道部分を南北に縦長に描写し、松前のある前方部分(渡島半島)を小さく、後方をそれよりも大きく描く形状や、東方に架空の島を配して、北方に大陸の一部(『名勝志』では「高麗《かうらい》」)を置くという諸特徴から、『名勝志』もその系統に連なるものと言える。

ただし、北構保男氏によると、この『名勝志』の蝦夷・松前の図様に酷似するものが、既に寛延四／宝暦元年(一七五一)刊『増補海陸行程細見記』(鳥飼酔雅編・刊、以下「海陸」)に見られるだけでなく、上方の民間地図作者たる森幸安作の写図『蝦夷之畧図』(元文二年〈一七三七〉成)にも写されているという(36)。要するに、この鳥瞰図は、宝暦前後に鳥飼酔雅によって、あらかじめ道中記のために考案されていた図様と言うことができる。

いずれにせよ、幕府による探検調査(天明五〈一七八五〉〜六年)で得られた情報が反映された、長久保赤水「蝦夷松前図」(寛政七年〈一七九五〉頃刊)が現れるまでは、この縦長描写が一般的であったわけで、『名勝志』などの蝦夷地表象も、当時の民間の地理認識をいささかも超えるものではなかったと指摘できる。

『玉鉾』との比較に戻ろう。『玉鉾』では「らつこしま」から「ゑそかちしま」に架かる「氷のわたり」なる橋や、先述の「ときはしま」から飛来したと思われる雁の群れ(「かりのわたし」)が描き込まれている(図6)が、これらの多分に伝承的で実在とは考え難い要素を、『名勝志』では全て取り払っている(「常盤嶋」にしても所付のみで解説はしない)。特に着目すべきは、『玉鉾』には「日の本」の明確な表徴として描かれていた日輪が姿を消し、「夷千嶋」の一部として実在するかのように明示されていた「日の出の浜」も、具体的な場所の特定はなされないことである。前掲『海陸』もほぼ同様だけれども、同資料には、『玉鉾』にも無い、「日の出の浜」の地名としての注記が見られるのに対し、『名勝志』はそれをも削除している。

これは、「そとのはま」に描かれていた、同地を舞台とする謡曲「善知鳥」の詞章によるであろう、二羽の鳥（うとう・やすかた）の絵を削除し、同所の解説から「殺生人」という猟師の形容句を割愛したことと同じく、不確実な情報を排除しようという意図による処置と指摘できよう。

自らの作品に一度は「常盤嶋」を描き加えた先の森幸安も、宝暦二年の段階ではこれを「世諺之処区」（『日本志地図附外国蝦夷州地図』注記）と認識し採用しなくなる（37）。宝暦年間にはかかる合理精神が生まれていたのであり、ここに元禄期の『玉鉾』との地理認識の明確な相違が見られる。

『東国名勝志』とその時代

さて、ここまで『東国名勝志』の成立に、『一目玉鉾』や『東海道分間絵図』などの元禄時代の地誌類が深く関わっていたことを、図様の相似や文章表現の部分的な一致を根拠として述べてきた。ここでは、それを補強すべく、編者・刊行者たる吉文字屋市兵衛（定栄堂）の活動に着目して、このような作品が宝暦期に編纂された背景を探りたい。

まず指摘すべきは、定栄堂が『玉鉾』の板木を購入していることであろう。既に『定本西鶴全集』第九巻（潁原退蔵ほか編、中央公論社、一九五一年十一月）解題・『西鶴』（天理図書館編・発行、一九六五年四月）をはじめ、諸書、奥付に明記のある吉文字屋市兵衛後印本の存在を指摘する(38)ほか、時代は下るが、同書肆の寛政期の蔵板目録に登載されており(39)、吉文字屋市兵衛が『玉鉾』の板木を所有していたことは確実で、入手時期こそ判然としないけれども、享保三年の年記を有する三都版よりは後と考えられる。そして、その目的の一つは『東国名勝志』の如き、同書を利用した編著の類板訴訟を回避するためであったかと推測される。

市兵衛自体の例とは異なるが、同店と所在地を同じくする（心斎橋南四丁目）時期があって、同族系列店と思われる吉文字屋市左衛門は、単純な後刷りでなく、東海道の部分だけを抜刷りにした改題本『東海道名所図会』（大本一巻一冊、鳥飼少人序、無刊記）を出版している(40)。すなわち、定栄堂と系列店は、その板木所有者としての権限を大いに利用している様子が見てとれるのである。

かかる商法は、当時の上方文壇の状況を反映していよう。宝暦期の小説界は、浮世草子の最末期に当たり、人間の性質をつぶさに見つめてその類型を写実的に描写した気質物も、題材を広げようとするあまりに、現実感を伴わない人物ばかりを登場させる悪循環に陥るなど、停滞期を迎えていた。そして、その打破を求めて、西鶴という、人間社会の克明な描写に優れた先達を「発見」したのであった(41)。その気運を受けて吉文字屋市兵衛などの有力書肆がとった行動について、中村幸彦氏は、

> その定栄堂蔵版目録に「男色大鑑 西鶴作全部八冊 武士形気 武道の義ふかき咄し絵入五冊」とある。『武士形気』は滝田貞治氏が『西鶴襍俎』で紹介された『古今武士形気』。『男色大鑑』の改題である。改題本出版の多い当時でも、特に多くを出した商売上手の定栄堂が、西鶴の作を、もとのままと改題本とを出した所、その計画の奈辺を狙ってかは自

ら明かであろう。（中略）なお坊間、間々、『日本永代蔵』『一目玉鉾』『西鶴織留』『諸艶大鑑』等の随分と新しい刷りを見る。これ等の後刷や、滝田氏始め諸氏の紹介された、西鶴の改題本改装本にも宝暦に入ってからのが多いのではないかと思われる。

と指摘する。特に『男色大鑑』の扱い方は『一目玉鉾』のそれと全く同様で興味深い。つまり『名勝志』は、このような西鶴本の再刊・改題本盛行の中で生み出された変種の一つと見なしうるのである(42)。

そしてまた吉文字屋が折本の道中案内も多く手がけ、そこに『玉鉾』を利用した蝦夷絵図をしのばせていたことは既に触れた通りで、『名勝志』をその派生と見なすこともできるだろう。絵師との提携も含め、吉文字屋の多分野に渉る積極的な活動が、成立の背後に見えるわけである。

『東海道分間絵図』の利用もおおよそ同様の経緯によると思われる。『東海道名所記／東海道分間絵図』〈叢書江戸文庫50〉解題の諸本調査（佐伯孝弘氏執筆）を参照してまとめるならば、刊本は初板本のほか、板木を同じくする元禄三年改修本（書肆変わらず）・同十六年（一七〇三）求板本（万屋清兵衛）・正徳元年（一七一一）改修本(43)がある。ここで注目したいのは、板木を異にする宝暦二年刊の桑楊編『東海道分間絵図』（万屋清兵衛板）である。桑楊と書肆は同一人物で、初板本の絵図を全て描き改め、懐中携行が可能なように小型の折本に仕立てたもの（同書凡例）。おそらく元禄十六年以降板木を確保していたことによる造本で、本書に江戸吉文字屋次郎兵衛（同市兵衛の江戸出店）単独後印本、さらに吉文字屋市兵衛を加えた明和九年（一七七二）後印を確認できる(44)。

明証を得ることはできていないけれども、万屋清兵衛から吉文字屋次郎兵衛に板木が移る際、初板本の板木も購入したのではないだろうか。吉文字屋次郎兵衛所有となれば、市兵衛がそれを自作に利用することは容易となろう(45)。以上を要するに、書肆の動きを追うことでも、『名勝志』による元禄期の地誌類利用の、高い蓋然性が示されたわけである(46)。

その影響

最後に『東国名勝志』の、影響と史的位置付けについて触れておきたい(47)。矢守一彦氏の、「一目玉鉾」は「東海道分間絵図」に相通ずるものがあったし、さらに名所図会の先蹤としての意義は極めて大きいと思われる。(48)

携帯用サイズではなく、実用を兼ねながら、おもに観賞用をねらったという点においても、「一目玉鉾」は「東海道分間絵図」に相通ずるものがあったし、さらに名所図会の先蹤としての意義は極めて大きいと思われる。(48)

との言に見られるように、『都名所図会』（秋里籬島著・竹原春朝斎画、安永九年〈一七八〇〉京都吉野屋為八板）に端を発する一連のシリーズの生命線とも言うべき、写実性の高い連続俯瞰図や鳥瞰図的図様の遠い淵源を、元禄期の『玉鉾』・『分間絵図』に求める説があり、さらに直接的には、正徳〜享保にかけて続刊された折本の名所絵、『扶桑名勝図』シリーズとその追随作(49)（橘守国画）に見える同様の絵画表現が、名所図会シリーズ続刊の「先ぶれを創ったのはたしかである」との見方が、小野忠重氏によって示されている(50)。

図7　貝原益軒原画『和州芳野山勝景図』（正徳三年〈一七一三〉刊）

（内閣文庫蔵本）

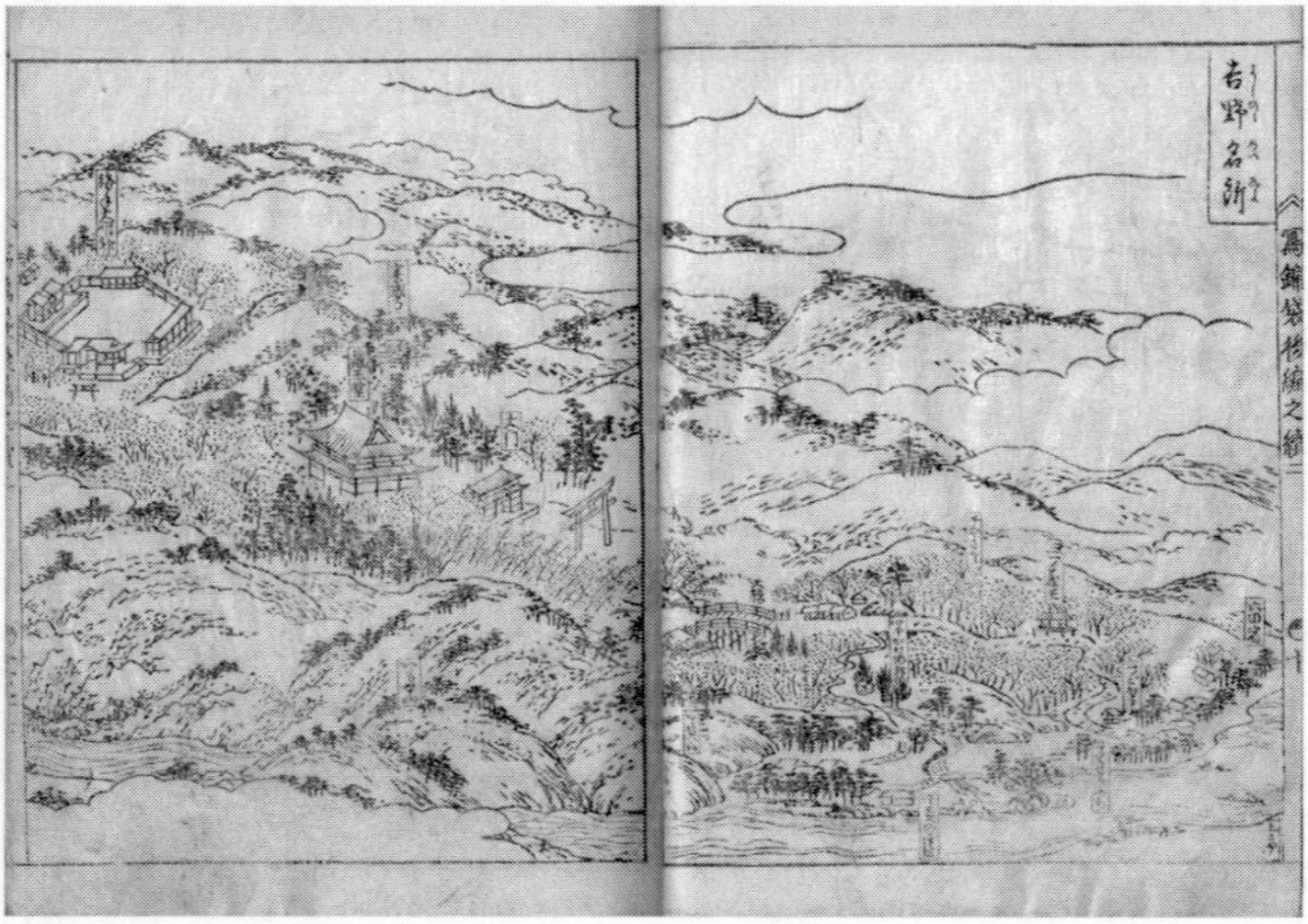

図8　橘守国画『絵本直指宝』（延享二年〈一七四五〉刊）巻二

（架蔵本による）

また、夙に仲田勝之助氏も、やはり橘守国（十八世紀前半、大坂で活躍）が手がける、『扶桑名勝図』シリーズと同時期に続刊された一連の絵本類に見られる名所絵を、

初めの方は一頁一圖でなく、つゞき繪で二三頁連續し、師宣の東海道分間絵圖を思はせ、後の『名所圖會』の先をなせるものとして珍重せらるべきかと思はれる。(51)

と評するのである（図7・8参照）。

これらを勘案するに、宝暦刊行の『名勝志』は、まさに、絵本と地誌の融合たる名所図会へと連なる、地誌の階梯を示しているとは言えまいか。大本（大ぶりの画面）という体裁、数丁にわたる連続した画面、俯瞰的ないし鳥瞰的視点をもつ遠景図、地誌的解説の付載といった各要素を、『扶桑名勝図』や守国の絵本類から継承することに加え、確認したごとく、そもそも、諸家が名所図会の源流と位置付ける『玉鉾』・『分間絵図』を典拠としているのであった。のみならず、これも先に示したが、遠景図だけが連続することを回避するように、近景の人物図が挟み込まれる構成も名所図会の特色(52)と一致をみる。近世の刊行地誌・絵本における俯瞰図・鳥瞰図の展開史において、『名勝志』が名所図会シリーズに先駆ける性質を有していたことは明らかだと言えよう(53)。

そして、附言するならば、『名勝志』の北方図の形状は、近世の鳥瞰図作品を代表する作者、鍬形蕙斎の「日本名所の絵」（木版多色刷、近世後期刊(54)、図9）中にも見出すことが可能である。

既述のように、この図様は先行する道中記付載のものと同じであり、さらに『名勝志』の図様を摘出して使

図9　鍬形蕙斎画「日本名所の絵」（木版多色刷、近世後期刊、三井文庫蔵）
※下は一部拡大

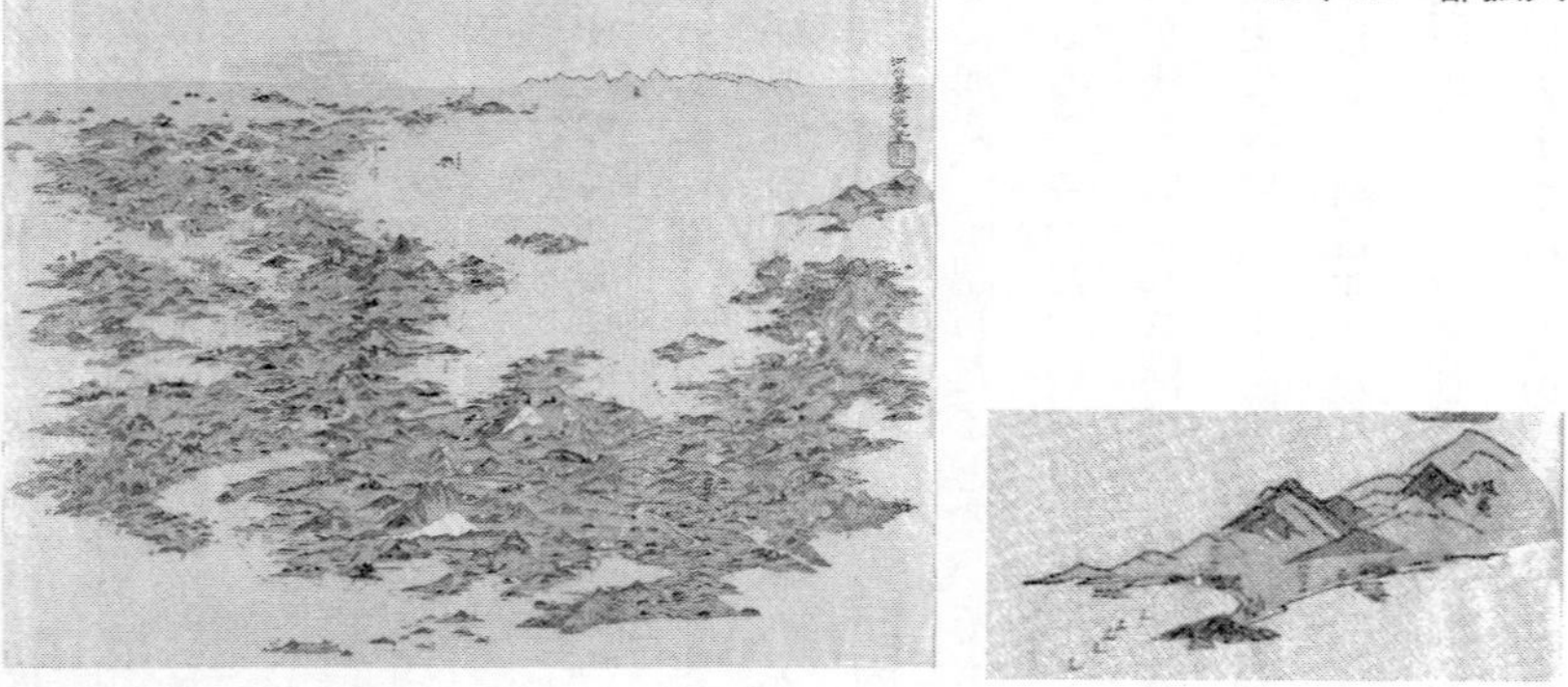

（『特別展　地図と風景――絵のような地図、地図のような絵――』〔神戸市立博物館、二〇〇〇年三月〕より転載）

図10　鳥飼酔雅著『大日本道中行程細見記大全』（多色刷折本一帖、寛政七年〈一七九五〉刊）

（内閣文庫蔵本）

【参考図版】『名勝志』巻一冒頭

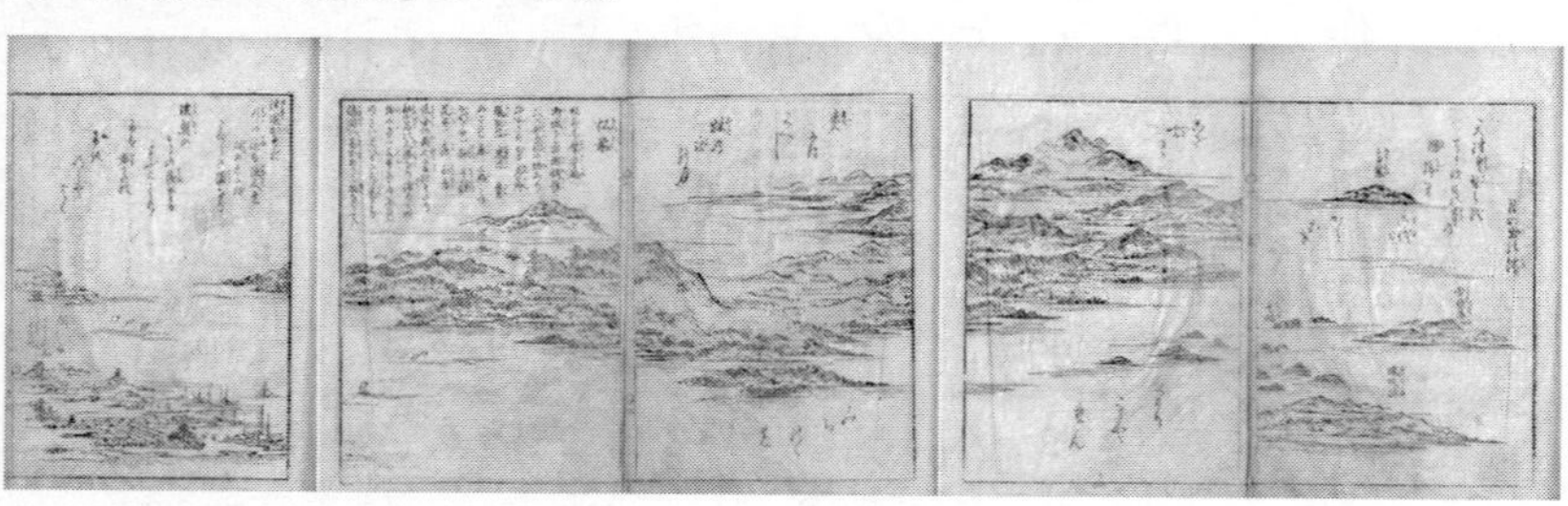

用した『大日本道中行程細見記大全』(55)(図10)のごとき資料も確認でき、直ちに、蕙斎が『名勝志』を利用したと言うことはできない。ただ、吉文字屋市兵衛周辺で創出された、『名勝志』に描かれたのと同様の鳥瞰図的図様が、当代の第一人者の、それも「日本」を一望のもとに捉えた作品に見られるのは、それに類似する発想による地誌『一目玉鉾』を背景にもつ『名勝志』の描写の、鳥瞰図史上の位置を考える上でも、極めて興味深い(56)。

結語

以上、名所絵本・地誌『東国名勝志』は、その多くを元禄期の地誌・絵図・紀行に負っていたことが明らかになった。とりわけ『一目玉鉾』との関係は重要であろう。八木敬一氏の指摘（『膝栗毛』への影響）を考慮すれば、井原西鶴がかつて抱いた視覚的・地理的なイメージが、長きにわたって伝播・流布する一助となったと言うことができるからである。しかし、詳細に比較すれば、『玉鉾』の画中に見られた説話的記号は削除され、非合理な側面は巧みに朧化されており、享保以後の学問姿勢、すなわち客観的事実を重んじる考証的な態度が育まれていた時代性を読み取ることもまた可能なのである。

そして視点を転ずるならば、西鶴本の文学史における命脈を考える上でも極めて貴重な資料と言うことができる。『玉鉾』は宝暦期に至っても後印本が商品価値を保ち、『名勝志』のように他書の血肉となって、新たな姿を得ることで生き続けただけでなく、『東海道名所図会』（寛政七年刊）などという、明らかに名所図会シリーズの好評に

図11　『日本海陸道中図会』（大本四冊、天保三年〈一八三二〉刊）表紙　見返し・奥付

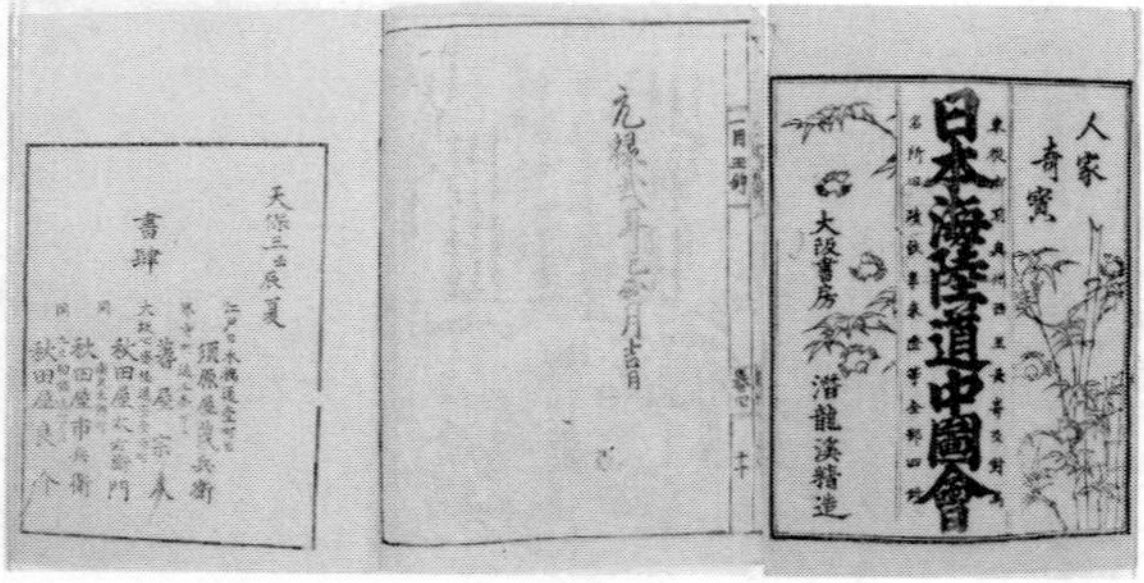

（いずれも岡山大学附属図書館池田家文庫蔵本）

便乗する書名を与えられて命を保っていた。

また、さらに一言すれば、天保年間、十九世紀に至っても、『日本海陸道中図会』（大本四巻四冊、新たな序跋などは加えられない）という名でなお流布していたのである。既に『加州大学バークレー校所蔵江戸版本書目』〈書誌書目シリーズ29〉（岡雅彦ほか編、ゆまに書房、一九九〇年三月）に登載され、周知のことに属しようが、念のため特記する。同目録に見えるのも、論者が寓目したのも、ともに秋田屋良介ほかの刊記（天保三年〈一八三二〉）を有する。実見したのは岡山大学附属中央図書館池田家文庫蔵本で、「潜龍渓精造」と記される見返しが加えられる(57)ほか、その表紙・題簽の意匠（湊鼠色表紙＋浅黄色題簽）は、露骨なまでに名所図会を模したものとなっている（図11）。「板木総目録株帳」（文化九年〈一八一二〉改正）には蔵板者として「吉市」の名が登録されるから、当初この改題本を企てたのもまた、吉文字屋市兵衛（もしくは同市左衛門などの系列店）であった可能性が高い。

地誌としての正確性への疑問から、とかく評価の低い『玉鉾』だけれども、吉文字屋による元禄地誌をめぐ

る改題と再構成の様相は、西鶴の編纂した地誌の、日本全国を「一目」で俯瞰的に把握しようという姿勢が、いかに斬新で魅力的なものであったかを示している。改題本の名称が図らずも示唆するように、その発想は後年の名所図会へと展開してゆくのであり、言わばその過渡期の姿を示す『名勝志』は、その水脈を明確に証する存在と位置付けられよう(58)。

ただし、細密な挿絵を用いたものの、元禄期の編纂物に依拠したために、『名勝志』もまた正確な描写を徹底したことにはならなかった(59)。それは後代の名所図会シリーズに及ばない点である。それでもなお本書が一定の存在感を示し得たのは、『玉鉾』がそうであるように、日本の北辺から東国にかけての地域の絵図を有するからだろう。地誌・道中記ともに同地域を対象としたものは少なく、まして俯瞰図・鳥瞰図のごときは、松島・出羽三山を除いては皆無に等しい（東北地方を対象とした刊行名所図会はない）。特に蝦夷地・松前については、松前藩の隠蔽体質もあって、十八世紀末に至るまで情報が限定的であった。『名勝志』は、いくらかでもその渇を癒すもので、明和・安永頃からにわかに活発となる、ロシアに対する危機意識とそれに伴う北辺への地理的興味によっても、その人気が支えられたものと想像される。

機を見るに敏な吉文字屋市兵衛は、自身の有する、あるいは影響下にある板木（『玉鉾』・『分間絵図』・『吾妻紀行』）を大いに利用して、巧みにかかる文学史上重要な一書を成したのであった。今後は、近世地誌編纂史における同書肆の果たした役割についても検討を加えたい(60)。

【注】

（1）前者は、朝倉治彦監修、角川書店、一九八七年七月。後者は、新典社叢書14、佐佐木忠慧編、新典社、一九八七年五月。

（2）「鳥飼」は吉文字屋市兵衛の姓。「開板御願書扣」第十三冊に、刊行の前年「宝暦十一巳年三月」に「開板人」の「吉文字屋市兵衛」によって届が出されているのが確認できる（大阪府立中之島図書館編『大坂本屋仲間記録』第十六巻（清文堂出版、一九九一年三月））。『改訂増補近世書林板元総覧』〈日本書誌学大系76〉（井上隆明著、青裳堂書店、一九九八年二月）によると、高田清兵衛は大坂順慶町辻井戸北の書肆。渋川清右衛門は都賀庭鐘の主力板元であった柏原屋清右衛門（渋川氏）のことと思われる。

（3）以上は、内閣文庫の三本（請求記号一七二―八九・一七二―九〇・一七二―九一）・都立中央図書館東京誌料蔵本（請求記号九四〇五）も同じ。三康図書館蔵本（請求記号八―一五）は、奥付の「寶暦十二」に入木して「寶暦十三」とした後印本。

（4）『大坂本屋仲間記録』第十二巻（一九八八年三月）。同資料には板株所有者として、吉文字屋市兵衛・柏原屋清右衛門のほか「柏与」（柏原屋与市か同与左衛門か）・「塩平」（塩屋平助か）・「河太」（河内屋太助か）の名が見える。

（5）『大坂本屋仲間記録』第十三巻（一九八七年三月）。吉文字屋のほか「柏与」・「塩平」も消える。後年吉文字屋は、秋田屋に全ての板木を譲渡する（天保六年〈一八三五〉、「裁配帳」四番『大坂本屋仲間記録』第九巻、一九八二年三月）による）ので、これはその先蹤と言える事態かもしれない。

（6）内閣文庫蔵本による。以下同じ。

（7）『日本古典文学大辞典』第二巻（岩波書店、一九八四年一月）「吉文字屋市兵衛」の項（多治比郁夫執筆）・浜田啓介「吉文字屋本の作者に関する研究――奥路・其鳳同一人の説等――」（京都大学国文学会編「国語国文」第三十六巻第十一号〈中央図書出版社、一九六七年十一月二十五日〉）・尾上和也「大坂書肆の往来物出版活動――吉文字屋・塩屋一族を中心

に——」（日下幸男編『文庫及び書肆の研究』、龍谷大学文学部日下研究室、二〇〇八年三月）など。

（8）山本ゆかり「月岡雪鼎の版本製作」（初出「月岡雪鼎と絵本——祐信模倣から画風の確立まで——」〔『江戸の絵本』、八木書店、二〇一〇年〕。その後、同氏著『上方風俗画の研究——西川祐信・月岡雪鼎を中心に——』〔藝華書院、二〇一〇年四月〕に所収）。先の引用も同じ。

（9）「東海道中膝栗毛の挿絵資料について」（『書誌学月報』第三五号〔青裳堂書店、一九八八年三月〕）。内容については後述。

（10）北構保男「宇木堂・森幸安作『蝦夷之畧図』考」（倉谷一男編『北海道の文化』第66号〔北海道文化財保護協会、一九九四年二月〕）。

（11）『名勝志』挿絵の種別と点数を一覧にすれば左記の通り。

	巻一	巻二	巻三	巻四	巻五	総計
(a)	13	7	8	12	11	51
(b)	2	8	7	7	6	30
計	15	15	15	19	17	81

（12）『玉鉾』は、国立国会図書館蔵本（寄別五―四―三―八）デジタルコレクションに、『名勝志』は架蔵本による（以下同じ）。

（13）南部利昭監修・細井計編『奥州道中増補行程記』〈新南部叢書特装版〉（東洋書院、一九九九年一月）による。後掲図版も同じ。

（14）『分間絵図』は、国立国会図書館蔵本（寄別五―四―三―六）デジタルコレクションによる（以下同じ）。

（15）深井甚三著『図翁遠近道印　元禄の絵地図作者』（桂書房、一九九〇年五月）。

（16）『玉鉾』のほか、同時期の全国地誌『日本鹿子』（磯貝舟也著、元禄四年刊）・『日本国花万葉記』（菊本賀保著、元禄十年五月刊）

も同所に大橋ありとするが、『日本鹿子』の後編『本朝丸鑑』（桃隣堂著、元禄十年三月刊）巻三に載る道中絵図には、橋の絵は無く「今は舟わたし」と注記する。同資料は江戸板ゆえに、後続の『国花万葉記』（大坂板）よりも正確であったか。

(17) 山本光正著『街道絵図の成立と展開』（臨川書店、二〇〇六年六月）・今井金吾監修『道中記集成』全四十四巻（大空社、一九九六年六月～一九九八年七月）による。なお、山本氏によれば、完成度の高い『分間絵図』以降、幕末に至るまで見るべき街道絵図は刊行されなかったという。

(18) なお、各巻の典拠利用の内訳は左記の通り。

	巻一	巻二	巻三	巻四	巻五	総計
『玉鉾』	13	1	3	2	3	22
『分間絵図』	0	3	6	7	6	22

(19) 「古典人物画製作とその背景」（前掲『上方風俗画の研究』所収。初出は「月岡雪鼎試論――古典をめぐる絵画制作の再検討」（『美術史』一五五冊、美術史学会、二〇〇三年十月）。

(20) 同注8。

(21) 引用は全て朝倉治彦監修『国花万葉記』四〈古板地誌叢書4〉（すみや書房、一九七一年一月）による。

(22) 『方角抄』の引用は、架蔵の『増補名所方角抄』（宝永四年〈一七〇七〉印）による。野中春水氏によると、『方角抄』は谷岡板（甲類）ほか、三系統に大別され、増補版（寛文十二年刊）はこのうち甲類に属するものの、谷岡板とはかなりの誤脱・異同が見られるという（「名所方角抄雑考」（『武庫川国文』第十七号、武庫川女子大学国文学会、一九八〇年三月十五日））。引用部の「宿在之」も、谷岡板では「宿在也」となっており（同「対校「名所方角抄」上」（『武庫川国文』第二十九号、一九八七年三月十三日〕）、『名勝志』は増補版を参照した可能性が高い。

(23) これは『万葉記』自体も『方角抄』の影響を強く受けているためと考えられる。

(24) 承久の乱時のエピソードだが、ここに引用される詩を成したのは藤原光親でなく、宗行とするのが正しい。

(25) 『吾妻紀行』は柿衞文庫蔵本マイクロフィルムによった。

(26) 鳥飼酔雅による道中記の類本のほかは、高野幽山著『和歌名所追考』（延宝元〈一六七三〉頃成、元禄九〈一六九六〉頃改訂巻一一〇に立項されるのを知るのみ。同書は従来の歌枕以外の名所も採録した名所和歌集。

(27) 前者は藤原良経作、『玉葉和歌集』（京極為兼撰、正和元年〈一三一二〉成）などに収録。後者は藤原知家作、『新撰六帖』（寛元二年〈一二四四〉成か）などに収録。

(28) 大石直正「中世の奥羽と北海道──「えぞ」と「日のもと」──」（北海道・東北史研究会編『北からの日本史』〔函館シンポジウム〕〔三省堂、一九八八年五月〕）。

(29) 浅倉有子「蝦夷認識の形成──とくに契機としての情報をめぐって──」（同著『北方史と近世社会』〔清文堂出版、一九九九年二月〕）。

(30) 「西鶴の地域意識」（〔岩手医科大学教養教育研究年報〕第四九号〔岩手医科大学教養教育センター、二〇一四年十二月二十五日〕）。なお、『日本鹿子』・『国花万葉記』のどちらもそのような構成をとらない。

(31) 吉田東伍著『増補版　大日本地名辞書』第八巻（冨山房、一九八五年五月）のほか、野田寿雄「「一目玉鉾」と北海道」（『武蔵野文学』15〔武蔵野書院、一九六八年〕）・秋月俊幸著『日本北辺の探検と地図の歴史』（北海道大学図書刊行会、一九九九年七月）などを参照。

(32) 青山宏夫「古地図に描かれた想像世界」（『日本史と環境──人と自然──』〈環境の日本史1〉〔吉川弘文館、二〇一二年十一月〕)。

(33) 米家志乃布「地図から見る近世日本意識の変遷と「蝦夷地」」(法政大学国際日本学研究所編『国際日本学』第9号〔法政大学国際日本学研究センター、二〇一二年三月三十日〕)・同「近世日本図の北辺・「蝦夷地」表象」(吉田裕編『文学』第十六巻第六号〔岩波書店、二〇一五年十一月二十五日〕)。

(34) 同注33。

(35) 注31『日本北辺の探検と地図の歴史』による。『津軽一統志』(享保十六年〈一七三一〉成)や『塩尻』(天野信景著、元禄~享保年間)所収のものも同系統という。

(36) 同注10。前述の通り、同氏はこれを『玉鉾』の影響下にあるものとされるが、『名勝志』の直接の依拠資料をその道中記とすることはできない。道中記類には『玉鉾』・『名勝志』に共通する証歌(先引「天津空…」など)を載せず、列挙される松前の名物にしても、『玉鉾』をそのまま写し、『名勝志』とは一致しない。なお、幸安の写図の成立年から、同氏はこの道中記の原刊を、享保頃と推定されている。

(37) 同注10北構氏稿による。

(38) 実物は未見。ただし、同書肆の蔵版目録を付した無刊記本は確認できる(国文学研究資料館蔵本ほか)。

(39) 寛政年間(一七八九~一八〇一)刊行の、菊岡沾涼《せんりょう》による道中案内を増補した『改正日本道中行程記』に付載(東京都立中央図書館加賀文庫蔵本による)。

(40) 書名は内題による。外題は「東海道名跡図会」。「開板御願書扣」第二十二冊(『大坂本屋仲間記録』第十七巻)によると寛政七年八月許可。「板木総目録株帳」(寛政二改正)・同(文化九改正)の双方(『大坂本屋仲間記録』第十二・十三巻)に、吉文字屋市左衛門ほかの所有が記録される。

(41)中村幸彦「安永天明期に於ける西鶴復興」(『中村幸彦著述集』第五巻(中央公論社、一九八二年八月))。初出は「小説阿蘭陀流」(京都帝国大学国文学会編「国語国文」第八巻第四号、弘文堂書房、一九三八年四月二十日)。後の引用も同じ。

(42)同時期の上方において、西鶴本ならずとも似たような書肆の戦略があったことは、万治二年(一六五九)刊の世界の「万国」を紹介した仮名草子『異国物語』を改題刊行(「異国鑑」)する一方、それに依拠する別本『画本国見山』(初編宝暦七年刊、二編明和七年〈一七七〇〉刊)を出版した大坂の書肆千種屋新右衛門の事例が証している(小林ふみ子「近世日本の異国絵本の愉楽と陥穽」(前掲注33「文学」第十六巻第六号))。元となる資料の挿絵を用いて、改めて絵本として仕立てるという点も見事に一致する。

(43)同解題に明記されないが、論者が確認したところ万屋清兵衛の刊記を有する(国立公文書館内閣文庫蔵本による)。

(44)いずれも蓬左文庫尾崎久弥コレクション蔵本(国文学研究資料館マイクロフィルム)による。

(45)なお、『名勝志』の利用の大半は初板本に拠っているけれども、こちらの改訂本の絵図を写したと思しき箇所が二箇所ほど(巻二「金川」・巻四「見附」)ある。

(46)なお、今のところ『万葉記』・『方角抄』の板株については、入手していたことを示す証は得られていない。後考を期したい。

(47)先に示した(注9)ように、影響に関しては既に八木敬一氏に指摘があり、十返舎一九作『東海道中膝栗毛』(享和二年〈一八〇四〉～文化十一年〈一八一四〉刊)の前半(初編～五編)に『名勝志』の挿絵(賛を含む)が利用されている報告がある。

(48)矢守一彦「鳥瞰図史考」(同『古地図と風景』(筑摩書房、一九八四年九月)、初出は「鳥瞰図考」(京都大学地理学教室編『地理の思想』、地人書房、一九八二年二月))。

(49)『扶桑名勝図』は、「いわゆる「日本三景」(厳島・天橋立・松島)に吉野山を加えた四名所の詳細な木版手彩色画に、福岡藩儒貝原益軒、仙台藩儒佐久間洞巌らの解説を付したもので、京都の書肆柳枝軒（小川多左衛門）によって、正徳三年から享保十三年に亙り刊行されたもの」（川平敏文・勝又基「『扶桑名勝図』考——九大本を中心に——」〔其編集部編〔兼発行〕「文献探究」第36号、一九九八年三月三十一日〕）。この追随作に、橘守国画の『摂津国有馬山勝景図』（寛延二年〈一七四九〉刊）がある。

(50) 小野忠重「名所図というもの」（同編『名所遊覧』〈日本の古地図⑧〉〔講談社、一九七六年十二月〕）。

(51) 仲田勝之助『絵本の研究』（美術出版社、一九五〇年五月）。かく述べるのは、和漢故事説話の図説『画典通考』（大岡晋斎著、享保十二年〈一七二七〉刊）巻二・三所載の、本邦の風景図についてで、守国が手がけた絵本は、他にも同様の名所絵を多く含むだけでなく、それに影響を与えたとされる『和朝名勝画譜』（漱石子画、享保十七年刊）も同趣向と述べる。なお、『画典通考』以外の三書とも大本。この時期の上方出版界には、既に細密でパノラミックな名所絵が準備されていたのである。

(52) 前掲仲田氏は、名所図会の特色の一つとして、「なほ春朝斎は只風景畫のみの單調に流るゝを恐れていくつか隔《を》きに人物の大畫を加へて變化あらしめ」た点を指摘する（同注51）。

(53) 影印本（注1）解題において、佐佐木忠慧氏も「東海道名所図絵の先蹤の意義のあることも忘れられている」と指摘される。

(54) 同人の「江戸名所の絵」（享和三年〈一八〇三〉刊）をさほど下らぬ時期の刊行とされる（内田欽三「鍬形蕙斎筆「江戸一目図屏風」の成立をめぐって」〔サントリー美術館事務局編「サントリー美術館論集」三号、サントリー美術館、一九八八年十二月二十日〕）。

(55) 鳥飼酔雅著、多色刷折本一帖、寛政七年（一七九五）刊。酷似してはいるが、先の『海陸』とは別図。『名勝志』に付される証歌が見え、松前名産の記述が、『玉鉾』でなく『名勝志』に一致することから、明確に『名勝志』を利用した図と言える。なお、刊年不明ながら、『海陸』の図を多色刷にしたものも存在する（高倉新一郎編『北海道古地図集成』〔北海

道出版企画センター、一九八七年九月）・成田修一編『蝦夷地図抄』（沙羅書房、一九八八年十二月））。

(56) そして、それはまた蕙斎の北方の地理認識も、新しい情報を踏まえたものでなかったことを意味する。さらに、「日本名所の絵」の、西方の空に沈みゆく月について、ヘンリー・スミス氏は、やはり蕙斎の鳥瞰図「江戸名所の絵」で描かれる日の出と対応するものと捉え、「つまり蕙斎は、日本列島を昇る朝陽の目で見ていることになる。まさに日本という名前と、この驚嘆すべき絵は一体となったのだ」（「鳥瞰図の構造」〔朝日ジャーナル編『大江戸曼陀羅』、朝日新聞社、一九九六年五月〕）と指摘されるが、日本全土を上空から一画面に収めた、この画期的な絵図の（鳥瞰図的図様の）歴史的背景の一つである『玉鉾』が、「日の出の浜」をその巻頭とすることもまた、非常に興味深い照応と言うことができるだろう。

(57) 「潜龍渓」は秋田屋良介の雅号と思われる。秋田屋良介・檜皮屋善作の刊記を有する前出『海陸』後印本（神戸大学附属図書館住田文庫蔵本）に、「大坂書林潜龍渓旅書板行目録」が付載され、潜龍渓編『採薬便利早引和名集』（天保五年刊、内藤くすり博物館蔵本）が秋田屋良介板であることが証左となる。

(58) その典拠たる『玉鉾』の改題本二種に加え、図様の共通性が顕著な橘守国の絵本、『本朝画苑』の改題本も『名物詩歌図会』（刊年不明）と名付けられる事実も、『名勝志』が「名所図会」なる発想に連なることを示している。

(59) 酔雅子の序文には、「一度巻《ひとたびまき》をひらけば、宛《あたか》も面下其地《まのあたりそのち》に至れる心地《こゝち》して想像《さうぞう》《をもひやる》にたへざる也」と、その刊行意図を述べているが、「多くは假托の圖にして地理に益あるものなし」（間宮士信編『編輯地誌備用典籍解題』（文政六年〈一八二三〉序）第一巻「総記一」）などという評価を受けてしまうのである（東京大学史料編纂所編『大日本近世史料』63〔東京大学出版会、一九七二年三月〕）。

(60) 近世地誌作者として重要な位置を占める菊岡沾涼（享保江戸座の俳諧師）の作品を求板していたこと（『藻塩袋』など）や、彼の地誌的な要素を有する諸国説話集の類似作の編纂（拙稿「近世説話の生成一斑――『諸国里人談』・『本朝俗諺志』と地誌——」（「成城国文学」25、成城国文学会、二〇〇九年三月二十三日）などを含め、解明すべき問題は多いが、それについては他日に譲る。

【付記】

本稿は、拙稿「名所絵本『東国名勝志』と元禄地誌」（「国際日本学」第十六号〔法政大学国際日本学研究所、二〇一九年三月二十九日〕）に、一部加筆修正を施したものである。

大名家の系譜言説の形成過程とその背景―津軽氏の例を中心に―

志立　正知

はじめに

系譜言説は、大名家が自らの出自・系譜をどのように認識しているか、という問題として理解されることが多い。しかしながら、近世の系譜言説の形成過程を調べてみると、出自の創作や意図的な改編がしばしば行われており、自らがそのように認識しているというよりも、他者に対しての主張という場合が少なくない。主張の対象となる他者は、たとえば徳川幕府や他の大名達であったり、一門や家臣・領民であったりとまちまちであり、主張の内容も、領国支配他の歴史的な根拠であったり、一門の中での正嫡性であったり、家系そのものを他姓へと改編したりとさまざまである。

一関藩田村氏の例に考えて見よう。田村氏は戦国後期には三春（福島県三春町）を領していた大名で、伊達政宗の正室愛姫の実家にあたる。愛姫の父清顕没後は、甥の宗顕が継承するが、天正十八年（一五九〇）、奥州仕置の際に秀吉によって改易され、所領は伊達領に編入される。承応二年（一六五三）、愛姫の遺言よって政宗の孫宗良（二代藩主忠宗三男）によって栗原郡岩ヶ崎に一万石（後に二万石が加増）として田村氏は再興され、その子宗永（後に建顕を名乗る）の代の延宝九年（一六八一）に、一関藩三万石として移封された。宗永は五代将軍徳川綱吉に重用され、元禄四年（一六九一年）には奥詰衆に取り立てられて譜代格となり、翌五年には奏者番を拝命、同年大晦日に通字を伊達氏の「宗」から田村氏の「顕」と改めて建顕と改名している。

三春田村氏は十六世紀の頃（義顕〜清顕）には平姓を称していた(1)。したがって再興された田村氏も、本来ならば平姓を自己認識としていなければならない。それが延宝の頃から田村麻呂の後裔であるとして坂上姓を称すようになる(2)。三春田村氏に、田村麻呂の後裔という自己認識が伝わっていたとは考えにくいので、この時期に意図的に作り出された主張と考えるしかない。岩沼から一関に移封されてからは、建顕はこの地が田村麻呂ゆかりであることを強調しながら領国支配を進めていく(3)。元禄八年（一六九五）には、水戸藩の儒学者板垣宗憺・丸山活堂に依頼して田村麻呂に連なる系図を整備し、翌九年には旗本の田村顕当の五男誠顕を養子として迎えている(4)。当初予定していた宮床伊達家当主の伊達村房（後の伊達吉村）が、仙台藩主・伊達綱村の養子となったため、翌年に誠顕を迎えたわけであるが、本来、全く縁戚関係のなかった旗本家から養子を迎えた背景には、前年に整備した坂上系図を、より実質的なものにしようとの意図があったのではなかろうか。

津軽氏の系譜—『寛永諸家系図伝』—

近世大名達の系譜言説の整備は、多くの場合、三代将軍徳川家光の命による『寛永諸家系図伝』の編纂（寛永十八〜二十年〔一六四一〜四三〕、中心となったのは林羅山）を契機として、各藩で進められた。整備にあたっては、一門の中に於ける自家の正嫡性、正統性を主張するための改編・操作があったり、徳川氏や義家流源氏とのつながりを誇張し、領国支配の権利付与をこうした関係の中に求めたりする傾向がしばしば見受けられるが(5)、その中にあって、他家とは異なる説明がなされているのが津軽氏の系譜言説である。

『寛永諸家系図伝』に記された津軽家の系図は、初代藩主為信の祖父に当る政信から始まるが、その出自に関しては、「家伝曰、為近衛殿後法成寺尚通之猶子、故称藤原氏、未詳其実父」と、いささか異例とも思われる一文が記されている。幕府側の編纂担当者たちは、正信が近衛殿後法成寺尚通の猶子となった故に、以後藤原氏を称したとあるという家伝の主張を認めながらも(6)、一方で実父については詳細がわからないと記しているのである。当然のことながら、津軽氏から提出された資料には津軽側の主張する父親やその系譜についての記載がなかったとは考えにくい。しかし、資料を吟味した幕府側はこれを認めなかったのみならず、あえて「未詳其実父」と記載したことになる。問題は実父としていかなる名前が記されていたかである。『寛永諸家系図伝』に収められた系譜の初代については、父親についての記載がない例は多いが、「未詳其実父」とされた例は、管見の範囲では津軽氏のみである。

ここで幕府に受け入れられなかった系譜については、後に『可足権僧正筆記』や『津軽一統志』に記された、奥州藤原氏三代目の秀衡の弟である左衛門尉秀栄に始まる系譜言説である、と錯覚されがちである。しかし、後述するように嚢祖を秀栄とする言説が登場するのは四代政信の時代であり、これを記した『可足権僧正筆記』には十七世紀後半以降に生み出された言説の摂取が多く見られる。蔦谷大輔によれば、林道春四男の林靖の旧蔵本と推定される『寛永諸家系図伝』写本（国立公文書館内閣文庫蔵）の津軽系図は、近衛尚通から始まっており、その子政信の項には『系図伝』の編纂に際しての考証筆記と思われる「私考」として、次のような記事が記されているという。「太田備中守資宗問、尚通、政信相続之事、時寛永十八年五月津軽使者来示近衛信尋公書状一通、其書状曰、津軽系図龍山自筆也、然則政信為後法成寺猶子無疑者也云々」(7)。内閣文庫蔵の林靖旧蔵『寛永諸家系図伝』(請求番号一五六―〇〇一五)については、国立公文書館ではこれを「草稿本」と位置づけている(国立公文書館創立四〇周年記念貴重資料展示I「歴史と物語」解説)。同資料で津軽氏系図の最後に記された「私考」には、「南部一族有大光寺某者、又庶流有為信者…(中略)…天正十六年、為信以津軽叛南部而遂大光寺及浪岡独専領之、自称津軽、遂與南部為別家」と記されており、幕府側も津軽氏と南部氏に横たわる事情を十分に承知いていたことになる。その上で幕府が認定しなかったのは、近衛尚通と政信の血縁関係ということになり、寛永の時点では津軽氏内部にも秀栄を祖とするような認識はなかった可能性が高い。

十七世紀中頃の津軽氏家臣の一部には、これとは全く異なる津軽氏の出自が認識されていた。それを示すのが、津軽家譜代の高屋豊前守浄久によって寛永頃までに作られ、四代藩主信政に提出されたとみられる「津軽館様御先祖ヨリ之覚」「津軽之屋形様御先祖之覚」他の文書類である(8)。

「津軽館様御先祖ヨリ之覚」によると、津軽氏の先祖は南部氏当主の三男南部右京という人物で、仙北金沢(現秋田県横手市金沢)を領していたが、住民の一揆によって討ち取られ、その幼子であった右京亮が高屋氏の先祖大曲和泉守に抱かれて南部氏の元に遁れてきて、陸奥国久慈郡に所領を与えられて領主となった。さらに、その子右京亮源光信の代に至って津軽の鼻和郡を知行し、大浦へ入部したとされる。「津軽之屋形様御先祖之覚」には、この光信を津軽氏の初代として、盛信・政信・為則・為信(初代藩主)・信牧(二代)と続く系譜が記される。この記事については、若松啓文/斉藤利男は「一連の高屋豊前守浄久覚書の主張は、単なる伝承などでなく、紛れもない歴史的事実の反映であり、津軽家の歴史は、まさに三戸南部氏の遠隔地所領、仙北金沢の地に始まると言ってよいであろう(9)」（六六三頁）と指摘する。

津軽氏側でも、自分たちが南部氏の庶流であることは十分に認識をしていたはずである。『青森県史資料編中世2』所載の「豊臣秀吉朱印直書」（資料番号一三一三）、「織田信雄書状」（同一三一五）、「豊臣秀次書状」（同一三一六）では、いずれも為信のことを「南部右京亮殿」と呼んでいる。これに対して、南部氏の庶流としての立場を嫌った為信は、近衛前久の猶子となり、藤原姓を称するようになる(10)。しかしながら、この時期には「津軽氏内部でも当時の本姓を藤原氏とするか源氏とするか、躊躇していた(11)」（二一三頁）らしく、津軽家文書に残された二代藩主信枚を従五位下に叙する慶長六年（一六〇一）五月十一日付けの三通の「後陽成天皇口宣案」（同一三二五〜一三二七）のうち、一三二五・一三二六の記載は「藤原信枚」となっているが、一三二七は「源信枚」となっている。藤原／源の選択に迷っている当時の様子がうかがえよう。

つまり、津軽氏は南部氏の庶流という高屋氏の主張の正しさを十分に認識しながらも、『寛永諸家系図伝』編纂に際しては、あえてこれを否定して、為信の祖父政信の実父を藤原尚通とする系図を創作し、幕府に提出していたことになる。不審に思った編纂責任者の太田資宗が問いただした結果、政信を尚通猶子とする近衛前久からの書状が提出されたので、猶子として処理することで、津軽氏の藤原姓を認めたのであった。

これによって、津軽氏は幕藩秩序において正式に南部氏から切り離されることになった。

『可足権僧正筆記』の成立時期

しかしながら、『寛永諸家系図伝』はあくまでも幕府・南部氏に対する出自の主張の問題であった。家臣の間では、津軽氏の祖を南部氏の庶流金沢右京であるといする認識が根強く残っていた。寛文五年（一六六五）に高屋浄久から、改めて同様の主張を記した「津軽御先祖記」（資料番号一三四九）が提出されたほか、同じく寛文年間頃と見られる文書類（同一三五〇～一三五二）にも同様の記載が見られる。また、享保十六年（一七三一）成立の藩撰史書である『津軽一統志』附巻においても、高屋浄久の書上が引用されている。

信政（正保三年〔一六四六〕～宝永七年〔一七一〇〕、藩主となったのは明暦二年〔一六五六〕）の代に至って、表面化した主家（津軽氏）と家臣（高屋氏）との認識のズレを、津軽氏側の主張に添って修正・統一するべく編纂されたのが『可足権僧正筆記』であり、津軽氏の系譜言説形成に非常に大きな影響を与えた。編者とされる可足は、弘前藩三代藩主信義の八男（十一男とも）で、四代藩主信政の弟に当る。この可足が晩年に執筆した津軽氏の由来書が『可足権僧正筆記』である。『青森県史資料編中世2』（二〇〇五・三）は、その成立を元禄十～十六年の間と推定する（資料番号一三五四『可足権僧正筆記之写』に付された注記）。

『青森県史資料編中世2』に翻刻された『可足権僧正筆記之写』には、①「此間被尋候間認置候返事」と題された可足の筆記（秀栄から政信に至る系図を含む。これを仮に「可足記」と呼ぶ）に加えて、②「津軽大蔵為貞上書」、③「津軽玄蕃政朝上書」、④「神保三郎右衛門上書」、⑤「山鹿大学高恒上書」、⑥「小太膳奥付」が収められる。

「可足記」の内容を吟味する前に、このそれぞれについて、『津軽藩旧記伝類』(12)に記された筆記者の記事を手がかりに、その成立時期を推定してみたい。

①「可足記」…可足は津軽信義の八男。寛永寺門主第五世の公弁法親王の弟子となって慈天を名乗り、寛永寺の末寺津梁院（津軽信枚によって建立された）所化院代を勤めた。延宝三年（一六七五）に信州戸隠山別当に任ぜられて観修院に住し、元禄十年（一六九七）に江戸本所石原に隠居して後に可足と号した。元禄十四年（一七〇一）に京都養源院の住職となり、宝永元年に隠居して京都誓願寺内自休院に住し、宝永六年（一七〇九）八月朔日に六十一歳で没している。可足を名乗るのは元禄十年からであるので、成立はそれ以降で可足が没する宝永六年以前。

②「津軽大蔵為貞上書」…津軽大蔵為貞は藩主信政の同母弟。僧となり高野山に登るが寛文八年（一六六八）に勝手に還俗したことで蟄居を命じられる。元禄三年（一六九〇）に赦免され、正徳二年（一七一二）に城代家老となる。本資料の成立は赦免以降、下限は為貞が没した享保十六年（一七三一）。

③「津軽玄蕃政朝上書」…津軽玄蕃政朝は信義四男。延宝三年（一六七五）～貞享四年（一六八七）、元禄十六年（一七〇三）～宝永二年（一七〇五）の二度に亘って家老職を務める。信朝と名乗っていたが、天和元年（一六八一）に信政より一字を賜わり政朝と改めた。成立はそれ以降で、死去した宝永二（一七〇五）年以前。

④「神保三郎右衛門上書」…神保三郎右衛門は伝未詳(13)。「御家之儀古代之事私共にハ何分聢与存不申候、乍去御尋ニ付申上候、下ノ郡十三左衛門尉秀久様御子孫ニ可有御座候、南部との御続ハ如何ニ御座候哉、辨兼候、

以上」とのみ記される。

⑤「山鹿大学高恒上書」…山鹿大学高恒は初名岡八郎左衛門興信。山鹿素行の長女を妻として素行の養子となる。天和元年（一六八一）に津軽家に仕官して家老に任ぜられ津軽大学を名乗り、貞享二年（一六八五）に大学を将監と改める。元禄十年（一六九七）に失脚し、知行を召上げられ、永御暇となる。署名に津軽大学とあるので、本資料の成立は天和元年から貞享二年の間。

⑥の「小太膳奥書」によれば、②〜⑤の書上は、信政の時代に津軽氏が南部の被官だったという藩内の噂に対し、津軽氏が間違いなく秀栄（秀久）の子孫であることを示すために提出させたもので、「右之外正しからぬ書上は除申候」という。前述の高屋浄久の主張を否定するために、津軽氏側が用意させた文書ということになる。②③は家老を務めた藩主の弟達、⑤は山鹿素行の養子で津軽氏に家老として仕え、津軽姓を許された人物である。

いずれも津軽氏の嚢祖を秀栄とする点は共通するが、その書きぶりにはかなりの落差が見られる。④は唯一津軽を名乗らない筆者によるもので、引用の如く、津軽氏が秀栄の子孫であること、南部との関わりについては存知しないことを簡略に記すのみである。これに対し、津軽姓の筆者による②③⑤はいずれも津軽氏側の主張を詳細に語るが、③⑤と②とでは成立年代に若干のずれがあり、その内容にも違いが見られる。

成立が天和元年にまで遡りうる可能性を持つ③⑤は、奥州藤原氏三代目の秀衡から秀栄への津軽継承に記事が集中し、それ以降の代については③には記事がなく、⑤も「秀栄公御曽孫藤太公御子秀末公ニ三男御座候、御嫡秀光公二男柴山祐高、御三男西畠式部と申候、秀光公御三代宣信公、或ハ威信公とも申候而、光信公様御祖父と伝承候、右之外承知不仕候、以上」と簡潔に記すのみである。その一方で秀衡・秀栄の代については、③は

「津軽及狄の嶋々ハ次郎秀久様に可被譲」と、津軽氏の狄（蝦夷）支配の由来を、秀衡による狄鎮撫とその継承として語り、秀久が津軽を継承して十三に居住、秀久が狄島をよく治めたので、狄の人々はみな帰服したという内容が記される。これは津軽氏による津軽支配の歴史を、平安末期にまで遡らせると同時に、蝦夷支配の正統性をも主張するものとして注目される。⑤も「陸奥守秀衡度量逞しき人故、狄を人に被返候間津軽惣躰人間に相成申候、此時御舎弟次郎秀栄公津軽目代被任候」と、同様の主張を記す。③⑤に見られる蝦夷への意識は、寛文九年（一六六九）に勃発した寛文蝦夷蜂起に出兵した記憶と深く結びついていると考えられよう。なお③は、⑤には記載のない左衛門尉という官職を秀久に付すという特徴を持つ。

これに対して成立が少し遅れるとみられる②は、③⑤に比べると蝦夷に対する意識が希薄である(14)。替って、頼朝による所領安堵、秀栄の曾孫頼秀と安東氏との合戦、北畠顕家の仲裁による和睦、その子秀末と安東貞季妹との婚姻、摂州堺合戦での討死、秀末の子秀光の大光寺居住、安東鹿季の秋田湊進出、葛西重清末裔の大光寺進出、北畠顕家子孫の波岡領有、秀信の十三居住とその子威信・孫光信が南部の人質となること等々、秀栄と狄との関係ではなく、秀栄以降の光信に至る歴史を重点的に語っており、内容的には①「可足記」と重なる部分が多い。ちなみに、安東との合戦(15)や鹿季の秋田進出は、安東氏や南部氏関係の系図や『新羅之記録』等にも見られる言説である。また、北畠顕家随って阿倍野で討死という言説は、南部師行が阿倍野で戦死したとする南部氏系図の記事に類似する(16)。

『可足権僧正筆記』の編纂過程

ここで、②~⑤の書上後に編纂されたとみられる①「可足記」に記された内容を整理しておく（②~⑤に類似した記事がある場合はそれを【 】に示す）。

a. 津軽氏の嚢祖は奥州藤原氏三代秀衡の弟である左衛門尉秀栄。父基衡から津軽の内の三郡を拝領、後に秀衡からは津軽一円を賜って十三に居住したという。【②③⑤】

b. 秀栄が出家すると、津軽や松前の狄にも剃髪をするものが現れた。【③「津軽幷狄島のおとな狄ともを引連、年々十三繖参、仏神盛而已ならす」】

c. 奥州合戦で泰衡一族が滅亡すると、秀栄は十三の檀林寺で一族を廻向。

d. その子秀元の代に、平泉の泰衡が頼朝に討たれ、義経は杉目太郎行信を身代わりとして津軽十三へ逃れた。義経は再起して海上経由で鎌倉を襲おうとしたが失敗、厨から船で蝦夷に渡り、後に金国へと渡った（その子孫が金国にいるという）。

e. 秀元の子秀直は安東氏に押され、宝治年中の合戦で討死。【②「秀久様御曽孫藤太頼秀公の頃、安東家と合戦有之候」】

f. 秀直の子は藤太頼秀、吉次某をたより戸建沢で炭焼きに身をやつしていたが、廻国してきた北条時頼によって加冠、頼秀を名乗る。母は近衛家の姫唐糸で、元は時頼の妾であったが、懐妊の身で津軽に来たり、秀直の妻となり頼秀を生む。

g.鎌倉に戻った時頼が頼秀を招き、左衛門尉に任じ、本領安堵し、網代の輿と屋形号を許可。頼秀は母唐糸追善のために万蔵寺を開基。

h.頼秀の子秀末は、上洛して近衛殿に謁し、朝廷に黄金を献上、正和年中に津軽全郡三十六人の旗頭安堵の勅命を受け、左衛門督に任官。北条高時執権の時に安東五郎三郎の乱を鎮め、羽州の内も領地とする。

i.その後、後醍醐天皇の御宇に官軍に属し阿倍野で討死。【②「後秀季公摂州堺合戦の節、二千五百の御人数にて御討死と申候」】

j.頼秀の長男秀光は大光寺に、次男祐高は中別所に、三男秀助は宮舘に居住。【②「此節秀季公御子秀光公大光寺へ御移ニ御座候由」】

k.秀光の子秀信は左衛門大夫と号し、奥羽に威を振るうが、羽州秋田家、南部等と合戦の末に家は衰退。南部より後見に金沢右京亮を受け入れる。【②「尤光信公以前ハ南部より御番代の仁来り候由、金澤右亮殿父子も御番代と承申候」】

l.威信の子元信、その子光信は金沢右京家信の娘を娶り、金沢の名跡となり、南部二三男に準じた扱いを受ける。元信・光信は始め人質として南部久慈に置かれたが、後に光信は津軽大浦へ入部、種里に居住して大浦を名乗る。光信は為信の高祖父にあたる。【②「秀信公御子威信公其子孫光信公ハ、南部へ人質ニ御出に御座候由」】

「可足記」は、文脈がいささか混乱している箇所があり、文意の取りにくい部分もあるが、以上が可足が家老宛に提出した「此間被尋候間認置候返事」（この部分が所謂『可足権僧正筆記』にあたる）の概要となる。

aの記事は②③⑤と重なる側面をもつ。またbは③と内容的に重なる。一方、e・i・j・k・lは②と重なる面が大きい。つまり「可足記」の内容は、津軽の家老たち（津軽大蔵、津軽玄蕃、津軽大学）の上書をベースとして、d義経の蝦夷・金渡り説話、f炭焼き藤太説話、f・g唐糸説話が付加されたものということになる。

入間田宣夫は、「津軽の家譜は、みちのくの世界に広がるさまざまな伝承の集大成のうえになりたっていた。安東・南部・松前などの諸家におくれて登場してきた津軽家にとっては、安日・高丸・新羅三郎などの固有の伝承をもたない新興の津軽家にとっては、平泉伝説そのほかのあらゆる語り物を動員することによって、自家の系譜を飾ることしかできなかったのではあるまいか(17)」（二六〇頁）と指摘する。問題は、可足がどのようにして陸奥に流布した語り物を知り、系譜に取り込んだのかという点にある。

前節に記したように、可足は慶安二年（一六四九）に津軽信義の八男として生まれ、寛永寺門主第五世の公弁法親王の弟子となって慈天を名乗り、寛永寺の末寺津梁院所化院代を勤めた。延宝五年（一六七九）に信州戸隠山別当に任ぜられ、元禄十年（一六八七）に江戸本所石原に隠居して可足と号した。元禄十四年（一七〇一）に京都養源院の住職となり、宝永元年に隠居して京都誓願寺内自休院に住し、宝永六年（一七〇九）八月朔日に六十一歳で没している。つまり、可足は主に江戸、信州戸隠、京都で生涯を送っているのである。したがって、津軽での長期の生活体験を持たない可足が、実際の語り物に触れる機会はほとんどなかったはずで、これらの説話はもっぱら書籍・文書によって得た知識という可能性が高い。

可足が付け加えたと思われる説話について考えてみたい。

d義経の蝦夷渡海説話は、寛文蝦夷蜂起以後に、『続本朝通鑑』（寛文十年〔一六七〇〕、林鵞峰）、『本朝武家

評林』（元禄十三年〔一七〇〇〕、遠藤元閑）、『義経勲功記』（正徳二年〔一七一二〕、馬場信意）などと流布していく。そうした中で、義経が金に渡ったということを述べるのは、沢田源内が和訳を紹介した『金史別本（金史列将傳）』、およびこれを取り込んだ『鎌倉実記』（享保二年〔一七一七〕、加藤謙斎）のみである。可足の創作ではないとすれば、可能性としては『金史別本』から摂取したと考えるしかない（『鎌倉実記』の刊行は可足の没後）。ちなみに、「可足記」を受けた『津軽一統志』首巻にも義経の蝦夷渡海、渡金記事が記されているが、そこには参照資料として「鎌倉実記・義経勲功記」の書名が明記されている。問題は可足がどのような場で『金史別本』を見る機会を得たかであるが、これについては不明である。

f炭焼き藤太説話については、可足が参照したと見られる資料は不明である。ただ、藤太頼秀については②で「秀久様御曽孫藤太頼秀公の頃、安東家と合戦有之候、其後頼秀公御家を再興し玉ひ候而津軽国中御政事被成候、藤崎にハ前々より安東家居、御中悪敷候間、北畠中納言顕家卿国司職ニ付、御差図ありて両家和睦仕候時、御子秀季公へ安東太郎貞季か妹を御娶にて、官軍へ属し候、後秀季公摂州堺合戦の節、二千五百の御人数にて御討死と申候…」と記されており、e～jの記事は、これをベースに炭焼き藤太説話や唐糸説話を用いて脚色した可能性が高いと思われる。

f・g唐糸説話については、「可足記」の中に参照した資料の手掛りが残されている。「可足記」には「此頃母御唐糸の前卒ニ付、追善の為め万蔵寺開基」とあり、唐糸伝説が津軽の万蔵寺と結びついていることが示されている。ちなみに『津軽一統志』首巻の「唐糸前」の項には、『曹洞縁起誌満蔵寺之篇』からの引用があるが、その本文は駒澤学園寺院資料センターが所蔵する『曹洞諸寺院縁起志　全』とほぼ一致する。同書は元禄十五年

（一七〇二）に編纂された、弘前城下の曹洞宗寺院の記録である(18)。つまり、元禄十五年以前には、万蔵寺（満蔵寺）の縁起が刊行されていたことになる。可足がこうした資料を参照した可能性が高い。

おわりに

以上、概観してきた「可足記」に至る津軽氏系譜言説の形成過程を整理すると、次のようにまとめられよう。

『寛永諸家系図伝』においては、当初、津軽氏は政信を近衛尚通の庶子とする系図を提出していたが、津軽・南部の関係を知る幕府側はこれを認めず、猶子とすることで決着が図られた。一方、家臣の間では高屋浄久の書上に見られるような認識（津軽氏の祖である金沢右京亮は南部氏の庶流）が一般的であった。四代藩主信政（藩主在任は明暦二年〔一六五六〕～宝永七年〔一七一〇〕）は、こうした認識を否定すべく歴史の再編を企図、家老達他に、藤原秀衡の子秀栄を祖とするという主張の書上を提出させた（②～⑤）。比較的早く（天和頃）に提出された③⑤においては、寛文蝦夷蜂起（寛文九年〔一六六九〕）に蝦夷出兵をした事実を踏まえ、秀栄による津軽・蝦夷支配という言説を盛り込んだ系譜が創作された(19)。元禄期になると、安東氏や南部氏の系譜言説を参照して秀栄以降の歴史を記した②が提出される。

そしてこれらを踏まえて最後に登場したのが①「可足記」であった。天台宗権僧正（大僧正は没後の贈位）という高僧・知識人という権威に注目した藩主信政が、執筆を命じたのではなかったか。末尾に添えられた家老宛の書状の文面、「尚々申進候、雷火之後、旧記無之候由尤ニ候、拙僧迚も逐一者承知無之候、高屋豊前旧家之処より書立之一件、何共分明無之由、是亦尤ニ候、南部二三男にて無之歟との儀、少々心得違居候…（中略）…古代系譜出家に候得共、壱枚所持候間、懸御目候御序」が、こうした事情を示唆していよう。可足自身は江戸、ないしは京都に居住しながら、津軽からもたらされた情報に依拠し、当時自身が閲覧した『金史別本』などを盛り込み、「可足記」を執筆したというのが実態だったのだろう。

このようにして創出された津軽氏の系譜言説であるが、「可足記」という権威を背景に、以後、『津軽一統志』をはじめとする津軽藩のさまざまな文書へと継承されていく。近世に創出された系譜言説が、正統的な歴史言説として後代に継承されていくひとつのパターンとして捉えることが出来よう。

『金史別本』との関係や、炭焼き藤太説話の依拠資料など、なお検討すべきことも多く残されているが、今後の課題としたい。

【注】

（1）『一関市史』第一巻通史（一九七八・八）は、義顕・隆顕・清顕の三代にわたって平姓を使用していたことを示す文書を掲載する（六四四～六四五頁）。また、若松富士雄「中世両田村氏（藤原姓・平姓）について」（『中世南奥の地域権力と社会』岩田書院、二〇〇一・一二）は、南北朝頃から田村庄を領していた藤原姓の田村庄司氏と、戦国大名である平姓の三春田村氏があることを指摘する。ただし、前者を藤原姓とすることについては、垣内和孝からの批判（『室町期南奥の政治秩序と抗争』岩田書院、二〇〇六・九）がある。

(2)管見のかぎりでは、延宝三年（一六七五）九月十八日付で、岡本宗好より宗永へ伝えられた『伊勢物語』（一関博物館蔵、『一関市立図書館史料目録』「田村文書（文芸免許）」二〇二）に「坂上宗永尊丈閣下」とあるのが坂上姓使用の初見。

(3)一関領内には、田村麻呂が悪路王を討った跡に建立したという達谷窟毘沙門堂（『吾妻鏡』文治五年〔一一八九〕九月二十八日条）がある。建顕がこの事を強く意識していたことについては、拙稿「一関藩田村氏の自己認識形成―坂上姓の主張とその背景―」（中世文学と隣接諸学1『中世の軍記物語と歴史叙述』竹林舎、二〇一一・四）で触れた。

(4)元禄八年、宮床伊達家当主の伊達村房（後の伊達吉村）を養子に迎えようとしたが、養子縁組を幕府に届け出る前に仙台藩主・伊達綱村の養子に変更されたため、翌年に旗本・田村顕当の子の誠顕を養子に迎えられたという事情があった。ただし、あえて坂上姓田村氏から養子を迎えているところに、建顕の坂上姓に対する意図がうかがえよう。

(5)たとえば、南部氏の糠部進出は、史料からは鎌倉末期以降と考えられているが、同氏系図は奥州合戦の功に対する頼朝からの恩賞に由来すると記している。

(6)『寛永諸家系図伝』において、津軽政信が近衛尚通の猶子と認定された経緯について、長谷川一成「津軽藩々政文書の基礎的研究（一）―近世前期の反省文書を中心に―」（『文経論叢　文学科篇』1、一九八〇・三）は次のように指摘する。

津軽家が近衛家と縁戚関係にあることを、公式に幕府から認定されたのは、「寛永諸家系図伝」（以後、「寛永系図」と略述する）の編纂にあたってであった。寛永一八年、太田資宗を始め林羅山・同春斎等によって編纂された「寛永系図」は、幕府の修史事業としては最初の試みであると共に、歴史的に全武家を把撞する意味を持っていた。諸大名の中には家系を詐称し系図を造作する試みも盛んに行われたといわれるが、羅山らが真偽を弁じ、新旧を正して編集した。…（中略）…近衛家用人進藤修理への津軽信義書状は、公儀より同氏の系図につき下問があったので、自家の筋目を近衛家に保証してほしいという願書状である。それに対して近衛信尹からは、

津軽系図事、龍山（近衛前久）筆跡也、然者不及注子細、猶政信後法成寺（近衛尚通）為猶子事不可有其疑者也、

初夏廿六日　（近衛信尹　花押）

という右の返書を受領した。ここに於て津軽家は、自家と近衛家との縁戚関係を、公式に幕府に届け出る根拠を獲得したのである。幕府は当該系図を正式に認可したので、津軽家は代々藤原姓を称し、前述の「寛政譜」に於ても藤原氏に再録されて、南部氏からは系図の上でも完全に独立することが可能になった。（一〇二〜一〇三頁）

（7）蔦谷大輔「日本近世国家における「藩意識」の研究—弘前藩の事例を中心に—」（弘前大学大学院人文社会科学研究科修士論文、二〇一〇・一二提出）。

（8）国文学研究資料館蔵の津軽家文書として『青森県史資料編中世2』に資料番号一三四三・一三四四として翻刻されている。同じく浄久の手によると思われる「高屋豊前守先祖之覚」（一三四五）、「殿様御重代由来之覚」（一三四六）は、これを高屋氏の系譜と結びつけて語っている。

（9）『青森県史資料編中世2』「四　解題　1津軽氏関係資料解題」。

（10）『青森県史資料編中世2』所収の、慶長五年正月二十七日付「後陽成天皇口宣案」（資料番号一三二二）で「藤原為信」とあるのが、藤原姓使用の初見。ただし、為信が近衛前久の猶子となったことを示す明確な記録は残されていない。一方、慶長十一年（一六〇六）九月付の「愛宕山教学院祐海書牒」（資料番号一三三二）では、津軽氏の藤原姓の由来を、「公之忠功而辱賜藤字、更始転藤原氏、実一字之褒、誇華之拐栄者也」とされている。

（11）長谷川成一「津軽十三津波伝承の成立とその性格—「興国元年の大海嘯」伝承を中心に—」（『季刊邪馬台国』五三、一九九四・三）。

（12）『津軽藩旧記伝類』（国書刊行会、一九八二・一〇）は、明治期に編纂された津軽藩主の夫人や藩臣の列伝を記した資料。旧

藩主の嘱命によって編纂された『津軽藩旧記類』（明治一〇年。始祖秀栄から廃藩に至るまでの要件を抄録）の続編として編まれ、津軽家に所蔵された。

(13) 蔦谷大輔は、「神保三郎右衛門」を「神保三郎右衛門清成」と仮定し、資料の成立を寛文四年（一六六四）以前と推定するが、正保三年（一六四六）に生まれ、明暦二年（一六五六）に家督を継いだ信政は、この時点では十九歳、他の資料と比べて際だって年代は早いことになる。また他の資料の筆者が、いずれも信政の弟や家老という身分であるのに比べても、「神保清成」と見るのは不自然か。

(14) ②の冒頭で、「安倍の一族亡候て後も狄此所江讐を致候ニ付、白河帝の御宇永宝年中、天台宗数ヶ寺御下し、山寺御建立、江流末・奥法・馬野三郡の内ニ而寺領被成、御附山々ニ而祈祷祈念御座候ニ付、狄共恐懼いたし鎮候由ニ御座候」と記すのみで、秀栄の善政などについては全く触れていない。

(15) 津軽における安東氏との合戦は、史実としては、南部氏対安東氏の戦いである。安東氏系図や『新羅之記録』では南部氏に敗れた結果としての十三湊喪失、蝦夷への逃避として記されるものを流用した可能性が高い。津軽氏による津軽支配を鎌倉初期まで遡らせた結果として、本来は安東氏対南部氏であった合戦を、津軽氏との合戦として語ったのではないか。また、安東氏や南部氏の系図、あるいはなどに記されるものと理解できるのではないか。

(16) 『青森県史資料編中世I』（二〇〇四・三）所載の「源氏南部八戸家系」（資料番号四七一）師行の項には、「顕家卿遂討卒、若二師行一競々虎臣、亦皆戦死」と記されている。また「八戸家伝記」（同四七二）にも同内容が記されている。

(17) 入間田宣夫「中世奥北の自己認識―安東の系譜をめぐって―」（『北からの日本史』第二集、三省堂、一九九〇・七。再録『中世武士団の自己認識』三弥井書店、一九九八・一二。引用は後者による）。

(18) 皆川義孝「〈資料紹介〉『曹洞諸寺院縁起志　全』」（『駒沢女子短期大学研究紀要』四四、二〇一一・三）。

(19) 津軽玄蕃政朝と津軽（山鹿）大学高恒のどちらが主導的役割を果たしたかは不明である。しかし、藩主信政が山鹿素行に傾倒し、その招聘が叶わないと養子山鹿高恒を迎え入れ津軽を名乗らせ家老としていること、資料の成立が高恒仕官後まもなくであることを考えると、系譜言説創作にあたっては、山鹿流の思想を継承し藩主の意を受けた高恒が主導した可能性は十分にあろう（津軽氏と山鹿素行との関係については、「歴史の文体研究会」において前田勉氏にご教示をいただいた。厚く御礼を申し上げる）。

第四章 翻刻と資料目録

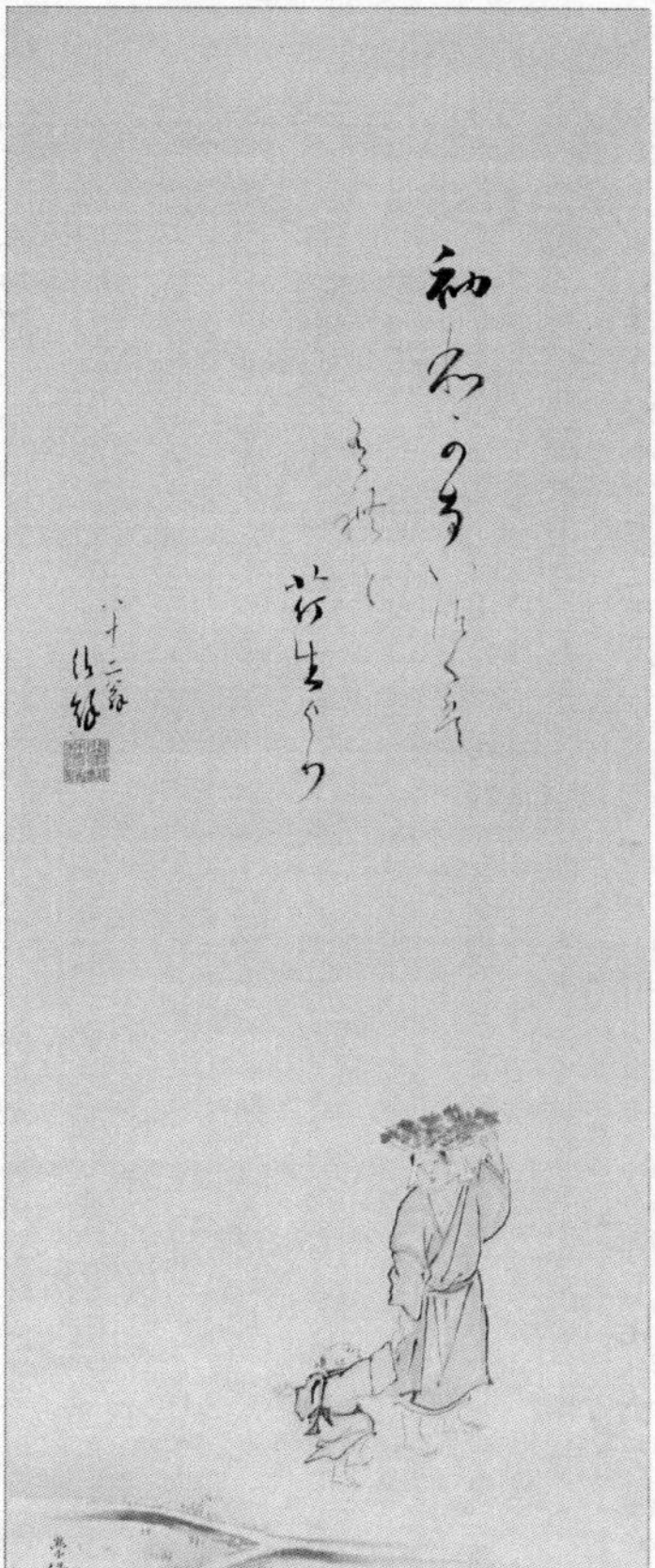

――本多忠永（清秋）賛・橋本栄保画「初わかな」

＝コラム＝ 大名の俳諧文化④

本多忠永（清秋）賛・橋本栄保画「初わかな」

本多忠永（享保九年～文化十四年）は、伊勢神戸《かんべ》藩第二代藩主。初代藩主本多忠統《ただむね》の五男として生まれた。寛延三年に二十七歳で家督を相続。その後、日光祭礼奉行、大坂加番代などを歴任し、宝暦十年に三十七歳で隠居。以後は、俳諧、茶道に遊び、文化十四年に九十四歳という長寿で没した。

俳諧は江戸座の旨原門で多くの俳人と交流を持った。中でも茶人として有名な出雲松江藩主松平不昧（治郷）の弟の雪川（衍親）、長男の露滴斎月潭（斉恒）とはとくに親しく、雪川の没後にはその句集と文集を編集刊行している。なお、父忠統も、倚蘭子と号した徂徠門の漢詩人として著名である。

本点は、橋本栄保（生没年未詳、狩野栄川院典信門の御用絵師）が描いた大原女の絵に、八十二歳の清秋が自筆で賛を記した掛軸（個人蔵）である。

初わかないづくはあれど芹生より　八十二翁　清秋［関東誹／林清秋］

榮保画［藤／原］

「初若菜」は新年の季語。「いづくはあれど」は、「多くの所があるが、その中で特に」の意。「芹生《せりょう》」は、現在の左京区大原草生町の地名だが、じつは平安時代に遡って、和歌にも詠まれてきた由緒ある地名である。つまり、賛句は「初若菜はいろいろな所に生えるものだが、その中でもとくに興趣が深いのは、平安時代以降和歌にも詠まれてきた芹生の里から大原女が売りに来る初若菜だよ」という意である。

【翻刻と考察】池田玄斎著『築山鈔』(酒田市立光丘文庫蔵)
―杉山廉女の歌論と庄内藩の文芸的環境をめぐって―

平林香織
錦　仁

『築山鈔』について

『築山鈔』は、庄内藩九代藩主・酒井忠徳(一七五五〜一八一二)の時代に活躍した女性歌人・杉山廉女(一七三九〜一八〇八)の和歌諸説を、門弟の池田玄斎(一七七五〜一八五二)が書き留めたものである。

著者・池田玄斎は、庄内藩士・池田祐平の長子、鶴岡生まれ、一四歳から一九歳まで御飼鳥御用を勤め、百石を給された。玄斎の生涯については、佐々木金三氏の「弘采録の世界―池田玄斎研究覚え書―」(酒田市立光丘文庫旧ホームページ)に詳しい。それによると、七、八歳の頃から耳鳴りに悩まされ多病であった。寛政六年(一七九四)二〇歳の時に眼病を患い、二一歳で両膝の屈伸ができなくなり、二五歳で聾病を患い、二八歳で完全に聴覚を失う。その間十年にわたり御役御免養生を命ぜられる。しかし、闘病の甲斐なく文化元年(一八〇四)三〇歳のとき致仕する。そのころから書き始めたと思われる随筆『弘采録』(酒田市立光丘文庫蔵)は半世紀にわたって書き継がれ一三九冊に及ぶ。『弘采録』には、玄斎が廉女に和歌の添削を受けたことについて次のように書かれる。

予も幼より和歌を好みてかたのごとく詠ぜり。そのかみ廉女の添削を受けて自ら懐抱をたのしめり。或人深切に、冷泉家の御門に入り、御添削を受くべし。また、江戸の花禅にも紹介すべしなど、三四度も余義なく勧められしかども、予がごとき鄙劣の詠草、いかでか雲上大都の人に奉る事を得べきや、と再三辞して止みぬ。

右の記述から、玄斎が幼少期より和歌を好んでいたこと、廉女に和歌の添削を受けていたが、ほかの人物に冷泉家入門を勧められたが断ったことがわかる。冷泉家への入門を勧めた人物が誰かはわからない。廉女も冷泉為村に入門している。

『築山鈔』の玄斎自身による序文が記されたのが享和二年（一八〇二）二月である。このとき玄斎は二八歳、完全に聴覚を失ったころであるが、文化元年（一八〇四）に致仕する前である。『築山鈔』に書かれるさまざまな歌学の知識は、廉女に入門してから数年間にわたり書き継いだものと思われる。したがって、玄斎は二〇歳で眼病を患ってからの療養期間中に廉女門に入ったと思われる。玄斎より二〇歳年長の廉女は、文化五年（一八〇八）に七〇歳で亡くなっている。

書名については、題簽に「築山鈔」とある（本文と同筆）が、「筑山鈔」とするのが適切と思われる。「筑波山」は『古今和歌集』の仮名序に、天皇の仁徳および和歌を象徴するものとして登場する。しかし、本稿ではひとまず題簽に従うことにした。本書の扉に「築山千仭」とあるのは、いわゆる庭園の「築山」のことではなくて、筑波山が高く気高いことをあらわす。続いて本文に、「此書は築《(ママ)》波山のこのものことの葉しげく、深山の枝折もたど〳〵しく」云々とあることからあきらかである。

玄斎は多病を抱えながらも、国学に精通した博覧強記の人である。先ほど引用した『弘采録』のほかに、『病間雑抄』七四巻、『窓の燈火』五巻（いずれも酒田市立光丘文庫蔵）などの随筆もある。杉山廉女は、庄内藩組頭・杉山宜葵《よしとし》の娘で、幼少期は江戸で暮らした。はじめ母に和歌の教えを受けていたが、早くから久米景山の添削も受けていたという。一七歳で藩士・栗原仙右衛門に嫁ぐが、仙右衛門は妻の学問を好まず離縁される。離縁されてからは和歌・学問の道に専念した。息子との温海《あつみ》温泉への道中を記した紀行文『おそ桜の記』がある。廉女の伝記については玄斎が『弘采録』第一二冊に「しのぶ草杉山廉女小伝」を書いている。そのほか、玄斎の随筆の随所に廉女や廉女の和歌への言及がある。早くは上野甚作『杉山廉女』（多介屋書店、一九三九年）がある。その後、菱川佐知子氏「杉山廉女覚書」（『大泉史苑』第一号一九八〇年三月）があり、廉女の和歌活動を本格的に顕彰したのが松田二郎氏の「杉山廉歌集　注解」（一）〜（三）（『鶴岡高等専門学校紀要』第20号〜22号、一九九一年三月〜一九九三年三月）である。また、松田氏には「酒田光丘文庫蔵「おそ桜の記」評釈」上・下（『同』28号、一九九三年一二月）もある。近年では、前田淑氏による『近世地方女流文芸集拾遺』（弦書房、二〇〇五年五月）に「おそ桜の記」の翻刻と解説が掲載されている。

本書の内容については詳説しないが、「○」印によって章段が区切られていて、その数は七一項目に及ぶ。折に触れて書き留められたものと思われ、時系列や内容が順序だっているわけではない。玄斎筆『病間雑抄』とは別筆である。但し、貼紙は玄斎筆と思われる。また、別項を立てるべきものが一項の態で記載されている箇所もある。細かく分けると八〇項目近くになる。翻刻に際して、読解の便を図り、項目の通し番号と小見出しを付した。

内容の多くは先人の和歌や同時代の和歌に関する文学的なことがらである。また、用字・用語に関する語学的なことがら、漢詩や歴史的なことがらも少なくない。狂歌や俳諧への言及もある。廉の知識がいかに広いものであったか、そして、その教えがいかに多岐にわたっていたかがわかる。「杉山の会」という語が見られるので、廉女のもとで歌を学ぶ集まりを「杉山の会」と称していたのだろう。本書からは、杉山の会、ひいては庄内藩の歌学のレベルの高さがうかがえる。

内容を大まかに分類する。

A　堂上歌壇や先人の歌に関すること　一二項目

B　歌の詠み方に関すること　一一項目

C　漢文・和文の言葉の使い方に関すること（罷・樗・春日野の飛火・呼び出しの「や」・とふ・草木7・それ・といふ・ものならし・年号の書き方・侍る・人名・友がきと友ごち・大君・がり・くさ・ふなぶり・道行ぶり・川を渡る・功・とみに・かいつけて・賜ふ・おはします・てふ）二五項目

D　庄内歌人の評価（伊藤文四郎、建部本之、久米景山、池田玄斎など）五項目

E　漢詩に関すること　三項目

F　歴史的な事項　四項目

G　本草学に関すること　二項目
H　狂歌について　四項目
I　俳諧について　二項目
J　飲酒について　二項目
K　玄斎自身による廉女の評価　八項目

注目すべきは、第48項において、一首のなかの同字について言及した後に、「冷泉前大納言為村卿へ奉窺し歌書」として「清輔奥義抄」、「顕注密勘」、「三部抄」、「八雲御抄」、「毎月抄」の歌論書を挙げていることである。「此所、秘封の所也」と書かれる。続いて、冷泉為村の「書付被下置し」ものとして、「六百番歌合」、「千五百番歌合」、「愚問賢注」、「明題和歌集」、「井蛙集」、「題林愚抄」、「鴨長明無名抄」、「三玉和歌集」、「耳底記」、「鵜本末」、「幽斎聞書」、「桐火桶」、「初学和歌式」、「竹園抄」がリストアップされている。廉女はこれらの歌論書や歌集について学び、教授していたのだろう。万葉集や勅撰和歌集、伊勢物語や源氏物語などの古典についても通暁していたことを考えると、歌学者としての廉女のレベルの高さが理解できる。そしてその教えが廉女や玄斎をとおして庄内歌人に浸透していたことは想像に難くない。

また、玄斎自身の随想として廉女に関する評価やエピソードを記載している記事からは、玄斎がいかに廉女を尊敬していたかがわかる。第34項では、歌人として「生得の才」「学成る事」「天寿」の三拍子がそろうことはなかなかないが、「吾師廉女ハこの三ツを兼（ね）られたり」と評している。とくに、歌学の問いには「鐘の撞（く）

に応ずる」ごとくに回答し、その「片言双辞」の教えであっても聞き捨てることができない、学問的には「後世無双」であると絶賛する。また、第40項からは廉女の歌人としてのありように対する評価のことばが続く。第41項では、七〇歳の老女でありながら、日々、数十首の和歌を日記のように反故の裏に書き留めていることに感服し、第43項では、物見遊山的に寺院への参詣に外出するのではなく、家に居て仏壇に香花を手向け読経してこその信心であるという廉女の発言に感心している。玄斎と筆談でやりとりしながら、廉女が玄斎の病を案じて「あまりにいとおしきなんど落涙もせられし事度々」であったと書く。玄斎にとって廉女の存在が大きく温かいものであったことが理解できる。

第35項には、藩主の酒井忠徳が、廉女を、上京する参勤交代の随行者にと打診してきたエピソードが書かれる。廉女は、忠徳同様、堂上歌人・冷泉為泰に師事し、高崎藩家老で歌人の宮部義正とも交流があった。多くの藩士が廉女に和歌を学び、添削指導を受けていたようすが本書からわかる。忠徳も、和歌に関する話を廉女から聞きたいと望んだのだろう。忠徳は、江戸で、廉女と宮部義正を引き合わせたいとも述べているが、廉女は、高齢と病弱を理由に忠徳との同道を断っている。続く第36項には、忠徳が廉女の歌風を嫌っているという噂があるが、それは、廉女の才能を妬む「愚人のいふ処也」と断じている。

庄内藩（現在の山形県鶴岡市）は日本海に面しており、京都・江戸から遠く離れている。しかし、和歌の文化レベルは高かった。江戸時代は北前船の交易で栄えたことはいうまでもない。本書を読めば、廉女の歌人としての素養が非常に高いことがわかる。中央の著名歌人にくらべても遜色がないというべきだろう。本書は、江戸後期の地方の文化水準を如実に示すものとして注目される。

忠徳の和歌活動については、錦仁の考察がある（講演録「庄内藩九代藩主・酒井忠徳の和歌修養―日野資枝たちの書状を解読する」〈『西行学』第十号、二〇一九年八月〉等）。錦は「資料の発掘と考察―庄内藩主・酒井忠徳の西行上人に手向ける歌など―」（『武蔵野文学』第六六号、二〇一八年一二月）において『築山鈔』についても言及した。その中で、忠徳は、堂上歌人・日野資枝に書状を通して丹念な和歌指導を受け、その教えに忠実であったこと、玄斎によって書き留められた廉女の言説は、日野資枝の教えと相通じること、廉女の講説は、忠徳の伝える歌学と相まって、庄内藩の文人藩士や文人町人たちの間に広まっていたことを指摘した。

翻刻にあたっては平林が下翻字を行い、不明の箇所や読み間違いについて錦が修訂した。また、各種の知見や意見を賜った。翻刻には思わぬ解読の間違い等があるかもしれない。ご指摘・ご叱正をいただければありがたい。

書誌

登録番号・玄斎文庫50
書型……写本一冊。大本（縦二三・二㎝×横一六・七㎝）袋綴。楮紙。
表紙……濃紺色無地。
題簽……「築山鈔　松園主人記　一」。左肩、子持枠辺。
内題……「築山鈔」（序文）。
丁数……墨付三一丁。

虫損あり。覚書の貼紙五か所あり。

凡例

原文を忠実に再現することに努めたが、読みやすくするため、以下の処置を施した。

一、句読点、濁点を付け、改行は適宜改めた。ただし、和歌は原文のままとした。
一、旧字体は新字体に直したが、人名などの固有名詞の場合は原文に従い旧字体で表記した場合がある。
一、送り仮名、あるいは文字を適宜補い（ ）書きした。
一、分ち書きの箇所は〔／〕で示した。
一、原文の通例に従い「　」を補ったところがある。
一、貼紙の翻字は省略し、影印で示した。
一、虫損によって判読不能な箇所は□で示した。

翻刻

なお、本書は国文学研究資料館の公開デジタル資料に収録されているが、翻刻に当たっては原本および原本を写真撮影した画像を用いた。項目ごとに通し番号と小見出しを付した。また、必要に応じて各項目ごとに私注を記した。未詳のことがらや調査が不足している点も多い。ご教示を願いたい。

築山千仞、咸以右累簣之効也。如詩歌無然故、名其書曰、築山鈔而巳。

松園懶叟識」（扉）

築山鈔

此書は築波山のこのもかのものことの葉しげく、深山の枝折もたど〲しく道踏（み）迷ふべき事を慮りて、ちが（千賀）の塩釜ちかき吾国のふるごとより、唐国盛は仏菩薩の教（へ）までも遠きを探り、ながきをさりて限なく書（き）あつめぬ。おのれ如きうひ学のなき人なるは、けふの細布独り」（1オ）せまく、浅香の沼のあさき心もて和歌のうらはのふかき教（へ）に、志ざしをはこぶ事おぼろげの業にあらず。抑、世の賢き人は一たびしてこれをよくすべきを、愚（か）なる身は、蜑のたく縄百千度同じ事をくり返して怠りなく、見るにつけ、聞（く）に随ひ、葦にものして朝な夕なの枕事、とりてあそびなんには和歌の浦のふかきより、玉を求め築波山《ママ》の高き月」（1ウ）影をも見ぬべきものをと、則、築山抄《ママ》とはいへるなり。

享和二ツといふ歳

きさらぎの末　松園主人禮孺誌」（2オ）

（白紙）（2ウ）

築山抄《ママ》

松園主人　稿

【1】朝廷の歌風

○当世、朝庭の和歌の風義は、まづ新拾遺集の躰を目当にして詠ずる事也。しかるに、地下の歌よみと称する輩ハ、和歌に時代ある事を知らずして、作例を取（り）てよむゆへ《（ママ）》に、当時の風には不叶。たとへバ、今日勅撰集ありてこれを撰（ぶ）にそのえらびやうといふものは、時代を合（は）するを撰ぶといふ事也。必（ず）しも秀歌を撰ぶにあらず。夫ゆへ《（ママ）》、世々の勅撰にさのみ勝（り）たりと見へ《（ママ）》ぬものも多し。たとへば、古人の歌ニても当時の風に合（ひ）たる哥は別集に入（れ）らるゝ也。その心得なく歌よむゆへ《（ママ）》に時代違（ひ）になる也。能因歌をよミても堂上には地下の歌を見下してとらぬなどゝいふはその訳をしらぬ僻事也。兎角当時の風は雪玉集以後の風也。是に叶はざれバ当時の風にあらず。しかれども新拾遺は勅撰の集故に、表はこれを立て、実は雪玉集を見るべし。雪玉集の元の名は聴雪集といふ。逍遙院どのゝうやま」（3オ）ひて雪玉集と後にいふ也。かの集は三条西逍遙院右大臣実隆公の集也。

禮孺按（ずる）に、雪玉集、柏玉集、碧玉集を合（はせ）て三玉集といふ。実に逍遙院実隆公は抜群の御上手也。此事ハ義正が扣ニや、堂上の事を書（き）たるちぎれたる文ゟ見出して前条を記する也。其時代の風に合（は）せて読（む）事ハ人々の志にあるべし。いかんぞ三代集を亀鑑とせずして後世の風を専（ら）とせんや。義正の歌は才藻は独歩といふべき人ながら、余りニ歌の躰かる〲しく志の見へ《（ママ）》たる歌は稀也。おのれ常に義正をもて宋の詩人秦少遊が詩に比す。少遊が詩は只々眼前の風景を自由自在に才にまかせて作りたるものゆへ《ママ》、草に滞渋なく雨露のごとく也。義正が哥も上手ニ巧（み）に詠ずるとハいへども、古人の歌のごとくに感にたへずわれしらずに落涙するが如き歌はなき也。和歌の躰は近来ニては吉川惟足などは感も」（3ウ）ふかくして和歌の体重〳〵しく覚（え）侍る也。その名歌といふは、

思へ人けふの人の思ひ子よわか思ひ子に思ひくらへて

物まなふしはしかうち八外にいね又はかへるの名にはなくとも

前の歌ニては戸塚の駅の奴をたすけ、奥の歌にては池の蛙を感じ侍る事、此書の後にくはしく記しぬ。

《私注》

＊廉女は、和歌・連歌・漢詩や源氏物語などの古典に通じ、古今伝授の継承者である三条西実隆（康正元年〔一四五五〕―大永六年〔一五三七〕）を高く評価し、折に触れてその家集『雪玉集（聴雪集）』に言及していたようだ。『雪玉集』を含む三玉集について、第21項に記述がある。日野資枝から酒井忠徳に宛てた書状（致道博物館蔵）によると、忠徳が資枝から貸与され、書写した『詠歌一躰備忘』でも『雪玉集』は範とすべき歌集とされる。本居宣長も『あしわけをぶね』に「西三条殿逍遥院実隆公、和漢の才ありて、ことに歌学に達し、詠歌もすぐれ玉へり」と記している。

＊義正は、宮部義正（享保一八年〔一七三三〕―寛政四年〔一七九二〕）のこと(2)。別名、忠八・孫八・三藻とも。『新編庄内人名辞典』（庄内人名辞典刊行会、一九八六年一一月。以下、『庄内人名辞典』と記す）

には、「歌人。上州高崎藩の家老。和歌をよくして、公卿の歌人冷泉為村に師事したが、のち故あって義絶となる。その後義正は庄内藩主酒井忠徳に和歌の師として仕えて扶持をうけ、妻の万もまた和歌にすぐれた」とある。冷泉為村の歌論を書き留めた『義正聞書』がある（近世和歌研究会編『近世歌学集成』中〔明治書院、一九九七年一一月〕に翻刻）。「義絶」の経緯については、致道博物館所蔵の酒井忠徳宛日野資枝書状（整理番号089―1）の解説を参照されたい(3)。書状には「結び短冊」の口伝に関する注意事項が書かれるが、その中に「此伝、冷泉家にハしらず候」「義正入道へハ、かたく御もらし有まじく候」と書かれる。この手紙の内容から、錦は、義正が「冷泉家の門人であったので警戒し」「門人としての守らねばならぬ義務・責任を逸脱する行為があったに相違ない」とする。錦によると、義正は一種の裏切りで資枝に断交されるが、忠徳は生涯義正と親しくした。

義正は廉女とも師弟関係を結んでいた。玄斎の『弘采録』所収の「廉女小伝」には「宮部義正を師とせられ、後に冷泉大納言為泰卿の門に入り、しばしば詠草を奉りし」と記される。義正については第12項でも述べる。また、第35項に、藩主忠徳が参勤交代の道中の話し相手として廉女を伴いたいと言ってよこした記事がある。その際、江戸で廉女を義正に引き合わせたいということばが添えられていた。

ここでは、禮孺すなわち玄斎は、義正の歌風を、宋の詩人少游になぞらえ、軽々しく巧みに詠まれているが、感に堪える歌ではないと評している。

＊「少遊」は北宋の詩人・少游（秦観）のこと。皇祐元年（一〇四九）―建中靖国元年（一一〇一）。『世界文学大事典』によると、「字は少游、また太虚。高郵（江蘇省高郵県）の人で、出身地にちなんで秦淮海

とも称した。徐州（江蘇省）の知事に在任中の蘇軾に詩文の才を認められ、のち〈蘇門四学士〉の一人に数えられる」という。政変により左遷され、復位がなるも客死。その詩風は「感傷的で、女性的な繊細さを特色とする。詞の世界に豪放派の名でよばれる新生面を拓いた師の蘇軾が、詞を詩に近づけたのとは逆に、秦観は詩を詞に近づけたと評することができよう」（同事典、山本和義執筆）とある。

＊吉川惟足（元和二年〔一六一六〕—元禄七年〔一六九五〕）については、第15項でも言及される。惟足は、江戸時代前期の神道家で儒家神道系の吉川神道の創始者。『国史大事典』によると「惟足は生来和歌を好んだが、歌道への精進から日本古典、さらに神道の研究に入り、承応二年（一六五三）三十八歳で上京して、当時吉田神道の最高権威たる萩原兼従の門下になった」という。また、「四十二歳で紀州藩主徳川頼宣の招見に成功して以来、つぎつぎに有力大名の信頼を得、多くの武士が入門した。その教えを聞いた大名に芸州三次の浅野長治、相州小田原の稲葉正則、奥州弘前の津軽信政らがいるが、最も重要な人物は会津藩主保科正之である」、とある。津軽信政との関係については、錦の考察がある(4)。

【2】鴨長明『無明抄』の『後撰集』評

○後撰集は古今集を撰まれて間もなく撰（ば）せし書なれば、能き歌ハミな古今集にとりつくされて甚（だ）能き歌は得がたくして姿をえらバずして心を先とせり、と長明が無名抄にいへり。梨壺の五人とは後撰の選者也。能宣、元輔、源順、望城、時文也。此内上の三人は達人の名あり。望城、時文ハ、父が子といふ事也。望城は坂上是則の男、時文は紀貫之の男也。

【3】蜻蛉草

○月草の事、吾師廉女は蜻蛉草也といへり。予思へらく、漢名を鴨路草といひ、花を碧蝉花といふにや。此艸は月かげに咲けば月草といふ也。これをもて染（む）る衣を月草の衣といふ也。東海道の山田草」（4オ）津の駅の近辺には、六、七月ころ、此花を摘んで紙に染（め）もやうの下絵に用ゆといへり。庄内の蜻蛉草とハ異なるやう也。遂而可考。

《私注》

＊『日本国語大辞典』によると、蜻蛉草はカタバミ、カヤツリグサ、ツユクサ、ヒメウズ、スベリヒユなどの異名あるいは方言とのことだが、月草がツユクサの古名なので、ここはツユクサのことである。『本草和名』（延喜一八〔九一八〕）や『観智院本類聚名義抄』（平安末期）には「鴨頭草」という表記が掲載される。

【4】入鹿の乱での古書の喪失

○十寸穂が著す処の加魔抜に日本の旧記は入鹿の乱に焼尽したりといふ事あり。此事を廉女に問ふに、師曰、入鹿が家に火をかけ焼（き）しかば積（み）置（き）たる書ども大方焼（け）ぬるを舟人《フネノヒト》と云（ふ）人、漸々とり出（だ）して、残篇世に侍ると云（ふ）也。秦の経書を焼（き）たると同じ事也。しかれども同じ実志也。

《私注》

＊「十寸穂」「加魔抜」、未詳。「入鹿の乱」は、皇極天皇二年（六四三）、入鹿が反蘇我氏勢力の筆頭だった山背大兄王を斑鳩に急襲した事件。しかし、中大兄皇子・中臣鎌足らの改革派の勢力が増し、大化元年（六四五）、入鹿は佐伯子麻呂らによって暗殺された。

【5】賈島の詩

○金峰山南頭院に、明の僧、心越東皐禅師の一軸あり。予も久しく借り置（き）けるに、筆勢漸々奇観とすべし。山鐘夜渡空江水、汀月寒生古石楼の二句あり。諸友ミな明人の詩なるべしといへり。今日廉女へ参りて三韻詩をよむに、これ賈島の詩也。全篇を掲げて後日の談柄とす。

早秋寄題天竺霊隠寺　　中唐賈島

岑前峰後寺新秋。　絶頂高窓見沃洲。
人在定中聞蟋蟀。　鶴曽捿処掛獮猴。」（4ウ）
山鐘夜渡空江水。　汀月寒生古石楼。
心憶懸帆身未逐。　謝公此地昔曽遊。

《私注》

＊金峰山は、山形県鶴岡市の金峯山《きんぽうさん》で標高四五八・五メートル。山頂からは庄内平野が見渡せる。山頂には

奈良県吉野の金峰山《きんぷせん》から勧請した金峯《きんぽう》蔵王権現を祀る金峯神社がある。修験道の霊山として栄えたという（金峯神社公式ホームページ http://www.kinbou.net/ による）。

＊心越東皐は、心越興儔《しんえつこうちゅう》（崇禎一二年〔一六三九〕―元禄八年〔一六九五〕）のこと。江戸時代に中国・明より来朝した禅僧。『国史大事典』に、「詩才豊かな学僧で、金沢八景の命名者としても知られるが、そのほか篆刻にも秀いで、文人趣味的な絵も能くした。また来朝の際に持参した七弦琴の演奏法にも才があってこれを盛行させた。能書家でもあり、楷行草隷の各種の作品が数多く現存」とある。

【6】建部本之の歌の評価

〇六月三日の会に建部本之が山家水の題によめる、
山すみの庭の岩根におり立（ち）てむすふ手あかぬ水のすゝしさ
廉女、此歌をめでさせ給ひ、哥中有画との賞評あり。唐の王維が詩は詩中ニ有画といへり。面白躰をいふなるべし。

寄玉恋
思ひたへひかりかくれしあら玉もいつかは人に逢（ひ）てはつ《て》たる
卞和《べんか》が僕の故事を能（く）よみ侍り。二首とも本之が詠草ゟうつす所也。

《私注》

＊建部本之は建部山比子《たてべやまひこ》（重太郎・敬義・山彦とも）。安永七年〔一七七八〕―天保十年〔一八三九〕。庄内藩の祐筆で廉女の門人の一人。『庄内人名辞典』に、本居宣長と親交のあった富小路貞直（宝暦一一年〔一七六一〕―天保八年〔一八三七〕）にも歌学を学び、自身も多くの門人を指導したとある。『建部山比子歌集』がある。本書第19項でも言及される。

【7】頓阿と和歌四天王

○草庵集の事を聞（く）に、頓阿ハ名人也、と廉女賞し給ふ。禮孺いへらく、頓阿が歌、位ありて安らか也。いかさまニも了弁、慶雲、兼好と三人の上に立（ち）たる人ゆへ《（ママ）》左もありなん。しかれども、兼好は徒然草の一書にて三才の童子もその名を知れり。著作の功もまた大な」（5オ）らずや、と云（ふ）。廉女笑（ひ）て曰、しかり。しかれども、和歌も太平記のころハ衰へたるにて、歌の風裁《（采）》、甚（だ）あしかりしを、頓阿出（で）て中興したるは、遙々和歌の道に功あるなれバ、識者は頓阿を愛せん。右四人の内、頓阿はかしら也。了弁、慶雲ハ腹也。兼好は尾也、ト古人いへりし、とぞ仰（せ）られき。

○禮孺按（ずる）に、頓阿、貞治二年の比ハ老者に至りしかども、和歌の道の近代衰微して体裁あしきを愁（ひ）て、摂政良基公と清談をかさねて、正風体に改《（あ）》らため後世の亀鑑とはなせり。その問答を愚問賢註と名づく。和歌は為家卿の門人也。井蛙抄を著せり。和哥の四天王とは、頓阿、慶雲、浄弁、兼好也。廉女の了弁と宣ふは、浄弁の事也。廉女、兼好を尾也と宣へども、その中ニも慶雲いと劣れるにや。只歌の劣れるのミならず、心もさむしきと思はるゝハ、新千載集に慶雲が歌四首入（り）しを大（ひ）に喜びて撰者を九拝して感涙を流しけるが、頓阿が哥」(5ウ)余首入し、と聞(き)て、我が歌を皆切出し取除きしとぞ。人を妬むの心浅ましからずや。慶雲ハ常々懐レ述申せしとぞ。世を恨むよりして心も卑下ならん。

【8】禮孺の歌の評、藤原清輔の和歌、及び光格天皇御製詩・和歌

○禮孺、天池貞孺を送りし歌に、

別れては又逢ふ秋も久方の月に幾夜か君を思はん

此久方の枕ことバ、能(く)つゞきたりと賞し給ひし。玉に路夕立といへる題に、

玉鉾の道行人はぬれ衣着つゝ宿とふ夕立のあめ

此歌はよけれども、枕詞、近代は上の句の始めに置(く)事なし。いかなれば、三十一字にもなを《ママ》言葉たどらぬに、無用の枕詞は弥《いよいよ》こと葉つまり、窮屈ニなりてあしきと仰(せ)られし。其事ハやつがれも知(り)たれど、哉の留(め)も慥(か)にしつかり留(ま)り侍れバ苦しからぬよし。路の夕立の題なれば、玉鉾の道は無用の枕こと葉ともいひ難し。いかにや尚又、遂而賢慮を聞(か)ん、と爰に空帋を残せし也。千慮一失は智者もまぬがれがたし。為村卿の教(へ)にも、久方の月のかつら、あし」(6オ)引の山郭公、玉鉾の道行人、といふ詞は幾度もよまずしてハ歌は出来難し、と仰(せ)られしゆへ《ママ》、禮孺ハ此心得にてよみけるなり。後日の会に詳(か)に承るべし。

藤　清輔

川水久澄

年へたる宇治の橋守ことゝハん幾世になりぬ水のミなかみ

此歌、清輔出題なりしに、此題を取（り）て各の哥は出来たれども、清輔出来せで久しく詠（ま）れで此哥を書（き）て出（だ）されし也。会過（ぎ）て被申は、此五文字別にあらんかと心を砕きて案（ぜ）しに侍らず、と被申し也。如此執心せられし心ハ、としへたる、といひて、末にいく世に成（り）ぬ、と云（ふ）処いかゞと思意せられしと也。されども、宇治の始りを問へ人には、年経たる者ならでは答（へ）じ、と理を付（け）たる歌也。本哥は、

　千早振宇治の橋守なれをしそ哀とハ思ふとしのへぬれは

古への人は、かゝる証歌をきつと踏（み）てよミたるものニ而、当時の人の胡論なるには事かハりたり。」（6ウ）

新宮成後

今上皇帝御製詩　手書賜征夷大将軍

遥慕周文囿　不羨漢武台　旧章一是率　新築本非催
百工忽告竣　整駕自東廻　拭目九重裏　九重実美哉
西殿応規矩　四門総崔嵬　燕雀遶簷集　桜橘挟階栽
豈其為逸豫　講礼共徘徊　委佩群僚会　将幣九州来
素心既巳足　起臥感塩梅　欣然歌思動　乙夜薄言裁

御製之歌

殿つくりみかき立（て）たる嬉しさに心を見する大和ことの葉

今上皇帝御諱を親仁と申（し）奉る。難有（り）御詩哥にぞありけり。

《私注》

＊玄斎の歌に関する廉女の評価、嘉応元年（一一六九）の関白藤原基房家の歌会における藤原清輔の歌についての話、そして、光格天皇の第一一代将軍徳川家斉の御世を称える漢詩、と和歌についての記事が並ぶ。

＊天池貞孺、未詳。本書第53項に、「天池京へ上りしゆへ」という記述があるので、ここでの礼孺の送別の歌は天池貞孺が京へ赴いたときのものと思われる。

＊為村は、冷泉為村（正徳二年（一七一二）―安永三年（一七七四））。江戸中期の堂上歌人。冷泉為久の子。冷泉家中興の祖。烏丸光栄に学び、霊元院から古今伝授をうけ、柿本人麻呂、山部赤人の歌を理想とした。『為村卿和歌』『冷泉大納言三百首』がある。門人が多く、小沢蘆庵、石野広道、慈延などがいる。宮部義正も師事した。第12項、第48項にも登場する。

＊清輔の「年へたる」の歌は、『新古今和歌集』巻第七賀歌の七四三番。詞書に「嘉応元年、入道前関白太政大臣、宇治にて、河水久澄といふ事を人人によませ侍りける」とある。

＊光格天皇の「新宮成後」の五言古詩は『続徳川実紀』「文恭院殿御実紀」の寛政二年十二月二十八日条にある。但し、七句目「九重裏」は「向城雉」、八句目「九重実」は「城雉亦」、一一句目「遶」の字は「繞」。

【9】罷の用字法

○牛馬問（に）曰、罷の字は黜《シリゾク》也、休《ヤスム》也、了《ヲハル》也、と註して、今、和俗の常に用（ふ）る意ハ的当せず。罷（り）帰（る）といふは尤（も）なれども罷（り）出（づ）るといふ字義ハ不当也。然れども、此こと葉古きならハしにや。万葉集に、

百敷の大宮人とまかり出て遊ふこよひの月そさやけき」（7オ）

《私注》

＊牛馬問は儒学者・新井白蛾（一七一五―一七二九）の随筆。第27項にも記事がある。

【10】為世と頓阿

○為世卿と頓阿、初（め）而短冊を制したりと云（ふ）。その比、好事の人、諸家の短尺を屏風に張《（ママ）》（り）けるを見て、

一客ありてよめる、

敷島の道そかしこきたけ高くはたば《（ママ）》りせまきもしそことなる

《私注》

＊為世卿は二条為世（建長二年〔一二五〇〕―暦応元年〔一三三八〕）。鎌倉・室町時代の歌人で、頓阿の師。連歌もよくした。大覚寺統の庇護を受け、後宇多院に『新後撰和歌集』を奏覧。歌論書『和歌庭訓』を著した（『国史大辞典』による）。錦仁は、烏丸光栄や日野資枝から、酒井忠徳に伝えられた歌道精神に、「為世・

頓阿の二条風」があり、それは廉女の歌学と変わらないことを指摘する(5)。

【11】柿本人麻呂の和歌

○人丸は神亀元年三月十八日、石見の国美濃郡高角山に卒せり。その旧里なり。

石見のや高角山の木の間より浮世の月を見果（て）つるかな

右（の）和歌、今も人丸寺にありと云（ふ）。明石の社は、ほのぐの歌の旧都なれば、後人造営せしと也。

禮孺曰、歌聖人丸を大明神に祭りしハ近来の事也。享保の比かと承（り）し也。さればこそ、高角山の手向（け）の歌には、多くハ神の事を読《ママ》（む）は後世の事也。古哥ニは、只月かげ山の高きなん、とよミ置（け）るのミ也。哥人心得べき事也。享和二戌夏の高角山の手向（け）の歌に、やつがれよめる、

雲晴（る）ゝ高角山の月影は唐人もあふきみるらん」（7ウ）

【12】松井幸隆の歌風

枕山の会也

○十一月三日、幸隆打聞を借し給へバ、予問（ひ）て曰、幸隆は歌道ハすぐれたると見候へども、義正程には名も弘く無之候。義正にハ及（ぶ）まじきや、いかにと。

廉女答（へ）て曰、人の幸不幸は古今同軌ニ候。人丸明神ハ人々格別尊敬ニ候へども、赤人ハ信も薄きやうに相見へ《ママ》候。幸隆も中々義正ニも劣るまじき歌人に御座候。しかれども義正は妻子迄歌道信心いたし、且、其

身も太夫の職故、財も富（み）候と見へ、歌集も上梓いたし候のが多く御座候。幸隆は詠草も稀なるものにて、世人も今ハ知らぬ勝《がち》ニ候。随分の歌人義正に勝劣ハ分りかね候。殊更幸隆か師とたのみ奉りし中院通茂卿ハ、近来の御名人にて、為村卿にも超へ《ママ》給ふべき御方に候と仰（す）也。

予又、問（ひ）奉るハ、通茂卿の御歌御存（じ）被成（ら）間敷（く）候や。

廉女二三首覚（え）居（り）候とて御書（き）被成（ら）、通茂卿の御歌に、

何を愁ひ何をかなけく世のめくミ余る斗の身をハ忘れて

　　田家雨

心あらん人に見せはやふせきえぬ小田のわらやの雨のあらしよ」（8オ）

存（ぜ）ぬ事ながら、難有御詠也。

《私注》

＊幸隆は松井幸隆。生没年未詳。『大日本人名辞典』によると「江戸時代前期―中期の歌人、国学者。遠江（静岡県）掛川の人。京都町与力をつとめる。中院通茂の門人。元禄九年（一六九六）「三玉和歌集類題」、正徳二年（一七一二）「愚問賢註六窓抄」をあらわす。本姓は山田。通称は帯刀善右衛門。号は六窓軒」。

＊中院通茂（寛永八年（一六三一）―宝永七年（一七一〇））は、江戸時代中期の公家、歌人。『国史大辞典』によると、祖父・通村、父・通純、および後水尾上皇より歌学を学び、寛文四年（一六六四）、上皇より古今伝授を受けた。『老槐和歌集』『中院通茂日記』等がある。

【13】狂歌

○又、問（ひて）曰、近来の狂歌は扨々盛（り）になり行（き）申（し）候。誠（に）狂哥師と申（す）ものハ何もしらぬ者斗にて、それが宗匠の、判者の、と申（す）事、甚（だ）片腹いたく覚（え）申（す）、といかゞ。廉女答（へ）給ふハ、賭博も猶止（む）にまされり、と孔子も被仰候。狂歌はあしき事ながら、月を賞し花を翫ぶ心もおこり候ハ風雅の片われに御ざ候へば、隙な商人、或ハ隠居など随分可然事也。しかしながら一句何文十句何銭などゝ申（す）事に成（り）候（ひ）而、今の狂哥いやしく成（り）果（て）申（し）候。なげかしく候、との御咄也。時に又、問（ふ）、古人にも狂歌被成（さ）候御方御座候や。廉女曰、随分御座候。後水尾様など別（き）て御上手にて御座候。定家卿も折々ハ御慰（み）に御よみ被成候事御座候。無心あき人の米一石借（し）玉ハれ、と申（し）こしたる時、五斗俵を遣（は）されけるに、定家卿の御詠に

定家か力のほとを御覧せよ石をふたつにわりてこそやれ

此等は古人の興にて面白（く）御座候。当時の狂哥ハみだり至極にて」（8ウ）父母の前などにてハよみ難き事斗也、と歎じ給ふ。

【14】飲酒と和歌

○同日、一瓢酒を持参して、廉女とくみかハし、いたく酔（ひ）たる時、此瓢に一首あそバし候へ、酒は和歌の種也、と申せしかバ、廉女とりあへず、

大和歌の心のたねとなりひさこ友の情もあつきましハり

【15】吉川惟足の歌学

○十一月十三日の杦山氏（の）会にて予、問（ひ）奉る。吉川惟足ハ歌学いかゞ御座候や。戸塚の駅の哥なんど人口に膾炙いたし候。いづれよく人心を感動せしめたる事と存（じ）候いかゞ。廉女曰、吉川翁ハよみ方ハ兎も角も、誠より吐（き）出（だ）したるものゆへ、世の教誡ともなり候事多く御座候。啻に人を感ぜしむる斗にも無之候。鳥獣魚虫までを歌にて感伏せしめ候事御座候。

　神道伝授し侍りけるに、池の蛙の多くすだきて学の通を妨（ぎ）ければ惟足翁、

　此《○物》まなふ此ほと斗外へいねのちハかへるの名にハなくとも

此歌を池の中へ入（れ）候へバ、蛙の鳴（く）も止り候よし、妙なる事にて御座候。尚逐而御はなし可申、との御事也。」（9オ）

【16】鶴城八景

○同日、予問（ひ）奉る。鶴城八景と申（す）事、諸哥に作り候段、今まで御よみ被成事無之候や。廉女答曰、なる程永井澄寛、久米景山など古く申（し）伝へ候由、咄しにて御座候。今ハ忘れ候由仰（す）也。依而予申（し）上るハ、伊藤文四郎が霍城八景の詩を作り置（き）候間、可然御用とて取（り）出（だ）し候所、謂、八景とハ、

赤川夜雨　井岡夕照　羽黒晩鐘　袖浦落雁

金峰秋月　鳥海暮雪　最上川帰帆　千安野晴嵐

など、取（り）合（は）せたる詩哥ござ候。文四郎、詩歌とも不面白か、と申（し）上（げ）候へバ、いかさま文四郎ハ我まゝなる哥にて候。私、弓之助方へ居候時、度々添削を乞ひに参り候、と廉女御はなし也。此題にも逐而よみ可申との御事也。

《私注》

＊『庄内人名辞典』によると、永井澄寛（生没年未詳）、久米景山（宝永三年〔一七〇六〕―宝暦八年〔一七五八〕）、伊藤文四郎（梅義、生没年未詳）はいずれも庄内の歌人。永井澄寛、久米景山は庄内藩士。景山は上京し荻生徂徠、太宰春台に師事している。廉女は六歳のころ景山に歌の添削を受けている。伊藤文四郎は、田川郡添川村青竜寺組大庄屋で、廉女の弟子である。久米景山の記事は、第25項、第48項にもある。

＊弓之助は、廉女の弟、杉山宜袁《よしなが》（寛保元年〔一七四一〕―文化八年〔一八一一〕）。『庄内人名辞典』によると、忠徳の家老を務め、和歌に長じ、学問に通じた。著書に『大泉事跡考』、『大泉百談』、『見分私記』、『本朝人物志』がある。

【17】伊藤文四郎の和歌

○文四郎などの歌はいかさま我まゝまなるものながら、流石に風流の心ざしは憐（れ）に覚へ《（ママ）》侍る也。文四郎が著書、稿を祝せざるもの金峰山通観上人ひめ置（か）れしに。小吏たりといへども志あるものと覚へ《（ママ）》て、其

為レ人もゆかしく侍るまゝ、文四郎がよミ置（き）たる庄内八景の哥を爰に掲ぐべけれど、歌はちぎれて見へ《ママ》ぬ方多し。」（9ウ）

赤川夜雨

世路是誰覚倦否　往来絡繹夜難休　南帰旅雁深更雨　喚起舟郎暗撈舟

井岡夕照

鶴皐城畔古僧房　磨石題詩写繍腸　友照斜残紺殿影　揮毫更欲傚魯陽

羽黒晩鐘

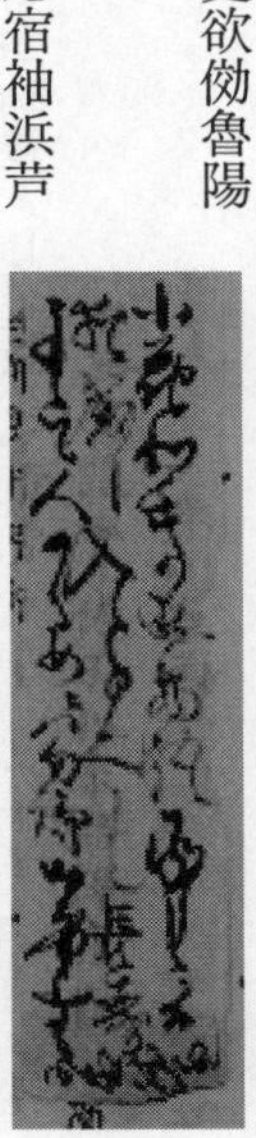

貼紙1

雁帰南浦草将枯　遊戯自由不覚哺　主迓海南賓従北　今宵応宿袖浜芦

右、袖浦落雁

翠越相摩星斗邇　銀河毎駭牧牛鳴　飛楼遙報桑楡暮」（10オ・貼紙1）行客耳邉急数声

右、羽黒晩鐘

詩は皆此風栽にして宋調也。当世は五尺の童子も恥（ず）る所也。歌は頗る調をなせり。

袖の浦にてよめる

袖の浦露は浪にあらわれ《ママ》て千尋の錦春はきにけり

只、文四郎が志をあはれと思ひしまゝ記し置（く）也。

《私注》

＊通観上人は、通寛のことか。『庄内人名辞典』によると、通寛（宝暦七年〔一七五七〕―文化一四年〔一八一七〕）は、真言宗智積院で修行。湯殿山大日坊で受戒し、金峰山空賢院住職となる。管弦・書画を良くし、藩士相良助右衛門と交友。同辞典によると相良助右衛門（宝暦七年〔一七五七〕―文化元年〔一八〇四〕）は庄内藩の支藩である松山藩主・酒井忠礼《ただのり》の近習。江戸の画家・渡邊玄對の弟子である塙伊助とも昵懇だった。塙伊助について玄斎は『弘采録』第五〇冊に、「画事の談は多くは塙花傾《(ママ)》に聞きたり。此人は、数年東都に在りて、邊瑛（渡邊玄對）に親炙せられしかば、自運は拙けれども能き事は多く覚へ居られたり」と書く(6)。玄斎は書画にも優れており、随筆の随所に書画に関する言説がある。なお、渡邊玄對は、松代藩六代藩主・真田幸弘とも親交があった。幸弘の追善句集『ちかのうら』には、玄對の千賀の浦の絵と幸弘の「名月やこゝろに千賀の浦のなみ」の句が画賛として載る。

【18】樗

○樗ハ、おふちと読む。紫の花咲（く）ものと見ゆ。龍昭樹といへる説ハ非也。此木は樗、櫟などゝ称して良材にはあらぬ故禁庭にも外苑に植へ《(ママ)》て内苑へ入れずとかや。夫木集、

あふち咲（く）北野の芝生五月きぬ見さりし人の形見斗に　定家」（10ウ）

【19】建部本之の和歌

○建部本之ハ歌才すぐれたるものなれども、家貧にして且公務のいとまなく学問もなかりしかば、享和二戌夏、のり孺《(禮)》に逢（ひ）て本之以来は文学に心をとめ可申とぞきこへけり。禮孺笑（ひ）ていへらく、古人も文時、朝綱が読《(ママ)》（み）たる秀歌なし。躬恒、貫之が作りたる秀詩なしといへり。此基俊が俊頼を文盲の人とあなどりしを、俊頼右のこたへられし事を今のり孺《(禮)》戯（れ）にいひし也。建部黙然たり。後に笑（ひ）て公の意、誠に尤（も）也と答ふ。

【20】拾遺集「世の中に」の歌

○古人のやすらかにして感ふかき歌は、

拾遺　世の中にうれしきものハ思ふとち花見てかへる心なりける　兼盛

かゝる歌は古哥の体に多し。

【21】三玉集

○三玉集は、柏玉集ハ後柏原院の御集なり。雪玉は逍遙院、碧玉集ハ称名院殿、合（せ）て三玉集といふ。しかれども雪玉集はあまりに手際のきゝ過（ぎ）たる者ニ而此体を学び侍れば哥の風あしくなり、工《(たくみ)》に失すといふよふニなる。古今集、三代（集）までは初唐・盛唐の風なり。十二代集の晩唐めきたるも自然の教（へ）なり。頓阿出（で）てより哥の風を再興したれ」（11オ）ども、其後の風、自ら工になりて明詩を見るやうに実情が薄く、只々詞遣ひを自由自在にいひくるめたるものになり行（き）ぬ。無拠事也。

【22】歌を詠む時間

○古人曰、当座哥をよむ心を詠草として書（き）出（だ）す所を清書とす。能々吟味すべき心得ニ候。又、歌をよむ事ひねもすに哥学して夜《ママ》るなどあかつきにかけて哥をよむべし。夜の哥を早朝見候へば、よる能（く）出（で）来たると思ふ歌、言葉つゞきあしく候をひき直し可読《ママ》也と云々。廉女常に此二条を深く信じ、人にも深く教（へ）られし、誠にさる事也。

【23】親句疎句

○禮孺問（ひ）て曰、親句疎句とはいかん。廉女曰、親句とハ常にいふ縁ある詞の事也。又、五音相通、見へぬ《ママ》きて」たちかへしけり」など、タチツテトノ相通、又、五音連声、ほの〴〵と、をちの外山に、トヲ引声をとなる也。爰に一首親句の例を掲出す。

梅の花それとも見へす久かたのあまきる雪のなへてふれゝは

久方のあま斗親句也。これを則親句といふ也。疎句ハ親句の反例にしてこと葉つゞかず心通ずる也。又、一首を出（だ）す。」（11ウ）

木の葉ちる宿はきゝわく方そなき時雨する夜も時雨せぬ夜も

是が疎句也。かやうの事、毎句あるべきにもあらず。又、人各よむべきにもあらざれども自然と沙汰する時の用也。歌人は覚へ《ママ》て居ねば済（ま）ぬ事也。幽斎翁も親句の歌に秀句無之由申されきと。以上廉女の教（へ）なり。小子思へらく、此等は詩論と同日の事、只談柄となるべきのミ、哥は如此穿鑿過（ぐ）るがあしきと思はる。

【24】きぬぎぬの用法

○小子初学の人に、きぬ〴〵といふ詞はいかゞと問（は）れ、はたと困りたる事あり。源氏などのむつかしき言葉は覚（え）居て、あまりニ安き事ハ却而忘るゝもの也。右の事を廉女に咄セしに笑ひ給ひて、老婆抔も折々侍る也。能（く）も聞（き）尋ね給ふものから、衣〴〵と暁方の別（れ）の事、その故は男女の寝衣をも一ッに寐たる時は同じ床にあつまるを別るゝ時は、衣と〳〵（衣と《マヽ》）にはなれ別るゝ故にきぬ〴〵と申（す）也。

明ぬれとまた衣〳〵に成（り）やらて人の袖をもぬらしつるかな

右は新古今の証歌也と宣ふ。はじめて知りぬ。人は必（ず）しも」（12オ）問を好む事なり。

【25】禮孺の久米景山送別歌

○廉女、久米景山の石原氏を送りし送別の哥を賞し給ふ。

明けは又君行（く）方と詠むらんけふは余所なる峰の白雲

景山、此哥甚（だ）出来の歌也といへり。小子思へらく、能（く）本歌をとれり。古哥に、

明（け）ハまたこゆへき山の峰なれや空行（く）月のすへのしら雲

是、本哥なるべし。景山の歌才賞（す）べし。

【26】古今伝授

○古今伝授等の事は貫之よりの伝来にあるべきやと答ふ《(ママ)》に廉女曰、上代に和歌の伝授と申（す）事、何事ニも見へ《(ママ)》不候。藤原基俊抔の比よりいひ初（め）たる事ニ候や。定家卿詠哥大概といへる書にも和哥無㆓師匠㆒唯以㆓旧哥㆒為師とのたまふ。和哥の道も末ニなりて人のしらぬ事をば秘して語らず。人にゆかしがらせてゟ此等の事発起せしニや。古今伝授と云（ふ）も三木三鳥などゝて大事ニいたし候。よぶこ鳥の哥を考（へ）候に、同じ鳥を呼子鳥と」（12ウ・貼紙2）よめるやうにも聞へ《(ママ)》ず候。大かた此歌に、何の秘事、何の事といふ、人の知らざる事を秘していへるに御座候。半（ば）歌道の衰微なげかしき事ならずや。近来、其角とやらんいへるもの、呼子鳥の発句に

猿ならハさるにしておけよふ子とり

洒落なる事ながら不扼の意、面白く候。

（＊貼紙2）

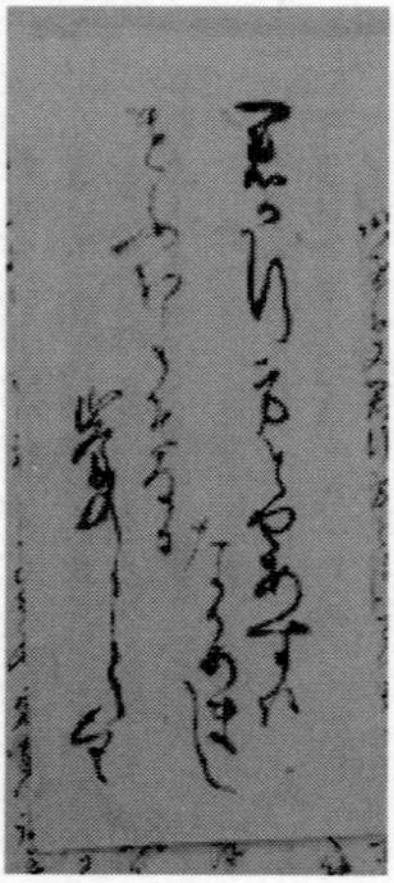

貼紙2

《私注》

＊其角の句は、『俳文学大系』によると、「むつかしや（めんどうな）猿にしておけ呼子鳥」（『五元集脱漏』）。

【27】神躰・神詠についての『牛馬問』の記述

○住吉神、託宣に、我に神躰なし、慈悲をもて神躰とす。我に神力なし、正直をもて神力とす。我に神道なし、知恵をもて神道とす。我に奇特なし、無事をもて奇特とす。我に方便なし、柔和をもて方便とす。又、御神詠とて、
慈悲の目ににくしと思ふ人そなき罪のある身は猶不便にて
徳川家康公、常に此神詠を称し給ひ、又、仰（せ）には、悪逆は我身の私慾より出（で）て、天下の乱は君と宰相との奢（り）より出（づ）る也、と御教訓ましく〱けるとなり。ありがたき御心ならずや。

【28】碓井峠の狂歌
○信州碓氷峠ニて作者不詳」（13オ）
八万三千八　やまミちは
三六三三四四　さむく淋しく
一八二　ひとつ家に
四五十二四六　夜毎に白く
百四億四百　もゝ夜おくしも

【29】一二三四の歌
○又曰、古より右のごとくなる例あるや。曰、予和歌の道に疎けれども一二三四の哥、

忍ひつゝ人めをつゝむ玉章のよまれぬもしの二三四《ふたつミつよつ》　俊成
夏山の青葉ましりの遅桜あらわれ《（ママ）》て見ゆ二三よつ　家隆
たな橋のみしかきほとそしられけり駒の足なミ二三四　家《黄門定家》レ定

【30】歌学者としての知識

○禮孺按（ず）るに、歌学者は此類の事知（り）置（く）べし。人前なとにて読《（ママ）》（み）たるはその人の博学の程も奥ゆかしきもの也。されども我よミ得たりとわれハ顔なるハいと見にくし。只々謙退を第一とすべし。二四八をはつ音《（ね）》とよむ事あり」（13ウ）

【31】喜撰法師の歌

○喜撰法師の歌、世に伝ふる所は宇治山の一首のミ也。［木＋頓］下集《（ママ）》、玉葉、古今六帖等にのせたるハ貫之の論ぜざる処、恐らくハ喜撰が作に非ズと深草の元政のいへり。

《私注》

＊喜撰法師の宇治山の一首とは、「わが庵は都の辰巳しかぞ住む世をうぢ山と人はいふなり」（『古今集』雑下）。

＊元政（元和九年〔一六二三〕―寛文八年〔一六六八〕）は、『国史大辞典』によると、江戸時代初期の日蓮宗の僧侶。和歌・俳諧・漢詩を良くした。母が彦根藩主の乳母だった縁で、一三歳で彦根藩主井伊直孝

に仕えるが、慶安二年（一六四九）に得度し、京・深草に隠棲、深草の元政と名乗った。漢詩文集『草山集』、家集『草山和歌集』、和文『身延道記』、漢文『扶桑隠逸伝』などがある。

＊この項目は、『扶桑隠逸伝』の「喜撰」の項によっており、そこには「其ノ樹下集。玉葉集。古今六帖等ニ哥ハ載スル」とあるので、「樌下集」は「樹下集」のことか。

【32】すまふ草と紫式部、二十一代集の選者覚えの長歌

○むかし南殿の庭中に夜のまにすまふ草の生じける。是は曠野の草なれば不吉の事也、とて公卿各詠哥あるべしと勅定なりしに、紫式部とやらん、六（つ）のとき我こそ此哥よむべしとて、

けふはかりまけてもくれよすまふ草とる手もしらぬ六子也けり

かく詠じたるに消滅したると云（ふ）。又、紫式部、左衛門佐宣孝に嫁して後、鰯といへる魚をくひけるを、夫宣孝外より帰りこれを見ていやしきものをくひ給ふ事よとありけるに、

日の本にはやらせ給ふ岩清水まひらぬ人ハあらしとそ思ふ

按（ず）るに、是等は児童の戯言に似たりといへども、又、談藻の助（け）ともなるべし。

廿一代集長歌（此長哥、昔ゟ云（ひ）ならハせる撰者のミを云（ふ）／今年王代を入（れ）て新作するもの也）　廉女」（14オ）

万葉は　奈良の御時　猶儀あり　撰者ハ諸兄

半より　末は家持　古今集　醍醐延喜五

四十八　友則貫之　躬恒また　忠岑これを

撰集す　後撰は村上　天暦五　望城　順
時文に　能宣元輔　梨壺の　五人といえ（ママ）る
撰者也　拾遺は花山　御自撰也　抄は公任
その外に　実説さま〱　多けれと　これ正説と
思ふへし　後拾遺集　撰者序者　ともに通俊
白川の　応徳十二　九十六　金葉集は
崇徳院　大治二年に　俊頼撰　詞花は顕輔
近衛院　仁平年中　奏すとか　千載集は
後白川　文治三年　九の二十　撰者も序者も
俊成也　新古今集　土御門　通具有家
定家に　家隆雅経　建仁の　三年四月」（14ウ）
奏覧す　新勅定家　序も同し　天福二の五
四條院　続後撰集　後深草　建長三年
為家撰　続古今集　亀山院　撰者新古の
例をひき　五人の中に　衣笠は　薨して残る
基家に　為家行家　光俊等《ラ》　文永二十二〔年号／誤り〕
奏覧す　続拾遺集　後宇多院　弘安元年

為氏撰　新後撰集　後二条院　嘉元元年
為世なり　玉葉為兼　花園院　正和三ねん
三十九　続千載集　後醍醐帝　元応二年
為世撰　続後拾遺集　また後醍醐　元亨三年
勅をうけ　為藤四年　薨すなり　為定かさねて
勅をうけ　嘉応元進　納すとや　風雅は花園
御自撰也　貞和二年に　竟宴あり　新千載集
また為定　後光厳院　延文四　十二二十五」（15オ）
進納す　新拾遺撰ハ　為明　四季を奏して
死去の後　頓阿終功　新後拾遺　後小松院
永福三　為重卿　ゑらひしに　不慮の害
出来し　三十一に　進納す　新続古今
後花園　永享十一　雅世撰　勅の王代
撰者の名　覚悟せんとの　長哥そかし

《私注》

＊紫式部の逸話と二十一代集を記憶する歌を載せる。

貼紙3

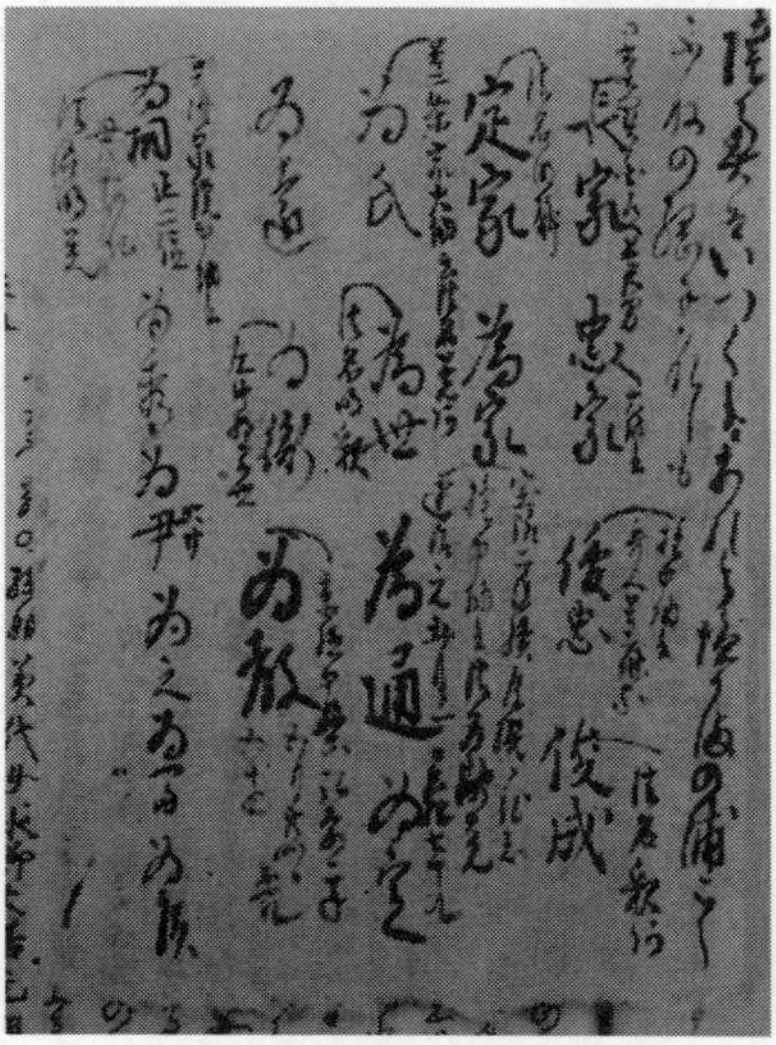

貼紙4

＊「すまふ草」は菫（すみれ）の異名。

【33】冷泉家の系図

○冷泉家

●家長―●忠家―●利忠―●俊成―●定家

●為家―御子左大納言 為氏―●為世―●為道―●為遠

●為子

●為藤―●為明〔拾芥抄ニ曰、御子左ハ三条坊門大宮ノ東、為明親王ノ家也。／家長領ス。依テ云〕（15ウ・貼紙3、4）

●為衡早世也

《私注》

＊●は朱点。

【34】廉女の歌の才能

○凡詩哥ども其抄に入るといふ事に至りてハ、中〱大抵の事にてハなし。（比）較して是をいはんにハ三ツの難き事あり。一ツにハ生得の才、難し。二ツには学成る事、難し。三ツには天寿、難し。吾師廉女ハこの三ツを兼（ね）られたり。殊に学力のつよき事、尤（も）難し。今年七十の老婆、尋常の人は老（い）さらぼひて《ママ》、

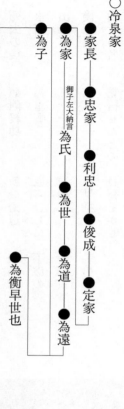

時の間の事をさへ忘るゝものなるに、師君は哥学の一事問（ふ）に答ふる事、鐘の撞（く）に応ずるがごとし。予がごとき毎事感心セし事なり。全く此聞書なんどもかゝる女才子は後世無雙なるべし。されば片言双辞の教（へ）なりともむなしく聞（き）捨（つ）べき事にあらずと、思へば、つたなき筆にものし侍る也。廉女六才の時の哥とて、武藤幸山翁の心耕録後篇第一巻に出（で）たるを掲（げ）上る、其文に曰、

枩山金右衛門翁の孫娘美代女、水野大膳元朗、庄内に下向の時、初雁といへる名香を送られけれバ、

美代女名残をおしミてよめる、

秋風にはつ雁渡る君かへる越路の空のなつかしき哉

又、七夕の夜、

風すゝし天の川原の夕暮につまむかひ舟こひといへかし」（16オ）

此頃は廉女の幼名を美代女といへり。はじめハその母に歌道を学び、五才より初而歌をよまれ、十四五より松宮観山先生の門弟となり、久米景山、永井作右衛門などゝ度〱哥会ありて歌合ありしに、多くハ廉女勝（ち）給ふとかや。実にめづらしき才女にておハしける。

《私注》

＊武藤幸山《ゆきたか》は、武藤四方作《よもさく》（享保元年〔一七一六〕―寛政一一年〔一七九九〕）のこと。『庄内人名辞典』によると、庄内藩の槍術師範。忠寄・忠温・忠徳の三代に仕えた。学問に秀で、指物師としても優れていた。著書に『大泉旧聞記』、『心耕録』などがある。

＊水野大膳元朗（元禄五年（一六九二）―延享五年（一七四八））は、『庄内人名辞典』によると、庄内藩老中水野重寛の長男で、寛保二年（一七四八）より家老職。江戸に在勤中に荻生徂徠に学ぶ。後に、太宰春台と交友を深め、四田進修とともに庄内徂徠学の基礎を築く。

【35】忠徳の上京の誘い

○廉女六十七の頃にやありけん、堀田藤次衛正孝を以て御内〳〵ニて君矦の御意を直達ありし也。其趣は御道中の御伽并に歌道御たづねもあり度被思ける也。又、廉女、観山没後の師に宮部義正にも逢（は）セ可申まゝ東都に登《ママ》れかしとの厚き御意なりしかども、多病にして御請（け）仕（り）がたき由を達而申上候有（り）し也。是には深き意味のある事にて、老人の後に別（け）て女なんどの公辺を望むことハ、甚（だ）以（て）婦人のいたすまじき事と思ふゆへならんか。深意の処は猥りには紙上ニも書（き）尽しがたし。

【36】廉女の歌才に妬み

○今世上に、
君矦は廉女の歌風御きらゐなんと申（す）者あれども、全く才を妬むの愚人のいふ処也。右の一条をもて概（ね）知るべし。山崎幸四郎とかいへる老翁の歌は御意ニ入らずと御返し被遊候事ハ実なり。」（16ウ）

《私注》

＊山崎幸四郎は、庄内藩士か。未詳。

【37】腰折の歌

○予初（め）而廉女に相見し時問（ひ）けるハ、腰折の歌とはいかゞの事を申（し）侍るやと問（ふ）。廉女答（へて）曰、腰折とハ上の句、下の句、心別〳〵にても折（れ）申（し）候。五躰つゞかざるに比し申（し）候。弱き言葉の中へつよき言葉入（れ）てハ猶折（れ）申（し）候。すべて歌道の第一は、人の五躰をかたどり申（し）候。上の五文字を面とし、つぎの二句を胸とし、是に手こもり居（り）申（し）候。三句已下を腰とす。足こもり申（し）候。此五句の内一所つゞかざれバ腰をれ申（し）候ゆへ《ママ》に、初学の内は第一と心得申候。扨、初五文字は面にたとふるゆへ《ママ》に、うるハしくあるべし。中二句は、胸とし侍るなれバ滞るべからず。腰より足にたとふる下の三句は働（か）すべしと教へ玉へり。

【38】腰折の歌（補足）

一、又、同日に教（へ）給ふハ、上の句を天とし、下の句を地とす。上は覆ふて下を恵み、下は天をうけてはごくむの道なり。これに替りたるハ腰折ともいふべしと也。

【39】春日野の飛火

○春日野の飛火とハ、古へ烽火を置（か）れし所ゆへ《ママ》飛火とハいふなり。又、春の神、跡たれ給ふ時、火飛（び）

て見へ《（ママ）》しゆへ《（ママ）》、とぶ火ともいふなり也《（ママ）》。しかし烽火を置（か）れしハ良説なるべしと廉女申さる。

【40】廉女と母の贈答歌

○前に記するごとく、廉の母刀自も又才女にして、此母にして此子」（17オ）ありと覚（え）侍る也。但し、廉女と故大夫宜袁ハ同腹の兄弟にして本妻の産（む）所也。男女ともに才、秀名高き人なり。其外の女兄弟ハ皆妾腹なり。いとみにくき風説のある人ども也。同じ木の梢にも直なるもあり、曲れるもあり。柳下恵の弟兄ニも盗領とやいへるしれものあり。人心如レ面兄弟といへども心〱なるべし。

廉女の母刀自より春の頃寿言申（し）こし給ふ母刀自の歌見侍りバ《ママ》記しぬ、

立（ち）ならふ松にならひて幾春も同しみとりの千世の蔭見ん

所え咲（き）て咲（く）や此花ことしより色香を添（へ）ん千代のはつ春

廉女返し、

千代も猶まつのことの葉いろかへす庭にをしゆる陰あふくなり

折に逢（ひ）て咲（く）や此花春の日の光にたくふ君かめくみに

禮孺按（ずる）に、これは栗原氏の離縁の後に杁山氏に再嫁ありし時なるべし。母子の間の風流もいとおもしろき事ならずや。

【41】廉女、連日の歌作

○廉女の志は誠にふかき事にして筆にも尽し難し。日々の歌数」（17ウ）幾十首といへる事をしらず。七十の老女、孜孜として日夜是に心を委《まか》せらるゝ事、甚（だ）感ずべし。日記のごとく反古の裏書に書（き）留（め）給ふ事也。

【42】廉女、飲酒して添削をしない

○四十五六ゟ酒を好み玉へども、興に乗じて楽《このま》られし斗也。かり初（め）にも俗人の中に入（り）交（は）りて酔狂なんどハなかりき。亦、酒を呑（み）て後は、歌は直し玉わ《ママ》ず。いかゞと問へば、酒を給らへ《ママ》バ、心面白くて平日の気にあらず。直す所皆我が心のやうに成（し）度（く）なるハ甚（だ）あしき事也。直しはいかにも心得あるべき事、大切の事也と語り給ひき。

【43】廉女の信心

○天性師君は慈愛の御心ふかし。老女の癖として寺院へ参詣をして遊山所とす。師君は決し而此事なし。只、亡父母夫の忌日は常々謹しミ給ふ事也。或時、予申（し）ければ、寺院へちと御出（で）もよからんと進めまいらセしに、師君、されバニ候。老婆とても随分参詣仕（り）候。夫は早朝の中など下女下男のいとまを見合（ひ）て、天気うらゝかなる日は鳥渡《ちょつと》は参り候事也。世上の老女達のごとく雨天風雷にも下女（下）男の難義をいとわ《ママ》ず参詣ありて、剰《あまつさ》へみだりの事もあるは仏菩薩に対し奉りて罪を蒙るべきの甚（だ）しき事ニ候へ。後世を願ふは家に居ても仏壇にきよく香花を奉り心静かに敬し、づ経なんども致」（18オ）ざ《ママ》ば、なき人も仏もなんぼふ嬉しからんとの仰（せ）には、予も感服し侍りき。

【44】廉女、禮孺の病を思う

○師君、常に予が病をいとおしき事に思（し）召（し）て筆とりて心ゆくばかり筆談し給ふ。あまりにいとおしきなんと落涙もせられし事度々なれバ、予即興に、

大人大観彭殤一致といふ字を書きて傍によめる哥、

世の中を北の翁の駒と見て心つなかぬ身こそたのしき

廉女一唱三嘆と賞し給ふも過勝たるべけれど、人の身の定めなき世に、定めなき病のいかに悲しく思ふとも甲斐なき事と明《（諦）》らめて塞翁が馬の故事よりよめる哥也。

《私注》

＊「彭殤一致」とは、杜牧の詩「不飲贈酒」の一節「細算人生事　彭殤共一籌」による。彭は長寿者、殤は夭折者のこと。大きな目で見れば、長命も短命も変わりは無いという意味の語。

【45】撰集にとられるか否か

○古より人の心、古今のわかちあれども賢愚亦異なるハ同轍也。今の人、歌学をすれバ忽ち名聞にはしりて撰集にも入（り）度（し）などいふめる。笑ふべき事也。頓阿法師、風雅集勅撰ありし時、

逢坂の夕つけ鳥もうつもれて明（く）る梢の雪に啼（く）也

夕つげ鳥のうづもるゝ事を難じられしハ、頓阿断り申し上（げ）て終に」（18ウ）撰集に入らず。又、金葉集

をえらまれし時、金源三、
唐土《もろこし》のから紅《くれなゐ》に咲（き）にけり我（が）日本《ひのもと》のやまとなてし子
撰者、吾（が）日の本を此日本と直しければ、源三卿に服し不申と断（り）て是又、撰に入らず。撰者のあやまり甚（だ）しき事也。此日本とハ中国の人、鴻臚館に来ていふべきこと葉也。志士は皆此如也。しかれども一概にもいふべからず。忠度、鴨長明、道因法師などハ撰集に入（れ）られて甚（だ）悦びたり。古人もさまぐなるべし。

【46】呼び出しの「や」
○石見のや高角山の木の間より浮世の月を見はつぬるかな
又は、
漣《さざなみ》や志賀の都はあれにしに昔ながらの山桜かな　　読人しらず
是等の五字の下のやの字は、よび出しのやと云（ふ）。又、名所呼出しのやといふと廉女、教（へ）給ふ。草庵集の仰（せ）にも左いへり。

【47】羽黒山の「二ツ石」
○羽黒山中二ツ石といふ事、農夫もいひ伝へたり。

相おもふ心を問（は）は二ツ石の拐《ママ》もたとへん中の契りは
二十一代集の中に羽黒の山にある二ツ石をよめる、
陸奥の出羽の里の二ツ石荷《にな》はゝ負ふに中やたへなん」（19オ・貼紙5）

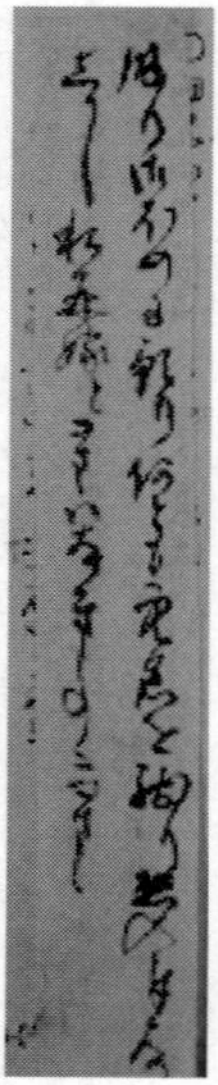

貼紙5

などゝよミたる歌もあり。惣而出羽の名処に解せる所あり。是ハ遠境ゆへ《ママ》に歌人も皆遠く情を遣りて自ら其地を踏（ま）ざ□□の歌を後世にとるゆへなり。禮孺、此事別に論あり。西行、実方、能因なんどは出羽にも来られしと見へ《ママ》し也。庄内名所、疑（は）しき物を爰に記する也。

可保湊　秋田のみなと也ともいへり。

懐中　きみをミれはかほの湊に折（り）はへてこひしき波の立（た）ぬ日はなき

鶴島いづくともしれず。

同　芦の鶴しましもさハに成（り）ぬれハ雲井さへこそ恋しかりけり

六帖　別島、庄内の飛島の事といへり。

わかるれとわかるとも思ハす出羽なる別れの嶋のたへしと思へハ

阿保登関　澄田川

阿保登の関のすみた川ハ、清川の事といへり。疑（は）しけれども是又、古哥あり。六帖に、

出羽なるあほとの関のすミた川流れてもミん水やにごると

平賀〔羽黒山の辺と心得べきよし／古老の伝也。其地未詳。〕」（19ウ）

新六出羽なるひらかの弥陀か立（ち）かへり親の為にはハしもとるなり

奈曽白橋〔いづ方とも未考。米沢・もがみの辺にても侍るか。又は／大浦の橋などいへるか未詳〕

出羽なる奈曽の白橋なれてしも人をあやなく恋わたるかな

宿世山〔いやむやの関にちかき由。鳥海山をいふと云（ふ）説あり。〕

すくせ山なを《ママ》いやむやの関をしもへたてゝ人にねをなかすらん

右は、歌枕名寄等に出（で）たり。いかにも知りがたき所多し。能（く）〳〵達人にたづね問（ふ）べしと云々。予がごときおもふに、右の哥、古哥といへどもさして感情を発するとも思われず《ママ》。所詮知れぬ所は知れぬにして置（く）もしかるべし。其不知ところハ闕如すともいへば也。

《私注》

＊「相おもふ」の歌の「拐」は「枌《あふご》」の誤字と思われる。和歌では「会ふ」をかけ、恋歌にも用いられる（『古今和歌集』巻第十九「雑体」一〇五八番「人こふる事をおもにとになひもてあふごなきこそわびしかりけれ」など）。

＊『歌枕名寄』は中世の歌学書。鎌倉末期成立、澄月（伝未詳）編。歌枕を五畿七道六カ国ごとに分類して、該当する和歌を広く勅撰集や私家集から引いている。近世の歌枕の証歌はこれに拠って説明されることが

多い。三八巻、六千首の歌を載せる。

【48】一首のなかの同字、冷泉為村から借覧した書物目録

○　わが宿は道もなきまで荒（れ）にけりつれなき人を待（つ）とせしまに

此等の哥に同字実情にてあるはいかゞと思わる《ママ》。愚問賢註ニも難じられたり。尤（も）つれなきとハ難面と書（き）て無の字の心にてハあらずといへども、後世尤（も）哥合になんど難じ候事候也。昔は此等の事ニ聊（か）目を付（け）不申候事也。古今集ニも、折々同字上下の句によめる歌、同病の体といふべきも侍る也。」（20オ）

同字の歌

古今　梓弓をして春雨けふ降（り）ぬあすさへ降らハ若菜摘（み）てん

仝　くるゝかとみれは明（け）ぬる夏の夜を明（か）すとやなく山郭公

仝　秋風の吹（き）にし日より久かたの天（の）河原にたゝぬ日はなし

仝　何人か来てぬきかけし藤袴来る秋ことに野辺を匂わす《ママ》

仝　今よりハつきて降らなん我（か）宿の薄をしなミ降れる白雪

凡（そ）此等の外にも何ほどもあるべし。古人は簡略にして細瑣にかゝわらず。近代は制禁多くなりて和哥の妙ハ出来がたく覚ゆる也、と豊原重範の説なり。禮孺案ずるに、いかにも左様也。夫を論ぜし人甚（だ）多し。されども隠士梨本などいへる人も此説あり。能〳〵煉磨せば制禁のこと葉多くとも歌の出来セぬ事あるまじき也。大泉ニても、豊原氏、氏家愚溪、久米景山、中島権政なんどハ、名ある歌人なれども、いづれも我まゝの

よミ方也、と廉女常に申されき。其時代につれての事ハ聖人といへどもこれをいかんともする事なし。」（20ウ）

夏月

はし居してならす扇をそのまゝにまねけハ出（つ）る山の端の月　禮孺

雪中筏

蓑笠もミな白妙の雪の中にむれい《ゐ》る鷺とまかふ筏士　仝

此二首の歌を見セまい《ママ》らせしかば、夏月の歌は珎重。雪中の筏の歌ハおもしろき御趣向也と廉女ほめられき。しばらくありて、よくハなされたれど、二首ともすゞしめなる方の御歌也、と仰（せ）られき。そこにて禮孺いかなる事に侍るやと問へば、廉女曰、古人にも菅廟の御歌と頼政の詠ニは此癖あり。故に歌仙ニは入らず。只何となくあまりに冷しく聞ゆる歌がら二而此道ニては好まぬ事なれど、人の持前の所は彼方なきもの也と宣ふ。禮孺おし返して問（ひ）奉るには、詩ニも寒乞相とて大やうにあらぬ詩風を申（す）事ニ而晩庵ゟ宋詩なんどを申（す）事也。もし冷しめとハ左様の意味にや、と問へば、廉女手を打（ち）て曰、果（た）して然なり。詩を以て歌の体を呑（み）込（み）給ふはいと面白しと宣ひき。」（21オ）

冷泉前大納言為村卿へ奉窺し歌書、左の通、

但し、朱字は為村卿の御筆也。此所、秘封の所也。

一　清輔奥義抄　　一　顕注密勘

一　三部抄　　一　八雲御抄

一　毎月抄

是ヨリ以下は伺候目録に無之候。あなたゟ御差図也。御草ニ而御書付被下置（き）し也

一　六百番歌合　　一　千五百番歌合

一　愚問賢注　　一　明題和歌集

一　井蛙抄　　一　題林愚抄

一　鴨長明無名抄　　一　三玉和歌集

一　耳底記　　一　鵜本末

一　幽斎聞書　　一　桐火桶

一　初学和歌式　　一　竹園抄」（21ウ）

《私注》

＊豊原重範、未詳。氏家愚溪は、氏家龍溪（安永四年〔一七七五〕―天保五年〔一八三四〕）。『庄内人名辞典』によると、中島権政（生没年未詳）とともに庄内藩士で歌人。久米景山は既出（第16項）。

【49】大津絵について

○大津画は、むかし爰に岩佐と者棲ミて書初（む）といふ。筆勢古雅なり。

大津絵のふでのはしめはなにほとけ　はセを

《私注》

＊芭蕉の句は、元禄四年（一六九一）正月四日、曲水宛書簡に書かれたもの。菊岡沾凉『本朝俗諺志』（延享三年（一七四六））や山東京伝『近世奇跡考』（文化元年（一八〇四））等にもひかれる。また、これらの書には、大津絵は岩佐又兵衛が画きはじめたという説が書かれる。

【50】逢坂関

○逢坂関ハ文徳実録に文徳天皇、天安元年、初（め）て逢坂の関を建（つ）る。関守十二人あり。十二人の関守に天皇ゟ関兵士の号を給ふにて於て、清水町福塚氏とて兵家の跡一家あり。又曰、福塚氏ハ蝉丸の随士にて此逢坂に来（た）り。蝉丸につかへしと云（ふ）。蝉丸翁の盲人にあらざるハ、其歌のこと葉（詞）書に行来の人を見てといへるにて盲人にあらぬ事をしるといへるも僻事也、と古来諸説紛々たり。

蝉丸妙曲起騒風　散入黄鐘六律通
莫管瞽明今古説　琵琶湖上解絃中

右、平安秋里籬嶌湘夕が詩也。千古一洗解疑の詩といふべし。今人その瞽明をあらそふハ贅言蛇足也。

秋風になひく浅茅のすへ（ママ）ことにをくしら露のあわれ（ママ）世の中
世の中はとてもかくてもおなし事宮もわら屋もはてしなけれは」（22オ）

右、蝉丸の歌也。後撰、新古に出（で）たり。

《私注》

＊秋里籬島（生没年未詳）は、安永から文政のころ活躍した読本作者で俳人。『都名所図会』『誹諧早作法』などを書いた（『日本人名大辞典』）。

【51】淡海八景の詩、平忠度の歌

○淡海八景の詩は相国寺林長楚の作也。歌は近江関白時熙《ときひろ》公の詠なり。

漣《さざなみ》や志賀のみやこはあれにしを昔ながらの山さくらかな

此哥ハ薩摩守忠度の世にきこへ《ママ》たる秀詠也。なまじひに名を記されたるよりハ名高くきこへ《ママ》たり。俊成卿、新古今に《ママ》千載集をえらび玉ふ時、

行末は我をもしのふ人やあらんむかしを思へ《フ》心ならひに

誠（に）千載を貫き玉ふ玉藻とぞしられけり。

さゝ浪や志賀の浜松ふりにけり誰か世にひける子日なるらん

千載集に俊成卿也。名人の手段也。

《私注》

＊林長楚、未詳。関白時熙は山名時熙（貞治六年〔一三六八―永享七年〔一四三五〕）。南北朝時代から室町時代の武将。明徳元年（一三九〇）の明徳の乱や応永六年（一三九九）の応永の乱で功をたて、但馬、

備後、安芸の守護を歴任。和歌・漢詩に長じた（『日本人名大辞典』による）。

【52】初愛香山

○廉女、小子に問（ひ）給ふ。居易、初愛香山といふ雑題いかゞと。小子、敬（ひ）答（へ）て曰、居士、香山を愛せしは、香炉峯雪捲簾看といへる句ゟ、雪のあした香山を愛せし事なるべし。家経朝臣の居易初到香山といへる題に、

急（ぎ）つつ我こそきつれ山里にいつよりすめる秋の夜の月

いづれ香山ハ楽天の謫処ならん。猶□□□の考」（22ウ）

【53】「とふ」の字

○　春雨の淋しきやとの夕暮に事訪ふ人のなきそ又うき

など人のよめる歌に廉女評を下し給ひて、事とふと申（す）詞ハ天池京都へのぼりしゆへ其節聞（き）ニ遣（は）しぬ。とふの字、桃園院様御諱故、御三代をも禁ぜられ候べし。今は御四代故、御ゆるしもあらんかし。追而詳ニ可申候由仰候事也。

禮孺按（ずる）に、桃園院様御諱は　遐仁と申（し）奉る。遐の字訓とふと読（む）故、訪《トフ》の字を忌（み）侍る也。毎月抄ニも此事出（で）たり。

《私注》

＊天池は第8項に登場する。

＊桃園院は、桃園天皇（寛保元年〔一七四一〕―宝暦一二年〔一七六二〕）。宝暦七年（一七五五）、桃園天皇に『日本書紀』など垂加神道を講じた山崎闇斎を祖とする崎門派の竹内式部らが、王政復古を計る不敬をしたと処分された（宝暦事件）。向学心に篤く、漢学・蹴鞠に優れていた。

＊『毎月抄』は、定家の歌論書。承久元年（一二一九）成立。第48項に書かれる廉女が冷泉為村から借覧した十九点の歌書の中にある。

【54】歌に詠む難字

櫨の字

○枕山の会ニ而、櫨《ハジ》の字の論あり。訓をはぢと云（ふ）。いかなる木にや。古哥、

一め見し遠ちのむらの櫨もみち又も時雨（れ）て秋風そ吹（く）　順徳院

有馬山しくるゝ峯のときハ木にひとり秋知（る）櫨もち葉《ママ》（＝もみぢ）哉　為家

廉女曰、櫨は百舌の居る事をよくよむ木也と宣へり。いかなる木といふ事を知らず。字彙曰、木之名也。菓の名也と斗ある。又は、柱の柎《うてな》也ともあれば、柱にそへ用（ゐ）る木の事とも見へ《ママ》、又は草菓の木とも見へ《ママ》侍る。逐而尋ぬべし。[作]和訓ハゝソ」と読む。此木、何がなる事を」（23オ）しらず。一名を」こなら柏葉」といふ。薄くもみぢする木といへり。毛詩小雅にも、

析其柞薪○曹氏詩緝曰、柞堅忍之木、新葉将生、故、葉則落

とあり。柞原、名所也。いづれ榊木のごときにハあらねども、日本にて付会の名なるべし。誤りは誤（り）ニ

而伝へ侍らんか。

　檀　檀 マユミ と訓ず。

人しれす紅葉しにけりミなふちの細谷まゆミいつ時雨なん　知家

風わたる岩ねまゆみの今はとやよりこし浪も引（き）かへるらん　後九条

是も不知也。大概の難字を左にしるす。

　百代草　モ、ヨグサ

露しけき家の園なる百代草百夜妹恋（ひ）袖ぬらしつも　光俊

　白茲草　スマイ艸

けふにあふ雲ゐの庭のすまひ草とりてもあたにうつる物かハ　雅経

すまい《(ひ)》草秋のは月の折知（り）てうつる花には立（ち）ましりしそ　顕朝《(ママ)》

　木

　爾許草

芦垣の中ににこ草にこやかに我とゑみして人にしらるな　人丸

　李

きへかての雪と見るまて山賎の垣生《(かきほ)》の李花《(すもも)》咲（き）にけり　為家

数ならぬ片山蔭の青李身はあるかひも無（く）なりにけり　信実

杏

唐の吉野の山に咲（き）もせて己か名しらぬから桃の花　為家

ねぶの木

秋といへは長（き）夜あかすねふの木のねふらぬ程にすめる月かな　同

歌でハめづらし。はいかゐにはまゝあり。

紅はけの洗ひ残しやねふの花　はセを」（24オ）

（白紙）」（24ウ）

《私注》

＊「人しれず」「風わたる」の歌は、『夫木和歌抄』巻第十五「秋部六」の六〇七六番と六〇七八番の歌。ただし、『新編国歌大観』の本文によると、「細谷まゆみ」は「ほそかはまゆみ」、「岩ねまゆも」は「いはかげまゆみ」。

＊「露しけき」の歌は、『夫木和歌抄』巻第二十八巻「雑歌十」の一三五一〇番の歌。以下の歌は、すべて同巻所載。「けふにあふ」の歌と「すまい草」の歌は、一三五一一番と一三五一二番。ただし、『新編国歌大観』の本文によると、「立（ち）ましりしそ」は「たちなまじりそ」。「芦垣の」の歌は、一三五一四番、「きへかての」の歌と「数ならぬ」の歌は、一三九五二番と一三九五四番の歌。「唐の」の歌は、一三九五七番の歌。「秋といへは」の歌は、一四〇七九番の歌。

＊「紅はけの」の句は誤伝と思われる。

【55】漢文・和文の違い

文の部

大方哥にも文にもわたる事、其は既に哥の部に掲出す。今は唯、文の事どもをあぐべし。抑、近きころの人、文も哥も共に拙き中にも、文ハ殊におしなべて拙くしていさゝか哥のはし、詞を二くだり三くだり物する中にも、ひがごとのミおほく、或は唐書よミの詞づかひをえはなれず、或は今の世のさとび言のふりにながれなど惣而雅言のさまを能（く）わきまへしれる人の世になきはいかにぞや。能こそ得あらずともいみじきひがごとのまじらぬほどにだにあらまほしきわざになむ。

それ

文の初（め）にそれ云々と書（き）出（だ）すハ、漢文の夫にならへるニ而更にこゝの語に応ぜず国かくまじき事也。やゝふるき物にもまゝ見へたれば漢文に習へる事ニてひがごとなり。

いふ言しかり

序の終りなど、いふことしかりと留（め）る、これも漢文ニて、いミじき僻事也。惣而」（25オ）漢語と和語とは詞のつゞきがら異なる物なれば、いさゝかもかの国文のふりを学ぶまじきわざなるに、世の人こゝの文のさまをばむげにえしらでたゞはしぐ見馴（れ）たる漢文の詞つきを用ひてまぎらハし置（く）事、返すぐ醜（き）事ぞかし。雅言をしらざるには中々に、しか漢文のふりならんよりハ俗語ならむこそまさりたらめ。

いふことしかりといふは、漢文の序の終（り）などに云（ふ）爾と多くあるを、昔より然《しか》よミたれば、今の世の人も自然と習ひしとぞかし。然れども此訓あたらず。云、尓は二字ともに云、尓と多くハ助辞なれば然よむべきにあらず。尤（も）是ハ皇国の文には書（く）べからず。

ものならし

近世の人、序の終りに、必（ず）いふことしかり、とか、或はものならしと留（め）る物とや心得たるらむ。此詞をいかなる意と思へるにか、いと〳〵心得ず。物ならしハ、俗語に、「物であろう（ママ）トいふ意也。然（る）を自己のいひたる語を余所気に物であろふ、といひてよからんやは。」（25ウ）

【56】和文に記す年号

○今の人、文の終りに、たとへば「享和はじめのとし」、「享和ふたつのとし」、「みののとし」、などゝ書（く）事、昔の文に例はあれど、皇国の物いひざまにあらず。唯「ふたとせといふとし」「みとせといふとし」と書（く）べし。

【57】賀歌の詞書

○今の人、賀の哥のはじめ書に、「某の七十を賀してよめる」となど書（く）は、賀してといふ事、漢文也。同じき字音なら七十の賀によめるといふは雅言なれ。六十を賀す、七十を賀して、などいへば、賀の字働きて漢文也。能（く）此所をわきまへ侍るべし。

【58】「侍る」の用法、人名表記

○侍るといふ詞を、世の哥の詞書にハ、必（ず）侍るといふことをそへざれば、雅語にならざるやうに心得て、おしなべて「しか〳〵の時よみ侍る」「しか〳〵の所へ読ミ《ママ》て送り侍る」など書（く）ハあたらぬ事多し。惣而侍るといふ詞は、つかふべき文とつかふまじき文とあり。みだりにハいふまじき事也。其故は、是ハ人に対して敬ひていふ語の内の、己がうへにつきたる事に添（へ）ていふ詞にて、たとへば「庭の花を見侍りてよミ侍り」といふは、俗に「庭の花をみましてよみましてござります」といふに同じ。侍るハ此俗」（26オ）語のましてといひ、ござりますといふにあたれり。されば、人のもとにいひやる文などにはいくらも書（く）べし。重なるをいとふべからず。さもあらぬ只の文章ニはひとつも書（く）べからず。然るを、近世の人、何のわきまへもなくみだりに侍る、侍りとかくは、たとへば奴僕などへ対しても花を見ましてござりますといひ、又独りいふ語にもしかいわんが如し。おかしからずや。哥の詞書のミならず、惣而何の文にも右の心得あるべき也。古き物がたりどもを見（る）べし。此詞は人と人と語る語の内にいくつもありて重（な）りてあり。唯の地の語、又は我より下ざまの奴僕などに対（し）ていふ語などには一つもあることなし。よく〳〵心をつけて考ふべし。抑、近世の人、此詞を猥りに添（ふ）る事は、代々の撰集の詞書に習ひて書きたる僻事也。撰集ハおほやけに奉る物なれば、撰者の帝にむかひ奉る《ママ》て申す心ばへをもて此詞をば多く置（け）る也。されど、古今集の詞書には少し、後撰集よりこなたの詞書にはいと多し。其中に拾遺集は、花山帝の御自撰也と申（す）に此詞の多」（26ウ）かるは、かの集は御清撰にもあらざるやうに申すなれば、人々の書（き）て奉りたるなどを、各〳〵やがてしるさせ給ひなどせしまゝにやあらん。心得ぬ事多し。又、新古今集は後鳥羽のみかどの御自撰の掟なるにこれも詞の多きは、其ころほひなどにいたりては早やかゝる類の詞遣ひなどくわし(ママ)からずなりて、唯先々の集どもの例のまゝに書(か)れたるとぞ見ゆる。扨、又、私の家々の集などを見るに、此詞少(な)きは私の扣へにせし集ならん。此詞の多きはおふやけに奉りしか、又、貴人に奉りしなどならん。古き集どもは、此方此気《け》ぢめ見へ(ママ)たる。今の世の習ひになづまづ、古へを慕(は)ん人はわきまへあるべき事になむ。

人の名をさしていふ言

人の名をさしていひやるは無礼《ナメシ》き事也。今の人、此諱をしらず。尊き人のもとさへその名をさして某大人など書(き)やるはいとあるまじき事也。古へは尊ひてもその名を呼(ぶ)事なりしかども、中古より此方なめしとする事、上下一統也。ゆへに、是ばかりは上りたる代とハ同日」(27オ)にいひ難し。

某なる者

すべて人の名をいひ出(づ)るは、或は「某《ソノ》国に某《ナニ》といふ人あり」云々、或ハ、「昔某といひし者の」云々、などあるべきを、「近きころ人の文には橘頼定なる人有り云々」、「藤敦敏なる人《者》」云々、など書(く)。此なると云(ふ)詞、いミじき誤(り)也。是も近年の漢文の訓点に「有一某者《ナル》二」と附(け)たるを見習ひて書(き)はじめたる也。漢文もふるき訓点には「有《リ》一某《シ》者《ト云モノ》二」とよめる、是ぞ正しきよミざまなるを、近年の人、不悟して、なるものとは附(け)たるなれど、左いひては聞(こ)へ(ママ)ぬ也。なるハ元来にあるのつゞまりたる詞なる故、古への文には「中将なる人」「式部なる人」あるは「京なる人」「筑紫なる者」など、官、又地名抔にこそ、なるとハいへる也。是は、中将の官にてある人、又、京に居る者、と言(ふ)意なれバ如此いへり。

されば、人の名に、在原業平なる人、紀貫之なる者などいへる例はさらくになし。左いゝ《（ママ）》ては、業平にある人、貫之にある者といふ意成るを、扨は、なるといふは何の意ぞや。近世の誤（り）如此。智人少（な）し。」（27ウ）惣而、京なる人、難波なる者と書（く）も、他国の人の今、京にある人、といふ語ニ而あしく聞（こ）ゆる。只、安らかに「京の某《タレ》」「難波の某」と書（く）べし。

【59】友がきと友どち

○友がき、友どちも雅言に似て非也。只、友達とこそ古集の詞書にハ多くあるぞかし。友どちハ俗言にいふどうしとこと《（異）》也。同士、されバ只友達と書（く）べし。

【60】大君

○大君《ヲヽキミ》ハ天皇を申（し）奉る。さては親王諸皇子に渡りて必（ず）皇胤にして臣下の氏などさる人にかぎりて申す御号也。いかに貴しとて諸侯《（ママ）》、太夫などにはいかに書（く）べき詞ならん。近世の人、少し営み侍ればそのまゝ大の字を付るは大（ひ）なるひが事也。

【61】がり

○妹がり、君がりなどいふは、がりは許《モト》といふ事也。妹がり行（く）、とは書（き）侍れども、妹がりくる、とはいひ難し。その人、某が許よりそこへ行（く）といふ事を「某〔ガ／リ〕り、そこへゆくと書（く）事あり。

大（ひ）なる謬（り）なるぞかし。

【62】一くさ、二くさ

○哥を一くさ 二くさなど、数をくさといふ事、古今集の序の詞注に、凡（そ）ムクサに分（か）る、といへる。六くさとハ六種也。六品と云（ふ）事也。六首といふ事に」（28オ）あらず。古は、一うた 二うたとこそいへる。古今集の序に此二うたハとあるにても知るべし。土佐日記にもひとうたにことのあらねば今一つなど有（り）。一くさ、二くさ、大（ひ）なる俗謬也。

【63】自分の歌を「ひなぶり」と称すること

○自らの歌をひなぶりと書（く）事、謙退の辞也。此事少し訳あり。書（き）てもくるしから《ママ》まじ。

【64】「江戸」を「東」「むさしの国」ということ

○今の世の人、江戸に行（く）事をあづまにまかりける、或は、むさしの国にくだり給ふ抔書（く）事ハわろし。こは江戸といふ事を俗也と思ふ故なるべし。地名に何ぞくるしからんや。只、江戸と書（く）こそよろしけれ。ことのさまに広くいひてもよき時はあづまといふべけれども、それもたしかに其処をさして能（き）ときは左いはんハわろし。又、武野国と書（く）は殊にわろし。今は天下に二ツなき大江戸なるに、其名を置（き）て国の名をしもいふべき事にあらず。たとへば、昔の人も京にのぼるを山城に登るとはいはざりき。

【65】道行ぶり

○○道行ぶりとは路にてゆきあひふれたるをいふ。然るを今の人書（き）ける」（28ウ）道の記を道行ぶりと書（く）事大（ひ）なる謬（り）也。

【66】川は「渡す」「渡る」

○川は渡す、渡ると書（く）べし。山はこゆる也、書（く）也。今の人、路行旅の日記抔、某の川をこして、など書（く）事あしく、山は越ユ、川は渡ると書（く）べし。

【67】いさほし

○功をいさほしと云（ふ）も、しの字、働（き）たる字ニて、本字はいさをといふぞ正也。たとへば、恋を體にいへば、恋なるを働らきていふ時は、こひし、いさを、いさほしといふも此と同様の字也。いさほしあるといはんハ、恋をするをこひしするといはんと同じあやまり也。

【68】とみに

○とみにといふは、俗言に急に、早速也。とみの事は、急な事といふ事也。遣ひやうのある詞也。たとへば、俗語に急には来ぬ、「早速には出（で）来ぬ」といふ事を、とミにも来ぬ、とみにもいでこず抔といへども、早速に来だ（ママ）といふ事を、とみに来つ、とみに出（で）来つ、などゝ遣ひたる事、古書にはなし。此わきまへ有（る）べき也。此わきまへなく猥（り）につかふめり。

【69】かいつけて

○かいつけても、遣ひてあしきにハあらねど、雅語にもあらず。只、書（き）ていはんこそよけれ。近来、惣（じて）こびにこびてうるさし」（29オ）

【70】賜ふ

○賜ふは、与ふる人につきていふ詞、給ハるハ、受（く）る人につきて言（ふ）こと葉也。賜ふは、俗言に「くれる」「とらする」「下さる」抔といふにあたり、給はるハ、「もらふ」「いだ（ママ）ゞく」「拝領する」などいふにあたる。譬へば、「君の臣に物を賜ふ」と云（ふ）ハ、あたふる君の方につきていふ語なる故に、賜ふ也。臣の君より物を賜ハるといふは、君より賜はる方をいふにはあらず。受（く）る臣の方につきていふ語なる故に、賜はるとはいふ也。如此なるゆへ（ママ）に、古き物には賜ハるをば、被ル㆑賜ハと書（き）たり。然るを、今の人は此差別なきぞ、ひがごと也。

【71】おはしまし、つかうまつる

○おはしまし、などいふべきを、おはしませし、といふは俗也。ませしハ俗也。つかうまつる、うの字、書（く）

べし。つかふまつる、ふの字書（く）べからず。

○徘徊てふ歌の體など、本、徘徊といふ、と書（く）べきを、てふと古めかしく書（き）なすは聞（き）ぐるし。抑、てふの字の歌の詞にこそあれ、文には書（く）べきにもあらず。しかし、古き書に「しか〳〵てふ□□定まれる物有（り）て書（く）事、稀に見へ《ママ》たり。し□□も例□□べからず。」（29ウ）

【72】雅言と俗語

消息の□□

今の人、消息文を雅に書（く）とて、いよ〳〵たひらかにおはしますや、など書（く）事多し。弥《いよいよ》の遣ひざま、俗也。雅文にはケ様の処に弥と遣ふ事なし。又、物を贈りたるを謝するとて、ゐやを申（す）抔書（く）も俗也。俗語に礼にゆく抔いふを、古言に直していへるなれど〔ゐやハ古言にて／礼の字を書（く）也〕、俗語にこそ左はいへ、雅言には謝することをゐやといへる事なし。謝するをば、雅言にハよろこびといへり。又、物得させなどしたる時、謝して、ありがたし、忝（し）といふ事も俗也。雅言にはそれハ、うれしといへり。雅言の忝（し）ハ、俗に云（ふ）「おそれ多く勿体なひ」（と）いふ意也。難有とは、有ル事のかたくして稀なるをいへり。是等、皆、古き物語などに多くある事也。

哥と文との詞遣ひの差別

凡（そ）、同（じ）き雅言の中にも、哥の詞と文の詞と差別ある事也。今の人、此差別なくして、哥の詞にして文の詞にはつかふ間敷を、文につかふ事多し。心すべし。たとへば、花をたをるといふは歌の詞也。文には唯、「折（る）」といふべし。」（30オ）車を小車といふは哥詞也。文ニは唯、車といふべし。さよふけてといふは哥詞也。文には夜ふけてといふべし。水ぐき、玉づさなどいふは哥詞也。文には文《フミ》といふべし。かやうのたぐひいと多し。思ひ出（づ）るまゝに只二ツ三（ツ）をあげつ。但し、文にはくさ〴〵のふり有（り）て、序など其外にも、或は枕詞を置（く）などして、すべて哥のごとく詞を花やかにしたつるやうもあり。夫はその文のふりによる事也。又、なべてハさらぬ文の中にも、事によりて一言二言哥詞をことさらにまじふるやうのことをもあり。猶、さやうの事の細かなる事までハ容易につくしがたし。又、序もあらバ別にくわ《（ママ）》しくいふべし。今は唯、大方をおどろかしおくのみぞ。」（30ウ）

【注】

（1）『庄内藩主・酒井忠徳に宛てた堂上派歌人たちの書状その他』（平成26年度〜平成28年度科学研究費補助金・基盤研究（C）研究成果報告書―その一―、研究代表者錦仁、二〇一六年二月）所収。この報告書に、庄内藩主に宛てた宮部義正、冷泉為泰、日野資枝らの書状の翻刻と解説文がある。

（2）宮部義正については、酒井茂幸「安永期の宮部義正―真田宝物館蔵『教訓十五条』をめぐって―」（平成二十六年度　和歌文学会大会　研究発表　十月十八日　於・青山学院大学）、田中隆裕「高崎藩と堂上派歌壇とその雅交　その一―高崎頼政神社奉納和歌目録をかねて―」（『群馬文化』第二一一号　一九八七年七月）、「高崎藩と堂上派歌壇との雅交　その二―高崎頼政神社奉納和歌目録をかねて―」（『群馬文化』第二一二号　一九八七年一〇月）、「高崎藩と堂上派歌壇とその雅交その三―安永八年　頼政六百年忌奉納和　歌・発句―」（『群馬文化』第二一三号　一九八八年一月）等がある。

（3）前掲注（1）の報告書参照。

（4）阿部泰郎・錦仁編『聖なる声　和歌にひそむ力』（三弥井書店、二〇一一年三月）の錦仁「和歌にひそむ力」参照。

（5）錦仁「翻刻と考察・致道博物館蔵『日野家家傳書　大秘抄』―付・解説」（『特集岡山岡田藩・仙台藩・秋田藩・庄内藩の資料とその基礎的考察』、注（1）と同研究の研究成果報告書―その2―、研究代表錦仁、二〇一七年一二月）参照。

（6）伊藤善隆氏の御教示によると、塙伊助は司馬江漢とも交友関係があったことが、中野好夫『司馬江漢考』（新潮社、一九八六年二月）に記載される。

＊『築山鈔』の閲覧と撮影、並びに翻刻を御許可くださった酒田市立光丘文庫に心より感謝申し上げる。

【翻刻】佐竹義邦俳諧資料

稲葉　有祐

本稿では秋田県公文書館吉成文庫に所蔵、仙北市学習資料館に寄託（鈴木實氏蔵）されている佐竹北家五代当主義邦《よしくに》の俳諧資料四編を翻刻・紹介する⑴。

義邦は別名、又四郎・但馬・図書・河内・主計。遷喬・里鹿・百童・歴翁・坤麓・午時庵等と号す。享保三年（一七一八）、東家佐竹義本《よしもと》の四男として生まれ、寛保三年（一七四三）に北家四代義拠《よしより》の婿養子に入り、寛延三年（一七五〇）に家督を相続して角館所預《ところあずかり》となる。久保田藩主五代義峯《よしみね》、同六代義真《よしまさ》・七代義明《よしはる》・八代義敦《よしあつ》に仕え、宝暦時には大疑獄事件、いわゆる秋田騒動の収拾に努めている。明和六年（一七六九）に家督を嫡男義躬《よしみ》に譲り、隠居後は風雅に遊ぶ生活を送った（天明七年（一七八七）没）。俳書の稿本は明和五年（一七六八）より天明七年（一七八七）秋までの句集『不死の裾』（欠本二冊、秋冬二冊）、『冨士の裾　後編』（四冊・寛政元年（一七八九）跋）はじめ、数多い⑵。長男の六代当主義躬（俳号、素盈）や次男の千種長貞（俳号、柳童・二世公佐・大椿散人）も義邦とともに俳諧を嗜んでいる⑶。

明和安永期から天明初期にかけては、点数の多寡を競うゲーム要素の強い江戸座点取俳諧の隆盛期に当たっており、江戸、例えば駒込染井山荘（現・六義園）に閑居し、一大サロンを形成していた米翁こと大和郡山藩主柳沢信鴻《のぶとき》や、米翁の周辺にいた菊貫《きくつら》（信濃松代藩主真田幸弘）、銀鵞（姫路藩主酒井忠以《ただざね》）、凡兆（庄内藩主酒井忠徳《ただあり》）らの大名俳人が挙ってこれに興じていた。彼ら江戸在住の大名とは異なり、主として角館にあって書簡による指導を受けていた義邦らの存在は、江戸座と地方文化圏との繋がりを浮かび上がらせるものとして、非常に重要な位置にあると考えられる。義邦・義躬を中心とした明和安永期における北家の具体的な活動については本書第三章の拙稿「江戸座俳諧と角館―佐竹北家、明和安永期の活動から―」に述べているので、併せてご参照いただきたい。

では、以下、【1】から【4】として示した翻刻資料について述べていく。

【1】『四本がゝり』は、安永四年（一七七五）、角館滞在中の久保田藩士駒木根投李（三右衛門・永好堂）・益子渭舟（藤二左衛門勝定（4）・柳尊館）と義邦（歴翁）・長貞（柳童・大椿散人）の巻いた八歌仙を中心に、刈和野の一河や町衆の渭旭・百宇・米花らを含む角館の諸氏の発句百六十、義邦・長貞・投李・渭舟・路考・呉舟・楚北・双鶴・玉斗・馬呑・其旦・水光らによる百韻一、義邦・乙照・投李による歌仙一を収める。

書名の「四本掛《がかり》」とは、蹴鞠を行う庭の四隅に植えられる松（乾）・楓（坤）・柳（巽）・桜（艮）の四本の樹のことで、ここでは八歌仙を巻いた歴翁・長貞・投李・渭舟の四名をそれらに擬えている。「序ニは柳・投・渭の三たりにあれバ」（義邦跋文）云々とあるように、長貞・投李・渭舟の序が備わり、義邦が跋文を認める。

本書の成った経緯について、投李の序文に「或日、主翁八つの題を設け給ひ、各探りて発句せよとありしに、柳君・渭舟俳力を奮ひ、脇・第三と沙汰して終に八哥仙と八なりぬ。是を無下に捨むも浅ましとて一冊となし給ふ」とある。「八つの題」とは「机」・「硯」・「筆」・「墨」・「琴」・「碁」・「書」・「画」である。渭舟は序文に「菴中目のあたり、八ツの探題出したまふより」云々と述べており、義邦は自身の草庵、壁草庵中の目に止まった物（5）を探題として俳諧を催したことが分かる。

義邦の跋文に「幸ありて、去年、永好堂・柳尊館の老風流、蝸舎に訪ふより水魚の友を得、又ことしも、其ふたりやさしくも訪ひありて、俗談平話のこと艸より寐たり起たりの媒となるも」云々と記される通り、投李と渭舟は安永三年（一七七四）・同四年、角館を訪れている（後述のように、翌五年も来訪）。その時の義邦ら佐竹北家と両者との交流について確認してみると、まず安永三年（一七七四）、投李は四月十九日から五月八日の間、深見瓜六（新太郎）と共に角館に滞在する。『北家御日記(6)』（以下、『日記』とする）から、関連する記事を次に挙げる。

一、**駒木根三右衛門・深見新太郎**、当地へ参候而出候。御小坐ニ而逢候。（四月十九日）

一、御小坐ニ而誹諧有之、出候。**駒木根・深見**も出候。（同月二十日）

一、夕飯後、御小坐ニ而、**駒木根・深見**出候バ、誹諧有之候。申之刻過済。夫より釣ニ出候。無手柄。（同月二十二日）

一、夕飯後於御小坐**両士**出候。誹諧有之候。

一、暮より図書、小坐へ**両士**被招候。**深見**ハ諷之功者故、今晩より謡稽古申候。（同月二十四日）

一、申之刻より御小坐へ出候。**両士**も出候。今晩於御同所奥ニ而も**両士**へ逢候。**新太郎**、仕舞等有之賑々敷候。（同月二十五日）

一、暮より御隠居様被為出候。**駒木根・深見**も出候。鶏鳴之頃帰候。（同月二十七日）

一、**駒木根**事、今朝横手へ参候。夫より久府へ帰候。渋江内膳へ口上頼候。（五月八日）

二十四日・二十五日にある「両士」とは、投李・瓜六を指すのだろう。この他、五月七日にも「一、巳之刻より御小坐ニ而誹諧有之、参候。暮頃済。直々、夜中迄居候」との記事が見出せ、投李・瓜六の滞在中、連日に亘って俳諧が催されたことが分かる―四月二十五日の記事によると、瓜六とは謡の稽古もしている―。

渭舟は、『不死の裾』（秋の部）同年の項に

　渭舟たづね来りて

　熊笹を喰に来たのかはつ鱸

との句が収められており、秋に入って角館に到着したらしい。『日記』に以下の記事が見られる。

一、益子藤二左衛門御小坐へ出候。我等も行候而逢候。朝夕、御用処ニ被差置候。（七月八日）

一、巳之刻より御小坐にて御徘(ママ)諧有之候。益子藤二左衛門も御相手申。（同月九日）

一、巳之刻より御小坐ニ而誹諧有之候。今日は我等饗候。連中、多分出候。我等ハ夜中迄居候。

一、暮より奥も御小坐へ被出候。益子へ初而対面申候。（同月十一日）

一、今夕、生身魂之祝義上候故、御隠居様被為入候。御相手、益子藤二左衛門・辺見忠四良、家老共出候。（同月十七日）

一、益子藤二左衛門、明日、久府え帰候。（同月二十二日）

『不死の裾』（秋の部）同年の項には

　会終て、渭舟が吟声に目がねを取出したるに戯れて

　吟声のめがねになるや夕月日

との句が載るが、これは九日の会、または十一日の会を終えてのものであろうか。『日記』同月十九日の記事に「一、

巳之刻より観音堂ニ而俳諧有之。七ツ半頃済」ともある。そして、渭舟は十一日に義邦の奥方に初めて対面し、十七日の生身魂に義邦の相手を勤め、二十三日には久保田へと向かった。

　このように、安永三年（一七七四）時、投李と渭舟との親密な交流は、義邦に「水魚の友を得」（跋文）たと感じさせるに十分なものであった。

『四本がゝり』の成った安永四年（一七七五）の『日記』は、同年、義躬が藩主義敦帰国の謝礼使を務めたという事情から、六月二十一日の角館出立より、八月十一日、帰途に就くまで、江戸での出来事を中心に記述している。そのため、投李・渭舟がいつ角館に到着したか明確に出来ないが、

一、明時、境発。横山茶屋ニ而弁当給候。二ツ屋へ九ツ半過着。同処へ益子藤二左衛門・納屋多四良出むかひ候。（八月二十五日）

一、今日は休息申候。駒木根・益子など来候而俳《ママ》かい慰、夜中迄居。（同月二十七日）

一、益子藤二左衛門、今日久府へ帰候。此度供ニ而参候。祝義銀十匁遣候。（九月十二日）

との『日記』の記事により、義躬が帰着した八月二十五日頃には、既に角館に滞在していたことが分かる(7)。この秋に『四本がゝり』の八歌仙が巻かれ、後、九月十二日に渭舟は帰府した。投李が久保田に戻った日時は未詳である。

【2】『いとすゝき』は、安永五年（一七七六）、義邦が投李と瓜六を誘い、鶴の湯温泉（田沢の湯・現、秋田県仙北市田沢湖田沢）に湯治に赴いた折の紀行である。鶴の湯温泉は『秋田風土記(8)』に「温泉色泉の如し」と紹介される名湯である。紀行中、義邦・投李・瓜六ら三子による道中の発句六十三、供の近習らの発句九(9)

や書中の玉斗発句二の計七十四、義邦の狂歌一、三子による歌仙三・三物二、三子に執筆を入れた百韻二、義邦と義躬・長貞との発句脇二を収める。同年の『日記』には、以下の記事が見出せる。

一、御隠居様、田沢へ御入湯被成候ニ付、駒木根三右衛門・深見新太郎、御供ニ参候。暮比此方へ着、無間参候。入ニ而逢候。　　（七月十五日）

一、明時、御隠居様田沢へ御発駕被成候。御見立ニ御小坐へ出候。　　（同十七日）

右によると、投李と瓜六は七月十五日に角館に到着している。『冨士の裾　後編』（秋の部）同年の項に載る

我が鶴の湯に浴ミせむ事を聞て、投・瓜のふた風士、うまを追ふて、文月といふ今宵訪ひ来るのよろこばしさに

踊らめや荻萩薄手が揃ひ

との句は、その時に詠まれたものと考えられる。同月十七日に発足し、道中に発句を詠みつつ、駒ヶ岳を眺めながら鶴の湯温泉へと至る。到着時、義邦の「鶴の湯や爰ぞ千秋楽遊び」句を立句とする三吟歌仙、入湯にあたり投李の「湯の利をミせて再び踊かな」句、瓜六の「山藍の葉に染出すや温泉の壺」句を立句とする三吟歌仙が巻かれた。八月朔日には薬師堂奉納の義邦（百童）句「爰の湯に渡り給ふ歟費長房」を立句とする三ツ物が詠まれている。

再び『日記』より引く。

一、田沢より飛脚帰候。随分御相湯之由。　　（同月二十四日）

一、昨夜、湯本より賃夫ニ而、御隠居様、今日直々湯本より御帰之由申来候。

（中略）暮半頃、此方へ御隠居様御着ニて、我等ハ少々御先へ参候。浴後、即小坐へ参、四ツ過帰候。（八月二日）

七月二十四日に鶴の湯温泉からの飛脚が帰る。義邦がしばしば角館と連絡を取り合っていたことは、紀行中に「里より飛脚達し、素・柳のふたりよりふみを送り」（十一オ）、「山居の舎りも是まで、あすは家路に赴くなれば、柳童への文に」（十九ウ）云々と見えることからも確認出来る。後、義邦らは田沢湖を観光しつつ、八月二日に帰着。その際、義躬と長貞は真崎野まで出迎えに行き、父の息災を喜ぶ。紀行は、巻末に投李の「かりそめの君がお旅や稲莚」を立句とする三ツ物を据えている。

なお、義邦は序文で江戸座宗匠（存義側）の楼川（木樨老人）の「六浦の吟(10)」を引き合いに出しつつ、同書に出るような著名な名所ではなく、紀行内には「ワたくしの名のミ」を記載するばかりで、「一国の外、仰に知る人なし」と述べるが、田沢湖畔の名勝を紹介した本紀行の位置と意義については本書中の前掲拙稿を参照されたい。

【3】『そのふり』・【4】『老曽の森』は共に天明期の著作。『そのふり』は天明四年（一七八四）一月の序文を持ち、義邦・長貞（二世公佐）・義躬の三吟百韻及び義邦の独吟百韻を収める。「中前に東風流あれば、此にそのふりと題号せしめ畢ぬ」（序文）とあるように、『そのふり』は江戸座の春来編『東風流《あずまぶり》』（宝暦六年（一七五六）刊）を意識した俳書で、巻頭の発句・脇には

舟で行く梅見も江戸の手ぶりかな　百童
東風ふかばふけ酒は閑　公佐

との句が詠まれている。『老曽の森』は天明七年（一七八七）一月の序文を持ち、義邦の独吟歌仙五巻を収める。

天明期の佐竹北家の活動についての詳細は別稿に譲るが、ここではその特徴的な主張について述べておく。

まず、『そのふり』序文に如実に顕れているのが、江戸座の重鎮、有無庵存義（天明二年（一七八二）没）に対する痛烈な批判である。義邦は序文で「有無、素よりはいかいは上手にして、今、東都に並ぶ方なし」としながらも、「学に力なく只官豪貴の交りを殊にして、是等のもてはやしより彼のこれのと云勝チに其さまを引替取替して、世わたりの銭ほしがりなり」と非難し、さらに「老衰」・「はいかいの罪人」とまで痛罵している。

これは恐らく、渭北・米仲とともに『東風流』の校訂者であった存義が、後年「あれは宗因にて宜しからず」（『古事記布倶路《こじきぶくろ》(11)』寛政三年（一七九一）頃成）と否定するようになったことと関係があると考えられる。『そのふり』序文に「我六とせバかりさきに、有無庵へふミの親しミをせしに」云々とあり、また、例えば、『日記』明和五年（一七六八）六月十七日の条に「昨日慈眼山にて取立テ候百イン江戸存義点ニ相極メ」とあるように、義邦は存義に批点を請うていたことがあるのだが、存義の俳風は次第に蕉風化、平明な叙景句や付合が重視され、その傾向は江戸座全体へも波及していった(12)。『老曽の森』序文で「今人、此判者弱きは面白し、此判者の強は愛ラしからぬなどゝ片寄るは誹諧の捨れる基也」と述べるのは、このような背景があってのことなのであろう。義邦の志向する俳諧を考える上で見逃せない発言である。

【注】

（1）その他の両館所蔵・寄託資料については本書第四章に目録を付した。

（2）『不死の裾』・『富士の裾　後編』はともに加藤定彦氏蔵。その他稿本については本書第三章の拙稿、注（7）を参照。

（3）なお、義躬の息、七代当主の義文《よしふみ》も坤麓（二世）、璞亭、李冠、豁斎、北漫翁、北塘翁等と号した俳人である。

（4）『秋田俳諧史』（『出羽路』第三十九号特集、一九六九年三月）は通称を弥藤治また藤右衛門とする。

（5）例えば、探題中に「机」があるが、『不死の裾』（冬の部）明和期の項で、「おもしろや年の肱尻亀甲栗」句の前書に「予、畳机を造る。長サ弐尺六寸五分、横一尺九寸、高サ八寸五分。是を亀甲栗と号す」等と記している。

（6）秋田県公文書館蔵。以下、同館に設置される翻刻を参照しつつ、原本を確認した。

（7）同日の『日記』には「一、門前へ深見新太良・小貫龍栄・淀川藤兵衛、屋敷番出むかひ候。藤太良殿も被出迎候」とあり、瓜六も屋敷の門前で義躬を迎えている。

（8）『新秋田叢書　第十五巻』（歴史図書社、一九七二年）に翻刻がある。

（9）『富士の裾　後編』には「糸薄集之内、鶴泉記行」として『いとすゝき』での義邦の句が抜粋して掲載される。その内、『いとすゝき』中に如杉の句として出る「湯の瀧やめし炊川に鰍鳴」、寸吉の句として出る「湯の峯や爰らに取らむ天狗茸」には「人ニ代ル」・「同」と記されており、義邦の代作であったことが分かる。

（10）「六浦の吟」は、加藤定彦・外村展子編『関東俳諧叢書　第二十六巻　武蔵・相模編③』（青裳堂書店、二〇〇四年）に収載される『金沢紀行（仮称）』（明和前半刊）を指すと推察される。

（11）井上隆明編『佐藤朝四随筆集』（近世風俗研究会、一九八〇年）に翻刻がある。

（12）加藤定彦「都会派俳諧の展開」（『俳諧の近世史』若草書房、一九九八年）、清登典子「江戸俳壇における存義および存義側

の位置」（『蕪村俳諧の研究―江戸俳壇からの出発の意味』和泉書院、二〇〇四年）

【凡例】

一、旧字及び異体字等は適宜通行の字体に改めた。

一、文字の清濁は原文通りとした。

一、底本に句読点はないが、これを私に補った。

一、虫損で判読できない文字は□で示した。

一、誤記と見られる箇所に（ママ）を付した。

一、底本はそれぞれ丁付が付されていないが、実丁数によって漢数字で丁付を付した。丁移りは、その丁の表及び裏の末尾において「」」を付し、丁数とオ・ウとを括弧内に示すことによってあらわした。

一、書き損じ訂正等は＊を付し、該当作品末尾に注記した。

【1】『四本がゝり』

［書誌］

秋田県公文書館吉成文庫八二八。写本一冊。二〇・三×・十六・三糎。薄茶色刷毛目表紙。題筌「四本かゝり　壁艸篇」（中央）。内題なし。楮紙。袋綴。全五十五丁（墨付五十三丁）。安永四年（一七七五）七月跋。

表紙裏紙に書簡反故を使用。同館目録上は『四本可多里』と記載される。

［翻刻］

序

雷をもて鳴るへき夏も只霄に照りまさり、蝉の時雨に衣をしほる日数もやゝ積りて、虫に鳴る秋とハなりぬ。」（一オ）去年来かたの頻になつかしくて、破笠痩筇の旅姿おかしさに出たち、終日に辛ふして、吟ひ着けり。やかて玉几近ふ参りて」（一ウ）拝謁せしうれしさ、王維か香積寺を訪ひ、東坡か風水洞に遊ひしは更なり。斯して日を積ミ夜をかさね、茶話酔談」（二オ）骨稽の外に出てす。或日、主翁八つの題を設け給ひ、各探りて発句せよとありしに、柳君・渭舟俳力を奮ひ、脇・第三と沙汰して」（二ウ）終に八哥仙とハなりぬ。是を無下に捨むも浅ましとて一冊となし給ふ。其品題、金石草木の八つにあらす。夕照晴嵐の八つにあらす。」（三オ）又、酒飲む人の八つにもあらて、主翁の常に現ひ玉ふ器なれハ也。是に端書せよとあるに、孤陋の早語、いかてやハと申せと」（三ウ）ゆるさせ給ハねは、つたなき筆をとりて只風華雪月の光りをいつまて艸の菴、いかにおしひろめ玉はむことをことふき奉りて」（四オ）永好堂投李つゝしミつゝしんて以て序する事しかり。」（四ウ）

（半丁空白）

机」（五ウ）

書そめやかつのたからの几　歴翁
香をふく〳〵と梅の南面　投李
鶯のぬれす乾かす春雨に　柳童
ます谷水の沸く音はなし　渭舟
月の秋そろ〳〵隠す膝頭　李
障子のきれに二葉三葉よる　翁
ウ
猫なりと些側に寄れ鳴の声　舟
旅なれころも垢も若干　童
蕎麦切の通ひの達は瀬をはやミ　翁」（六オ）

尼に成ても主の相伴　李
日とミれは入梅の最中の鏡台　重
ふミのしめりは涙にてやは　舟
紙さしを忍ふの石に置わすれ　李
ぬくめ仕舞ふて月に飛ヮ鳥　翁
山寺や和尚か撞は拝ミ撞　舟
壁のしろさも春はあけほの　重
花七日不断桜もその日数　翁
のとかなりけり戻子の筬音　李」（六ウ）
ナ
取はつし牛の子を産む町はつれ　童
妾見たてに加賀の人市　翁
すハ悋気百手一腰おしみたし　李
出舟もとまる四ヶの悪口　舟
神達の寄り合ふ所も神無月　翁
洩る居風呂のふりミふらすみ　童
あやかれと父御の冑さしかさし　舟
にほひ袋の両腕をしめ　李

解く事はとけても解けぬ嶋田髷　童」（七オ）
熱ひめしをは得手し斎僧　翁
朝やきに十六夜の月の番代ㇼ　李
秋風の降る膳所の艸取　舟
ウ
鯰釣ㇼ肌も鮫ほとやゝ寒ミ　翁
酒を過すと足たゝすして　童
わきもこか異見いはるゝ年忘　舟
うしろへ少し引て梳く髪　李
ぬかつける《礼拝》内こそ花に目も閉て　童
国うらゝかに紺青の海　舟」（七ウ）

はし鷹や尾もしら梅を継く心　柳童
苗代や田毎の日影皆欲しき　投李
戻したき人の長居や春の雨　渭舟
紅梅や沙に素足の子を放し　水光
持て出た樽やよしのゝ花桜　路考
掬すれは手に桜あり岩間水　乙照

肴取る舟も宝そ乗はしめ　呉舟
芽柳や水の相手に末ならす　双鶴
流るへき雨に香のある梅の花　其旦」（八オ）
我しらす酒の利く日や梅の華　玉斗
蝶となるむしの動きやんめの花　楚北
須磨寺や緘も耄て児さくら　馬呑
鶯の来る日を見たき暦かな　刈和野一河
何鳥の啼てもよしや桃の花　亀口
青柳の糸引出すや日の鼠　子鶴
柳まて行かとミせる流かな　町湑旭
若艸や乳をワするゝ放し馬　、百宇
橋かける女ありけり若菜道　、米花」（八ウ）
雨の日に綾のもとりし柳かな　加桃
春たつやあしたにさむきよしの山　歴翁」（九オ）

硯」（九ウ）

彫得たる赤間の肌や杜若　投李

池すゝしくも放す木羽舟　歴翁
小殿様大殿様と続くらむ　渭舟
択て着せたる野髪結髪　柳童
丸〳〵と切手も入らぬ関の月　翁
新栗酒は黄金のいろ　李
ウ
薄紅葉仮りの間居に定はや　童
ウンスン骨牌おとこ禁制　舟
惚やうか下手て空にも成おらす　李」（十オ）
死ぬ気変して越に欠落　翁
其熊の皮を着て突く月の輪や　舟
孝行やかて貧も世に稀　童
寺入の日に袴借る古傍輩　翁
融て月も出る切り能　李
石に腰かけて涼めハそこに秋　童
素人角力や古河の松原　舟
炬をふれはともしの花散りて　李
気違鶏歟夜半のやり声　翁」（十ウ）

ナ

やふ入も五七は雨と探り合　舟

むすめ段々積に一癖　童

夕あらし夫《ト》と現し袖孕ミ　翁

凡論は涙て筍羹を喰ふ　李

まめになる顔は則旅つかれ　童

雇ハれすゝめ竹の筇つく　舟

さめ馬はいかなる神のめしそめて　李

堀川夜討ふんとしの曠　翁

山かつら臭き硫黄の飯も炊く　舟」（十一オ）

三日月を吐く鶏の口　童

柿のもと人麻呂らしき兀天窓　翁

石見の秋に楮煮らるゝ　李

ウ

出商ひ夕照ハかりかつき来て　童

仲人とワるい人とそら言　舟

三十まて皆山鳥の長局　李

枝おもふさまなれる連翹　翁

初午に寄るほとの子の花さらさ　舟

反らせる額も春の釣り合　　童」（十一ウ）

ない滝の枝にかゝるや蝉の声　　投李

読賈誼伝

蝉啼て鳥に口なき心地かな　　柳童

勅額のまします山や閑子鳥　　渭舟

餓鬼て名の高し山崎かきつはた　　呉舟

江戸水の手柄に咲やかきつはた　　双鶴

ほとゝきす見たい朝は更になし　　其旦

八橋の一流弾かむ皃よ花　　路考

鐘撞の目覚し艸や花卯木　　乙照」（十二オ）

昼顔や日の明のこす花の露　　水光

江戸一のふるき染屋そ杜若　　子鶴

かつ書て水へ燧火の蛍哉　　玉斗

常盤木をそゝのかしたる若葉哉　　馬呑

治聾酒の今そ利たり時鳥　　楚北

象潟や若葉の上をさほの唄　　亀口

大木のもれるハかりや蝉の声　　一河
ほとゝきす現に越る山路かな　　米花
昼皃や蛇篭へからむ旱魃河　　加桃」（十二ウ）
芍薬や袖からしのふ蟻一つ　　百宇
蝉啼く木折れる物なら折れぬへし　　渭旭
五十間道も山路やほとゝきす　　歴翁」（十三オ）

筆」（十三ウ）

今朝ミれは筆を産ミたる薄かな　　柳童
ふり向く鹿に立《テ》物の影　　渭舟
十六夜は僅に腹の酒さめて　　投李
高い咳にもひゝく膳棚　　歴翁
いつとなく風をやミての帽子雪　　舟
さなから牛は悶かぬ参内　　童
ウ
橘も桜も似たる男兄弟　　翁
目に残りある千両の埃　　李
ほと近き場所を役者の戻り駕　　童」（十四オ）

おもしろく書くたのまれし文　舟
来年は是非に〳〵と花かつミ　李
五文か餅に浅香名所　翁
白無垢を僧は白衣と笑れて　舟
三人うかれ寄る橋の月　童
稲の妻是も花火といふへきや　翁
西瓜をふれは波の音あり　李
忽然と前に又来るむすひ玉　童
中の丁にて見た様なかほ　舟」（十四ウ）
ナ
印篭を出せハ出舟の漕もとり　李
日本の金の親は摂津国　翁
古寺に苺むす梅もおない年　舟
今飛ふ鷓鴣の十二支を繰ル　童
行春や時計の奴銭を振る　翁
大工の羽折畳む帳台　李
夏蛙いかて砥水に住ミ馴て　童
麦買に来る下妻の叔父　舟

不機嫌な道鏡法師諌めかね　李」（十五オ）
とても盗んて呉れよ猫の子　翁
覗かれて鞠は翦けり暮の月　舟
つゆをつらぬくそめの糸萩　童
ウ
与四良か庭の古びに毒木の子　翁
内侍の酌て陳見へ継く　李
縫箔も筆法たゝす世に生れ　童
藪医は一人呉服屋の息　舟
花の山烏も侈る喰らいもの　李
ぬるめる滝のその上に池　翁」（十五ウ）

呉服屋に格別の字や今朝の秋　渭舟
明星の附木燃すや高灯篭　路考
任侘魔所にもむしの終夜哉　呉舟
一手取ル若艸山の角力取　双鶴
茸狩や判官を召ス小松原　其旦
残暑かなこなたに横の離れ嶋　柳童

白川や波にも積る月の雪　乙照
捨てたに此世かなしも鹿の声　子鶴
まつ秋をつまんてミたる一葉哉　水光」（十六オ）
ミなし子の乳房につぬる砧哉　玉斗
まつ風や律のしらへの上へ落　馬呑
有るか中北野涼しや煤払　楚北
稲妻や逢ふも別れも麁相物　投李
蜘の団の一葉に見えつ今朝の秋　亀口
稀人も是から渡れ星の琴　一河
朝かほやよし原へ来る人ハなし　百宇
夜半の戸を外《ト》からしめる踊哉　米花
鍵一つもたぬ菴そ鹿の声　加桃」（十六ウ）
はつ雁や二ヶ国過て人に馴　渭旭
牛一つ花野に石の戻りかな　歴翁」（十七オ）
墨」（十七ウ）
奈良坂の油煙も元《ト》は木の葉哉　渭舟

兎にも角にも雪に飲む菴　柳童
唐の人鬚に利口のミゆるらむ　歴翁
何所てとめた歟あんへらの針　投李
奥底もなく照てさせる夏の月　童
早瀬の川に薄板の舟　舟

ウ

一つ屋て淋し二つて猶淋し　李
いのち欲しさに人の物とる　翁
木訥や実語教にも気かつまり　舟」（十八オ）
寄れは倒るゝまての蚊はしら　童
酒の波よく游かせる流の身　翁
歯医者の来る日丁子噛せる　李
親骨の子を失ひて捨扇子　童
牡丹の根分近衛様まて　舟
合鉛て別墅の月を盗はや　李
孕んたやつを桶伏の壓　翁
花鳥の使しさうなおとこふり　舟
伊奈の笹はら若鮎の篭　童」（十八ウ）

ナ
晦日からやれせハられて雛遊ひ　翁
波の暖帘も八重の仕舞屋　李
母衣ほとの風呂敷かけて艸履取　童
一の鳥居は恋もおゆるし　舟
朔日に熨斗目色なる松魚出て　李
坐頭も見えたやうな江の嶋　翁
撞かねのちんともいはぬいし礫　舟
小蛇の口に真言を吐く　童
荒行のあたまに虱子を産んて　翁」（十九オ）
虹をあてとに振れは名剣　李
笠の緒も結ふむすはぬ朝の月　童
幻住庵の庭に椎の実　舟
ウ
きり〳〵すをのれか足は盈れもの　李
入院*1は済ンて持すく捻香　翁
八代間河岸窓へ顔出す罪作リ　舟
こゝろミもせぬ明日の丸綿　童
割も昆布ミつから花と訇りて　翁

日々殖るうくひすの弟子　李」（十九ウ）

はつ雪や今そ顕ハす娵の瘡　水光

清少納言かこと葉に引かへて

見所よ佐野はさたなき宿の雪　柳童

象潟の落葉は杜のかたみかな　乙照

頼政の哥によりて

枝炭や桜は香にもあらはれす　投李

柴舟の花やもミちや今朝の雪　亀口

髪置や山とりの尾の肩車　渭舟

はつ雪や世はあたらしき道となり　路考」（二十オ）

鮟鱇も其中にあろ寒念仏　呉舟

したゝりハしくれとふるや松の雪　双鶴

艸も木も皆根にかへり初時雨　其旦

塩かまも肌のぬくミや小夜衢　子鶴

淡路のミ鴎九軒も寐せぬ《さよちとり》　玉斗

わかせこか来へきほと也池田炭　馬呑

本緒の霜にははやき雪夜哉　　楚北
木からしや末しら河の波の音　　一河
冬かれや蹄に物の折れる音　　渭旭」（二十ウ）
蕣のつえにすかるや今朝の雪　　米花
葉のまゝの竹のさらえの落葉哉　　加桃
天守より下は時雨て夕日影　　百宇
木からしや斯う見た所無慾哉　　歴翁」（二十一オ）

（半丁空白）

歴尊君御つれ〳〵、何をか慰め参らせ見むと投李にさゝやきし折しも、菴中目のあたり、八ツの探題出したまふより、彼是と興に乗し、琴弾鳥の」（二十二オ）章にひかれ、やま人の碁をうつをとのたのしミもかくや。四阿の御掛額もうら吹かえす葛の葉の佐理・行成なとゝあらむもいふかし。にしりあかりを」（二十二ウ）あかりあかり、洞床の一軸千年のミとりをなし、万古豊年の雪を積ミたるも、猶栄たまハむことをことふき参らせ、柳尊渭舟、花道の傍より等ゝ。敬白。」（二十三オ）

琴」（二十三ウ）

琴を弾く鳥通ひけり嶋の松　　渭舟

ウ

かすむや雪も此ころの事　歴翁
炉縁にて心の木地をミせぬらむ　投李
猫は丸めた形《チ》こそよき　柳童
十六夜やいさ暮の間に御寐なれ　翁
何へあハせむ稲妻の鍵　舟
古屋しき土蔵にぬかる艸の花　童
神に祈りて盲子か出来　李
もの嫉かねてそ伸し髪の丈　舟」（二十四オ）
おさしなからもむさしては鬼　翁
さまぐに四季もミたれて地紙繰《ル》　李
十露盤いかに石走しる音　童
そのあたり皆節季候の道具にて　翁
五段長屋も九折なり　舟
まかなくに治郎の髭の殖した　童
春宵一斗附さしの月　李
花を延へぐつゝ口の鼠　舟
いつ鶉には成た出替　翁」（二十四ウ）

ナ

水瓶へ小鮎の落る清涼寺　李
ふる香合も銀の唇　童
記念ワけ未タ存命ハのし包ミ　翁
足駄て三里篤信をミよ　舟
寐るに得ク起るに損の時雨月　童
作り互に遇ハぬもの前　李
公中のなきハ上手の世の中や　舟
廓の桶に人の時鮓　翁
いそかしの折に用ゆる念彼の段　李」（二十五オ）
月のこなたの怖しき雲　童
刈上ケて陸奥ふしを聞く大百性　翁
御筆もおりる菊の御伝受　舟

ウ

住まれまい処に住むか墨衣　童
朶菓子袋に何の大掾　李
顔見世に今は迷はぬ思案橋　舟
恋そつもりて醫託に載ル　翁
お直しと出す花盆に花鋏　李

汲めハ汲むほとぬるミ来る水　童」（二十五ウ）

藤波や往来の人の立游　路考

象潟や鯛めしおろす桜影　柳童

心して衣紋小《サ》し雛使　亀口

甲斐かねに雪より後の蚕かな　投李

男波からへり行明日の汐干哉　楚北

江戸絵図のはつれ〳〵や花の山　渭舟

生娘の丈《ィ》の高さや山さくら　其旦

手の節を夕日にミせる蕨かな　水光

菅貫のむしろも並の梅見哉　子鶴」（二十六オ）

遮那王の爪に木のめの青ミ哉　呉舟

日の高さ尺て落すひはり哉　双鶴

難波女の昇せる日あり梅花　百宇

陸一つ一夜に産むや汐干潟　乙照

業平に事問ハれすや蜆とり　玉斗

山桜きのふの木にてハなかりけり　渭旭

這藤や妬の色の松にまて　馬呑
怖しいはなしも聞や山さくら　米花
道芝に蝶や胡蝶の白拍子　一河」（二十六ウ）
玉味噌も玉の馳走や梅の花　加桃
有情ミな知りし仏の子方かな　歴翁」（二十七オ）

碁」（二十七ウ）
斧の柄にかねて朽めや皐雨　柳童
仙家の窓を緘る昼顔　投李
筆をとれは文言更に出ぬらむ　歴翁
都の水を遠国てよふ　渭舟
かつら男も十日間近く茂るなり　李
書をミる脇のおにのしこ艸　童
楽《ウ》人の庭にそ咲ける鳥兜　舟
先ッこゝ《届》ませる住よしの橋　翁
恋ゆえに踏む朝露ハ剣かも　童」（二十八オ）
火と水か添ひ世帯めてたき　李

蛸売の無言て通る蚊無町　翁
珠の車といふは又兵衛　舟
ビリンジユの料理にかける髭かつら　李
気強き顔を弟子に取《ル》外科　童
貴船山灯もあやかしの朧月　舟
忍ひ戸へワたりあま《蛙》かへ《亀》る止む　翁
其辺に池を斜む初の花　童
さむらい風も三両の春　李」（二十八ウ）
ナ
人宿の荒打壁に蜆から　翁
鴨居にかけし水汲の帳　舟
深川ハ陸つゝきても楫まくら　李
そゝろに高き雨のさゝやき　童
念仏は佗阿も一遍ほとゝきす　舟
縮からぬけて塩を喰ふ銭　翁
時に取て母の白髪も雪の宿　童
三ヶの荘と灰もなりぬる　李
五斗味噌も引釣されて玉と玉　翁」（二十九オ）

曲禄飾る姵ののり掛　舟
白粉の靏を拭ふて月の影　李
棚から出る暮の木兎　童
ウ
御知行はしかも名所て名の木散ル　舟
神丈ィ高に杉の目印　翁
天狗にも成て老くる蘇民書札　童
猛火を喰ふ時つけの飯　李
板床の花瓶に誰そやさし習ひ　翁
三鳥の外一羽さえつる　舟」（二十九ウ）
荒打の壁に蚯蚓や五月雨　乙照
似菩薩をつれはや明の蓮見客　渭舟
咲過し末摘はなや松か岡　呉舟
別あれは川筋涼し妹脊山　柳童
日の影の風に動きし幟かな　双鶴
何鳥の塒なるらむたかむしろ　投李
梶原か逆櫓しかせむ鰹釣　玉斗

夕かほや足なき膳に向ふ宿　水光

日盛やいよ〳〵長き丈の舌　子鶴」（三十オ）

太内主艸の中なる菖蒲かな　楚北

月弓のあたりを呼ふやほとゝきす　馬呑

迷ひ鵜の咽はあつさの袋哉　路考

河骨の流に裂てあつさかな　其旦

乞食から貰ふ火もあり納涼川　百宇

蒼天に雨の匂ひや苺の花　亀口

雪ならぬ二度の雪見や花卯木　加桃

行水も来る水もなし菱の花　渭旭

坂東に太郎と申暑かな　一河」（三十ウ）

葉柳になりて子のある姿かな　米花

艸ならす木もつれ〳〵や合歓の華　歴翁」（三十一オ）

書」（三十一ウ）

葛の葉の裏を証拠や炉路の額　投李

酒而已歟茶も一しほの月　渭舟

虫篭にされて甘露も滴りて　柳童
惣身御用立《チ》し曲鞠　歴翁
只居るを曠とや思ふ仕舞た屋　舟
ウ
冷した瓜の呼井戸へ来る　李
庖丁を解死人にする指の疵　翁
乳母か目からも気に入らぬ聟　童
矢矧のや小袖箪笥も十二段　李」（三十二オ）
床の間ほとに牡丹かゝやく　舟
土穴にそら《天》ミた蟻も羽を生し　童
山を仕当て広い肩衣　翁
大鯛へ洗らハぬ前に哥を書《キ》　舟
西派の月の上総まて冴え　李
享保の比は象にも下坐をして　翁
若子りゝしくも蒸籠に腰　童
花の木も薪の能に霞らむ　李
留守頼まれる県召達　舟」（三十二ウ）
ナ
鶯の飼ハれなからも竹に住《ミ》　童

道灌山はむさし野の瘤　翁
浪人の糯子の立附茜さし　舟
しかも一滴降らぬ六月　李
肴喰ふ浄土に生れ鵜の遊ひ　翁
大のはしらに夢の墨かね　童
両将の間にくなしやな白拍子　李
目付のつゐた思ひさし飲ム　舟
投入に虎の噂の出ん事　童」（三十三オ）
地獄耳なり耳塚の耳　翁
天の字は踏れす月の鳥居影　舟
早稲香ハしく窓に土器　李
ウ
蓮の葉も鯖を包めハ祝ひ事　翁
寄てたかつて秘蔵子を剃ル　童
罠にした盥は漏りて笊に成リ　李
沢山さしに清滝を汲む　舟
花や今神もまします岩たゝみ　童
鶺鴒も来る庭の春色　翁」（三十三ウ）

妻を待つ稲の葉毎や露の玉　楚北
紅葉見や寮の衣桁に緋ちりめん　馬呑
名月や艸の戸明ける多力雄　柳童
三浦屋に千両ミせむ月今宵　其旦
はつ雁や横に呑れし耳なから　渭舟
天瓜果は赤らむ垣根かな　双鶴
武蔵野や驢馬に乗たる屮の花　水光
山寺や紅葉の奥に人通リ　子鶴
名月や暮てももとの十五日　投李」（三十四オ）
淋しいと奈良て詠む鹿の声　玉斗
何ものといふへくもなし秋の声　亀口
稲妻やつれなき闇のひまを洩ル　呉舟
鹿聞や発句もならぬ身なからも　路考
きり〳〵す啼や新地の枕もと　百宇
鶏頭や紅葉といはゝもミち也　乙照
雲井にも筎つく菊の誉かな　加桃

静さをあつめて露の林かな　滑旭
はな紙へしめして戻る花野哉　米花」（三十四ウ）
朝かほの命を長く木すえまて　一河
松下問童子
松露あり扨まつ茸は雲の中　歴翁」（三十五オ）

画」（三十五ウ）
その紙の白きを以て雪の松　歴翁
冬は朝から暮れる小座敷　柳童
猫と旅戦ハさるも慰に　渭舟
仕方はなしの掌ラを舟　投李
先ッ何所へ筆をたつへき海の月　童
秋の日たけをつめる雁かね　翁
ウ
毛見の身の我恥しく忍ひこま　李
三年もめてさめる錦木　舟
能結ふた髪恨しき疥癬かき　翁」（三十六オ）
見よや端午も傘の正月　童

ぬかるミの縄手へ来れハ馬も牛　舟
たれも云出す正行の年　李
石工も儒者顔の碑の銘に　童
飛鳥の花に一昨日の酔　翁
藪入の寐るをねたれる扇の手　李
障子朧に連弾の影　舟
母親か来ると病ひに又病ひ　翁
くハらりくはら〱朝の膳棚　童」（三十六ウ）
ナ
大儀や惜しき詠めも捨て立《チ》　舟
からのかしらへそつと櫛取　李
目にハかり冬の来て居る土用干　童
着込を見ると女房は泣く　翁
おでんとはやさしくいふて喰よふハ　李
梅屋しきまて雪の酔狂　舟
泥亀も湯立の内は首ハ伸　翁
見れは太鞁に憎や我紋　童
角も取多勢の中に漂澤　舟」（三十七オ）

たからの山へ御入部の秋　李
月の庭わすれて置ヶハ自然硯　童
葡萄に鼠まつ栗鼠にせよ　翁
ウ
放散の気の薬には沖つ波　李
我か腹形リも琵琶法師哉　舟
鮟鱇にかさね〳〵の河豚仕掛ヶ　翁
もかさ《疱瘡》目出たふ川へ行注連　童
雲十日動かぬ花のあらし山　舟
耳掻て雉の身を丸うする　李」（三十七ウ）

捨し身の瀬に浮ひたり暖め鳥　亀口
はつ雪や念の入たる松の花　加桃
戸をしめてしかも寐もせぬ寒哉　渭旭
蚰蜒のあと又光る小春かな　米花
鳥市に音せぬ蝿も小春哉　百宇
我足袋の思へハ古し雪の朝　一河
邯鄲の枕や波に浮寐鳥　其旦

梁に昼啼とりのさむさかな　呉舟
水に寐て寐耳に水のちとり哉　双鶴」（三十八オ）
水鏡一夜に外覆の氷かな　子鶴
右へ巻くとしの終《リ》の暦哉　玉斗
引かふる羅綾の波や浮寐鳥　馬呑
巣をかけて鳥静也大晦日　楚北
目は雪に労れて闇し己か宿　乙照
行年も須磨の戻りや衒足　路考
河豚汁や鬼の銚子に美少年　水光
火にならぬ火を吹音のさむさかな　渭舟」（三十八ウ）
鵜の罪にかさねて寐さる網代かな　投李
掘かへす火も耳出すや遠衒　柳童
行としや柳に花を咲せけり　歴翁」（三十九オ）

（半丁空白）

諺に云へる、提灯に釣鐘也と。此晩夏、壁草庵の枝折を訪ひ来たる二客、予《ママ》か翁に力を添へ、日々夜々の談笑を初秋までに綴られし事ハ、既に二客の序にあれハ、今将何ことをや云む。唯その名ハ鐘よりも高く聞えし人〲の」（四十オ）数に昼の提灯の姿はかりに、益もなの予を召されしより、倉橋山のほとゝきす、おほつかなくも云出し、梅の花、それともワかぬ云艸を、二客さま〲と筆を添られしかとも、江北より南に移らん事ハかたかりける。されと天の道の盈を欠となん云へハ、予を」（四十ウ）加られ、其雅莚の全からさるは、又欠ることゝてしもあらさるへし。是や吾を召されし一得ならん。時にこのやつの巻に洩し雅客もあまたになん有りしを、爰に亦其人々を交て一章をなさん。とく前後の有さまを書て爰に序せよと有しまゝに、只ひたすら己か過を補ん」（四十一オ）とのミ云を巧にし、書つゝけ侍れハ、あやしうもものくるおしくて、序と云ふものにハあらさらんかし。

大椿散人」（四十一ウ）

艸に木に玉の台や今朝の露　歴翁
位階のワかる小鷹荒鷹　柳童
弓になり又的になり月満て　投李
武鑑にはやくミゆる御加増　渭舟
いつの世も松は替らぬ紺青紙　路考
鷺なりと舞え是の大庭　呉舟
すたれ越し風も砕けて涼しけれ　楚北
胸かけにする水売の帳　双鶴
ウ
惣揚に伽羅の足駄の噂して　玉斗」（四十二オ）

梳る間はむたな三ッ櫛　馬呑
鼻はちく辛ミに酒の一手際　其旦
雪の唐木を挼る門弟　水光
擌犬の身にも寒さハ知る物を　童
乞食喧嘩に取ル髪ハなし　翁
焙六は炭のつくほと軽くなり　舟
隠居の時齋経も相伴　考
豆腐屋の窓から雰の朝ほらけ　呉
着て出る笠も月のありさま　斗」（四十二ウ）
蜻蛉を先ッさしそめの餌刺の子　鶴
池のふたとも成しむら雲　北
神垣も花物いはす折られけり　呑
寐粉にする比新蕨出る　李

二

恥かしや剃らむとせしに春の来て　光
狂女なからも舞はミたれす　旦
漬物に歯の達者なる都人　翁
減り行く金に日は積る旅　童

半分ハ秋を見たさの猿すべり　斗」（四十三オ）
系図おかしき寺の幸若　舟
石工の仮名を掘たい願事　考
お七のまゝて脈見せるなり　呉
大名の鬼に鉄棒惚れ薬　李
さし引汐の屹度約束　光
和哥の浦と五文字をすへて眠ル鶴　北
たれか梭から虹の織物　鶴
月〳〵の月は月にて月今宵　旦
菴の耳を驚かす引板　呑」（四十三ウ）
ウ
毬栗に坐頭の身こそ悲しけれ　童
お姫様やらお娵様やら　翁
憂き方へ屁リの神をふり向て　鶴
一つ雷にてあらためる膝　北
太刀持ハ芭蕉の玉を皆ほごし　光
ひたるい猫の方丈へ来る　旦
二百にて雨戸をはつす源氏ノ間　呉

月の夜待は源五郎かや　考
人までも迷ハす蛇の穴窓へ　舟」（四十四オ）
支離をほめる四ッさいの豆　李
淋しさハ婆か煮る物割む物　呑
赤きは科よ尼の腰巻　斗
花月満柳月満も元トは恋　翁
三寸五歩も川竹の春　鶴

三

味噌臭ひ笊もお事の神祭　考
内裡はあれと日の岡の指　呉
黒牡丹とは牛士の角に風　旦
けふ寺入に過させる酒　童」（四十四ウ）
松はかり物の騒かぬ時雨月　北
尺八と笠との落人を捕ル　光
案の外春に声なき酉の町　李
海苔を拾ひに浮舟て出る　呑
うらゝかさ禿に笻をかつかせて　斗
唄の作者は御道明衆　舟

眼かしゐてかそへる銭も摩石部　童
晦日にあらハ又丸い月　翁
乳貫の礼に古米古小豆　光」（四十五オ）
紅葉に斧を出すも奥山　考
ウ
矢立にて咄て来る滝の元　呉
鯉に手をとる妻の爼箸　旦
恋の闇淀屋の屋根を龍か剥《ク》　呑
枯た蘇鉄の釘も一升　斗
越の雪奈落の底に沈《ミ》けり　舟
旅馴衣精進もなる　北
森陰に湯立聞えてむら烏　鶴
つむし《旋毛》のない子高名の相　李」（四十五ウ）
牙とれた般若も出たり土用干　呉
樋口へ来て散らす腹立　光
借りた傘離別たやつめに名対面　考
文あらそひは花の児達　舟
盗人のゆこかもとろかおほろ影　斗

餅喰ふ中も五百両春　呑
ナ　世を逃た気もしやんとする桔欅　北
竹と手本を覊く艸の戸　童
夢ならは猶可愛さも初茄子　旦」（四十六オ）
御化粧受へ生男の鍬　翁
神木を一里津波の引出して　李
楔かぬけて菴室は船　鶴
公時か母も霜夜を打歎《キ》　童
行合の間に鼠つるめり　呉
禽病にかせの出来る喰らひ物　翁
書かすも哥は口つさむ恋　北
駈込て相大倉ももまれけり　舟
鯑も孕む稲のした陰　考」（四十六ウ）
肖柏は月ある方へ横に乗り　鶴
紬巳上をきぬたといふらむ　旦
ウ　一しふきつと寒なり赤うなり　呑
御蘇生の勤願寺建《ッ》　李

素袍にて身もくる巻の冬籠　光
底もちとある玉のさかつき　斗
やんわりと心切《リ》の手のしめ心　李
潯陽の江も唐織の曠　翁
咲ほとの物を洩らさす神の花　童」(四十七オ)
注連きりかける野藤山藤　舟」(四十七ウ)

此乙照はいかい執心のものなりしか、其家の頭襟篠懸のいとまなく、近比等閑なるに、ある日思ハすも訪ひ来り、撰集の趣も語しに、無念ともいふはかりなしと。時に予か云」(四十八オ)捨し一句あるに、句はやにも脇をし投李第三ともてはやし、即時に鯉鱗の吟とハなりぬ。是を捨置かむも本意なしと、是この斯に

巣の鷹の宙に提たる一葉哉　歴翁
滝に打込む朝〳〵の月　乙照
手斧そめ千秋楽と声かけて　投李」(四十八ウ)
酒のはつミは杉香なるらむ　翁
墨絵かきしつ摩の力枯木そと　照
山とは見せて底は雑蔵　李
ウ
飼蛇を娶にしらせす小百日　翁

白い下着を涼しさの伊達　照
唯一はたゝ火と水と念入て　李
耳て引ヶとも蟇目射る弓　翁
御階ても物な寂しそ更日比　照
初而と終りと二つ撞く鐘　李」（四十九オ）
ぼた〳〵と隣の遠き暮の雪　翁
炉ひらく宿の炉路に朏　照
五百生手なしなるらむ尼か酌　李
狂哥てちよつと恋の片尻　翁
はつ花を折れらハいたきことは也　照
最少し降らハ青きを踏まむ　李
ち《ナ》つれ鶏我をわすれてとつてくわう　翁
寄附にする気歟一の富ミ落チ　照
囲ハれの宿かハ低い棚を釣リ　李」（四十九ウ）
惚られ薬藿香を植え　翁
夕立にさしもの不二も有やなし　照
鵜の呑を見て半道の損　李

祖母嗅の寄てつかれぬ悟り僧　翁
臭い灯に頭痛はしまる　照
浮ふ瀬の帳は龍とも蚯蚓とも　李
山また山に帆柱を積む　翁
月の夜に出て練直す外科の鍋　照
よ所の手紙て聞くもはつ雁　李」（五十オ）

ウ

筋違の内はあはれな秋もなし　翁
咡く弁も酔にそ有ける　照
更るまで動かぬ聟の罔両　李
花をまじめに蕃薮喰ふ　翁
春雨に貴賤の腹も哥袋　照
天地人と並ふのとけさ　李」（五十ウ）

雨露霜雪の四つを以艸木国土を滋し、花鳥風月の四つをもては詩歌俳諧の種とす。山あれは川」（五十一オ）あり。男あれハ女あり。酒あれハ肴ありて、おの〳〵はよる所、人間天友の活物なるそ。予、荘《キ》時より骨稽の傍に跪き、古今」（五十一ウ）雪月華の恩沢に関る。なれと方円の器にしたかふ友もなく、むなしく六十の坂にもろあしをかけるも無下なるを、」（五十二オ）云甲斐なしや。幸ありて、去年、永好堂・柳尊館の老風流、蝸舎に訪ふより水魚の友を得、又ことしも、其ふたりやさしくも」（五十二ウ）訪ひありて、俗談平話のこと艸より寐たり起たりの媒となるも、偏に三軆の古狸なれはなり。其ふるきをたつねてあたらしきを」（五十三オ）しれとの自讃にはあらす。徒に小冊を拾遺して、庫中に蔵んことを希ふに、年荏けれと、柳童是に組して、いさや四本」（五十三ウ）かゝりの一書を催さんと、両三夕の秋涼を逐ひ、終に八仙の巻とハなんぬ。序ニは柳・投・渭の三たりにあれハ、予ハ等閑」（五十四オ）ならむもよしやといふに、いなせすとすゝめかけられ、頓に筆を走らし、只此題号をせんため、それ是作摩生。」（五十四ウ）

安永乙未夷則　　壁艸菴歴翁散人漫書　壁艸乃閑（印）歴翁印也（印）」（五十五オ）

＊1「は」…「か」を「は」に上書訂正。

【2】『いとすゝき』

［書誌］　秋田県公文書館吉成文庫八二七。写本一冊。二十三・七×十六・六糎。薄茶色無地表紙。題箋「いとすゝき歴翁《れきおう》編」（中央・字母「以登寿々起」）。内題なし。楮紙。袋綴。全三十七丁（墨付三十六・五丁）。安永五年（一七七六）秋序。同館目録上は『以登寿々記』と記載される。

［翻刻］

遠くはかそふるにいとまあらす。近き比、木樨老人の六浦の吟は武陵より十余里の紀行なれと、道すから都鄙に聞えし名ところ多けれは、見る人感情殊更也。ことし投・瓜のふた風士の笠と笻とにいさ」(一オ)なハれ、十余里の山ふみして、鶴の温泉にまかる。折ふし、往来の其趣ふんてを染るといへとも、道すからワたくしの名のミして、一国の外、仰に知る人なし。彼と云是と云も仮初ことにて[*1]、大方は人の笑ひあさ」(一ウ)けりなんめれと、ふた風士の誘ひも又めつらしく、むなしく吟ひ過るも、年月雅にあそふのミちを失ふものなれは、打捨もやられす。其時の野もせの花嬋娟を争ふといへと、いとゝ目につく糸すゝきの」(二オ)長きこそ風流のたのしひといはむなれは、是になつけて糸薄と呼ふことしかり。

丙申秋

午時菴歴翁慢書」(二ウ)

待宵の更行かねの声聞は、あかぬワかれのとは人情の専らなれと、此暁ふた風士を誘ひ、霊湯の旅立常にかハり、猶いさましさに

物かは秋の夜になき旅出哉　歴翁

馨しや稲さえ風のお出迎ひ　投李」(三オ)

追立よお先払の花薄　瓜六

　折ふし小雨なれは

艮は温泉の恵方よ雰の海　　歴翁

　細越の坂を過て

細越は蔦の案内の出口哉　　投李

　本町に駕をたてゝ

今朝そしるはしめて涼し橋の上　　歴翁」（三ウ）

[*2]朝は目の真珠なるらむ稲の露　　ゝ

　両三年疫病時行し、民等是に怖れて、一村〳〵の境に疫を除く神とて、藁にて丈余の人形を作リ、是をもて其災をまぬかれんとす。今は疫も大方なくなれは、人形も衰え神やら仏やら人やらワけもなきありさまを

疫神も秋は来にけり鳥驚し　　ゝ」（四オ）

　あふかる中に

八千艸の中に廓の育から　　歴翁

蹄にもかゝらぬ花や男へし　　瓜六

草咲や山ふところの裏模様　　投李

手をこめて織る細布や秋の原　　瓜六

　善知鳥口にて

呼かハす爰も善知鳥や渡り鳥　投李」（四ウ）

鷹になりけふは渡る歟善知鳥口　歴翁

善知鳥口子は雁かねと答へけり　瓜六

刺巻渡口 是を玉川といふ

玉川の底幾はかや藍の花　歴翁

たま河や鮎もさひ得ぬ玉かしわ　投李

生保内駅に角力ありとて往来のあるを

取りさうな女もミへつ角力艸　歴翁」（五オ）

御昼休ミの御笑種申さんと

野菊まで御宮仕顔やお昼宿　瓜六

高橋囚獄といへる関守、其名遙に聞及へと、目のあたりミるもふしきにも又めつらしけれは

しこ艸や関守鬼の笑ひ顔　投李

関守も尻目にかける女郎花　歴翁

先達川」（五ウ）

臨めは白浪矢を射ることく、彼子房か流れあしを思ひ出して

艸鞋を流に浸す残暑かな　歴翁

蟹石

逕わつかに三尺に過す。河へ臨めは其深さ幾はかとなく、嶮岨数十丈の切崖なり。折ふし小雨ふりて

岨道や横に行気の雰小雨　〳〵」（六オ）

岨ミちや露を置たる脇の下　歴翁

岨を這ふ人も蟹なり蔦かつら　投李

駒嶽

此嶽、年〳〵消え残る雪に駒の形を現んすにて名とすとかや。羽東の高山なり。今のあたり、其腰を過て

此嶽の駒画て見よ秋の雪　投李

潟見峠」（六ウ）

小雨して雰深く湖面朦朧として、景色一しほに

湖に申続くなり雰の海　歴翁

山〳〵の雰の紫や一夜海　瓜六

絶頂に漁舟の声や雰の海　投李

滑帆か途中にて扇子を拾ひしをよろこはせて

すえ広き眺めもの也稲の花　歴翁

鶴の湯もとへ到着の夜、酒興闌にし、即興せしに、ふた風士」（七オ）句はやく取り付て、一時の哥仙となんぬ。

鶴の湯や爰そ千秋楽遊ひ　歴翁

膝へこほるゝ枝の菓　投李
出る月に直宿の烏帽子改めて　瓜六
茶碗弐つに欝と覚たり　翁
あんへらの跡は残りて雪ちら〱　李
是よりわかる道奇麗也　六」（七ウ）
ウ
御上洛のむかしかたりに金か湧キ　翁
おとこを笑ひこめる石女　李
舟宿の持仏は薪に包まれて　六
罾に出たと留守の書置　翁
ゆるかせは荒神松に蚊ハわつと　李
日なし借りとハいはて知る顔　六
尿瓶に痳病やミの涙くみ　翁」（八オ）
独活を引出す所化の跡付ケ　李
花の春昆布ハ律義に結ハれて　六
物日の禿破魔も射て居る　翁
朧月忍ふ羽織も薄ねすミ　李
すたれも鬼と名に立しなり　六

匂

牡丹餅に摺子木坊主搗心　翁

嵯峨にありては疎い算盤　李」（八ウ）

木からしに常香盤のいそかしき　六

又夜あかしか棋は上手にて　翁

告けあふもやさし鳥の拾ひ物　李

江戸中か鳴る明日の紐解　六

年月の附子人参に妾二人　翁

唐の帝の倥こゝろや　李

乗捨し棚なし小舟蓮の池　六」（九オ）

生類を放し弱るのを喰ひ　翁

百性の賭的望む暮の月　李

そよ吹風にほつたりと栗　六

ウ

おミあしをお艸履か噛む峰の寺　翁

顔撫てミて年をいふ瞽女　李

楼船からちろりを下ヶて水貫ひ　六

旦那なくして三度三囲　翁」（九ウ）

鰄も花蝶鮫も花とのミ　李

はつねをワたし仕廻ふ鶯　　六

山居の物しつか鳥一声虫一声なく只川と流との音のミ

湯の滝や寐耳に継けハ秋の風　　歴翁

猿苧かせといふをはしめて見侍りて

織るむしのあれハそ猿の苧かせとも　　ゝ」（十オ）

苧かせ干す猿さかしさよ秋の空　　投李

人しらぬ秋のミたれや猿おかせ　　瓜六

温泉前堂薬師如来

色鳥の中に琉璃光如来かな　　歴翁

けふは頃日になき空晴て、とんほうの飛あさるを

かけろふやミとりの空に塵かとぶ　　ゝ

ある夕へ卒都婆小町の謡をうたハせ給ふに、山深き」（十ウ）旅寐いとあはれにうけたまハりて

身の果は鳥もなくさむかゝしかな　　投李

里より飛脚達し、素・柳のふたりよりふみを送り、猶汲湯せんとて、湯樽なとおこせし其返しに

汲んて知れ其養は雰の奥　　歴翁

　山居囲棋に対して腰折を

命なり朽にし斧のあとたへて

　かく奥ふかき山に住むとは　　入」（十一オ）

　月夜茸といへるをはしめて見侍りて

しるへせよあやなき闇に月夜たけ　　投李

　歌僊

　御通にて浴泉の奇特を得んことを

湯の利をミせて再ひ踊かな　　投李

翠簾のまに〳〵月の提灯　　瓜六」（十一ウ）

ミの虫も蚯蚓も声ハそれ〳〵に　　歴翁

ぬれた手紙を云訳て出す　　李

そこ爰とむしろあつめて門涼　　六

そめて火縄の色今年竹　　翁

ゥ

水口や鯲嫌らひのたひ枕　　李

七つ下りの下女か襟もと　　六

富士浅間煙筒二本て目のあたり　翁」（十二オ）
お伽の舌は匕よりは利く　李
八ツ手咲夜の間の雪の漂淡　六
茶を呑ミなから家質千両　翁
通辞とも新渡の唄を平仮名に　李
そつと禿に舳いひつけ　六
二日酔あとより恋のせめ来れは　翁
せんかた波の暖簾へ失せ　李」（十二ウ）
家並も板屋造りを宿の花　六
抱れて歩行く鶏の関取　翁
匂
いとあそふ神の御前に副乳して　李
三十盛もまだひかし山　六
出養生下戸に生れて玉に瑕　翁
かゝれとてしもなとゝ撫つけ　李
浴室の仕舞に這入る掛リ人　六」（十三オ）
柱杖も四五度塗て永住　翁
年の内に幸若か荷の霞む也　李

市女に残る上代のさま　六
大原や小しほにつゝく盲馬　翁
月のさかりは十五日なり　李
百種までに作ﾘの菊の御約束　六
声もさてこそころ〳〵と鳴　翁」（十三ウ）
いつしかに太宰の帥の博多帯　李
神護慶雲よめぬ改元　六
古やしろ狢の鞁すゝしめて　翁
鍋の鋳かけのくわたついて行　李
からかさの覚悟も花の慾日和　六
ほろゝとまては山とりも雉　翁」（十四オ）

哥仙

山藍の葉に染出すや温泉の壺　瓜六
猿の手揃ふさかつきの影　歴翁
雁星に稽古鉄炮待ぬらむ　投李
急に催ふす夕河岸の声　六

銀財布又金財布銭財布　翁
奉書の帖をほつゝりと折る　李」（十四ウ）
ウ　猟人も珠数下ヶて来る入然の日　六
女の好かぬ掛物のきれ《裂》　翁
鉄槌て利かぬ所を湖月抄　李
車やとりに白雨の群　六
鶏の鉾子共か寄てかハふらせ　翁
麻裃て土蔵の灯明　李
口切ッや傘さして入る雪の月　六」（十五オ）
冬菜一たば《把》三位様より　翁
九十九髪髪の流行も幾度経し　李
蝋（ママ）丸の名も知らて持つ僧　六
時鐘も心して撞け花盛　翁
重の初段は何所も山吹　李
匂　矢の佷に雉子捧る狩場小屋　六
敵討んとひつた切る袖　翁」（十五ウ）
ふみのうへ恨む所は色濃くて　李

古傾城に田を呉れる殿　六
貰駕篭て戻るは手柄蛍狩　翁
背中に伊達を持て居る膳所　李
謡講打寄るものは面の皺　六
霜かとミるは雪の奔走　翁
二股の大根も神のおもの好《キ》　李」（十六オ）
手斧はしめに母きけんよく　六
出る月の葭簀の間に取ちらし　翁
追ハれて京へこほれ来る鹿　李
ウ
柿よりは去年もふける蕎麦畑　六
痩地に七日芝居ゆるされ　翁
銅はいかに淋しき茶弁当　李
いさ立寄らむ道明寺あれ　六」（十六ウ）
待てハ久し咲けハいそかし花心　翁
又来る乙鳥やくそくの棚　李

奉納温泉薬師堂　于旼安永五丙申八月朔日

画　雲中鶴松

四十九年の非はうかと過たり。五十九年にしてはしめて此温泉の是を知るも命こそ猶おかし。抑此湯は

仙鶴の謂あれは、」（十七オ）万寿無彊と自祝して

爰の湯に渡り給ふ歟費長房　百童《歴翁》

衣乾かす月宮の窓　投李

おゝんたから《百性》玉といふなる秋にして　瓜六

其引

継なる身となれは帰らむにもいと名残ありて

又染に参らむ琉璃の花桔梗　投李」（十七ウ）

仙境の使歟鶴も温泉の秋　瓜六

湯の峯や抱て寐るもの女良花　可欽

湯の瀧やめし炊川に鮇鳴　如杉

人はいさ我樽つゝみ温泉の秋　渭帆

酴醾漉や滝に打たせて腹鞁　呉舟

四方山をあつめて雰の湯帯哉　玉芝

秋少し木の葉も友に湯入かな　団々*3」（十八オ）

その鶴も秋来た事歟湯のはしめ　有慶

湯の峯や爰らに取らむ天狗茸　寸吉
湯の繋りさてこそ三の原薄　座頭《ざとう》城定
浴泉の効を覚ふは老をワするゝにあり。別るゝ日ハ朔なれは
よし原の雪見に帰る山路かな　百童
満額　成就」（十八ウ）

国府の住添え針といふ盲人はしめて見参し肩臂なととらせしに、是にしるしせんとて
鍼管も咲にけらしな花薄　歴翁
玉斗親兄弟共〳〵に玉川の浴泉にまかるに投李へ便して文を送り、其中に
玉川や一夜の秋に十五城
峯をへたて眺は同し月の顔
といふ二句を送りしのやさしさに
その返しに」（十九オ）
玉川ときけハなつかし萩の比　歴翁
此句にて七玉川歟月の秋　投李
山とりの文もミるかな湯場の秋　ゝ
孝行の其人ゆかし月の秋　瓜六

柳童へのふミの中に

山居のとりやりも是まて、あすハ家路へ赴くなれは

ふみ月も最う是までに家路哉　歴翁」（十九ウ）

けふきりの湯場も踊の別かな　瓜六

けふきりの肩打たせはや銀河　投李

八朔

梅干て八朔祝ふ湯小屋哉　歴翁

八朔や又正月の民心　投李

八朔や山路はけくに雪もなし　瓜六」（二十オ）

百韻

蜻蛉の百丈上や渡り鷹　投李

湖に釣る一葉の秋　歴翁

月は雲琵琶は袋を出ぬらむ　瓜六

觚て飲めは髭のほしさよ　李

耳力とつと笑ふて仕舞まて　翁

代〳〵続く黒犬の胤　六」（二十ウ）

突崩す小笹かおとハはたれ雪　　李

田楽串も京ミやけ也　　翁

ゥ

抓むほとあるお聖の立姿　　六

欄間を入れて寐転んてミる　　李

村公事の勝にほこりて毛なし山　　翁

湯女の悋気も二十一日　　六

出る文かあれハ来る文幗の裾　　李」（二十一オ）

世界鵜呑に無念哉下戸　　翁

開帳の仕入は倒れ髪は剃リ　　六

けふも配所と深川の月　　李

馬軻舟の声も扨こそ秋寒ミ　　翁

渠も東籬か篤信が菊　　六

男にてミまほし妻の人遣ひ　　李

うらみほつこと行灯へ針　　翁」（二十一ウ）

たれこめて持参の花の肘枕　　六

茶を摘む唄に定りはなし　　李

二

くと聞に鶫もこまる宇治の左府　　翁

客より毎種の手柄つゝきて　六
寐覚には撫て観する俄尼　李
行器に残る恋人の紋　翁
是ミよと粽の中の花かつミ　六」（二十二オ）
麻祉衦て関札を書く　李
百両の馬も五本の足ハなし　翁
十三代を夢の浮はし　六
画こゝろのある仲人のさいはちけ　李
宮守が利て一社建立　翁
万石にあたる裾野ゝ蕎麦花　六
鹿は声より尾か淋しけれ　李」（二十二ウ）
人次第月も廻るや法輪寺　翁
爰は玄旨も御贔屓そかし　六
ウ
つけ木《火寸》なと交せて陣屋の象戯駒　李
柔こゝろに枕本見る　翁
年を経し恋慕拙くミたれ髪　六
野ゝ宮殿の師走しつけき　李

人の解く夜は帯をする車引　翁」（二十三オ）
はつほとゝきす月ははや落　六
石灰て化粧ふ松魚の怖しき　李
勅使の供に萌黄柄ミ得　翁
荒神の上て副乳の神路山　六
銭なれはこそ近い唐土　李
花にさえ酔ふ空あるに人として　翁
春宵一刻禿眠たし　六」（二十三ウ）
櫃の錠ひんと出替る起別れ　李
勝ッたのかして壁に笠付　執筆
三
鱣茶屋地獄沙汰も酒がする　翁
医者も矢声を添へる筆堂　李
大虚に掃く塵もなし蝉時雨　六
帆をかけて行く元船に水　翁
厄病を芝居して追ふ出雲崎　李」（二十四オ）
母の気に入る初手の聟の子　六
張ぬかれ達磨手なつち足なつち　翁

ウ

故郷のつとに錦蕎麦喰ふ　李
星霜の積れは光る割箪笥　六
離別れた時の恨いふ中　翁
おもしろしとは穴蔵を上る皃　李
珊瑚をチンに盛渡す皿　六」（二十四ウ）
出る月を更る座頭のほんのくほ　翁
未《タ》落つかぬ新綿の膝　李
歯まて染め鵙の艸茎御住居　六
市原野とは気のつかぬ恋　翁
吸売の百会て燃る傍示杭　李
呵るか如し馬士の唄　六
陶の出ると鬼味に蝿ハ寄る　翁」（二十五オ）
下手が[*4]生けると蓮も艸臥　李
所化は碁の強さに唐の思ひ立　六
暦の外に伯母の吉日　翁
緋ちりめん裁そこなひに気も燃て　李
未《タ》突出しにお屋敷の尻　六

四ッ粒になると小判に羽がはえ　翁
二見の花は常盤なる鯛　李」（二十五ウ）
遠霞舟ほの〳〵と月の哥　六
風引ほとに薄着する春　翁
匂
別荘に荘子の身持稽古して　李
お寺に育て中下タ腹　六
ちと白髪ミへて心の美しミ　翁
油断ばしすな小の晦日　李
さす所ありて柊の用ひられ　六」（二十六オ）
検校殿も十四経まで　翁
君か代や高い地代て茶に遊ひ　李
乳守の春に植習ふ艸　六
貝拾ひ爰らに娵のはつ笑ひ　翁
白い酒のミ青い餅喰ふ　李
沢田町の兎も江戸を合点して　六
紅絹着て踊る機嫌疱瘡神　翁」（二十六ウ）
隈刷毛にいつしか月の昇るらん　李

ウ

露かきワけて鶉野の触　六

奥様の褌のお世話伊豆相模　翁

まくらの高さ膝を本図に　李

多力雄鮓の靨に撰出され　六

宝つくしにかつ細き鍵　翁

どれかどふ陸奥の御館の乳母の数　李」（二十七オ）

筆のとまりのしれぬ唐艸　六

口笛にあはせて華の神楽哥　執筆

木寿衛に春をほとく輪飾　同

百韻

牧童や鹿にも乗らむ手はたらき　瓜六

月たふ〳〵とこほす朝露　歴翁」（二十七ウ）

絹の秋大飛切を撰ワけて　投李

木地て一曠したるさかつき　六

碁に寄ると鐘も土圭も入らハこそ　翁

アヽ消たりと誉ぬはつ雪　李

築山に土図を取出す庭造リ　　六
模様に似たる鶴翼の紋　　翁
ウ
百年の無理もめてたき八王寺　　李」（二十八オ）
妻に直るとはや仏好キ　　六
何所やらに女の真名に肉かつき　　翁
冷した瓜の御田まて逃ケ　　李
一むらの見に寄る長サが土用干　　六
ありかた涙御教書に漏　　翁
中奥は薦を畳に敷かへて　　李
翌来る春に悶かゝる梅　　六」（二十八ウ）
四ッ五ッ若ふミせるも河豚の恩　　翁
髪結所へはつす数鎗　　李
赤坂と御油の亡八は犬と猿　　六
花なき里に紅絹の湯具干ス　　翁
月かけて汐干の留守居汐干にて　　李
障泥おしむか蝶付て来る　　六
前髪を取て淋しき烏帽子下　　翁」（二十九オ）

節穴ひとつ奪ひ合ひし奥　李
伝右衛門鷺の工夫も早むかし　六
油揚の毒知らぬ伯父坊　翁
紫野色としもなく霜枯れて　李
賎か苧へそも塵たまる山　六
屁に力あるか頼ミの諸白髪　翁
菜と細見は粋な年玉　李」（二十九ウ）
在番や茨木共か羽子なと丶　六
御門の輾る大鳳巾の使は　翁
石工の一鑿つ丶に眼を逃て　李
卒都婆を橋に近い須磨道　六
廿日闇蚕のむすめのかつかれつ　翁
置洗してもとる養父入《リ》　李
葛西から芋茎一鍬御使　六」（三十オ）
酒なら五合ひん捻り紙　翁
上檀も榻も持たる宜祢か内　李
垢離をかくらむ古市の君　六

恋といふ薬が有て憂旅ゐ　翁
なを〳〵書や五月雨に入梅　李
樋合に合歓の盛の納戸蔵　六
打落されて蜘のそら死　翁」(三十ウ)
末の子に僧脇させる手向能　李
都のあとを今の月雪　六
夢覚てミれハ馳走の雁の骨　翁
乞食も灯す入相の鐘　李
此春はよしや吉岡花の帯　六
雉は誉たり鶏のうた　執筆

三

埒篭る役者諸共穴を蛇　翁」(三十一オ)
髪結直し沖つ帆を待　六
蒲鉾を中から切れは二子山　李
いふ事聞かぬ医者の煩ひ　翁
五六人寄つて出来たる大象戯　六
鴻臚は立つたあとも見物　李
散銭も婿へ戻つて肴代　翁

曠れの軍に玉の輿入リ　六」（三十一ウ）

ほとゝきす夜は供寝の品定　李

儒者も窓から蕎麦の手を取　翁

逃水に一里引く人もとる人　六

唐詩に似たり月の遠乗　李

ほんのくほはしめて涼し麻頭巾　翁

はやわすれぬかさし鯖の味　六

ウ

船頭に法華は多き佐渡の海　李」（三十二オ）

磁石の向キを笑ふ女房　翁

山椒売をなふる蝙蝠　六

蝶鮫の惚られそめの艸履取　李

此木陰床几借りよと夕薬師　翁

ちよつとの事も武家の子のふり　六

雷と書て置たる香の銘　李

左迁の秀哥死ンて世に出ル　翁」（三十二ウ）

汐と木に夫婦ワかるゝ朝朗　六

本人よりは代参の顔　李

去年の秋湯立の竃にかき蕨　翁
はつ花車ひよいと三日月　六
洛外へ一重残りて八重霞　李
鬼もむかしに胡蝶飛ふ畑　翁
匂
雲水のお布施に馬を牽出して　六」（三十三オ）
たひく直す浪人の判　李
猪喰ふた報ひも師走廾日過　翁
役なれはこそ怪動に入る　六
腹形りに反りかへりたる届文　李
胡椒酒とは頼しい病　翁
終夜大屋を寐せぬ念仏講　六
母の気に入る棚は低く過　李」（三十三ウ）
そく《劓》までに及はぬ猫の鼻の科　翁
お決の幕を打し川一　六
飯粒をふんで舞子の間かぬける　李
眠たい顔を見たい朝比奈　翁
桂男を守護する松の力瘤　六

厠を少し曲ける南瓜　李

ウ

鳴居らて猶淋しさはまさりけり　翁」（三十四オ）

焼筆を噛む絵師の生酔　六

呪に大工の艸履隠されて　李

父母のまします寺の内仏　翁

未《タ》明かぬ〳〵と雨の貸本屋　六

観世縒ても時はためさむ　李

花千本氏子の数も夫ほとに　執筆

幾重も注連を廻ハす苗代　同」（三十四ウ）

浴泉の帰別

湯の効や鷹諸共に山別　歴翁

帰路田沢の湖見給ハんとて、しら浜といふに駕を寄させ給ふ。此日、晴景こと葉に堪たり。伝云舟越の湖を夫といひ、田沢の湖を婦と唱ふ。しかも水の清麗一点の塵なければ

納戸へは一葉も入れぬ女潟かな　投李」（三十五オ）

機嫌よき女潟の顔や秋の晴　投李

江の秋や樽かつかせて蜑の業　歴翁

しらはまや一夜は雁の水鏡　　瓜六
洞庭の秋を画かは田沢かな　　歴翁
江湖満池一漁翁と杜甫か諷ひしに
一の字の沖にすハるや秋の凪　ゝ
武蔵野」（三十五ウ）
　名にあふむさしのは艸より出て草に入る。爰のむさし野は山より出て山に入るなれは
むさし野ゝしるしハかりや二日月　　歴翁
　きのふは女郎の一時もくねり、けふは艸の紅葉となんぬもなをなかめ深くして
女郎も下戸ならぬ顔そ艸紅葉　　ゝ
　此草彼草をしワけ〳〵」（三十六オ）
本艸の噂も少し草紅葉　　歴翁
　真崎野といへる所へ素盈・柳童出迎ひ、それより荒川尻観音社頭にしハし駕をとめ、酒中の折から
御相湯の咄に続く木の子哉　　素盈
　まさきのかつら秋しらぬ色　　歴翁
待得たり御供馬の夕月毛　　柳童
　小竹筒そ竹の春の顔色　　歴翁」（三十六ウ）
　鶴の霊湯に浴させ給ひて、いとゝさハやかに帰館ならせ給ふ時しも、豊年と聞得し秋なれは

かりそめの君かお旅や稲莚　　　　　　　　投李
今年の月も曇なき宿　　　　　　　　歴翁
あら鷹のあらくも尾羽を揃来て　　　　　　　　瓜六」（三十七オ）

＊1「初」…「の」の上に貼紙訂正。
＊2「は」…「の」に「は」を上書し、その上に貼紙訂正。
＊3「団」…書き損じ。上から貼紙訂正。
＊4「が」…「は」の上に「が」を上書訂正。

【3】『そのふり』

［書誌］
仙北市学習資料館寄託資料。写本一冊。二〇・〇×十二・五糎。縹色布目地表紙。題箋「そのふり」（中央）。内題なし。楮紙。袋綴。全十七丁。天明四年（一七八四）一月序。虫損あり。

［翻刻］

俳諧とそは切は関東に止まれりと蕉翁の申遣されしも、百にはたとせあまりのあとの事也。其如く東都の風流年に月に花さかせ、判者たるもの指を屈するにいとまなし。しかれとも、其風姿、是も又きのふ」（一オ）に迷ふは飛鳥川の渕瀬とのミなりて、終には流義〳〵の事となり、風流の本意すくになるもの也。我六とせハかりさきに有無庵へふミの親しミをせしに、□□は去来・嵐雪を風流の的とすなりと、晋子は此道□上□」（一ウ）なれとも、又はいかいの風を崩し□□るも、此人なりとの事也。しかるに東風流の篇集、春来の左右に存義・米仲・渭北、峨々と申したり。時に春来の序詞に

　其哉嵐哉、百世の詠師にして其高きをいふへからす。既に蕉門の上に秀てその道理を得たること末弟等か及ふ所にあらす。」（二オ）此事疑ふへからす。

と書れたるは、有無庵悉く知ての事也。今はた其角の俳風を崩したるとは、有無の老衰とやいわむ。よし老衰にせよ、其門、吾妻ふりをミぬはあるまし。耳狂人はしれは不狂人もといふか如く、又今あらためて蕉風のミちに」（二ウ）もとすなとゝは、とれもかれもとる手もなきことなるぞ。有無、素よりはいかいは上手にして、今、東都に並ふ方なし。なれとも、学に力なく只官豪貴の交りを殊にして、是等のもてはやしより彼のこれのと云勝《チ》に其さまを引替」（三オ）取替して、世わたりの銭ほしかりなり。近歳はいかいの達人は春来にとゝまり、是を押すものハ、もの知らすの極上ゝ吉、飛切也。況《ン》哉、其道を同うしたる中より風俗をミたすは、はいかいの罪人、此上やあるへし。此争ひやかましき故」（三ウ）我に師なし。師なけれハ姿なし。姿なけれハ、華やら紅葉やら月やら雪やら、只蒼海に一葉を放ち、四維四隅の風に漂い、こちならあちなら其よるへにまかするか

たは、心にかゝる雲もなく、気にさハる風もなく、百年のた」（四オ）のしひをなす。はいかい無類の道人とミつから高慢し、中前に東風流あれは、此にそのふりと題号せしめ畢ぬ。

維天明四甲辰睦月

扶桑独立 小松山桙隠士歴翁 百（印）童（印）」（四ウ）

百韻

舟て行く梅見も江戸の手ふりかな　百童
東風ふかはふけ酒は闌　公佐
縁に日あし子の居眠のあたゝかに　素盈
大きな声を聞はつす鐘　童
かまハねハ乾くかはやき旅ころも　佐
城下は丈ィのそろふ並松　盈」（五オ）
鞠やんて月に角力の若い衆　童
西瓜くたけてミつ小一升　佐
ゥ落る桐夫婦喧嘩の立わかれ　盈
井に浅はかな艶すかたミる　童
さめきりて神の来ぬ間の小豆飯　佐

山公事に勝チ鯨買うむら　盈
月代の音もなくなるとしの功　童
入院と申朝も手ならひ　佐」（五ウ）
鉢植のさき荷に一荷風雅なる　盈
藁て髪結ふ佐野ゝ隠家　ト
世わたりのいかに子か殖え蝿か殖え　サ
夕かほミかけさし出る月　エ
水の目を五條ワたりハはや重く　ト
うしろさかりに犬の老ほれ　サ
其所此所も椛焼にほふ花の時　エ
二
行き〳〵蝶の海苔柴につく　ト」（六オ）
長閑さの貯火縄帯にして　サ
仏性なき寺の百姓　エ
油揚て化かす狐を又化かし　ト
御能の済ンたあかつきの雪　サ
恋の部は婚礼ハかり長袴　エ
まけ鬮か出るをんな取次　ト

代脈の刀かワりにかきつはた　サ
安居はつかに若葉する藤　エ」（六ウ）
歯のたゝぬおたんを配る遠檀那　ト
日和さたまり湯をあひる母　サ
補薬よりよいは難波の冬暮らし　エ
水主の博痴のうきつしつミつ　ト
頬かふりしても冷めく十三夜　サ
秋行ワたる自然薯の艶　エ
ウ
露しくれ弘智に着せむ今一重　ト
旦那へはなしかける駕舁　サ」（七オ）
見送りの女御を嫐る朝烏　エ
二まいともなき櫛の行方　ト
疱瘡に活《キ》ハ活《キ》たか其ほとハ　サ
霊夢の上に勅定て僧　エ
内股に何憚らぬ火打筥　ト
六月へ這かゝるあさかほ　サ
社家町の武士めきなから物寂て　エ

辷る烏帽子に頤は反る　ト」（七ウ）
あたゝかく雨に変して雁の声　サ
在所の状に華の事まて　エ
飛脚屋に朧月ミる雪解川　ト
たん〳〵わかる山〳〵の春　サ

三

鮎汲によし野内裡の下部とも　エ
漆にかせる椀のちくはく　ト
貧乏の寝ても居られす朝大悲　サ
榕をおつる雨も清浄　エ」（八オ）
薬香に伽羅も消されて身退き　ト
美人と美人誉めす譏らす　サ
歌かるたわれても末に気もそゝろ　エ
春の日に羽《子》ついた正月　ト
鞠唄を聞込む牛の耳かたれ　サ
彼岸さくらの名聞に咲　エ
いやか上にきたなや人のかさなりて　ト
都遷しに搗たての味噌　サ」（八ウ）

しんとして月ミるもまた一趣向　エ
艸むしられて虫ふたつ三つ　ト
ウ
小さかしく折かけ垣の梅もとき　サ
酔ふと女房の茶にも批を入れ　エ
団扇もてたゝかれなからおもしろき　ト
昼の納涼は水をはなれる　サ
からかさの雨をわすれし華頂山　エ
豆腐にハかり遺恨なき年　ト」（九オ）
康頼成経も強《ヒ》疝気もち　サ
千とりに念仏噛交せる後夜　エ
戸迷ひを盲は側におかしかり　ト
天水桶もうこく惣あけ　サ
お間《ヒ》をと前帯〆てこさし出　エ
何《ン》のことなく鬼すたれ編む　ト
月の能きそれても花ハやはり夜　サ
蛙の声を追ひ〳〵て畔　エ」（九ウ）
ナ
爪きれて六郷殿の廓入り　ト

はしると腰のかゝむ襲　サ
いと遊の金魚の価え山となり　エ
如雨露の水に大盥干す　ト
日蝕のあと気味わるく日か暮れて　サ
寝坊のやうに庫裡に俗縁　エ
案の外太同二年鳴らぬ鐘　ト
三ところとなき紀行の餅　サ」（十オ）
うれしけに宗祇は榾の火にあたり　エ
布団かふれは犬の遠吼　ト
折レ針の行灯立たり捜しけり　サ
はやりは知てしらぬ母親　エ
夕月にほとく風呂敷かゝえ帯　ト
野は草花の目にかきりなし　サ
公家領の秋は猶さら感深し　エ
何気にてなく鼻ならす馬　ト」（十ウ）
廻り月妹かり行けハ墓ところ　サ
河かせ寒み美男かしける　エ

一ッ宛ふえて鴎の嶌ひとつ　ト
急に桐油の臭い快晴　サ
はつ花の枝ほと供の居並ひて　エ
ひしく竹筒に春のほとけり　執毫」（十一オ）

一句〳〵郊行の一句より日ならす百句のつらねとなりぬ。

影そよと風のやなきや逆さ波　独吟　百童
横たふ船にぬく〳〵と鷺
好クハ此韮胡葱も香に愛て
一升のむとわれ長者なり
賓客にはつすまいら戸大襖
金目ふたりなにか談合」（十一ウ）
月夜よし日も能ほとの仲の秋
そらに飛ふ雁地に触る鮭
ウ
つゆの身もいつか禿を右左リ
恋にかしこき鳳凰の横
蛾の眉となるまて薬まハりかね

今年の土用なまぬるい事
漸落す梅を烏にぬすまれて
古来稀なる小銭貸す婆々」（十二オ）
けふる火に身は竪に成横に成
扨こそ月の明日凝らす霜
斎に来て昼中戻る大和尚
何こゝろなく石へ彫る銘
女さへ芭蕉其角は知て居る
下戸な牽頭もあれはある物
花篭に音もさわらぬあらし山
しんと小雨に袖たゝむ蝶」（十二ウ）
妙なるや楽のしらへの遠霞
明日剃る児に櫛入る母
鷲の栖む木を杣人も怖かりて
墨たして書く四十七文字
質蔵に取あつめたるから衣
うしろあゆミに蝮の膳

二

命なり池に子に子の目張り鯉
火縄をとかすほとの絶景」（十三オ）
伴頭は眉間の皺もたからもの
妻を見直す節句朔日
神棚の階潜る関の口
震ひ〳〵に錫へ継く酒
種芋にミな仕舞ハれて後の月
風冷しく声渋るむし
ウ
対主か欲しかる小鳥追てやる
抱れても寝る伽羅の御仏」（十三ウ）
陣小屋へ降たやうなる文の来て
あつたら若衆笛て歯は反る
旅なれや橘次もすれた朝膾
清水かもとに嚏る粉薬
物寂てやつと禿倉の錠ハ明《キ》
横には行かぬたけのさゝ蟹
保昌か来るとそこらハ酔ハぬふり

三

笈からミれハ御行着の使者」（十四オ）
其ぬかぬほう〳〵眉をいやかりて
朧気になき二日三日月
余にはまた十軒廓の花さかり
東風もミなみもおもしろい風
汐汲も河原院の紅ミの湯具
やわらく哥も恨む時角
なま若い験者は狆に叱られて
暗いところへばつと逃る蚊」（十四ウ）
打水にすかれのするゑも汗て入れ
茶の定会に浄土真宗
撰て取る妻の包丁いなひかり
暖簾ひとへは恋の中垣
うら鄽の庭の朝顔巳に萎ミ
鉢の子持てやゝ寒い声
日蝕の八九歩かけて夜の月
清□袷も吝く着仕舞ふ」（十五オ）

入歯して□もやられぬ鮭頭膾
長雪隠の斯く奇麗好キ
ウ
身一生ふたりとならす庵結ひ
うら赤〳〵と拝領の伊達
むし干に付て先祖の功はなし
はしらに疵はほらは幾人リ
所化達に膳奉及はぬ取廻し
よしやまつ雪鳥の沓たけ」（十五ウ）
門前の市に陪臣御直参
代て欲しいと中人参
惣髪に借りる女房かさねかつら
学而より〳〵祇園石垣
秤目もちらり〳〵と夕くれて
月と花とか建し小座しき
鶯に恥をもしらすてゝつほふ
やまもとわらひの老にけらしな」（十六オ）
道端の地蔵に鬢も髭もあり

ばねにはねつく飛脚三人
産声のあとはおかしい事はかり
猛きものゝふ眠る丑満
升落し音せぬやうに忍ふ山
女郎もつまけせすに長谷寺
陽炎に鐘の縁青なを青し
乞食の軒のつまに雀子」（十六ウ）
あはれ□□桃もさくらも植所
鍬さきの世に髑髏ほり出す
山公事を遠くからミる雪明り
油灯て喰ふ旅の朝めし
水梨も葡萄もミのり月ミのり
目にもろ〳〵の露の清浄
ウ
高足に大宮司殿の柳ちる
は□して□を取らぬ腰かけ」（十七オ）
□□□て時の鼓に高嘶ひ
□□八専もやめて炎天

昼ミれハ紙帳に何ッと寝らりようそ
子の綻ひを着たまゝに縫ふ
三国に又とない花のひかし山
垜も閑に君か代の弓」（十七ウ）

【4】『老曽の森』

［書誌］
仙北市学習資料館寄託資料。写本一冊。二〇・七×十三・二糎。縹色無地表紙。題簽「老曽の森」（中央）。内題「老曽森叙」（序文）。楮紙。袋綴。全十八丁（墨付十五・五丁）。天明七年（一七八七）一月序。虫損あり。

［翻刻］
老曽森叙

鴨は水に馴れ寒雪の苦に痛ます。熊は寒苦恐れて深山幽谷の岩窟に蟠る。彼は弱にして厭ハす、是ハ強にして厭ふ。□其生質天然自然也。誹諧の道も此如く、強によらす弱によらす、強弱彬々として風雅の大道に入る。抑、世に桃」（一オ）青翁を誹諧の中興とし、専ら此道を貴ふ。此翁の句を云ハヽ、蚤しらみ馬の尿つく枕もと。又、さミたれをあつめてはやし最上川。蚤虱は奥羽の境ニ口越の作にして、譬ハ屈子沢畔に吟い、顔色憔悴し、形容枯槁せりといふか如く、翁、奥羽の行路難目のあたりの即妙也。此□姿」（一ウ）全く強にして実なり。又、最上川の作、あつめてはやしといふハ、最上領百万石有余の條川、此大河へ落るなれは、あつめてはやしといふにて、平生の大河尚漫々として漲り立たるの面前躰也。外に趣意なし。是、弱にして花々敷也。斯く故人も其所其時を考え、強弱片寄らす作したる」（二オ）もの也。今人、此判者弱きは面白し、此判者の強は愛ラしからぬなとヽ片寄るは誹諧の捨れる基也。是を能常に了悟して、長く風流に遊はむこそ本意ならめ。やつかれ物に片寄らす、其交りを専らにする哥仙の巻〳〵、冬籠りのたすけとなせしを、爰にふんてして」（二ウ）小冊となして机上に置く。是、他に咲ミせらるヽもよしや、よし野ヽ山桜木も雪の中の老曽の森と、見る人ゆるさしめたまへ。

天明丙午孟春　　六十九翁　　鶺鴒窟主人百童慢書」（三オ）

（半丁空白）

木からしや烏すヽめは葉の如し

名ある山〳〵是ミやと雪
わりなさよ客舎の亭主気軽にて
借りた碁盤のぬけやすい足
廿日月何かな宵にもてなさむ
秋の袷は能い身もちなり
ウ
年〳〵に作りし罪や菊のむし」（四オ）
請出されし日から孝行
唯ならぬ夢とはかりに云かねて
初切リ茄子ノ盆にころつく
温飩屋を呵る和尚のなまぬるき
常香盤も富士の片はし
雲助かざんはら髪にはつ嵐
夕入る月に鳥すたくなり」（四ウ）
鮭鱸其比登る御遷宮
能した乞食なを不便にも
日々に花酔せられたり酔せたり
春川に矢を飛す材木

さし味噌の蕨煮て居る祇王祇女
奇楠香を抹香に消す打敷
獅子に乗る文殊菩薩の爪はつれ」（五オ）
牡丹一輪筥入りの使者
羽二重に南蛮鉄の鍔も摺れ
また襖戸の引手離るゝ
流行医のお助ヶ申そと胡枡酒
たちら〳〵と霜に洩る鼻
赤脛の旅人ミゆれ小六月
ナ
十六文の蕎麦におの〳〵」（五ウ）
桂男のによつと御堂の筥棟に
鐘漸さむく金ナ鳴りそする
ウ
高坐はる取揚婆々の新たはこ
奉公はしめ下女か煎大豆
待恋の右往左往に仮名艸紙
七日済んでも眠い正月
花さかは御越あれと親しさを」（六オ）

蝶も番ひにほの暖い空」（六ウ）

初雪や竹のさゝえを待しはし
池に中よき野鴨飼亀
薪車門の地覆を片付て
また此鑓も十文字なり
三日月と共に入さの泊り駕籠
夜も鶉の与吉〳〵と
ウ
元政は爰しやと招く花薄」（七オ）
八瀬や小はらにふすほり窖
淋しさは本艸知りの膳の上
女房か櫛て撫付を結ふ
行水にけふの暑を取かへし
是も四ツ屋とたまさるゝ爪
裏借りの日に〳〵殖るおしまつき
明日来る春に不足なは月」（七ウ）
一臼に神や仏やをらか餅

憎まれ婆〻の歯は樝か也
此町の出口入口花さかり
苞の蜆のまだ活て居る
ナ
牛て来る娶の年礼泊りかけ
しやらとけ帯に狂ひ出す猫
大神楽たゝハ通さぬ角《ト》屋しき
薙髪の尼の側に薙刀」（八オ）
泉岳寺轡にける蝉の声
仰きつかれて扇子日に張《ル》
名ところに責て酒なら小一合
向ふあなたはふるさとの雨
光り過笈の不動の力《ミ》ぬけ
山も坊主に会下の健立
出る月小楯に雲の棚引て
千羽からすの騒く長き夜」（八ウ）
ウ
名にしおふ最上の宿の鮭頭膾
行者の戻り道行をやる

火打角《ト》仮て都の人なりと
したゝか酔ふてうらめしい花
摘草に又入れ直す爪の紅
袂のおくをミせる春風」（九オ）

（半丁空白）

薄ら氷や外にかきけす四《ッ》の鐘
立つを拍子に鈴をふる鴨
降るへきを降らすに雲ハ散にけり
明荷解《キ》〳〵酒買にやる
星ほとの光も持たぬ二日月
屏より外《ト》は角力とり艸
拾《ウ》ハれて又のあつさや破れ扇
妾になるのを開帳てミる」（十オ）
艸履取藍には染まぬ男ふり
隣町まて雨のあしをと

虻蝿の僅な針に放れ馬
公家侍の鷲の位を借る
盤石を寺から運ふ川支
灯心ほそくなを寒い月
小夜ちとり最《ゥ》此上は寝るはかり」（十ウ）
たらり〱と老の小便
花さかり枯木坂とハ申せとも
何か何とて羽子鳴らす雉子
ナ
長き日に追つ追ハれつ蝶二ツ
売ると女衒もちと涙くむ
生れつきの鈍《リ》有たけ口説《ク》時
とゝ〱と呼ふ杜の木かくれ」（十一オ）
代肜のゆらりと跨く艸鐙
余所の宝に貸して置く土蔵
琴棋書画而後解せけり
眼鏡はつせハもとの常闇
読声ハさこそ高間の朝はらひ

千代ふる家に錫の鶴首
松の月年々哥に詠れたり」（十一ウ）
汀の声もはつあらしほと
ゥ
飛ンたのかけふ蛤に鳴海かた
人屋の妻の尖るもの云
文くらゐよめてよしなや宵節句
鞨を抱くほとに生長
諌鼓苺ふかきやしろも花所
東風にひらめく青白の幣」（十二オ）

（半丁空白）

菅菰の十符に丸寝や雪の夜
湯婆の縁の薄い晨明
二日酔三か酔樽の底ぬけて
思案あまりて爪て髯ぬく
降るにつけ晴るにつけて春ハよし

買うとさもなき鶯の引《キ》
ウ　柳あり竹ありおくに隠者あり」（十三オ）
薄茶くらゐは解く稚《ナ》連
洗ハれて金糸の鴛の羽ぬけ鳥
古主の噂つかもない事
罪なくて大入道の毛ぬき頤
三里たしかに鐘撞の力
冬かれた森も尾上も築山も
狐の声も冴わたる月」（十三ウ）
占も上手になれは物凄し
離別た女房を遠くミる花
春の日のまだ暮かねて夕薬師
池さえ掘るゝ蒔かなくに蟇
ナ　水干の取次も出る下屋しき
垣間ミゆとはうら若き恋
岡崎も手にのり兼し小傾城」（十四オ）
牡丹に似たるまての芍薬

欺くな竹の枝折も隠し質
持人も知らす錆る名剣
へつたりと師走の鬼の竈の前
爰な旦那もおそいめし時
いつ来ても懐中医者の長ッ尻
身持のよさに扇子忘るゝ」（十四ウ）
今宵月楼船を雇ふ江戸の曠
から紅に西瓜われたり
ウ
法談か済むと膝のし腰をのし
日比の阿房博痴には妙
漏ためも暁ちかきうすこほり
扨は従弟か能伯父に似て
ミせ物に熊は何事花さかり
といや〳〵と春の往来」（十五オ）

（半丁空白）

深雪かな炭の翁の路もなし
凍に細き谷川の帯
哥袋酒買ゥ銭も其中に
日中をやり過すうたゝ寝
梅白し柳は青し水ぬるし
燕の来たも早晩の事
ゥ
長き日も伊勢路の十里行暮て」（十六オ）
しら歯と白歯何を咡ク
奥様は夫かあらぬか翠簾の中
角兵衛獅子も牡丹咲比
祉衦もはや縞となり角トか取レ
二日いたには遠い学文
ほつこりと木樨匂ふ裡坐しき
膝の上まて月に鳴くむし」（十六ウ）
町門に笙吹出来ていとゝ秋
つもる思いを細長く書ク
よし原の花も紅葉も暮かけて

腰巻ゐ折古風なるもの
ナ
遠乗の五人に一人武蔵坊
冷酒好キのその無分別
雲水をたよりに噓一つせす」（十七オ）
暑さにはつす足のない沙
塩浜の女あるしの赤かしら
恋には栄えぬ左遷の哥
死ぬへきを遁れ〳〵て大智職
石柄つかう目くすりやなし
□□いて槻はしらの直を定め
端居して居る軒に猪熊」（十七ウ）
月はかり残して外はかれ〳〵に
しくれを仕舞ふ山のふところ
何ンの気もつかす通りし道祖神
捨子にたかるむらの蝿むし
朝市のといや〳〵と昼に過
珠数くり中伴肴喰ふにも

御ゆるしのあれはそ花の御殿山
陸はかり降るやうなはる雨」（十八オ）

※本稿をなすにあたり、加藤定彦氏・鈴木實氏にはご所蔵資料を閲覧する機会を与えていただき、秋田県公文書館・仙北市学習資料館（鈴木實氏）には資料翻刻のご許可をいただいた。記して深謝申し上げる。

【目録】佐竹北家俳書

稲葉　有祐

本目録は、秋田県公文書館所蔵（吉成文庫・佐竹北家文書）及び鈴木實氏所蔵（仙北市学習資料館寄託）の佐竹北家俳諧関連資料の目録である。

〔秋田県公文書館吉成文庫〕

所蔵番号	分類	資料名	編著者	年	刊写	丁数	備考
吉成文庫828	俳書	四本がゝり	壁艸（5代義邦）編	安永4年7月跋	写本	55	歴翁・投李・柳童・渭舟らの8歌仙他
吉成文庫827	紀行	いとすゝき	歴翁（義邦）著	安永5年秋序	写本	37	鶴の湯紀行
吉成文庫825	随筆	壁草庵記	歴翁著	安永7年以降成	写本	25	
吉成文庫826	点帖	己亥独吟月次歌仙	歴翁著・素外点	安永8年成	写本	71	素外点歴翁独吟歌仙点帖の合冊再綴
吉成文庫823	句日記	春秋日記	素盈（6代義躬）著	寛政9年成	写本	44・44	2冊
吉成文庫822	紀行	千賀の紀行	豁斎羽角（7代義文）著	文政5年成	写本	22	江戸下り道中紀行
吉成文庫821	紀行	養老紀行	豁斎羽角著	文政7年成	写本	9	田沢湖紀行

〔秋田県公文書館佐竹北家文書〕

所蔵番号	分類	資料名	宛先	年	日付	備考
佐竹北家文書AK387-8	書簡	谷素外書状	皆川素人	年次不詳	2月22日	
佐竹北家文書AK387-9	書簡	谷素外書状	皆川素人	年次不詳	2月22日	
佐竹北家文書AK387-10-1	書簡	谷素外書状	路逸・素人・平素	年次不詳	10月28日	
佐竹北家文書AK387-10-2	書簡	兼題		年次不詳	不明	杜鵑・皐月雨・田植の題
佐竹北家文書AK387-10-3	書簡	別紙	蒼雨・一鼎・兎暁・亀齢・素盈	年次不詳	不明	5名の点表
佐竹北家文書AK387-11	書簡	谷素外書状	一謙亭(義躬)	年次不詳	7月22日	
佐竹北家文書AK387-12	書簡	谷素外書状	皆川素人	年次不詳	7月21日	
佐竹北家文書AK312-100	書簡	佐竹義邦(歴翁)書状	河内(義躬)	年次不詳	閏5月8日	
佐竹北家文書AK312-101	書簡	佐竹義邦(歴翁)書状	河内	年次不詳	3月1日	
佐竹北家文書AK312-107	書簡	佐竹義邦(歴翁)書状	河内	年次不詳	6月5日	

〔仙北市学習資料館寄託資料・点帖・句稿等〕

番号	分類	資料名	開巻年	月日(開巻)	点者	作者	備考
1	点帖	百吐	安永6年	5月19日	花県	歴翁・素盈・柳童(千種長貞)	
2	点帖	吾山点百韻	天明4年	5月28日	兊堂(2世冬映)	柿八・馬呑・素人・栄皐・春陽・萩風・楚北・連峡・平楚・素盈・公佐(2世・長貞)・歴翁	表紙に記される「吾山点」は誤り。冬映(2世)点
3	点帖	歌仙	文化3年	4月19日	白芹・素丸(3世)・崑山	坤麓(2世)	
4	点帖	百韻	文化6年	1月11日	左簾(3世)	坤麓(2世)・水衣・菜甲・咲囮・探寄・蟻戦・破蕾	文化5年点
5	点帖	仏外評春雨	文化7年	1月8日	仏外	坤麓(2世)・破蕾・菜甲・蟻戦・百童(2世)・玉芝・一知・水衣・咲囮	
6	点帖	百声	文化7年	1月11日	社来	坤麓(2世)・水衣・破蕾・咲囮・蟻戦・一知・金道・菜甲・玉芝	「左簾両評其一也」(識語)
7	点帖	百韻	文化7年	1月11日	素粒	坤麓(2世)・一知・蟻戦・蛇足・咲囮・破蕾・水衣・菜甲・玉芝	
8	点帖	百吐	文化7年	1月11日	壺外	坤麓(2世)・水衣・破蕾・一知・咲囮・金道・菜甲・蟻戦	
9	点帖	百韻	年次不詳	不詳	素外	歴翁・公佐(2世)	
10	点帖	百韻	年次不詳	不詳	素外	作者名なし	
11	点帖	百韻	年次不詳	不詳	永機(螺窓)カ	豁斎・道連・咲囮・柴硤・一制・洞君・二枕	点者名なし。点印より推測・欠丁あり
12	点帖	(百韻)	年次不詳	不詳	不詳	作者名なし	坤麓(2世)筆の抜句あり
13	句稿	鯉鱗吟	年次不詳	不詳	素外	坤麓(2世)・竹裡	歌仙2。2枚・包み紙あり
14	句稿	上巳	年次不詳	不詳	ー	作者名なし	
15	句稿	句稿	年次不詳	不詳	ー	作者名なし	
16	句稿	句稿	年次不詳	不詳	ー	作者名なし	
17	袋	社来宗匠百韻	年次不詳	不詳	ー	坤麓(2世)	

〔仙北市学習資料館寄託資料・俳書等〕

番号	分類	資料名	編著者	年	刊写	丁数	備考
1	俳書	四時囀	素盈著	明和8年〜天明8年	写	44	素盈発句集
2	俳書	枯尾華	其角編	元禄7年成・安永7年5月写	写	59	午時庵（義邦）写
3	俳書	歳旦集	素外編	天明3年・5年刊（合冊）	刊	37	
4	俳書	そのふり	百童（義邦）編	天明4年1月序	写	17	百童・公佐（2世）・素盈の三吟百韻・百童独吟百韻
5	俳書	老曽の森	百童著	天明7年1月序	写	18	百童独吟歌仙5巻
6	俳書	［句集］	坤麓（2世）著	文化1年跋	写	32	坤麓（2世）発句集・左簾（3世）点
7	俳書	本復	素外著	文化1年成	刊	4	素外快気記念
8	俳書	歳旦集	素外編	文化10年・11年刊（合冊）	刊	37	
9	一枚摺	印行	素外著	文化3年3月18日	刊	1枚	涼袋三十三回忌
10	一枚摺	歳旦一枚摺	坤麓（2世）編	文化10年1月	刊	1枚	坤麓（2世）・水衣・破蕾の歳旦、坤麓春興、百童（2世）三節等
11	一枚摺	歳旦一枚摺	坤麓（2世）編	文化11年1月	刊	1枚	坤麓（2世）・水衣・破蕾の歳旦、坤麓春興、百童（2世）三節等
12	その他	さかき抜書御日記抜書		安永8年〜安永10年・天明8年	写	53	「安永八乙亥年御日記抜書」11月3日〜12月5日、「安永九庚子年御日記抜書」2月晦日〜4月21日、「安永十丑年御日記抜書」2月8日〜5月3日、「天明八申年御日記抜書」9月5日〜同月23日

〔仙北市学習資料館寄託資料・書簡等〕

番号	分類	資料名	宛先	年	日付
1	書簡	平沢月成書簡	百童	年次不詳	1月9日
2	書簡	柳尾書簡	百童	年次不詳	7月14日
3	書簡	戸一学書簡	河内	（天明3年）	10月1日
4	書簡	佐竹山城（東家12代佐竹義路）書簡	主計（義躬）	天明7年	5月11日
5	書簡	佐竹主計書簡	ー	酉（天明9年カ）	6月
6	書簡	野本定物書簡	陳古千種（長貞）	年次不詳	1月28日
7	書簡	谷素外書簡	眠山図書（長貞）	年次不詳	4月11日
8	書簡	谷素外書簡	眠山図書	年次不詳	5月28日
9	書簡	谷素外書簡	ー	年次不詳	10月20日
10	連署	秋田藩家老連署	佐竹河内	（天明7年）	12月10日
11	連署	秋田藩家老連署	佐竹主計	（天明8年）	1月24日

【目録】公益財団法人・致道博物館所蔵酒井忠徳関係文芸資料

平林　香織

まえがき

本目録は、山形県鶴岡市にある公益財団法人・致道博物館に伝来する庄内藩第九代藩主・酒井忠徳に関係する文芸書目録である。文芸書の内容は大きく、和歌資料、俳諧資料、書簡に分類されるが、酒井忠治氏が整理された折の通し番号によって分類した。調査段階では、我々は「忠治番号」と仮称していたが、博物館の菅原義勝氏とご相談させていただき、酒井氏が付けた番号をそのまま「整理番号」という名称で今後に継承していくことにした。「別番号」も酒井氏が封筒に記載されたものである、

和歌資料と書簡は密接にかかわるため、同一の表に掲出した。そのほか、多数の短冊をはじめとする、未整理の資料については、本目録に掲載していない。

なお、致道博物館では、一九九五年一〇月に「酒井忠徳・和歌俳諧資料展」の企画展示を行っている。同企画展の目録扉の説明によると、これは、同年一〇月七日から九日まで、山形県新庄市で俳文学会第四十七回全国大会が開催されるのに合わせて行われたようだ。またこの展示は、一九九四年・五年に同館を訪問された上野洋三、井上敏幸、西田耕三の三氏の強い勧めによるものでもあったという。井上氏からは、この時期に作成されたと思われる和歌資料と俳諧資料の目録のファイルをお譲りいただき、大いに参照した。記して感謝申し上げる。

【和歌関係資料と書簡】

整理番号	別番号	資料名	作者／差出人	年月日	形態冊数	刊本／写本	備考（関係する人物・言及される人物・特記事項等）
001	和-1-1	詠草	酒井忠徳		巻紙1枚	写	2首（詞書「宮部義正序　会始当座ニ御座候」
	和-1-2	詠草	酒井忠徳	天明7、1月1日	巻紙1枚	写	試筆2首
002	和-2-1	点取詠草	酒井忠徳		巻紙1枚	写	添削11首
	和-2-2	点取詠草	酒井忠徳		巻紙1枚	写	添削7首との答え
003	和-3-1	点取詠草	酒井忠徳		巻紙1枚	写	散し書き添削2首
	和-3-2	点取詠草	酒井忠徳		巻紙1枚	写	添削13首と上の句
	和-3-3	旅中詠草	酒井忠徳		巻紙1枚	写	添削8首
004	和-4-1	紀行和歌	酒井忠徳		懐紙1折	写	東海道旅6首
	和-4-2	紀行和歌	酒井忠徳		懐紙1折	写	東海道旅6首
005	和-5-1	詠草	冷泉為泰（光之）		巻紙1枚	写	添削6首
	和-5-2	詠草	冷泉為泰（光之）		懐紙1折	写	添削6首
	和-5-3	点取詠草	冷泉為泰（光之）		巻紙1紙	写	添削2首
	和-5-4	点取詠草	冷泉為泰（光之）		懐紙1折	写	添削1首と上の句
006	和-6	点取詠草	冷泉為泰（光之）		懐紙1折	写	添削4首
007	和-7	詠草	冷泉為泰（光之）		懐紙1折	写	為泰詠草1首
008	和-8	点取詠草	冷泉為泰（光之）		巻紙1紙	写	為泰添削4首
009	和-9	点取詠草	冷泉為泰（光之）	天明2、3月	巻紙1紙	写	為泰添削10首
010	和-10-1	点取詠草	冷泉為泰（光之）		巻紙1紙	写	為泰添削5首
	和-10-2	点取詠草	冷泉為泰（光之）		巻紙1紙	写	為泰添削2首
011	和-11-1	点取詠草	冷泉為泰（光之）		巻紙1紙	写	為泰添削9首

整理番号	別番号	資料名	作者／差出人	年月日	形態冊数	刊本／写本	備考（関係する人物・言及される人物・特記事項等）
	和-11-2	点取詠草	冷泉為泰（光之）		巻紙1紙	写	為泰添削6首
	和-11-3	点取詠草	冷泉為泰（光之）		巻紙1紙	写	為泰添削5首と上の句
	和-11-4	点取詠草	冷泉為泰（光之）		巻紙1紙	写	為泰添削3首と上の句
012	和-12	点取詠草	冷泉為泰（光之）		巻紙1紙	写	添削10首
013	和-13	点取詠草	元俊（酒井忠徳）		巻紙1紙	写	詠草2首
014	和-14	詠草	日野資枝	天明4カ、閏正月	懐紙1折	写	正月2月稽古題2首
015	和-15	詠草	日野資枝		懐紙1折	写	5月月次稽古題2首
016	和-16	詠草	日野資枝		巻紙1紙	写	稽古題1～4月8首
017	和-17	詠草	日野資枝	天明6	懐紙1折	写	稽古題2～4月6首
018	和-18	詠草	日野資枝		懐紙1折	写	稽古題1月2首
019	和-19	詠草	日野資枝		懐紙1折	写	稽古題6月2首
020	和-20	詠草	日野資枝	天明6	懐紙1折	写	10月閏10月11月12月稽古題8首
021	和-21	詠草	日野資枝		懐紙1折	写	11月稽古題2首
022	和-22	詠草	日野資枝		懐紙1折	写	12月稽古題2首
023	和-23	詠草	日野資枝		懐紙1折	写	
024	和-24	詠草	日野資枝		懐紙1折	写	
025	和-25	詠草			巻紙1紙	写	
026	和-26	詠草	慶覚		懐紙1折	写	
027	和-27	詠草	雪麿		懐紙1折	写	
028-1	和-28-1	詠草	奥平昌男（兎麿）		懐紙1折	写	
028-2	和-28-2	詠草	奥平昌男（兎麿）	安永7、正月	懐紙1折	写	
029	和-029	詠草	奥平昌男（兎麿）		懐紙1折	写	

整理番号	別番号	資料名	作者／差出人	年月日	形態冊数	刊本／写本	備考（関係する人物・言及される人物・特記事項等）
030	和-30	詠草	奥平昌男（兎麿）		懐紙1紙	写	
031-1	和-31-1	詠草	奥平昌男（兎麿）		懐紙1折	写	
031-2	和-31-2	詠草	奥平昌男（兎麿）		懐紙1折	写	
031-3	和-31-3	詠草	奥平昌男（兎麿）		懐紙1折	写	
031-4	和-31-4	詠草	奥平昌男（兎麿）		懐紙1折	写	
031-5	和-31-5	詠草	奥平昌男（兎麿）		懐紙1折	写	
032	和-32	詠草	戸田氏教		懐紙1紙	写	
033-1	和-33-1	詠草	霞法東麿		懐紙1紙	写	
033-2	和-33-2	詠草	霞法東麿		懐紙1紙	写	
033-3	和-33-3	詠草	霞法東麿		懐紙1紙	写	
034	和-34	詠草	牧野忠精	安永8カ寛政3	巻紙1紙	写	「亥」と記載
035-1	和-35-1	詠草	牧野忠精		切紙1枚	写	
035-2	和-35-2	詠草	牧野忠精		懐紙1折	写	
036	和-36	詠草	牧野忠精		巻紙1紙	写	
037	和-37	詠草	酒井忠順		懐紙1折	写	
038-1	和-38-1	詠草	戸田氏教		懐紙1	写	
038-2	和-38-2	詠草	戸田氏教		懐紙1	写	
039	和-39	詠草	光重		巻紙1紙	写	
040	和-40	詠草			懐紙1紙	写	
041	和-41	詠草	紀太正辰		懐紙1折	写	忠徳小姓、義正門人
042	和-42	詠草点取	源政一		懐紙3枚	写	
043-1	和-43-1	詠草	鳥海玄仙		懐紙1紙	写	

整理番号	別番号	資料名	作者／差出人	年月日	形態冊数	刊本／写本	備考（関係する人物・言及される人物・特記事項等）
043-2	和-43-2	詠草	鳥海玄仙		懐紙1紙	写	
044	和-44	詠草	蘭舟		懐紙1紙	写	
045	和-45	詠草	吹錦		巻紙1紙	写	
046	和-46	詠草			継紙1紙	写	
047	和-47	詠草			継紙1紙	写	
048	和-48	詠草			継紙1紙	写	
049-1	和-49-1	詠草	紀太正辰		懐紙1折	写	忠徳小姓、義正門人
049-2	和-49-2	詠草	紀正孝		懐紙1折	写	
049-3	和-49-3	詠草	光重		懐紙1折	写	
049-4	和-49-4	詠草	惟恒		懐紙1折	写	
049-5	和-49-5	詠草	光之		懐紙1折	写	
050	和-50	点取詠草	正孝・光重・惟恒		継紙1紙	写	
051	和-51	当座詠草	前中納言他14名	天明4、閏正月	懐紙1折	写	
052-1	和-52-1	詠草	満女		懐紙1折	写	
052-2	和-52-2	詠草	満子		懐紙1折	写	
053-1	和-53-1	詠草	きん女		懐紙1折	写	
053-2	和-53-2	点取詠草	きん女		懐紙1折	写	
054	和-54	詠草	みよ		懐紙1折	写	
055	和-55	詠草	兼子		懐紙1折	写	
056	和-56	詠草	みよ		懐紙1折	写	
057	和-57	詠草	園子		懐紙1折	写	
058	和-58	詠草	秀子		懐紙1折	写	

整理番号	別番号	資料名	作者／差出人	年月日	形態冊数	刊本／写本	備考（関係する人物・言及される人物・特記事項等）
059	和-59	詠草	つな		懐紙1折	写	
060	和-60	詠草	かね他7名		懐紙1紙	写	
061-1	和-61-1	詠草	ゑさ		懐紙1折	写	
061-2	和-61-2	詠草	れよ		懐紙1折	写	
061-3	和-61-3	詠草	とめ		懐紙1折	写	
061-4	和-61-4	詠草			懐紙1折	写	
062-1	和-62-1	詠草	てる女		懐紙1折	写	
062-2	和-62-2	詠草	れよ女		懐紙1折	写	
063	和-63	詠草	とめ		懐紙1紙	写	
064	和-64	詠草	藤原義直		懐紙1紙	写	
065	和-65	詠草	源惟恒		懐紙1紙	写	
066	和-66	詠草	源光重		懐紙1紙	写	
067	和-67	詠草	源正辰（紀太正辰）		懐紙1紙	写	
068	和-68	詠草	紀正孝		懐紙1紙	写	
069	和-69	詠草	琴時雨・蘭舩・花暁・玉磨		懐紙1紙	写	
070	和-70	詠草	源忠房		懐紙3紙	写	
071	和-71	詠草	みつね		懐紙1紙	写	
072	和-72	詠草	宮部義正		懐紙1紙	写	
073	和-73	三首詠草			懐紙6紙	写	
074	和-74	一首詠草			懐紙6紙	写	
075	和-75	日光山二首詠草	益田瀧智玉磨		懐紙1紙	写	

整理番号	別番号	資料名	作者／差出人	年月日	形態冊数	刊本／写本	備考（関係する人物・言及される人物・特記事項等）
076	和-76	点取詠草		安永8、8月30日	継紙2巻	写	
077	和-77	詠草	慶覚		奉書1枚	写	
078	和-78	詠草	琴時雨		懐紙1紙	写	
079	和-79	詠草	雪麿		巻紙1紙	写	
080	和-80	詠草	柳沢里之		巻紙1紙	写	
081-1	和-81-1	詠草	奥平昌男（兎麿）		懐紙1折	写	
081-2	和-81-2	書簡	奥平昌男（兎麿）	9月21日	巻紙1紙	写	
082	和-82	詠草	奥平昌男（兎麿）		懐紙1折	写	
083	和-83	詠草点取			巻紙1枚	写	
084-1	和-84-1	点取詠草			継紙1紙	写	
084-2	和-84-2	点取詠草			継紙1紙	写	
085-1	和-85-1	短冊詠草			短冊3枚	写	
085-2	和-85-2	詠草	小笠原佐渡守		切紙1紙	写	
085-3	和-85-3	詠草			巻紙1紙	写	
085-4	和-85-4	詠草			紙片1	写	
085-5	和-85-5	詠草			紙片1	写	
085-6	和-85-6	詠草			継紙1紙	写	
085-7	和-85-7	詠草		天明5カ、七夕	継紙1紙	写	「巳」と記載
085-8	和-85-8	詠草			紙片1	写	
085-9	和-85-9	詠草			紙片1	写	
085-10	和-85-10	詠草			懐紙	写	
086	和-86	詠草			巻紙1紙	写	

整理番号	別番号	資料名	作者／差出人	年月日	形態冊数	刊本／写本	備考（関係する人物・言及される人物・特記事項等）
087	和-87	追善和歌	資補他7名	天明2、9月18日	巻紙1紙	写	栄生・信当・勝福・貞正・安村・安之
088	和-88	伺書	日野資枝？		巻紙1紙	写	
089-1	和-89-1	文体その他		安永6カ寛政1	横本1冊	写	「酉」と記載
089-2	和-89-2	懐紙書様見本			懐紙1紙	写	
089-3	和-89-3	結び短冊見本	日野資枝	天明3、正月	懐紙1紙	写	
089-4	和-89-4	枝ニ結ビツクル短冊ノ形	日野資枝		斐紙1紙	写	
090-1	和-90-1	詠歌名前			巻紙1紙	写	
090-2	和-90-2	御名字			懐紙1折	写	
091	和-91	光胤卿聞書		安永9、正月	半紙2紙	写	
092	和-92						
093	和-93	古謌散形				写	
094-1	和-94-1	日野日野資枝書簡	日野資枝	10月10日	懐紙1折	写	
094-2	和-94-2	詠歌一躰御抄伝授誓状見本		天明2、10月		写	
094-3	和-94-3	小巻物用意部題懐紙書法伝授誓状見本		天明3、11月		写	
095-1	和-95-1	伺書	日野資枝答か		巻紙1紙	写	
095-2	和-95-2	点取詠草			懐紙1折	写	
096-1	和-96-1	伺書	宮部義正答か		巻紙1巻	写	
096-2	和-96-2	伺書	宮部義正答か	安永9、9月	紙片1	写	
096-3	和-96-3	伺書			巻紙1巻	写	
097	和-97	補略			大本1冊	写	
098	和-98	詠草	宮部義正		巻紙1巻	写	

整理番号	別番号	資料名	作者／差出人	年月日	形態冊数	刊本／写本	備考（関係する人物・言及される人物・特記事項等）
099	和-99	俳諧資料（別途記載）					
100	和-100						
101	和-101						
102	和-102	登亀子書簡	登亀子		懐紙2紙	写	
103	和-103	俳諧資料のため別途記載					
104	和-104	俳諧資料のため別途記載					
105	和-105	深川如水書古歌			巻紙1紙	写	
106	和-106	口上書取	中務大輔				
107	和-107	うすやう色目伝受写			懐紙1折	写	「日野資枝卿よりかつ女へあたへたまへる写」他一条
108	和-108	（俳諧資料のため別途記載）					
109	和-109	（俳諧資料のため別途記載）					
110	和-110	家中孝行奇特者推薦言上書		寛政5カ	横本1冊	写	「丑」と記載
111	和-111	仙洞御会始和歌			横本1冊	写	
112	和-112	一品宮会始		天明3、2月27日	横本1冊	写	
113	和-113	禁中和歌御会始		天明3、正月24日	横本1冊	写	文屋康秀歌写
114	和-114	和歌御会始					
115	和-115	忠徳宛書簡	日野資枝	天明3、4月11日	折紙1枚		
116	和-116	忠徳宛書簡	烏丸光祖	8月24日	折紙1枚		
117	和-117	忠徳宛書簡	烏丸光祖	12月15日	折紙1枚		
118	和-118	忠徳宛書簡	烏丸光祖	天明2、11月18日	折紙1枚		
119	和-119	忠徳宛書簡	冷泉為泰	天明2、11月18日	折紙1枚		

整理番号	別番号	資料名	作者／差出人	年月日	形態冊数	刊本／写本	備考（関係する人物・言及される人物・特記事項等）
120	和-120	忠徳宛書簡	冷泉為泰	12月9日	折紙1枚		
121	和-121	忠徳宛書簡	冷泉為泰	5月9日	折紙1枚		
122	和-122	忠徳宛書簡	冷泉為泰	11月19日	折紙1枚		含・詠草2点
123	和-123	忠徳宛書簡・詠草	宗順	閏7月16日	折紙3枚		
124	和-124	忠徳宛書簡	飛鳥井雅威	後7月5日	折紙1枚		
125	和-125	忠徳宛書簡	日野資矩	8月6日	折紙1枚		
126	和-126	忠徳宛書簡	宮部義正	8月15日	折紙1枚		宛名：神田橋　差出人：筋違橋
127	和-127	忠徳宛書簡・詠草	宮部義正	8月15日	折紙1枚		宛名：神田橋尊君尊名　差出人：小川町
128	和-128	忠徳宛書簡・詠草	不明		折紙1枚		
129-1	和-129-1	詠草	奥平昌鹿		懐紙1折	写	
129-2	和-129-2	詠草	雪麿		懐紙1紙	写	
130-1	和-130-1	詠草	琴時雨		懐紙1折	写	
130-2	和-130-2	詠草	琴時雨		懐紙1折	写	
130-3	和-130-3	詠草	蘭舟		懐紙1紙	写	
130-4	和-130-4	詠草	吹錦		懐紙1折	写	
130-5	和-130-5	詠草	吹錦		懐紙1折	写	
130-6	和-130-6	詠草	文蒼		懐紙1折	写	
130-7	和-130-7	詠草	花暁		懐紙1折	写	
130-8	和-130-8	詠草	寂雲		懐紙1折	写	
130-9	和-130-9	詠草	蕭艾		懐紙1紙	写	
130-10	和-130-10	詠草	桂葉		懐紙1折	写	
131-1	和-131-1	詠草	桂葉		懐紙1折	写	

整理番号	別番号	資料名	作者／差出人	年月日	形態冊数	刊本／写本	備考（関係する人物・言及される人物・特記事項等）
131-2	和-131-2	詠草	桂葉		懐紙1折	写	
131-3	和-131-3	詠草	桂葉		懐紙1折	写	
131-4	和-131-4	詠草	桂葉		懐紙1折	写	
131-5	和-131-5	詠草	桂葉		懐紙2折	写	
132-1	和-132-1	詠草	きん女	5月28日	切紙1枚	写	
132-2	和-132-2	詠草	きん女	安永9、4月17日	切紙2枚	写	
132-3	和-132-3	詠草	きん女	9月5日	切紙3枚	写	
133-1	和-133-1	詠草点取	安久他7名	安永9、6月23日	横本1冊		
133-2	和-133-2	詠草	原安久		懐紙1折		
133-3	和-133-3	色紙古歌	花粒（吉田量平）		横本1冊	写	
134	和134	当座御会	井蛙（三宅良助）	寛政9、4月28日	横本1冊	写	
135	和135	和歌御会始		寛政10、1月24日	横本1冊	写	
136	和136	机上便覧	酒井忠徳編カ	天明3、正月	横本1冊	写	
137	和137	御賀和歌		寛政11、11月26日	横本1冊	写	
138	和138	賜題詠歌拾貳首	弘卓他6名		横本1冊	写	
139	和139	唐詩法帖			折帖五帖	写	唐詩五絶五首
140	和140	日野殿書写年号記			横本1冊	写	
141	和141	元和九年書留	日野資枝		半紙本1冊	写	
142	和142	歌合目録　天		天明2、11月16日	大本1冊	写	
143	和143	歌合目録　地		天明2、11月16日	大本1冊	写	
144		忠徳宛書簡	広橋胤定	4月29日	折紙1枚		
145		忠徳宛書簡	広橋胤定	5月2日	折紙1枚		

整理番号	別番号	資料名	作者／差出人	年月日	形態冊数	刊本／写本	備考（関係する人物・言及される人物・特記事項等）
146		忠徳宛書簡	飛鳥井雅威	5月8日	折紙1枚		
147		忠徳宛書簡	飛鳥井雅威	5月8日	切紙1枚		
148		忠徳宛書簡	冷泉為泰	1月7日	折紙1枚		
149		忠徳宛書簡	民部卿（冷泉為泰）	1月22日	折紙1枚		
150		忠徳宛書簡	冷泉為泰	（享和3）4月24日	折紙1枚		忠徳腕の怪我の記事
151		忠徳宛書簡	冷泉為泰	（享和3）8月21日	折紙1枚		
152		忠徳宛書簡	冷泉為泰	（享和3）9月1日	切紙1枚		忠徳腕の怪我の記事
153		忠徳宛書簡	冷泉為泰	（享和3）9月12日	切紙1枚		
154		忠徳宛書簡	冷泉為泰	（享和3）12月13日	折紙1枚		
155		忠徳宛書簡	冷泉為泰	（享和3）冬至	切紙1枚		
156		忠徳宛書簡	冷泉為泰	文化元、2月14日	折紙1枚		忠徳腕の怪我・建姫17歳の記事
157		忠徳宛書簡	冷泉為泰	文化元	切紙2枚		建姫17歳入門の希望
158		忠徳宛書簡	冷泉為泰	正月吉日	折紙1枚		
159		忠徳宛書簡	日野資枝	寛政9、1月9日	折紙1枚		吉野遊竹の入門
160		忠徳宛書簡	日野資枝	天明4、1月10日	折紙1枚		「辰」と記載
161		忠徳宛書簡	日野資枝	天明4、後1月14日	折紙1枚		宮部義正の名
162		忠徳宛書簡	日野資枝	天明3、1月14日			封筒ノミ。中味：追131
163		忠徳宛書簡	日野資枝	天明3、1月17日	切紙1枚		
164		忠徳宛書簡	日野資枝				封筒メモ：中味欠6・8・7／11・9・2
165		忠徳宛書簡	日野資枝	天明3?、2月3日	折紙1枚		三巻伝書の記事
166		忠徳宛書簡	日野資枝	天明3、2月13日			封筒ノミ。中味：追128
167		忠徳宛書簡	日野資枝	天明3、2月17日	折紙1枚		不幸見舞

整理番号	別番号	資料名	作者／差出人	年月日	形態冊数	刊本／写本	備考(関係する人物・言及される人物・特記事項等)
168		忠徳宛書簡	日野資枝	2月24日	折紙1枚		
169		忠徳宛書簡	日野資枝	2月26日	折紙1枚		遊竹
170		忠徳宛書簡	日野資枝	3月5日	折紙1枚		内裏炎上
171		忠徳宛書簡	日野資枝	1月15日	折紙1枚		
172		忠徳宛書簡	日野資枝	正月	切紙1枚		173に同封？
173		忠徳宛書簡	日野資枝	1月27日	折紙1枚		お花
174		忠徳宛書簡	日野資枝	天明8、7月15日			包紙ノミ、書簡ナシ
175		忠徳宛書簡	日野資枝	天明3、3月17日	折紙1枚		「井蛙抄」返却。遊竹「教訓」「詠歌一躰」伝授
176		忠徳宛書簡	日野資枝	3月18日	折紙1枚		28日、資枝、一品宮から三部抄伝授
177		忠徳宛書簡	日野資枝	3月26日	折紙1枚		明後日、三部抄伝授
178		忠徳宛書簡	日野資枝	4月16日	折紙1枚		忠徳(白銀3枚)御花(名産品)お礼。
179		忠徳宛書簡	日野資枝	4月21日	折紙1枚		忠徳除服のこと
180		忠徳宛書簡	日野資枝	天明3、4月27日	折紙1枚		内裏進上之一巻、忠徳・お花に伝授のこと。 遊竹
181		忠徳宛書簡	日野資枝	天明3、4月28日	折紙1枚		瘧気と3月3日前後の危篤。お花
182		忠徳宛書簡	日野資枝	天明3、4月28日	折紙1枚		白銀3枚お礼
183		書簡(宛名無)	日野資枝	天明3、4月28日	切紙1枚		資愛、資矩
184		書簡(宛名無)	日野資枝	天明3、4月28日	切紙1枚		忠徳贈答品目録
185		忠徳宛書簡	日野資枝	天明3、4月28日	折紙1枚		昨冬の庄内帰城への慰労、お花
186		書簡(宛名無)	日野資枝	天明3、5月1日	折紙1枚		宮中参内 京都滞在中に「詠歌一躰備忘」一巻伝授
187		忠徳宛書簡	日野資枝	5月15日	折紙1枚		
188		忠徳宛書簡	日野資枝	5月21日	折紙1枚		原安久

整理番号	別番号	資料名	作者／差出人	年月日	形態冊数	刊本／写本	備考（関係する人物・言及される人物・特記事項等）
189		忠徳宛書簡	日野資枝	6月5日	折紙1枚		資矩帰家
190		忠徳宛書簡	日野資枝	天明3、6月19日	折紙1枚		お花、安久
191		忠徳宛書簡	日野資枝	天明3、6月25日	折紙1枚		「三部抄」貸与。お花にも閲覧を。
192		忠徳宛書簡	日野資枝	7月1日	折紙1枚		封筒ノミ。中味：追130
193		忠徳宛書簡	日野資枝	天明3、7月2日	折紙1枚		「御誓状」拝受
194		忠徳宛書簡	日野資枝	天明3、7月2日	折紙1枚		「作例初学抄」伝授
195		忠徳宛書簡	日野資枝	7月4日	折紙1枚		お花
196		忠徳宛書簡	日野資枝	7月4日	折紙1枚		お花、重樹
197		忠徳宛書簡	日野資枝	7月15日	折紙1枚		お花、遊竹
198		忠徳宛書簡	日野資枝	天明3、7月29日	折紙1枚		浅間山噴火、6月7日京都大地震、利根川洪水
199		忠徳宛書簡	日野資枝	8月2日	折紙1枚		お花
200		忠徳宛書簡	日野資枝	寛政3、8月8日	折紙1枚		「書法二」伝授 御花へ「女房書法一」伝授「伝誓状」返送
201		忠徳宛書簡	日野資枝	8月8日	切紙1枚		文台恵与
201-1		忠徳宛書簡	日野資枝	天明3、8月15日	折紙1枚		秘書三冊、詠歌一躰の伝授。卜山(光胤)、孫八(義正)
202		忠徳宛書簡	日野資枝	天明8、8月21日	折紙1枚		天明の大火、田安家類焼、洪水。義正、お花
203		忠徳宛書簡	日野資枝	天明2、9月2日	折紙1枚		龍泉院入道(烏丸光胤)追善和歌
204		忠徳宛書簡	日野資枝	天明3、9月11日	折紙1枚		洪水。お花、遊竹
205		忠徳宛書簡	日野資枝	9月16日	折紙1枚		お花、一品宮(典仁親王)
206		忠徳宛書簡	日野資枝	天明2、9月20日	折紙1枚		龍泉院入道(烏丸光胤)追善和歌
207		忠徳宛書簡	日野資枝	9月22日	折紙1枚		お花

整理番号	別番号	資料名	作者／差出人	年月日	形態冊数	刊本／写本	備考（関係する人物・言及される人物・特記事項等）
208		忠徳宛書簡	日野資枝	9月24日	折紙1枚		お花、遊竹、日野一位
209		忠徳宛書簡	日野資枝	9月24日	折紙1枚		御誓状、日野一位
210		忠徳宛書簡	日野資枝	10月11日	折紙1枚		お花
210-1		忠徳宛書簡	日野資枝	10月20日	折紙1枚		お花
211		忠徳宛書簡	日野資枝	10月20日	折紙1枚		
212		忠徳宛書簡	日野資枝	10月22日	折紙1枚		
213		忠徳宛書簡	日野資枝	11月3日	折紙1枚		
214		忠徳宛書簡	日野資枝	11月3日	折紙1枚		誓状案文のこと
215		忠徳宛書簡	日野資枝	11月4日	折紙1枚		重樹（日野資矩）
216		忠徳宛書簡	日野資枝	11月13日	折紙1枚		お花
217		忠徳宛書簡	日野資枝	12月21日	折紙1枚		
218		忠徳宛書簡	日野資枝	12月3日	折紙1枚		お花
219		忠徳宛書簡	日野資枝	寛政5カ、12月11日	切紙1枚		お花出産（三男カ）間近。安久。
220		忠徳宛書簡	日野資枝	12月16日	折紙1枚		お花
221		忠徳宛書簡	日野資枝	天明3、12月26日	折紙1枚		お花。入道物故
222		忠徳宛書簡	日野資枝	天明4、1月10日	折紙1枚		お花
223		忠徳宛書簡	日野資枝	天明4、1月14日	切紙1枚		
224		忠徳宛書簡	日野資枝	天明4、4月8日	切紙1枚		大樹公（家治）五〇歳の賀。お花
225		忠徳宛書簡	日野資枝		切紙1枚		酒井忠徳の質問状に日野資枝が回答か
226		書簡（宛名無記載、追伸：お花宛）	日野資枝	天明4、3月1日	折紙1枚		お花、遊竹他7名＊
227		お花宛書簡	日野資枝	ナシ	折紙1枚		忠徳、重樹

整理番号	別番号	資料名	作者／差出人	年月日	形態冊数	刊本／写本	備考（関係する人物・言及される人物・特記事項等）
228		お花宛書簡	日野資枝	寛政5カ	折紙1枚		忠徳、お花の出産
229		お花宛書簡	日野資枝	寛政5カ	折紙1枚		忠徳、安産の祝い
230		書簡（宛名無）	（日野資枝）	天明3	折紙1枚		月次稽古題
231		書簡（宛名無）	（日野資枝）		折紙1枚		
232		書簡・歌学	（日野資枝）		折紙1枚		歌語、歌会作法・懐紙の書法、三家・徳川家ノ会の教示
233-1	和233-1	百首	酒井忠徳	安永7、6月11日～17日	半1冊	写	為家百首題
233-2	和233-2	忠徳愚詠百首和歌	酒井忠徳	天明3	大1冊	写	為家百首題
233-3	和233-3	詠草控	酒井忠徳		半1冊	写	233-1と233-2より恋・雑を抜粋。義正批言あり
234	和234	我詠草	酒井忠徳	安永9、2月17日～	半1冊	写	
235	和235	日野前中納言資枝卿點作詠草	源元俊（酒井忠徳）	天明2～天明3、3月5日～12月29日	大1冊	写	資枝添削
236-1	和236-1	詠草扣	酒井忠徳	安永9～天明2、元旦～8月15夜	横1冊	写	冷泉家表向門入　安永十庚丑年正月ヨリ
236-2	和236-2	詠草扣	酒井忠徳	天明3、正月より	横1冊	写	冷泉・日野両点
237	和237	詠草扣	酒井忠徳	天明4、正月より	半1冊	写	冷泉・日野両点
番号ナシ		日野資枝卿點作御詠草	源元俊（酒井忠徳）	天明4、正月より	大本1冊	写	237より資枝点の歌のみ抜粋
238-1	和238-1	日野大納言資枝卿點作詠草	酒井忠徳	天明5、正月より	大1冊	写	「四季恋雑前後不同」と表紙にある
238-2	和238-2	詠草控	酒井忠徳	天明5、6月より	半1冊	写	冷泉・日野両点
239		日野家御門人忠徳公御詠草	酒井忠徳	天明7、1月9日より	半1冊	写	冷泉・日野両点
240	和240	冷泉中納言為泰詠草聞書		文化5～7	大1冊	写	文化7年8月書抜　原安久筆
241							原本封筒共ナシ

整理番号	別番号	資料名	作者／差出人	年月日	形態冊数	刊本／写本	備考（関係する人物・言及される人物・特記事項等）
242	和242	冷泉中納言為泰詠草聞書	酒井忠徳	安永9、3月より	横1冊	写	冷泉為泰点　原本ナシ
243	和243	烏丸入道卜山殿詠草点聞書	酒井忠徳	安永9、3月10日より7月29日まで	横1冊	写	烏丸卜山・日野資枝点
244-1	和244-1	日野家伝書大秘抄		天明3、1月25日	枡1帖	写	忠徳写
244-2	和244-2	日野資枝卿聞書		天明2、3月より	大1冊	刊	忠徳写
245-1	和245-1	詠歌一躰	冷泉為家		半1冊	写	日野家蔵版。天明4年7月、忠徳書入アリ
245-2	和245-2	詠歌一躰	冷泉為家		横1冊	写	
246-1	和246-1	道中日記	凡鳥（酒井忠徳）	寛政3、5月16日～6月1日	中1冊	写	鶴岡から江戸までの道中紀行
246-2	和246-2	旅中詠哥控	酒井忠徳	寛政9、4月13日～5月24日	大1冊	写	江戸から鶴岡までの道中詠（和歌・俳諧）
247	和247	慶長以来神釼後撰鑑（一）	酒井忠徳	安永8、秋	半1冊	写	図入り
248-1	和248-1	東岳手本控（一）		享和3、春	横1冊	写	手習控
248-2	和248-2	三拾六年和歌					朱書「主、忠房」
346		短冊帖	酒井忠徳・元俊		折本1帖	写	短冊帖（148枚）
347		内裏進上之一巻	烏丸光栄	天明3、2月10日	巻子本1巻	写	桐箱入り。「ワ印七十三番」と墨書。日野資枝写。与忠徳
348		内裏進上之一巻	烏丸光栄	天明3、3月7日	巻子本1巻	写	日野資枝写。与元俊
番号ナシ		十二月花鳥和歌	酒井忠徳		折本1帖	写	桐箱入り。「ワ印八十番」と墨書したものを六十三番と朱で訂正
番号ナシ		心珠院様忠徳君御手鑑				写	桐箱入り。古歌色紙20枚の貼り合せ
番号ナシ		誓状案文	酒井忠徳	天明3	切紙1枚	写	
番号ナシ		桂徳院様御筆色紙					酒井忠徳筆古歌色紙36枚
追001		忠徳宛書簡	日野資枝	1月4日	折紙1枚		お花

整理番号	別番号	資料名	作者／差出人	年月日	形態冊数	刊本／写本	備考（関係する人物・言及される人物・特記事項等）
追002		忠徳宛書簡	日野資枝	1月24日	折紙1枚		年始祝儀（白銀三枚）謝辞。お花、重樹
追003		忠徳宛書簡	日野資枝		折紙1枚		
追004		忠徳宛書簡	日野資枝	天明3、3月1日	折紙1枚		「奥秘之一巻（内裏進上之一巻）」、重樹
追005		忠徳宛書簡	日野資枝	3月6日	折紙1枚		「井蛙抄」進上
追006		忠徳宛書簡	日野資枝	3月6日	折紙1枚		「井蛙抄」到着・校合について、お花
追007		忠徳宛書簡	日野資枝	天明3、5月4日	折紙1枚		宮部義正、弾正宮（閑院宮美仁親王）
追008		忠徳宛書簡	日野資枝	天明3、5月22日	折紙1枚		お花、遊竹
追009-1		忠徳宛書簡	日野資枝	5月23日	折紙1枚		お花、遊竹
追009-2		忠徳宛書簡	日野資枝	5月23日	折紙1枚		お花
追010		忠徳宛書簡	日野資枝	（天明3）4月29日	折紙1枚		短冊作法綴じ方伝授
追011		忠徳宛書簡	日野資枝	6月11日	折紙1枚		
追012		忠徳宛書簡	日野資枝	8月2日	折紙1枚		お花
追013		忠徳宛書簡	日野資枝	天明3、8月2日	折紙1枚		お花、新刻「詠歌一躰」進上、江戸出立
追014		忠徳宛書簡	日野資枝	8月12日	折紙1枚		
追015		忠徳宛書簡	日野資枝	8月19日	折紙1枚		お花、重樹
追016		忠徳宛書簡	日野資枝	8月21日	折紙1枚		遊竹、お花
追017		忠徳宛書簡	日野資枝	8月24日	折紙1枚		お花
追018		忠徳宛書簡	日野資枝	9月10日	折紙1枚		お花
追019		忠徳宛書簡	日野資枝	9月24日	折紙1枚		重樹
追020		忠徳宛書簡	日野資枝	9月24日	折紙1枚		
追021		忠徳宛書簡	日野資枝	10月10日	折紙1枚		宮部入道（義正）
追022		忠徳宛書簡	日野資枝	11月7日	折紙1枚		お花、遊竹

整理番号	別番号	資料名	作者／差出人	年月日	形態冊数	刊本／写本	備考（関係する人物・言及される人物・特記事項等）
追023		忠徳宛書簡	日野資枝	11月22日	折紙1枚		画賛の依頼
追024		忠徳宛書簡	日野資枝	12月2日	折紙1枚		お花
追025		答え状（歌学）	日野資枝		折紙1枚		
追026		お花宛書簡	日野資枝		折紙1枚		重樹、忠徳
追027		お花宛書簡	日野資枝		折紙1枚		重樹、忠徳
追028-1		お花宛書簡	日野資枝	寛政2	折紙1枚		重樹、忠徳
追028-2		稽古題	（日野資枝）		折紙1枚		
追028-3		書簡（宛先無）		寛政2	折紙1枚		
追029		忠徳宛書簡	冷泉為泰	12月29日	折紙1枚		酒井忠徳体調全快　見本依頼への返答
追030		詠草	日野資枝	寛政2	懐紙1折	写	8月・9月稽古
追031		詠草	日野資枝	寛政2	懐紙1折	写	正月稽古
追032		詠草	日野資枝		懐紙1折	写	9月、10月稽古
追033		詠草	日野資枝		切紙1枚	写	「新勅撰和歌集」をふまえた歌への批評
追034		詠草	日野資枝		懐紙1折	写	7月稽古
追035		詠草	日野資枝		懐紙1折	写	4～8月稽古
追036		詠草	日野資枝		懐紙1折	写	8月・9月稽古
追037		詠草	日野資枝		懐紙1折	写	8月・9月稽古
追038		詠草	日野資枝		懐紙1折	写	5月稽古
追039		詠草	日野資枝		懐紙1折	写	正月～8月稽古
追040		詠草	日野資枝		懐紙1折	写	正月～3月稽古
追041		詠草	日野資枝		懐紙1折	写	11月稽古
追041		文化七庚午花の歌発句	連寿観凡兆編	文化7	半1冊	写	清書本

整理番号	別番号	資料名	作者／差出人	年月日	形態冊数	刊本／写本	備考（関係する人物・言及される人物・特記事項等）
追042		庭中花の歌発句	連寿観凡兆編	文化7	大1冊	写	草稿本
追043		百首	忠徳・政一・光重	春	大1冊	写	
追044		小明題　安永八年十月飛鳥井家		10月	大1冊	写	天明元年9月紀太惟恒写。忠徳蔵。歌題集。
追045-1		月次御稽古題			懐紙1折	写	冷泉家カ
追045-2		月次御題			懐紙1折	写	資枝月次稽古題
追046		諸方江申達留帳		安永4	大1冊	写	光祖（長男）代筆　光胤体調不良
追047		忠徳宛書簡	卜山（烏丸光胤）	安永8、7月22日	折紙1枚		
追048		忠徳宛書簡	卜山（烏丸光胤）	寛政2、7月26日	折紙1枚		
追049		忠徳宛書簡	卜山（烏丸光胤）	寛政2、9月8日	折紙1枚		宮部義正の人物評
追050		忠徳宛書簡	烏丸光祖	1月15日	折紙1枚		吉田法眼元陳
追051		忠徳宛書簡	烏丸光祖	4月19日	折紙1枚		源宰相中将重嗣卿」（庭田重嗣
追052		忠徳宛書簡	烏丸光祖	安永7以降、7月1日	折紙1枚		豊岡右京大夫尚資、伏原侍従三位宣光、久世三位通根
追053		忠徳宛書簡	烏丸光祖	8月3日	折紙1枚		
追054		忠徳宛書簡	烏丸光祖	天明6、8月3日	折紙1枚		
追055		忠徳宛書簡	烏丸光祖	8月17日	折紙1枚		
追056		忠徳宛書簡	烏丸光祖	天明2、8月17日	折紙1枚		
追057		忠徳宛書簡	烏丸光祖	天明2、8月18日	折紙1枚		烏丸光胤三回忌
追058		忠徳宛書簡	烏丸光祖	天明2、9月11日	折紙1枚		
追059		忠徳宛書簡	烏丸光祖	10月2日	折紙1枚		霊元院、手尓葉伝授
追060		忠徳宛書簡	烏丸光祖	11月22日	折紙1枚		借金依頼
追061		忠徳宛書簡	烏丸光祖	11月22日	折紙1枚		水害の義援金依頼

整理番号	別番号	資料名	作者／差出人	年月日	形態冊数	刊本／写本	備考（関係する人物・言及される人物・特記事項等）
追062		忠徳宛書簡	烏丸光祖	12月22日	折紙1枚		
追063		忠徳宛書簡	烏丸光祖	12月22日	折紙1枚		
追064		忠徳宛書簡	烏丸光祖	天明元、12月22日	折紙1枚		
追065		忠徳宛書簡	日野資枝	2月13日	折紙1枚		1枚欠カ
追066		忠徳宛書簡	烏丸光祖	9月17日	切紙1枚		断簡
追067		書簡（宛名無）	日野資枝		切紙1枚		
追068		書簡（宛名無）			折紙1枚		入の書物「浪華山一楽芳庵蔵版」
追069		忠徳宛書簡	日野資矩	寛政9、4月20日	折紙1枚		資枝還暦祝い
追070		忠徳宛書簡	日野資矩	天明元、5月8日	折紙1枚		
追071		忠徳宛書簡	酒井忠禮	天明8、4月5日	折紙1枚		忠徳弟
追072		祐平宛書簡	岡村淡路守	7月	折紙1枚		曽谷常相（医師）
追073-1		書簡（宛名無）	不記	8月8日	折紙1枚		
追073-2		書簡（宛名無）	備後守		折紙1枚		
追074		誓状書式（見本）	日野資枝	天明3	折紙1枚	写	
追075		誓状書式（見本）	日野資枝	天明3	折紙1枚	写	
追076		誓状書式（見本）	日野資枝	天明3	折紙1枚	写	
追077		忠徳・お花宛月次歌題	日野資枝	天明2	折紙2枚	写	月次稽古題
追078		月次歌題	冷泉為泰		切紙1枚	写	冷泉為泰歌題
追079		烏丸家御出題	烏丸家		折紙1枚	写	曽谷常相
追080		冷泉為泰御出題	冷泉為泰	天明3	折紙1枚	写	佐州真野天満宮奉納　石野広道勧進
追081		歌学	光之（冷泉為泰）	天明2	折紙1枚	写	為泰の回答
追082		歌学	日野資枝		折紙1枚	写	資枝の回答

整理番号	別番号	資料名	作者／差出人	年月日	形態冊数	刊本／写本	備考（関係する人物・言及される人物・特記事項等）
追083		歌学	光之（冷泉為泰）		切紙1枚	写	為泰の回答
追084		歌学			折紙1枚	写	万葉仮名の付け方
追085		地錦集			折本1冊	写	
追086－1		お花宛女房懐紙短冊書法	日野資枝	寛政3	折紙1枚	写	
追086－2		枝ニ結ビックル短冊ノ形	日野資枝	寛政3	折紙1枚	写	短冊、白黒の糸
追086－3		詠草		寛政3	切紙1枚	写	
追086－4		袋	日野資枝	寛政3	切紙1枚	写	書法と記入。綴じ紙縫り付
追087		点取之事			巻紙1枚	写	
追088		詠草	日野資枝		折紙1枚	写	
追090		日野資枝和歌				写	
追091		天明六年二月一三日和歌御会		天明6、3月27日	折本2冊	写	
追092		天明六年三月廿七日花下御当座		天明6、2月13日	折本1冊	写	
追093		本多中務太輔忠典和歌	本多忠典		折紙4枚	写	
追094		名月之哥	源昌男		折紙3枚	写	
追095		詠草	広通		折紙2枚	写	
追096		詠草	常相		折紙1枚	写	
追097		蕭艾桂葉光重和歌			折紙3枚	写	
追098		龍泉院三回忌御追善		天明2	折紙2枚	写	烏丸光胤三回忌
追099	中身ナシ						封筒ノミ
追100	中身ナシ						
追101		禁裏御当座和歌写		天明3、正月		写	

整理番号	別番号	資料名	作者／差出人	年月日	形態冊数	刊本／写本	備考（関係する人物・言及される人物・特記事項等）
追102		三部抄御伝授御当座歌会		天明3、4月7日	仮綴横1冊	写	
追103		天明三年五月一八日御当座		天明3、5月18日	仮綴横1冊	写	
追104		将軍五十御賀御和歌			仮綴横1冊	写	
追105		對月述懐	光之	安永9、秋	折紙1枚	写	冷泉為村七回忌追善　2首
追106		詠草	日野資枝		懐紙1枚	写	
追107		詠草	日野資枝		折紙1枚	写	代筆
追108		詠草	日野資枝		切紙1枚	写	
追109		詠草	冷泉為泰	安永9	折紙1枚	写	
追110		詠草	酒井忠徳		折紙1枚	写	義正添削
追111		詠草			切紙1枚	写	義正添削カ
追112		詠草	酒井忠徳		切紙1枚	写	義正添削カ
追113		詠草	酒井忠徳		切紙1枚	写	義正添削カ
追114		詠草	奥平昌男		折紙1枚	写	
追115		占風四時和歌		文化9	折紙6枚	写	
追116		詠草			切紙1枚	写	題詠8首
追117		聖製梅花玉韻応製作	光格天皇 宜楽院宮	天明3	折紙1枚	写	五言絶句
（追118）	ナシ						
追119		日光御勤番百首以題詠	源風琴		仮綴横1冊	写	
追120		天明4年秋旅中の歌	酒井忠徳	天明4、7月25日～	折紙5枚	写	江戸から鶴岡への旅中詠
追121		旅行吟 天明五年四月廿八日ゟ五月十三日迄	酒井忠徳	天明5、4月28日～5月13日	折紙5枚	写	鶴岡から江戸への旅中吟（即興和歌）の日野資枝添削

整理番号	別番号	資料名	作者／差出人	年月日	形態冊数	刊本／写本	備考（関係する人物・言及される人物・特記事項等）
追122		詠草・資枝への質問書	酒井忠徳	天明5	折紙2枚	写	
追123		詠草	酒井忠徳		切紙1枚	写	
追124		口上之覚	小野内蔵丞		切紙1枚	写	
追125		桂徳院様御詠草袋			袋1枚	写	
追126		刀脇指目録			折紙1枚	写	
追127		資枝卿目録弐枚			折紙1枚	写	包紙ノミ
追128		忠徳宛書簡	日野資枝	天明4、2月13日	折紙1枚	写	
追129		忠徳宛書簡	日野資枝	天明3、2月28日		写	詠歌一体二冊進上
追130		忠徳宛書簡	日野資枝	7月1日		写	野々口孝雲
追131		忠徳宛書簡	日野資枝	1月14日		写	
追132	中身ナシ						封筒ノミ
追133		天明三年二月晦日御当座始		天明3、2月晦日	大本1冊	写	
追134		天明三年二月二日仙洞当座御会		2月2日	大本1冊	写	

＊他7名＝龍泉院（烏丸光胤）、細川幽斎（玄旨）、東常縁（東野州）、日野弘資、後水尾院、鍋嶋備前守（鍋嶋直條カ）、堀田五郎左衛門

【俳諧関係資料】

〔俳諧点帖〕

整理番号	分類	資料名	評者	連衆	年	月日	備考
1	俳諧点帖	十二評二百韻余	園女	薫風舎社中	天明7	12月	抜句二
2	俳諧点帖	続二百	秀国	薫風舎社中	天明8	正月	抜句一
3	俳諧点帖	年籠十五評之内百員	園女	甲長・潮香・寸蘿・古萍	天明8	正月	抜句一。2と同百韻
4	俳諧点帖	百韻	春潮		天明8	正月	抜句一。2と同百韻
5	俳諧点帖	百韻	霍声		天明8	正月	抜句一。2と同百韻
6	俳諧点帖	百韻	一陽井		天明8	正月	抜句一。2と同百韻
7	俳諧点帖	百韻	平砂		天明8	正月	抜句一。2と同百韻
8	俳諧点帖	百韻			天明8	正月	抜句一
9	俳諧点帖	百韻	鶏口	一秀・不騫・可酔・和橋・蚕絲・甲長・五鳳・菊貫・執筆	天明8	8月15日	抜句一。評点紙アリ
10	俳諧点帖	百韻	得器	菊貫・霍来・可酔・珠成・甲長・和橋・一秀・園美	寛政元	9月	抜句一。評点紙アリ
11	俳諧点帖	百韻	得器	藤窓・祇仙・雨秀・霍童・圓瓜・社来	寛政元	11月13日	抜句一
12	俳諧点帖	百韻		凡兆・津富・其調・秀東・琴志・峩楓・社来・	寛政元	12月4日	評点紙アリ
13	俳諧点帖	三日目角力三百韻	子鷹・素外・石鯨・晩得・宝馬・冬映・得器・紫鳳・津富・仏外・沾山・平砂・五陵	烏卿・峩風・松調・得我・芦吹・其朝・園茶・魚来・春瓠・松兆・五色・如水（計七十九名）	寛政3	9月4日	

整理番号	分類	資料名	評者	連衆	年	月日	備考
14	俳諧点帖	廻付百員	得器	菊貫・升来・如水・和橋・珠成・凡兆	寛政3	9月7日	抜句五
15	俳諧点帖	続五百五拾韻	徒流	松女・凡兆・米棠・霞兆・和水・雨綾・亀山・柳国・秀漁・髪々・祇長・香国(計二十七名)	寛政3	12月8日	抜句五。14と同五百五十韻
16	俳諧点帖	続五百五拾韻	五陵	如水・秀漁・霞兆・玉兆・雷兆・秀色・雪渓・鼠集・秀詩・完尓・井斎・杉塘(計二十七名)	寛政3	12月8日	抜句三
17	俳諧点帖	三百韻	祇井	秀国・五色・秀鯉	寛政3	11月18日	抜句三。16と同三百韻
18	俳諧点帖	三百韻	凡兆	秀色・五色・市交	寛政3	11月18日	抜句三
19	俳諧点帖	三百韻	沾山	得我・芦吹・秀義・雀翁・紀貞・霞兆・峩風	寛政3	11月18日	抜句三。16と同三百韻
20	俳諧点帖	三百韻	凡兆・玉兆・五綾・得器・秀国・沾山	玉兆・藤圓・左瓢・秀詩・秀雅	寛政3	11月18日	16と同三百韻
21	俳諧点帖	三百韻	秀国	鹿々・菊兆・竜志・星綾・霞兆・由道・得兆・秀国・桃兆・三悦・梅軒・其調(計八十五名)	寛政3	11月18日	抜句三。16と同三百韻
22	俳諧点帖	三百韻	菊兆	観寿・左瓢・鹿々	寛政3	11月18日	抜句二。16と同三百韻
23	俳諧点帖	三百韻	玉兆	五色・白器・我風	寛政3	11月18日	抜句三。16と同三百韻
24	俳諧点帖	三百韻	霞兆	左瓢・松兆・鹿々・千兆・光兆・秀詩・秀雅	寛政3	11月18日	抜句三。16と同三百韻
25	俳諧点帖	三百韻	拾八評	峩風・松調・池鯉鮒	寛政3	11月18日	
26	俳諧点帖	百韻	一瓢	凡兆・卜兆・秀漁・執筆	寛政3	12月13日	抜句二。評点紙アリ。25と同百韻

整理番号	分類	資料名	評者	連衆	年	月日	備考
27	俳諧点帖	百韻	一玉井	凡兆・卜兆・秀漁	寛政3	12月13日	抜句一。25と同百韻
28	俳諧点帖	百韻	沾山		寛政3	12月13日	抜句一。25と同百韻
29	俳諧点帖	百韻	嶬風		寛政3	12月13日	抜句一。25と同百韻
30	俳諧点帖	百韻	玉兆		寛政3	12月13日	抜句一。25と同百韻
31	俳諧点帖	百韻	古弁		寛政3	12月13日	抜句二。25と同百韻
32	俳諧点帖	百韻	琴志	凡兆・卜兆・秀漁	寛政3	12月13日	抜句一。25と同百韻
33	俳諧点帖	百韻	千瓢		寛政3	12月13日	抜句一。25と同百韻
34	俳諧点帖	百韻	連瓢		寛政3	12月13日	抜句一。25と同百韻
35	俳諧点帖	百韻	二世□□庵		寛政3	12月13日	抜句一。25と同百韻
36	俳諧点帖	百韻	得器		寛政3	12月13日	抜句一。評点紙アリ
37	俳諧点帖	百韻	沾山	凡兆・甲長・珠成・和橋・如水・升来	寛政4	1月1日	抜句一。評点紙アリ。37と同百韻
38	俳諧点帖	歳篭百韻	崑山	凡兆・珠成・甲長・和橋・如水・升来	寛政4	1月1日	抜句一。評点紙アリ。37と同百韻
39	俳諧点帖	歳篭百韻		凡兆・甲長・和橋・如水・珠成・升来	寛政4	1月1日	
40	俳諧点帖	百韻草稿	沾山・五陵評　景評十三子	凡兆・秀雅・卜兆・雷兆・晨風・鶴声			貼付紙アリ。40と同百韻
41	俳諧点帖	百韻	在転	凡兆・卜兆・秀雅・雷兆・晨風・雀声	寛政5	11月20日	抜句一。評点紙アリ(刷物)
42	俳諧点帖	百韻	得器	鶴乗・如圭・揚志・銀鷲・菊貫・凡兆・東潮・珠成・錦車	寛政5	11月20日	抜句一。評点紙アリ(刷物)。42と同百韻
43	俳諧点帖	百韻	秀国	凡兆・東潮・錦車	寛政5	11月20日	抜句五

整理番号	分類	資料名	評者	連衆	年	月日	備考
44	俳諧点帖	三百韻	沾山		寛政6	1月1日	抜句一
45	俳諧点帖	百韻	沾山	凡兆・得器・卜兆・珠成・霞兆・菊兆・千兆・鶏羽・執筆	寛政6	3月15日	抜句二。連寿観即興
46	俳諧点帖	二百韻付余興	古明・北平・得器・緑葉・厚国・得我・沾山・太寄・錦帳・琴志・汲古・其調・逸文・長国・東潮・亀寒・古弁・素麿・白我・如水・祇井・蔦道・瀾十・古遊・青砂・器観・琴松　二十七評	翠羽・漁々・渓社・沾淵・月村・執筆・凡兆・魚冠・洋峨・兎明・赤塢・安彦・山烏・〔足十圭〕歩	寛政6	6月21日	
47	俳諧点帖	百韻	古瓠	鶏羽・凡兆・霞兆・卜兆菊兆・執筆	寛政7	10月17日	抜句一。47と同百韻
48	俳諧点帖	百韻	千瓠		寛政7	10月17日	抜句一。47と同百韻
49	俳諧点帖	百韻	壽方		寛政7	10月17日	抜句一。47と同百韻
50	俳諧点帖	百韻	器観		寛政7	10月17日	抜句一。47と同百韻
51	俳諧点帖	百韻	夫眠亭		寛政7	10月17日	抜句一。47と同百韻
52	俳諧点帖	百韻	古弁		寛政7	10月17日	抜句一。47と同百韻
53	俳諧点帖	百韻	琴松	凡兆・菊兆・文兆	寛政7	10月17日	抜句二。47と同百韻
54	俳諧点帖	百韻	太寄	凡兆・鶏羽・霞兆	寛政7	10月17日	抜句一。47と同百韻
55	俳諧点帖	百韻	珠成・祇井・青峨・洋峨・青砂・琴松・五陵・平砂・沾山・五鳳	凡兆・鶏羽・霞兆	寛政7	10月17日	
56	俳諧点帖	百韻	祇井	霞兆・菊兆・凡兆・器観・卜兆・執筆	寛政7	10月27日	抜句一。評点紙アリ。56と同百韻
57	俳諧点帖	百韻	沾山		寛政7	10月27日	抜句一

整理番号	分類	資料名	評者	連衆	年	月日	備考
58	俳諧点帖	百韻	沾山				抜句一
59	俳諧点帖	百韻	東潮				抜句一
60	俳諧点帖	百韻	霞兆				抜句一。評点紙アリ
61	俳諧点帖	百韻	菊兆	卜兆・雷兆・雀声・白器・秀漁・晨風・其厳			抜句一。評点紙アリ。61と同百韻
62	俳諧点帖	百韻	琴松				抜句二。評点紙アリ。61と同百韻
63	俳諧点帖	百韻	青砂				抜句一
64	俳諧点帖	百韻	宝馬				抜句一
65	俳諧点帖	百韻	沾山				抜句四
66	俳諧点帖	続四百韻	雪耕舎	子兆・連垂・瓠舟・茶言・其調・大黙・万川・五秋・雅重・寿明・昌宅・巨園			抜句一
67	俳諧点帖	百韻	沾山				抜句二。評点紙アリ
68	俳諧点帖	二百五拾韻	一瓠	秀扇・松兆・慶賀・玉兆・得兆・秀雅・雀声			抜句二。評点紙アリ。68と同百韻
69	俳諧点帖	二百五拾韻	竹為	凡兆・卜兆・晨風・雀致			抜句二。68と同百韻
70	俳諧点帖	二百五拾韻	葛道	凡兆			抜句二。評点紙アリ。68と同百韻
71	俳諧点帖	二百五拾韻	得我	凡兆・秀色・可興・三悦			抜句二。評点紙アリ。68と同百韻
72	俳諧点帖	二百五拾韻	宝馬	凡兆・卜兆・進鶴・晨風・秀扇			抜句四
73	俳諧点帖	三百韻付余興（七十二句）	琴志	凡兆・嶺霞・松兆・幽山・雀声			抜句三。73と同三百韻
74	俳諧点帖	三百韻付余興（七十二句）	得器	凡兆・玉兆			抜句三。73と同三百韻

整理番号	分類	資料名	評者	連衆	年	月日	備考
75	俳諧点帖	三百韻付余興（七十二句）	玉兆	凡兆・玉兆・秀雅・卜兆・雀声			抜句三。73と同三百韻
76	俳諧点帖	三百七拾二候	古弁	凡兆・卜兆・秀雅・雀声・百喜・雷兆・大腹			
77	俳諧点帖	歌仙	葛道	玉兆			抜句一
78	俳諧点帖	歌仙	仏外	藤窓			抜句一。評点紙アリ
79	俳諧点帖	百韻	霞兆	藤窓・園美・秀雅			抜句一。評点紙アリ
80	俳諧点帖	百韻	五陵	凡兆・卜兆・千兆・菊兆・秀漁・器観			抜句一。80と同百韻
81	俳諧点帖	百韻	琴松	凡兆・卜兆・千兆・菊兆・秀漁・器観			抜句二。評点紙アリ。80と同百韻
82	俳諧点帖	百韻	青砂	凡兆・卜兆・千兆・菊兆・秀漁・器観			抜句一。評点紙アリ。80と同百韻
83	俳諧点帖	百韻	平砂	凡兆・卜兆・千兆・菊兆・秀漁・器観			抜句一。評点紙アリ。80と同百韻
84	俳諧点帖	百韻	祇井	凡兆・卜兆・千兆・菊兆・秀漁・器観			抜句一。評点紙アリ
85	俳諧点帖	百韻	錦車	霞兆・凡兆・卜兆・器観・菊兆			抜句一。85と同百韻
86	俳諧点帖	百韻	得器	霞兆・凡兆・卜兆・器観・菊兆			抜句三
87	俳諧点帖	三百韻	霞兆	凡兆・祇井・霞兆・菊兆・芦吹・其厳・晨風・千三			抜句六。87と同百韻
88	俳諧点帖	三百韻		左瓠・秀車・古弁・卜兆・雷兆・桃兆・柳兆・千兆・玉兆			抜句三
89	俳諧点帖	（1・2）	沾山				抜句三。87と同百韻

整理番号	分類	資料名	評者	連衆	年	月日	備考
90	俳諧点帖	三百韻	凡兆	凡兆・祇井・霞兆・雀翁・芦吹・左瓠・雀翁・徒流			抜句三。87と同百韻
91	俳諧点帖	三百韻		菊兆・芳国・万狐・雀翁・芦吹・祇井・霞兆			87の二百韻までと同じ
92	俳諧点帖	二百韻	大一冊				
93	俳諧点帖	三百韻	凡兆・沾山・得器・五陵・玉兆(五評行司)・菊兆・琴松・秀虎・萬宇・軽之	松女以下五十名強			93と同百韻
94	俳諧点帖	三百韻	半一冊	松女以下五十名強			
96	俳諧点帖	百韻					
97	俳諧点帖	五十韻	琴松	凡兆・器観・霞兆・菊兆・鶴羽・文兆・卜兆			抜句一。97と同五十韻
98	俳諧点帖	五十韻	得器	卜兆			
99	俳諧点帖	歌仙	一枝				99と同歌仙
100	俳諧点帖	歌仙	我足				99と同歌仙
101	俳諧点帖	歌仙	千瓢				99と同歌仙
102	俳諧点帖	歌仙	琴松				抜句一
103	俳諧点帖	歌仙	沾山・五陵・冬央・宝馬・素外				
104	俳諧点帖	歌仙		凡兆・珠成・銀鷺・東潮・得我・青峨・菊貫・五鳳・北平			
105		未使用点帖					

〔俳諧点帖以外の俳諧資料〕

整理番号	分類	資料名	作者（評点紙：評者）	（評点紙：連衆または天地人）	年	月日	備考
106	俳紀行	寛政三年度道中記	凡鳥（酒井忠徳）		寛政3		
107	一枚摺	春興	萬葉菴平砂		天明8カ	1月1日	
108	一枚摺	春興	連寿観凡兆		寛政3	1月1日	
109	一枚摺	春興	連寿観凡兆		寛政3	1月1日	
110	一枚摺	春興	月村所米翁		寛政3	1月1日	
111	一枚摺	春興	月村所米翁		寛政3	1月1日	
112	一枚摺	春興	得器		寛政4カ	1月1日	
113	発句詠草	鹿文発句詠草	鹿文		寛政4カ	1月1日	小短冊
114	発句詠草	東華亭発句詠草	嶺斎				
115	発句詠草	嶺斎発句詠草	嶺斎				
116（1〜4）	発句詠草	秋田信濃守発句詠草	玉釣庵栄窓湖秋				
117（1〜3）	一枚摺	俳諧興行案内刷物	徒流				
118	発句詠草	その女詠草	鶴婦人その女				
119	一枚摺	発句募集刷物	谷素外				
120	書簡	書状切端	不明				
121	その他	評点紙	素外	一秀尊君宛			一秀は凡兆別号
122	その他	評点紙	平砂	一秀・珠成・可酔			

整理番号	分類	資料名	作者（評点紙：評者）	（評点紙：連衆または天地人）	年	月日	備考
123	その他	評点紙	呉龍	一秀・菊貫・甲長・園美			
124	その他	評点紙	玉兆	凡兆・卜兆・秀漁			
125	その他	評点紙	古弁	凡兆・卜兆・秀漁			
126	その他	評点紙	得十	凡兆・卜兆・秀漁			
127	その他	評点紙	仏外	凡兆・卜兆・秀漁			
128	その他	評点紙	沾山	凡兆・卜兆・秀漁			
129	その他	評点紙	嵬風	凡兆・卜兆・秀漁			
130	その他	評点紙	不明	凡兆・卜兆・秀漁			
131	その他	評点紙	其調	凡兆・卜兆・秀漁			
132	その他	評点紙	紫鳳・子鷹・石鯨・仏外・崑山・婆百・団雪・正徳・陸馬・尚美・嵐亭・奚疑	凡兆・卜兆・秀漁			
133	その他	評点紙	凡兆公・玉兆子・未白子・鶏口・小知・秀国・在転・蓬雨・宝馬・津富・左簾・社来・紫鳳・沾山・仏外・五陵・冬映・双鳥・一漁・晩得・曲笠・得器・夫水				
134	その他	評点紙	五陵	凡兆・器観・秀漁			
135	その他	評点紙	錦車	凡兆・卜兆・菊兆			
136	その他	評点紙	沾山	凡兆・菊兆・鶏羽			
137	その他	未使用評点紙					
138	その他	未使用評点紙					

整理番号	分類	資料名	作者（評点紙：評者）	（評点紙：連衆または天地人）	年	月日	備考
139	その他	点普					
140	その他	懐紙袋・評点紙		凡兆・汲古・珠成			
141	その他	懐紙袋・評点紙		凡兆・霞兆・菊兆			
142	その他	懐紙袋・評点紙		秀雅・卜兆・近露			
143	その他	懐紙袋・評点紙		凡兆・鶏羽・菊兆			
144	その他	懐紙袋					神田なべ町御懐紙所
145	その他	懐紙袋					神田通鍋町御懐紙所伊勢屋善四郎
146	その他	懐紙袋					神田通鍋町御懐紙所伊勢屋善四郎
147	その他	懐紙袋					
148	その他	懐紙袋					神田通鍋町御懐紙所伊勢屋善四郎
149	その他	懐紙袋					
150	その他	懐紙袋					神田通鍋町御懐紙所伊勢屋善四郎
151	その他	懐紙袋					鎌倉川岸
152	その他	懐紙袋					浅草瓦町全店六甲□□善兵衛
153	その他	懐紙袋					
154	その他	懐紙袋					
155	その他	懐紙袋					御くはいし所本石町十軒店丸彦
156	その他	懐紙袋					神田明神前御懐紙所伊勢屋善四郎
157	その他	懐紙袋					神田通鍋町御懐紙所□□□□四郎
158	その他	懐紙袋					神田なべ町御懐紙所伊勢屋善四郎

整理番号	分類	資料名	作者（評点紙：評者）	（評点紙：連衆または天地人）	年	月日	備考
159	その他	懐紙袋					□倉□□
160	その他	懐紙袋					神田通鍋町御懐紙所伊勢屋善四郎
161	その他	懐紙袋					神田通鍋町御懐紙所伊勢屋善四郎
162	その他	懐紙袋					神田□□町御懐紙所伊勢屋□四郎
163	その他	懐紙袋					神田なべ町御懐紙所伊勢屋善四郎
164	その他	懐紙袋					神田通鍋町御懐紙所□□□□郎
165	その他	未使用懐紙袋					神田通鍋町御懐紙所□□□□郎
166	その他	未使用懐紙袋					

〔新出資料〕

整理番号	分類	資料名	作者	年	月日	備考
番号ナシ	歳旦帖	歳旦	石壽観	天明８	正月	
番号ナシ	歳旦帖	歳旦集	神田玉池一陽井（谷素外）	天明８	正月	
番号ナシ	一枚摺	歳旦「出羽のはる」	凡兆（酒井忠徳）	寛政３	正月	同一摺物２枚

あとがき

個人的な話になる。わたくしは、二〇一一年四月、一四年間勤務した長野県短期大学を辞し、東日本大震災・津波直後の岩手医科大学の共通教育センター（現・教養教育センター）に赴任した。入学式と新学期が一か月繰り下げられたので、学内に学生はいない。竣工したばかりの矢巾キャンパスは被災し、床面や壁面がずれ、暖房も不十分で、春まだ浅い東北の学内は寒々としていた。理事長・学長はじめ、医学部・歯学部の先生方や医療援助職の人たちは、盛岡から百キロ離れた沿岸部の支援活動に駆り出されていて、学内は緊張感で満たされてもいた。何もできない、何をしていいかわからない、そんな日々が続いた。

震災で行えなかった送別会と新任教員の歓迎会が、歓送迎会というかたちで行われたのはいつ頃だっただろうか。その折、共通教育センター長の前任者として、解剖学講座の佐藤洋一氏があいさつされた。氏もまた、沿岸部での遺体検案の作業に奔走された直後であった。「これまでに見たことのない数のご遺体が累々と体育館に並んでいるのを見て、わたしはことばを失いました。遺体検案の作業を終えて、陸前高田の風景を見た時、ただ頭の中に、『国破れて山河あり　城春にして草木深し』という漢詩の一節だけが何度も何度も繰り返し浮かんでは消えていきました」、とおっしゃった。漢詩を語る解剖学者がいる大学へ来たんだな、とそのとき思った。

やがて、附属図書館の館長室に和漢古医書や古典籍が別置されていることを知った。せっかくだからと、講義やゼミの折、学生に近世の和本を手に取ってもらうようになった。また、創立一二〇周年を迎える岩手医科大学の記念誌の編集をするようにと仰せつかり、古い資料を辿っているうちに館長室の和漢古医書の中に、盛岡藩の医学塾から受け継がれているものが少なくないことを知った。図書館室長で稀にみる情報収集能力とライブラリアン・スピリットをお持ちの芳賀真理子氏が、文字通り東奔西走して、一二〇周年の歩みに関する資料を集めてくださった。

二〇一六年、佐藤氏は再び教養教育センター長となられ、副センター長を拝命したわたくしは、氏のもとでさまざまな仕事をご一緒させていただく機会に恵まれた。折に触れて先生の言説に啓発されることが多く、「文理融合」を掲げた本研究の共同研究者になっていただいた。二、三年前のある日、先生が、わたくしの研究室に一枚の巻紙をお持ちになって「この落款なんて書いてあるの？」とお尋ねになった。ご自宅の改築の際に物置から出てきたとのことで、それが、本書第一章で紹介した「新宮凉庭遺訓」である。

図書館司書の千葉基弘氏が、「こんな本ありますよ」と学生に見せる和漢古書の中に入れてくださったのが、『絵本黴瘡軍談』だった。二〇一八年、岩手医科大学最後の勤務となるこの年、医学部三年生の「研究室配属」というゼミ形式の授業に名乗りをあげ、現代医学においても注目されている梅毒を扱う『絵本黴瘡軍談』を取り上げることにした。医学生、秋元成鎬・河原崇・今栄駿介の三人と、附属図書館巌手醫學文庫を調査する中で、岩手医科大学の前史と新宮凉庭がつながっていること、『絵本黴瘡軍談』の寄贈者・大橋珍太郎と岩手医科大学の創立者・三田俊次郎のかかわりなどが明らかとなった。

一方、東北に来たことで、東北諸藩の文芸資料の調査・研究を、長年にわたり精力的に進めておられた錦仁氏に、資料調査や研究方法について、多くのご助言を賜る機会が増えた。折に触れて資料との向き合い方、研究の原点に立ち返る姿勢などを教えていただいた。東北地方の調査をご一緒させていただいているうちに、岩手に居るからこそできる研究もあるかもしれない、と思うようになっていった。

本共同研究は、長野在住時代に玉城司氏の松代藩真田幸弘の俳諧資料調査にご一緒させていただいたことに端を発している。その中で伊藤善隆氏、志立正知氏、稲葉有祐氏、真島望氏、奥野美友紀氏とも、松代で調査を行ったり情報交換をしたりした。伊藤氏は大学院生時代から真田宝物館を訪ねておられた。

岩手医科大学に赴任してからは、錦仁氏と、秋田市公文書館、一関博物館、仙北市総合学習資料館、酒田市立光丘文庫、鶴岡市致道博物館、鶴岡市立郷土資料館、宮城県立図書館などに同行させていただいた。また、伊藤氏、志立氏、稲葉氏、真島氏とは庄内へも何度も足を運び、いろいろな議論を交わした。稲葉氏は仙北市角館町へもご一緒してくださった。氏は、鈴木實氏の調査をしっかりと受けとめて下さった。本草学や地誌学と関わる伊藤氏や真島氏の論考は、さらなる研究に枝葉を伸ばす新しい芽をもっている。志立正知氏は大学の同級生である。専門が異なったので、まさか共同研究をする日が来ようとは思ってもいなかった。奥野美友紀氏は、内藤記念くすりの博物館への『絵本徽瘡軍談』の調査にも同行してくだった。氏は、測量技術者としてしか知られていなかった五十嵐篤好の国学者としての側面を明らかにされたが、五十嵐篤好の和文資料が同館に伝来していたのである。

いろいろな出来事が重なり合い、さまざまなご縁をいただきながら、共同研究を進め、終えることができた。それは何より、不勉強で至らないところが多いわたくしを見捨てることなく、ともに歩んでくださり、本書に寄稿してくださった共同研究者お一人お一人のお力添えによるものである。感謝の気持ちでいっぱいである。また、長野市の真田宝物館、仙北市学習資料館（鈴木貫氏寄託）、秋田公文書館、秋田県立近代美術館、鶴岡市の致道博物館、鶴岡市立郷土資料館、酒田市立光丘文庫、内藤記念くすり博物館などの資料を利用させていただいた。関係機関、及び関係諸氏に心より御礼申し上げる。世音社の柏木一男氏と古川来実氏には、出版にあたって多大なるご高配をいただき、なんとか本書を刊行することがかなった。柏木氏は、わが国の出版流通の仕組に風穴をあけるべく日夜奮闘しておられる。柏木氏の御提案により、本書に販売益が出た場合には、災害義援金として真田宝物館に寄付することにした。地震や風水害では貴重な古文書等も被災する。真田宝物館は、二〇一九年一〇月の台風一九号による千曲川の氾濫で被災した資料の調査・修復に携わっている。松代藩は繰り返される千曲川の氾濫に悩まされ続けた。寛保二年（一七四二）の「戌の満水」では、氾濫水位は一〇メートルを越え二千八百人の死者を出したという。先人の残した資料を発掘しその価値を検証して後世に伝えていくこともわれわれの責務である。

伊藤善隆氏が、御自身のコレクションの中から四点、大名俳諧に関する画像を厳選し、各章の扉に掲載し解説のコラムを書いて下さった。本書の表紙にも御架蔵の軸の画像を使わせていただいた。

思いがけず岩手を離れ、東京の下町に移り住んで一年近く経過した。残された課題は多い。本書を足掛かりとして、新たな歩みを進めることができればと思う。

二〇二〇年二月二〇日

平林　香織

著者一覧（掲載順）

＊氏名・所属・生年・主たる専攻の順に記した。

平林　香織（ひらばやし　かおり）
……………………………創価大学文学部教授・1959年生・近世文学

秋元　成鎬（あきもと　せいこう）
……………………………岩手医科大学医学部医学科在学・1996年生

今栄　駿介（いまえ　しゅんすけ）
……………………………岩手医科大学医学部医学科在学・1993年生

河原　　崇（ごうばら　たかし）
……………………………岩手医科大学医学部医学科在学・1992年生

佐藤　洋一（さとう　よういち）
…………岩手医科大学名誉教授・1953年生・解剖学・細胞生物学

奥野　美友紀（おくの　みゆき）
………………………富山県立大学非常勤講師・1971年生・近世文学

伊藤　善隆（いとう　よしたか）
………………………立正大学文学部准教授・1969年生・近世文学

稲葉　有祐（いなば　ゆうすけ）
……早稲田大学教育・総合科学学術院講師・1977年生・近世文学
2020年度より和光大学准教授

真島　　望（ましま　のぞむ）
……………………………成城大学非常勤講師・1980年生・近世文学

志立　正知（しだち　まさとも）
…………………………………………秋田大学理事・1958年生・中世文学

錦　　　仁（にしき　ひとし）
…………………新潟大学名誉教授／フェロー・1947年生・和歌文学

大名文化圏における〈知〉の饗宴

2020年3月26日　初版第一刷　発行

編　者　　平林 香織

発行者　　柏木 一男
発行所　　世音社
〒173-0037
東京都板橋区小茂根4-1-8-102
TEL/FAX 03-5966-0649

印刷・製本　　株式会社ピー・アンド・アイ

ISBN978-4-921012-31-1　C3095